ZHIDUCHUANGXIN YU MINZUYUANXIAO BIYESHENG JIUYEGUANXI YANJIU

制度创新与民族院校毕业生就业关系研究

夏仕武 ◇ 著

民族出版社

多维视野的民族教育研究丛书

总主编：苏德

中央民族大学「985工程」中国少数民族教育研究创新基地文库

编委会

总序

我国是一个统一的多民族国家，民族教育是我国教育事业的重要组成部分。民族教育的发展是促进各民族共同团结奋斗、共同繁荣发展的重要基础。《国家中长期教育改革和发展规划纲要（2010—2020年）》（以下简称《规划纲要》）专门对民族教育作出了全面的规划和部署，无论对民族教育事业的发展，还是对民族教育学科的建设，这都是大好机遇，有利于加快民族教育改革、实现民族教育的跨越式发展。

中央民族大学作为党和国家为解决民族问题、培养少数民族干部和高级专门人才而创建的高等学府，在我国民族事务与民族教育事业中具有举足轻重的地位。该校是一所汇聚了56个民族师生的国家“985工程”和“211工程”重点建设大学。中央民族大学教育学院是一个院、所合一的教学科研单位，是中央民族大学“211工程”、“985工程”项目重点建设单位。

历经五十余年的发展变化，特别是改革开放三十多年来的快速发展，通过“211工程”、“985工程”二期建设以及其他项目的积累和历练，教育学院形成了以少数民族教育为特色和优势的教育学科，凝聚了一支在国内外有影响、团结协作并有奉献精神的少数民族教育学术创新研究团队。在民族教育学的学科建设方面取得了许多重要成果，尤其是出版了一系列学术精品著作，如《中国少数民族教育学概论》（孙若穷、滕星主编）、《中国边境民族教育》（王锡宏主编）、《中国少数民族教育本体理论研究》（王锡宏著）、《中国少数民族双语教育概论》（戴庆厦、滕星等著）、《民族教育学通论》（哈经雄、滕星主编）、《文化变迁与双语教育：凉山彝族社区教育人类学的田野工作与文本阐述》（滕星著）、《中国少数民族教育史·达斡尔族教育史》（苏德等主编）、《中国少数民族高等教育学》（哈经雄著）、《蒙古族儿童传统游戏研究》（苏德著）、《教育人类学研究丛书》（滕星主编）、《族群·文化与教育》（滕星著）、《文化选择与教育》（王军著）、《文化环境与双语教育》（董艳著）、《蒙古学百科全书·教育卷》（扎巴主编、苏德等副主编）、《少数民族传统教育学》（曲木铁西著）、《文化变迁与民族地区农村教育革新》、《文化多样性、心理适应与学生指导》（常永才著）、《新时期民族院校人才培养问题研究》（常永才、谭志松主编）、《中外民族教育政策史纲》（吴明海主编）、《中国少数民族教育史教程》（吴明海主编）等重要的学术著作，在国内外核心期刊发表了上百篇学术论文，其中若干成果已获得国家、省（部）级科研成果一、二等奖以及国家图书奖，成为该学科发展的标志性成果。

在“九五”和“十五”期间，中央民族大学教育学院中国少数民族教育学的学科建设实现了跨越式发展，民族教育学先后被列为中央民族大学“211工程”重点学科建设项目（1999 年）和“985 工程”重点建设单位（2005年），并专门成立了“985 工程”中国少数民族语言文化与边疆史地研究哲学社会科学创新基地“中国少数民族地区基础教育研究中心”。2010 年学校成立了“985 工程”“中国少数民族教育研究创新基地”。目前，教育学院承担着全国教育科学规划国家级重点课题、国家社会科学基金重点项目、教育部人文社会科学重点研究基地重大项目以及多项省部级民族教育研究重点课题，主持开展了国家社科基金重点招标课题“民族教育质量保障与特色发展研究”（苏德主持）、国家社科基金课题“内蒙古地区蒙古族中小学双语教学问题、对策与理论研究”（苏德主持）、联合国教科文组织西班牙千年发展目标促进基金“中国文化与发展伙伴关系”项目“中国少数民族基础教育政策研究”（苏德主持）、美国福特基金会“中国西部少数民族地区经济文化类型与地方性校本课程开发研究”（滕星主持）、加拿大女王大学国际合作项目“多民族社会的族群关系”（常永才参与设计与实施）等多项国际合作项目，苏德、吴明海是我主编的《中国大百科全书》之民族教育的分卷主编和主要作者，相关研究成果在国内外民族教育研究领域产生了较大影响。

教育学院坚持以科学发展观和构建社会主义和谐社会为指导思想，站在社会主义现代化建设的历史新起点上，围绕民族教育改革发展的重要理论和重大现实问题，坚持基础研究和应用研究并重，积极促进民族教育理论创新，增强民族教育研究的针对性和实效性，更好地服务于新时期国家民族教育决策和实践创新，促进民族教育学科的进一步发展。同时，教育学院在“211工程”三期建设中成立了中央民族大学“985 工程”中国少数民族教育研究创新基地文库编委会，该编委会以本院民族教育科研师资队伍为主，并且邀请国内外民族教育研究领域的优秀专家学者，撰写和出版中国少数民族教育的系列专业教材和学术著作。该丛书是中央民族大学民族教育学学科建设的标志性成果之一，为中国少数民族教育学科与民族教育事业的发展作出了重要贡献。该文库的内容十分丰富，包括了民族教育的理论研究、民族教育史研究、田野研究，还包括了早期教育、女童教育、民族艺术教育等方方面面，有如一部民族教育的百科全书。

民族教育研究应围绕《规划纲要》制定的目标，聚焦当前少数民族教育中的重大理论和现实问题，以项目研究为依托，加强队伍建设，凝炼学科方向，推进学科建设，加快科学研究的自主创新和社会服务能力建设，为中国少数民族教育改革和发展建言献策。我相信通过中央民族大学“985 工程”中国少数民族教育研究创新基地文库的出版，中央民族大学教育学院将秉承注重民族地区教育田野调查的优良传统，大力加强民族教育学的理论研究和应用研究，努力培养优秀的教学和科研人才，达到中国少数民族教育学科建设的一流水平，为推动少数民族地区教育事业又好又快的发展，促进边疆安全、民族团结、社会和谐和国家长治久安而发挥积极作用。

是为本文库总序。

顾明远

2013 年 6 月

目 录

前　言

就业是一项民生工程，它一方面体现着个体的社会价值，另一方面为家庭提供了经济保障。与求职者的兴趣、能力相匹配的就业更是个体发展、社会和谐、国家富强的重要保障。促进大学生充分就业既是国策，也是民生。大学生就业问题不仅关系到个人投资高等教育能否获得预期收益，影响人们投资高等教育的行为，而且关系到人才资源能否实现有效配置，影响经济社会的可持续发展。① 因而，促进充分有效的就业是现代政府重要职能之一。高校毕业生作为国家宝贵的人才资源，促进其充分有效的就业是政府民生工程中的重中之重。

中国高等教育自20世纪90年代末期进行扩招以来，高校毕业的学生数量逐年增加。早在2007年，教育部就宣布中国高等教育规模先后超过俄罗斯、印度和美国，已成为世界第一。随着中国高等教育规模的持续扩大，高校毕业生就业速度放缓、难度加大、质量降低。因此，关注和促进高校毕业生就业，成为了党中央国务院和各级地方政府义不容辞的责任和工作中的重要内容。

民族院校②肩负着培养少数民族高级专门人才的重任，其毕业生能否顺利就业关系到少数民族及民族地区繁荣发展的大局，意义重大。在中国高等教育大众化的进程中，民族院校实现了同步的扩张发展，民族院校毕业生的数量逐年增长，就业压力和就业问题随之突显。与普通高校毕业生相比，因就业观念与就业综合素质的影响，民族院校毕业生在高等教育大众化进程中的就业难度更大、就业压力更为显著。

① 参见马廷奇：《人才培养模式、劳动力市场与大学生就业》，载《高等教育研究》，2013（3），34页。

② 本书所言的民族院校是指冠以“民族学院”或“民族大学”名称的高校。

关注民族院校毕业生就业，全面系统地谋划破解民族院校高校毕业生就业难题，应该得到社会各界的高度重视并提到议事日程上来。作为民族院校研究高等教育的学者，笔者有责任、有义务来研究民族院校毕业生就业难题以及解决方案。鉴于制度是有效调整人们行为，配置社会资源的重要手段，笔者拟从制度的视角来探究民族院校毕业生就业难题及破解方略。

第一章　中国就业形势与发展走向

影响劳动力就业的因素纷繁复杂，既受制于国内经济增长的速度和产业结构的变化、人口年龄结构状况，又取决于整个国际政治经济形势的变化。这些因素对就业的影响既有积极有利的方面，也有消极不利的方面。因此，我们需要在仔细分析这些因素影响的基础上，来预测未来我国就业形势的变化趋势。

第一节　国际政治经济形势

现代社会，人类认识自然和改造自然的能力大幅度提升，尤其是伴随着交通运输能力和信息传递能力的跃升，人们的活动范围和关注焦点便不再局限于自己生活、工作的那片土地。国家的发展也不再局限于本国本土的资源，而是通过国际贸易的方式来实现本国发展成本最低化、发展效益最大化。因此，国际政治经济形势成为了影响国家之间经济技术合作和贸易往来、影响就业的形势之不可忽视和不可屏蔽的外部因素。

一、国际政治形势

在和平与发展这两大世界主题之下，因利益格局的变化导致地缘政治博弈更加复杂。一系列重大国际事件相继爆发，欧洲、中东、亚太三大地缘政治板块呈现相互影响、加速演变的态势。在欧洲，美欧与俄罗斯围绕乌克兰问题发生了冷战结束以来最为激烈的地缘政治碰撞，进行了激烈的制裁与反制裁的斗争。美国和欧盟的制裁与重创，使俄罗斯经济陷入衰退，市场急剧萎缩，对外经贸合作受阻，欧盟部分成员国经济也受到冲击。乌克兰局势将继续对欧洲安全格局、大国关系走向、世界经济形势和全球能源市场产生复杂影响。在中东，极端恐怖势力迅猛发展，激化了地区教派、民族和地缘矛盾，进一步冲击中东地区格局。伊朗核问题谈判达成框架性解决方案，伊核问题初现解决曙光，但极端势力的威胁扩大，也门局势急转直下，可能威胁邻近的国际贸易航线安全。在亚太，美国继续推进亚太再平衡战略，升级盟友体系，拉拢新兴伙伴，推进跨太平洋伙伴关系协定（TPP）谈判。日本政治右倾化加剧。

此外，一些重大国际议题将显著升温，各国着眼于未来发展优势的制度与规则之争更加激烈。美国、英国、法国、德国、日本等发达国家加紧打造新的经贸投资规则，金砖国家筹建金砖国家开发银行和应急储备安排，推动国际经济金融治理体系变革。尽管大国之间的斗争十分激烈，但是各方斗而不破、适度妥协，大国关系仍将维持既借重合作，又牵制斗争的基本框架。

党的十八大以来，党中央统筹国内国际两个大局，主动谋划，努力进取，全面推进和完善外交布局。一是在周边，提出亲诚惠容的外交理念，推进命运共同体建设；二是在非洲，提出真实亲诚四字方针，明确推进中非新型战略伙伴关系；三是在欧洲，将中欧关系提升为互利共赢的全面战略伙伴关系，共同打造和平、增长、改革、文明四大伙伴关系；四是在拉美，建立平等互利、共同发展的中拉全面合作伙伴关系，创建中国—拉美共体论坛；五是在中东不断深化全面合作、共同发展的中阿战略合作关系，构建中阿合作新格局；六是在大洋洲和南太平洋，同澳大利亚、新西兰关系升级为全面战略伙伴关系，与太平洋建交岛国建立了相互尊重、共同发展的战略伙伴关系。至此，我国已实现了外交布局的全覆盖，初步构建起遍布全球的伙伴关系网络。

综上，我国国际环境总的形势是好的，睦邻友好、互利合作仍将是亚太和周边国家对华关系的主流。

二、国际经济形势

世界经济将延续温和复苏的态势，不稳定、不确定的因素较多，国际竞争更加激烈，世界主要经济体走势分化。美国经济内生动力逐步恢复，劳动力市场、金融市场持续向好，经济进入稳步增长的轨道。欧元区仍深受失业高企和财政整固的困扰，经济增长难有明显反弹，但随着一体化进程的深入推进，爆发系统性风险的可能性下降，量化宽松货币政策也将起到促进经济增长的作用。日本的宽松货币政策刺激效力递减，结构改革前景不明，经济持续低增长。新兴经济体经济增长总体仍快于发达国家，特别是印度推行改革取得成效，经济增长超过7%。但不少新兴经济体结构性矛盾依然突出，在美元升值的背景下，面临新的资本外流压力，经济增长减速的势头短期内难以扭转。美元升值扰动全球金融市场。随着美国经济企稳回升，美国货币政策逐步向常态回归，2014 年 11 月彻底退出量化宽松货币政策，随后启动加息进程。与此同时，欧央行于 2015 年 3 月开始正式实施大规模量化宽松政策，日本央行的量化宽松政策也在加码。主要发达经济体货币政策分化，促使美元持续升值，美元资产的相对收益率大幅提高，导致全球金融市场风险溢价上升，吸引国际资本回流美国，冲击国际金融市场。特别是前几年短期资金流入较多的新兴经济体将遭遇资金集中外流，宏观经济和财政金融稳定面临考验。

同时，世界经济中的不确定因素非常突出。国际政治安全形势并不平静、埃博拉疫情扩散等非传统安全问题多发、美欧日等主要经济体货币政策背道而驰可能导致国际资本大规模异动、国际石油等大宗商品价格出现大幅波动等，这一系列风险挑战都将对世界经济产生负面影响。

美国经济的逐渐复苏和欧洲债务危机的逐渐化解都将增强世界经济发展的动力，有利于我国扩大对外贸易和出口，从而带来就业的增长，而印度、巴西、俄罗斯和南非等金砖国家和新兴经济体的增长乏力又会减弱对我国出口产品的需求，从而直接或间接影响到我国的经济增长和就业。在地缘政治方面，乌克兰危机对俄罗斯乃至全球经济增长带来较大挑战；中国与日本、菲律宾等国在领土上的争端和政治上的分歧，会使双边经贸关系受到一定影响，从而波及我国相关出口企业的就业状况。

三、美国重返亚太战略对中国的影响

奥巴马政府实施重返亚太战略，给亚洲各国政治经济生态带来极大的变数。美国作为当今世界的超级大国，在世界的各个角落都有自己的利益所在，各方形势的变化都牵动着美国的国家利益。东亚地区是当今世界舞台中的一个热点，吸引着美国的目光。东亚若顺利地实现一体化，美国的超级霸权地位就会拱手而让。因此，美国重返亚太战略将对东亚一体化产生巨大的影响。

纵观目前世界的发展形势，全球一体化的梦想遥不可及，一体化的发展过程必然带有明显的地区性的色彩，在特定的区域范围内形成特定的共同体，即地区一体化。

美国在政治、经济与军事等领域都对东亚地区具有较强的影响力，再加之美国明确的霸权战略，这就使得美国在东亚地区事务上起到了主导性的作用。

在亚洲，马来西亚提出东亚经济集团的构想，日本提出建立亚洲货币基金组织，这些举措都在很大程度上激起了美国的愤怒和反对。对于美国来说，最难以平衡的是美国自认为保护了东亚的安全与繁荣，但东亚却向美国输出了巨额的财政赤字，这就导致只要美国觉得存在任何排斥美国的东亚机制，美国都会义无反顾地否决。东亚峰会建立初期，美国抱有不看好的态度，但是伴随着东亚峰会的顺利发展和取得的一系列成果，美国的态度发生了转变，美国政府开始积极参加东亚的多边合作机制。

美国的亚太战略最主要关注的是中国和日本在亚太地区，甚至是整个世界格局中的作用。面对中国的迅速崛起，美国的重返亚太战略就是遏制中国的快速发展，进而维护其霸主地位，这使得中国的快速发展举步维艰。美国一方面蛮横无理地强制性干涉东南亚国家的内政，破坏实现东亚区域合作的历史进程；另一方面，美国还企图利用其巨大的政治影响力，通过多种途径，向东南亚灌输和贩卖美国式“民主”制度和人权观念，拉拢和扶持各种亲美势力。① 美国重返亚太战略对东亚一体化的影响在政治方面显然是客观存在的。

在世界经济低迷的时代，亚洲经济保持了难得的强劲势头。面对着亚太地区合作机制不断发展，面临着内忧外患的美国加紧了重返亚太的步伐，尤其在经济措施上表现得尤其活跃。2008 年金融危机之后，美国出现了一系列的社会问题。2011 年 8 月，标准普尔对美国长期主权信用评级由 AAA 降到 AA+，美国历史上首次失去了 AAA 信用评级。② 面对着国内的经济疲软和一

---

① 参见赵银亮：《聚焦东南亚：制度变迁与对外政策》，260 页，南昌，江西人民出版社，2008。

② 参见杨成绪：《美欧经济困难 亚太地区变动 西亚北非乱局》，见《国际问题研究报告 2011—2012》，40 页，北京，世界知识出版社，2012。

系列的经济伴随问题，奥巴马政府转移视线，推出了重返亚太战略，其目的就是想借助亚太地区高速的经济发展来实现国内经济的复苏，维护其既有的霸主地位。

目前，美国与亚太地区的贸易已经占美国全球贸易总额的36%。就目前的双边贸易情况来看，双边年贸易额已经达到5000亿美元。美国制定了“新兴大市场”战略，在这个战略中排在前三位的中国、印度和印度尼西亚都属于亚太地区，由此可见美国对于亚太地区是垂涎三尺。美国的重返亚太战略使得整个东亚一体化的发展朝向一种碎片化方式发展，使得整个区域内部国家之间的合作意向不断降低，区域内部经济摩擦不断增多，取而代之的是不断增强对美国的依赖。美国重返亚太地区已经取得了一定的成效，但是不论怎样都无法阻止东亚地区经济的平稳发展。①

四、“一带一路”经济圈的形成发展

2013年，习近平主席在访问中亚和东盟期间，先后提出了共建“丝绸之路经济带”和“21世纪海上丝绸之路”的战略构想，简称为“一带一路”战略。“一带”指的是陆地的“丝绸之路经济带”，即从中国出发有三个走向：一是经中亚、俄罗斯到达欧洲；二是经中亚、西亚至波斯湾、地中海；三是到东南亚、南亚、印度洋。“一路”指的是“21世纪海上丝绸之路”，重点方向是两条：一是从中国沿海港口过南海到印度洋，延伸至欧洲；二是从中国沿海港口过南海到南太平洋。“一带一路”的一端是发达的欧洲经济圈，另一端是极具活力的东亚经济圈，由此来带动中亚、西亚、南亚以及东南亚的发展，并且辐射到非洲。“一带一路”是中国版的全球互联互通战略。它为古丝绸之路赋予了时代的内涵，为泛亚和亚欧区域合作注入了新的活力。

随着“一带一路”战略的不断演进，将会带来沿线国家经济贸易深度的融合和发展。据测算，2014年我国与“一带一路”国家或地区进出口双边贸易值接近7万亿元人民币，增长了7%左右，占同期我国外贸进出口总值的25%。其中，我国对“一带一路”沿线国家的出口增长超过了10%，进口增

① 参见高振华：《美国重返亚太对东亚一体化的影响及应对措施》，载《学理论》，2014（25），58页、68页。

长约为1.5%。相信随着“一带一路”共建的不断深入，这个数据还会得到进一步提升。如2015年4月，国家主席习近平应邀访问巴基斯坦，双方签署了50多项双边合作文件，涉及交通基础设施、能源、农业、贸易、金融、卫生、媒体、海洋科学、教育等领域。公开资料显示，中国电建在巴基斯坦共有5个水电项目、4个火电项目、4个风电项目，另有9个渠道、码头、高速公路项目等，合同总金额超过2亿美元。这是“丝路基金”自2014年年底注册成立后投资的“第一单”，也是“一带一路”倡议下中巴合作先行先试取得“早期收获”的一个重要成果。①

2015年，国家发改委、外交部和商务部联合发布了《推动共建丝绸之路经济带和21世纪海上丝绸之路的愿景与行动》，宣告以互联互通为抓手，以金融合作为前导，激发大市场活力，共享发展新成果的“一带一路”进入全面推进阶段。目前，已经有60多个国家和国际组织积极响应“一带一路”倡议，这些国家的总人口约44亿，经济总量约21万亿美元，分别约占全球的63%和29%。②

“一带一路”战略的全面实施将为我国的就业带来巨大的契机。在金融领域，2014年11月，中国宣布出资400亿美元成立“丝路基金”，这是专门服务于“一带一路”的营运资金。亚洲基础设施投资银行正式成立后，将成为基础设施建设的重要融资来源。这些金融机构的成立将有利于推动人民币在相应国家的进一步国际化，从而带动中国整个金融行业的快速发展。从人力资源市场来看，具有“金融+语言”的综合人才将会受到金融机构的青睐。由于“一带一路”涉及中蒙俄经济带（涉及俄罗斯、蒙古、日本、韩国等国），新亚欧陆桥经济带（涉及哈萨克斯坦、土库曼斯坦、阿富汗、伊朗、土耳其以及中东欧等国家），中国—南亚—西亚经济带（涉及巴基斯坦、印度、缅甸、泰国、老挝、柬埔寨、马来西亚、越南、新加坡等国家），因此具有一定外语基础，尤其是蒙古语、泰语以及西亚等小语种语言基础，同时具有金融专业背景的专业人才将会迎来广阔的就业舞台。在建筑领域，“一带一路”沿途国家的基础建设比较薄弱，需要大力建设。因而，建筑、高铁、港口等行业都将显著受益。以中泰高铁合作为例，2014年8月，泰国和中国开展了

① 参见穆栋：《“一带一路”带你走上就业路》，载《成才与就业》，2015（9），16页。
② 参见①文，17页。

两条连接中国和泰国的铁路项目合作。建设从2015年开始，预计2021年竣工，项目总成本约为7414亿泰铢（约合人民币1430亿元）。此外，还有中国与巴基斯坦投资建设的瓜达尔港、与匈塞两国投资建设的匈塞铁路等重大基建项目陆续推进。从人力资源市场来看，建筑设计师、注册造价师等岗位将受到青睐。随着“一带一路”建设的深入，建筑行业将面临极大的发展机遇，各大公司在积极拓展业务的同时，也将会全力吸收建筑设计人才，因为没有好的设计，就难以吸引投资方。当然在谈判、竞标的过程中，注册造价师将发挥举足轻重的作用，他们对产品价格的预判、制作的预算方案将直接影响竞标结果以及企业的直接利润。在商贸领域，“丝绸之路”将带来各类商品交易以及无限商机。2015年3月底，由来自中国、吉尔吉斯斯坦、土耳其等国家和地区的92家商会、协会和企业共同发起的“‘一带一路’贸易商企业联盟”在上海成立。2015年秋季，该联盟在上海举办了“‘一带一路’贸易商千人大会”。2015年3月29日，习近平主席同出席博鳌亚洲论坛年会的中外企业家代表座谈时说，希望用十年左右的时间使中国同沿线国家的年贸易额突破2.5万亿美元。

随着中国市场开放度和贸易便利化水平的提升，国际市场和国内市场的相互融通，尤其是“一带一路”涉及的多国家货物贸易和服务贸易同步发展，将给予国际贸易人才足够广阔的发展空间。一些具备国际贸易及相关专业背景，熟悉外贸函电写作，具备良好外语口译、笔译能力，精通外贸流程并会做各种单证的国际贸易人才，必将受到各类企业的追捧。在旅游行业，随着“一带一路”的逐步推进，对国内的“小资派”来说，“说走就走的出国游”“坐着高铁去欧洲”却不再是梦想。“一带一路”将使很多沿途国家之间开放更优惠的旅游签证政策，很多旅游公司已经瞄准了商机，开始以“一带一路十日游”等噱头开展旅游项目了。2015年1月，“美丽中国——2015丝绸之路旅游年”在西安开幕，这是推动丝绸之路沿线地区旅游一体化发展的重要举措。可以预见的是，在不久的将来，围绕“丝绸之路”的旅游活动将越来越受到市场的欢迎，从人力资源市场来看，与旅游相关的旅游体验师、旅游咨询顾问、旅游规划师等岗位将产生一定的市场需求，尤其是旅游体验师职业将在近期大热。随着信息技术的发展，身份上类似自由职业者的旅游体验师，只要事先做好线路确认、游览规划等准备工作，在参与旅游活动的过程中，沿途拍摄风光、参加娱乐活动、品尝当地美食、感受人文风俗等，最重要的是撰写散文、游记，并通过网络、微信、微博等指定途径进行分享，就能轻松获得可观收入。又能玩、又赚钱，旅游体验师将是“一带一路”旅游产品开发前期的“小资职位”。①

当前，经济全球化深入发展，区域经济一体化加快推进，全球增长和贸易投资格局正在酝酿深刻的调整，亚欧国家都处于经济转型升级的关键阶段，需要进一步激发区域内发展的活力与合作的潜力。“一带一路”战略构想的提出，契合沿线国家的共同需求，为沿线国家优势互补、开放发展打开了新的机遇之窗。②

国际政治经济形势对中国经济社会的发展和就业既有积极有利的一面，也有消极不利的一面。同样，国内的经济形势对劳动者的就业，包括高校毕业生就业的影响也有积极影响和消极影响两个方面。

第二节　国内经济形势

随着中国改革开放战略的深入推进，中国经济实力有着显著的提升。2014 年中国经济总量达 10.4 万亿美元，约占全球经济总量的 13.4%，高居世界第二位。2011—2014 年，中国对世界经济增长的贡献率超过四分之一。③在世界经济低迷的时代大环境下，中国经济依然保持强劲的发展势头。2015 年，国内生产总值为 676708 亿元，比上年增长 6.9%。全年人均国内生产总值 49351 元，比上年增长 6.3%。④

然而，在看到中国经济发展取得成绩的同时，不能忽视当前的现实：中国经济发展步入新常态。当前，中国经济增速换挡的压力和结构调整的阵痛相互交织，新兴产业增长难以弥补传统产业下降的影响，要素投入支撑作用减弱，结构升级要求提高，化解过剩产能、强化生态环境保护等都会影响经

① 参见穆栋：《“一带一路”带你走上就业路》，载《成才与就业》，2015（9），17～19 页。

② 参见吴琼静：《数据解读 2014 年中国对外贸易的“新常态”》，载 http://news.china.com.cn/txt/2015-01/13/content_34547654.htm，2015-01-13。

③ 参见中华人民共和国国家统计局：《2011—2014 年中国对世界 GDP 贡献率超 1/4》，2015-10-13，http://www.ce.cn/xwzx/gnsz/gdxw/201510/13/t20151013_6689853.shtml。

④ 参见中华人民共和国国家统计局：《2015 年国民经济和社会发展统计公报》，2016-02-29，http://www.stats.gov.cn/tjsj/zxfb/201602/t20160229_1323991.html。

济增长的速度，中国经济增速正从10%左右的高速增长转向7%左右的中高速增长。

一、中国经济进入新常态

经济新常态是对我国经济发展阶段性特征的高度概括，是对我国经济转型升级的规律性认识，是制定当前及未来一个时期我国经济发展战略和政策的重要依据。①

发展，尤其是保持较高质量和较快速度的发展是解决我国所有问题的基础和关键。经济发展新常态不是不要发展，不是不讲GDP，而是追求有质量、有效益、可持续的发展。经济发展进入新常态，没有改变我国发展仍处于可以大有作为的重要战略机遇期的判断，改变的是重要战略机遇期的内涵和条件；没有改变我国经济发展总体向好的基本面，改变的是经济发展方式和经济结构。必须准确把握这种发展条件和发展要求的变化，更加自觉地坚持以提高经济发展质量和效益为中心，大力推进经济结构战略性调整。②

当前，国民经济在新常态下平稳运行，结构调整出现积极变化，发展质量不断提高，民生事业持续改善，实现了经济社会持续稳定发展。国民经济稳定增长，2015年第三产业增加值比重为50.5%，首次突破50%。③ 自2012年，中国第三产业所占国内生产总值比重超过第二产业之后，第三产业发展呈现强劲的势头，为就业提供了绝好的机会。

二、劳动生产率稳步提高

劳动生产率是衡量经济发展水平和质量的重要指标。中国的劳动生产率稳步提高，为扩大经济规模提供了有力的保障，也有助于促进产业结构的转型升级。2015年，中国全员劳动生产率为76978元/人，比上年提高6.6%。

---

① 参见李文：《深刻认识我国经济发展新常态》，2015－06－02，http://opinion.people.com.cn/n/2015/0602/c1003－27088631.html。

② 参见李文：《深刻认识我国经济发展新常态》，2015－06－02，http://opinion.people.com.cn/n/2015/0602/c1 003－27088631.html。

③ 参见中华人民共和国国家统计局：《2015年国民经济和社会发展统计公报》，2016－02－29，http://www.stats.gov.cn/tjsj/zxfb/201602/t20160229_1323991.html。

具体数值如图 1－1 所示。

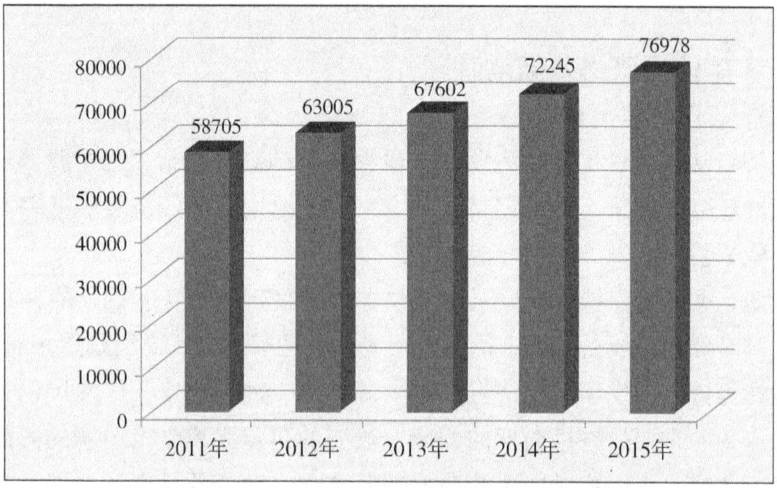

图 1－1　2011—2015 年中国全员劳动生产率①

诚然，中国劳动生产率虽然逐年增长，但与世界发达国家相比，中国劳动生产率依然偏低。尽管中国于 2012 年第三产业的产值跃居三产的首位，但中国全员劳动生产率与相关国家和地区还是有较大差距。以世界各国人均国内生产总值来看，2013 年中国人均国内生产总值仅占国内生产总值世界平均数（10513 美元/人）的 64.7%，而美国人均国内生产总值为世界平均水平的 505.5%，中国人均国内生产总值仅是美国的 12.8%。② 可喜的是，在全球经济不景气的大背景下，中国经济持续保持中高速度增长，人均国内生产总值也不断提高。到 2015 年，中国人均国内生产总值占世界均值提高到 79.3%。中国人均国内生产总值占美国人均国内生产总值的 12.8%，提高 14.2%，但差距还是非常大。

2015 年世界若干国家的人均国内生产总值的具体数值及其占世界平均人均国内生产总值的比例如表 1－1 所示。

① 参见中华人民共和国国家统计局：《2015 年国民经济和社会发展统计公报》，2016－02－29，http://www.stats.gov.cn/tjsj/zxfb/201602/t20160229_1323991.html。

② 所加工的原数据来自中华人民共和国国家统计局：《附录 2－5 人均国内生产总值》，见《中国统计年鉴 2014》，http://www.stats.gov.cn/tjsj/ndsj/2014/indexch.htm。

表 1－1 2015 年各国（地区）人均国内生产总值及与世界平均值的比重①

（单位：美元;%）

	中国	中国香港	哈萨克斯坦	马来西亚	泰国	德国	法国	英国	美国
人均总值	7925	42423	10508	9766	5816	41219	36248	43734	55837
占世界平均值比重	79.3	424.4	105.1	97.7	58.2	412.4	362.6	437.5	558.6

三、产业结构趋于合理

在中国经济高速稳定发展的同时，中国产业结构也逐渐趋于合理。当前，中国正通过转换产业结构的方式推动可持续发展，并希望以此提高国际竞争力。中国的产业结构正朝着合理的区间迈进，这从 2011—2015 年中国三大产业的比例关系可以看出。2011—2015 年中国三大产业的比例关系如表 1－2 所示。

表 1－2 2011—2015 年中国三大产业占国内生产总值的比重②（单位:%）

产业 \ 年度	2011 年	2012 年	2013 年	2014 年	2015 年
第一产业	9.5	9.5	9.4	9.2	9.0
第二产业	46.1	45.0	43.7	42.7	40.5
第三产业	44.3	45.5	46.9	48.1	50.5

① 参见中华人民共和国国家统计局：《人均国内生产总值》，见《中国统计年鉴 2016》，http://www.stats.gov.cn/tjsj/ndsj/2016/indexch.htm。占世界平均值比重系各国人均国内生产总值除以 2015 年人均国内生产总值的世界均值 9996 元所得。

② 参见中华人民共和国国家统计局：《2015 年国民经济和社会发展统计公报》，2016－02－29，http://www.stats.gov.cn/tjsj/zxfb/201602/t20160229_1323991.html。

众所周知，服务业的发展能够比农业和制造业创造更多的就业机会，提高服务业从业人员的比重是拉动劳动力就业的重要手段。中国产业结构调整将会带来更多就业机会。据报道，在第二产业占主导的产业结构下，中国GDP每增加1个百分点，将拉动110万人就业，而第三产业占主动的产业结构下，中国GDP每增长1个百分点将拉动180万人就业。[①]

中国三大产业从业人数之比，也正朝着经济现代化的趋势迈进，第三产业从业人数不断增加。2011年，中国第三产业从业人数跃居三大产业从业人数的第一位，并以较快的速度向前推进。具体数值如表1－3所示。这给中国扩大就业规模带来契机。据统计，每投资100万元可提供的就业岗位，重工业是400个，轻工业是700个，第三产业是1000个。[②] 加快我国第三产业发展，增加投资额，提高第三产业在产业结构中所占比重，能有效缓解我国的就业压力。

表1－3　中国2009—2015年三大产业的从业人员百分比[③]（单位:%）

项目	2009年	2010年	2011年	2012年	2013年	2014年	2015年
第一产业	38.1	36.7	34.8	33.6	31.4	29.5	28.3
第二产业	27.8	28.7	29.5	30.3	30.1	29.9	29.3
第三产业	34.1	34.6	35.7	36.1	38.5	40.6	42.4

然而，中国经济结构还有待于进一步地调整优化。尽管，当前中国服务业在三次产业中的比重有了很大程度的提升，但是与发达国家相比仍然有较大的差距。发达国家的第三产业从业人员比重都在75%以上，具体数值见表1－4所示。

① 参见《新闻联播》报道CCTV1，2015－10－17。

② 参见要恒：《大学毕业生就业促进和保障制度构建思路与对策》，载《经营管理者》，2009(22)，317页。

③ 数据来自中华人民共和国人力资源和社会保障部网站发布的《2013年度人力资源和社会保障事业发展统计公报》《2015年度人力资源和社会保障事业发展统计公报》。

表 1-4　2014 年世界若干国家三大产业从业人员的比重（世界银行数据库）[①]（单位:%）

	中国	中国香港	哈萨克斯坦[②]	马来西亚	泰国[③]	德国	法国	英国	美国
第一产业	29.5	0.2	24.2	12.2	41.9	1.3	2.8	1.1	1.6
第二产业	29.9	15.1	19.8	27.4	20.3	28.3	20.5	18.9	20.6
第三产业	40.6	84.7	56.0	60.3	37.5	70.4	75.8	79.1	77.8

当前，中国正在进行产业结构转型升级的努力，但在产业转型的过程中，不可避免地要淘汰落后产能，一部分产业工人将面临成为新的失业群体的问题。因为，这些产业工人学历较低，掌握的技术比较单一，很难适应产业转型后新兴产业对劳动者较高知识技术的要求，导致他们难以在新兴产业中就业。但是，产业结构转型升级为高校毕业生就业带来一定的契机。

四、经济结构开始转型

随着经济增速下行以及生产成本上升，中国作为制造业大国的地位受到挑战。在此背景下，中国政府正在加快经济结构调整，由传统制造业向高附加值产业转移，以实现中国经济结构的转型升级和中国经济的平稳较快发展。

中国政府正以积极的财政政策来支持国内高技术产业发展，以财政补贴的方式扶持生产高科技设备的企业，并鼓励他们进行海外并购。

2015 年，中国规模以上工业中，农副食品加工业增加值比上年增长 5.5%，纺织业增长 7.0%，化学原料和化学制品制造业增长 9.5%，非金属矿物制品业增长 6.5%，黑色金属冶炼和压延加工业增长 5.4%，通用设备制造业增长 2.9%，专用设备制造业增长 3.4%，汽车制造业增长 6.7%，电气机械和器材制造业增长 7.3%，计算机、通信和其他电子设备制造业增长 10.5%，电力、热力生产和供应业增长 0.5%。六大高耗能行业[④]增加值比上

① 参见中华人民共和国国家统计局：《附录 2-2 按三次产业分就业人员构成》，见《2016 中国统计年鉴》，http://www.stats.gov.cn/tjsj/ndsj/2016/indexch.htm。

② 表格中数据来自世界银行数据库中 2012 年的数据。

③ 表格中数据来自世界银行数据库中 2012 年的数据。

④ 六大高耗能行业包括石油加工、炼焦和核燃料加工业，化学原料和化学制品制造业，非金属矿物制品业，黑色金属冶炼和压延加工业，有色金属冶炼和压延加工业，电力、热力生产和供应业。

年增长6.3%，占规模以上工业增加值的比重为27.8%。高技术制造业①增加值增长10.2%，占规模以上工业增加值的比重为11.8%。装备制造业②增加值增长6.8%，占规模以上工业增加值的比重为31.8%。③

中国经济结构的转型可以从六大高耗能行业增加值增长速度的放缓、高技术行业增加值保持较高的增长速度的对比中得以管窥。2011—2015年，中国六大高耗能行业增加值增长速度分别是：12.3%、9.5%、10.1%、7.5%、6.3%。而作为高技术行业代表的计算机、通信和其他电子设备制造业增长速度自2011—2015年，其工业增加值增长速度分别为：15.9%、12.1%、11.3%、12.2%、10.5%。每年的增长速度均在10%以上。同时，高技术制造业占规模以上工业增加值的比重也在不断上升，2014年，高技术制造业占规模以上工业增加值的比重为10.6%，2015年所占比重为11.8%。④ 对比2011—2015年中国工业增加值的增长数据也能够看出我国规模以上工业生产已经从纺织业这种劳动密集型向高技术制造业等知识技术密集型转变，从粗放规模型向质量效应型转变，经济发展后劲和发展质量不断提升。2011—2015年各行业增加值增长比值如表1-5所示。

表1-5　2011—2015年中国工业增加值增长比率⑤（单位:%）

行业	2011年	2012年	2013年	2014年	2015年
高技术制造业	16.5	12.2	11.8	10.5	10.2
计算机、通信和其他电子设备制造业	15.9	12.1	11.3	12.2	10.5
汽车制造业	12.0	8.4	14.9	11.8	6.7

① 高技术制造业包括医药制造业，航空、航天器及设备制造业，电子及通信设备制造业，计算机及办公设备制造业，医疗仪器设备及仪器仪表制造业，信息化学品制造业。

② 装备制造业包括金属制品业，通用设备制造业，专用设备制造业，汽车制造业，铁路、船舶、航空航天和其他运输设备制造业，电气机械和器材制造业，计算机、通信和其他电子设备制造业，仪器仪表制造业。

③ 参见中华人民共和国国家统计局：《2015年国民经济和社会发展统计公报》，2016-02-29，http://www.stats.gov.cn/tjsj/zxfb/201602/t20160229_1323991.html。

④ 数据来源于中华人民共和国国家统计局官方网站2011—2015年年度统计公报，http://www.stats.gov.cn/tjsj/tjgb/ndtjgb/。

⑤ 参见中华人民共和国国家统计局：《2011—2015年国民经济和社会发展统计公报》，http://www.stats.gov.cn/tjsj/zxfb/。

续表

行业	2011 年	2012 年	2013 年	2014 年	2015 年
通用装备制造业	17.4	8.4	9.2	9.1	6.8
电气机械和器材制造业	14.5	9.7	10.9	9.4	7.3
农副食品加工业	14.1	13.6	9.4	7.7	5.5
六大高耗能行业	12.3	9.5	10.1	7.5	6.3
专用设备制造业	19.8	8.9	8.5	6.9	3.4
纺织业	8.3	12.2	8.7	6.7	7.0

五、私营企业、股份制企业、外商及港澳台企业发展态势较好

近年来，中国工业生产平稳增长。2015 年全部工业增加值 228974 亿元，比上年增长 5.9%。规模以上工业增加值增长 6.1%。在中国经济转入新常态的时代背景下，在规模以上工业中，国有控股企业增长 1.4%；集体企业增长 1.2%，而私营企业增长 8.6%，股份制企业增长 7.3%，外商及港澳台商投资企业增长 3.7%。私营企业、股份制企业、外商及港澳台企业这三类企业发展态势较好。

整体而言，中国工业生产总值增速放缓。由 2011 年的 10.8% 降低到 2015 年的 5.9%。具体数值见表 1－6 所示。

表 1－6　2011—2015 年中国全部工业增加值及增长速度①（单位：亿元；%）

年份 / 工业数据	2011 年	2012 年	2013 年	2014 年	2015 年
工业增加值	191571	204540	217264	228123	228974
比上年增长	10.8	7.9	7.6	6.9	5.9

从就业人数来看，不同类型企业吸纳人员的变化趋势是：国有单位、城镇集体单位、股份合作单位、联营单位接收人员的比例不断下降，而有限责

① 参见中华人民共和国国家统计局：《2015 年国民经济和社会发展统计公报》，2016－02－29，http://www.stats.gov.cn/tjsj/zxfb/201602/t20160229_1323991.html。

任公司、外商投资单位、港澳台商投资单位、股份有限公司接收人员逐级上升。私营企业吸纳就业人员所占比例自 2011 年开始超越国有单位，一直稳居第一位。具体数值如表 1－7 所示。

表 1－7　中国 2010—2015 年城镇就业单位类型及就业人数①（单位：万人）

项目	2010 年	2011 年	2012 年	2013 年	2014 年	2015 年
国有单位	6516	6704	6839	6365	6312	6208
城镇集体单位	597	603	589	566	537	481
股份合作单位	156	149	149	108	103	92
联营单位	36	37	39	25	22	20
有限责任公司	2613	3269	3787	6069	6315	6389
股份有限公司	1024	1183	1243	1721	1751	1798
私营企业	6071	6912	7557	8242	9857	11180
港澳台商投资单位	770	932	969	1397	1393	1344
外商投资单位	1053	1217	1246	1566	1562	1446
个体	4467	5227	5643	6142	7009	7800
合计	23303	26233	28061	32201	34861	36758

中国劳动力在各类企业的分布现状为高校毕业生的就业选择提供一定的参照。在中国经济走向新常态之后，更多的劳动力将选择在私营企业就业或自我雇佣的个体经济。高校毕业生不能遵循过去的就业思维和就业取向寻找工作，要接受这些新形势下的就业趋势。

第三节　中国的就业形势与走向

中国的就业形势是由劳动力供给与经济发展对劳动力需要所决定的。随着中国适龄劳动人口（16～59 岁）总量开始减少，劳动力的供给总体呈现下

① 参见中华人民共和国国家统计局：《4－2 按城乡分就业人员数（年底数）》，见《中国统计年鉴 2016》，http://www.stats.gov.cn/tjsj/ndsj/2016/indexch.htm。

降趋势，这为就业形势好转带来契机。然而，与此同时，中国经济结构的转型升级对劳动力素质要求也随之提高，就业压力增加，尤其是那些与落后产业和淘汰产能相关联的专业人才就业变得更加困难。这就需要政府进一步提供就业培训机会，促使求职者进一步转变观念，根据经济形势发展趋势和用人单位需求的变化及时更新知识技能，增强就业竞争力。

一、城镇新增就业人数保持稳定

目前，我国每年城镇新增就业人数已经处在较高的水平，而预计未来随着经济增长速度的进一步放缓，提高城镇新增就业人数的规模压力加大。但，未来随着我国适龄劳动人口比例的逐渐降低，每年需要解决的新增就业人数也将逐渐减少。近年来，城镇新增就业人数稳定在一定的水平上，2013 年城镇新增就业 1310 万人，2014 年城镇新增就业 1322 万人。2015 年我国经济增长率 6.9，城镇新增就业人数 1312 万人，与 2014 年基本持平。2011—2015 年中国城镇新增就业人口数如表 1－8 所示。

表 1－8　2010—2015 年中国城镇新增就业人口（单位：万人）

2010 年	2011 年	2012 年	2013 年	2014 年	2015 年
1168	1221	1266	1310	1322	1312

城镇新增就业人数保持稳定是由中国人力资源供给状态所决定的。由于中国 20 世纪 80 年代独生子女政策的全面实施，进入新世纪以来中国人口进入了快速老龄化阶段。2002 年中国 65 岁及以上的人口占总人口的比例为 7.3%，到 2015 达到 10.5%。与此同时，中国适龄劳动人口的比重也从 2011 年开始逐渐下降，在 2015 年达到零增长。为了适应未来人口老龄化的严峻局面，中国的人口政策开始调整。2011 年 11 月，中国各地全面实施“双独”二孩政策；2013 年 12 月，中国实施“单独”二孩政策；2015 年 10 月，中国共产党第十八届中央委员会第五次全体会议公报指出：坚持计划生育基本国策，积极开展应对人口老龄化行动，实施“全面二孩”政策。2016 年 1 月 1 日，中国正式终结了实施 35 年的独生子女政策，步入“全面二孩”时代。截至 2017 年 1 月 1 日，“全面二孩”政策实施已满一年，但是，全国妇联日前

发布的调查报告显示，一半以上的“一孩”家庭没有生育二孩的意愿。① 由此可见，人口生育政策的调整不但在短时间内不能有效改变我国适龄劳动人口下降趋势，长期效果也不乐观。

如果中国的生育率和死亡率保持不变，人口发展趋势是2015年之后，人口的年龄结构为就业人口带来极大负担。据估算，中国60岁以上的老人人数会从2000年的1.28亿增加到2030年的3.5亿，到2030年老人赡养率将到达25%，并超过儿童的抚养率。而2030年之后，赡养率还会在一个长时期内持续增长。② 中国劳动力供给情况如表1－9所示。

表1－9 1982—2050年中国人口变化趋势③（单位:%）

年份	全国	农村	城市
1982—1990年	2.5		
1990—1995年	1.7		
1995—2000年	1.4		
2000—2005年	1.6	－0.1	4.1
2005—2010年	1.0	－0.9	3.2
2010—2015年	0.5	－1.6	2.5
2015—2020年	－0.1	－2.4	1.6
2020—2025年	0.0	－2.3	1.5
2025—2030年	－0.2	－2.8	1.1
2030—2035年	－0.7	－3.8	0.6
2035—2040年	－0.8	－3.9	0.3
2040—2045年	－0.5	－3.5	0.3
2045—2050年	－0.6	－3.6	0.0

从表1－9中国劳动力供给总体变化趋势也可以预测高校毕业生就业的趋势，将来的高校毕业生总体供给将小于需要，高校毕业生就业形势将逐渐好转。

① 参见《二胎政策政府鼓励不足？生育观念才是最大阻力》，2017－01－08，http://news.china.com/socialgd/10000169/20170108/30153064.html。

② 参见［美］巴里·诺顿著，安佳译：《中国经济：转型与增长》，151～153页，上海，上海人民出版社，2010。

③ 参见［美］巴里·诺顿著，安佳译：《中国经济：转型与增长》，151～153页，上海，上海人民出版社，2010。

二、劳动力需求与供给维持宽松状态

自2010年以来，我国就业市场总体的求人倍率[①]均大于1。如，2014年前三季度的求人倍率分别为1.11、1.11和1.09，分别比上年同期提高了0.01、0.04和0.01。[②] 有数据显示，2015年第一季度求人倍率为1.81，与去年同期有所增加。[③] 人社部对100个城市人力资源市场供求分析显示，2016年二季度市场求人倍率为1.05，反映出市场招聘岗位数仍大于求职人数，市场供求总体平衡。[④] 但，局部地区求人倍率会有差异。2015年上半年，无锡各类企业通过市、区两级公共就业服务机构招用人员34.54万人，同期共有35.01万人进入市场求职，求职人数略多于需求人数，求人倍率为0.99。[⑤] 这说明目前我国的劳动力市场形势总体上是求大于供，但有区域差异。这主要有两方面的原因：一是我国经济总量的不断增加将创造更多的就业岗位和机会；二是适龄劳动人口比例的降低使得劳动力的供需状况得到进一步改善。

当然，在总体劳动力市场较为宽松的情况下，重点群体的就业形势依然较为严峻。首先，高校毕业生人数持续增加。2016年的高校毕业生人数达到765万人[⑥]；其次，随着中国产业转型，下岗工人人数会进一步增加。我国淘汰落后产能和新兴产业发展速度的加快，这些下岗工人的再就业问题将会变得更加突出；再次，农民工就业人数依然庞大，与青年就业群体加在一起大约有1500万人。“50后”“60后”等困难就业人员就业更加艰难。

---

① 求人倍率是劳动力市场在一个统计周期内有效需求人数与有效求职人数之比，它表明了当期劳动力市场中每个岗位需求所对应的求职人数。理论上求人倍率可以反映一个统计周期内劳动力市场的供需状况，当求人倍率大于1，说明职位供过于求；如果求人倍率小于1，说明职位供不应求。求人倍率=有效需求人数÷有效求职人数。

② 参见人民网：《今年以来经济增速基本平衡 就业形势总体稳定》，2015-07-09，http://www.lm.gov.cn/EmploymentServices/content/2015-07/09/content_1081663.htm。

③ zlc：《2015年第一季度求人倍率为1.81》，2015-05-16，http://www.xueliedu.com/a/xinwenzixun/2015/0516/327401.html。

④ 参见共聚建设新闻网：《二季度市场求人倍率》，2016-07-15，http://www.gjjs.gov.cn/fzsh/2016/0715/4294.html。

⑤ 参见无锡市人力资源市场：《求人倍率出现拐点 供求结构性矛盾凸显——2015年上半年无锡人力资源市场运行特点和下半年形势预测》，2015-08-05，http://bbs.thmz.com/thread-2412977-1-1.html。

⑥ 参见中国新闻网：《人社部：2016年高校毕业生765万人就业压力大》，2016-02-29，http://www.chinanews.com/cj/2016/02-29/7777149.shtml。

三、第二产业是人才需求大户

尽管我国的第三产业从业人数和所创造的产值均高于第二产业，但在人才市场上，第二产业对人才的招聘更为踊跃。据南方人才市场日前发布的《2015年第一季度才市分析》数据显示，从产业招聘需求看，一、二、三产业需求结构为0.84∶54.88∶44.28，第二产业是需求大户。从行业招聘需求看，制造业、贸易/批发/零售业、信息传输/计算机服务和软件业排名行业需求的前三位。①

就高校毕业生的专业结构及数量来看，工科类毕业生供给量位居第一，如2015年普通高校工科本科毕业生供给量为118万人，占普通高校本科毕业生总量358.6万人的32.9%。具体数值如图1－2所示。这与第二产业对人才需要量大的现实相吻合，他们就业相对容易。就业市场上能够到第二产业就业的求职者，最主要还是工科类专业毕业生，这就让仅占三分之一的工科毕业生到招聘需求占总招聘人数54%的第二产业就业非常容易。

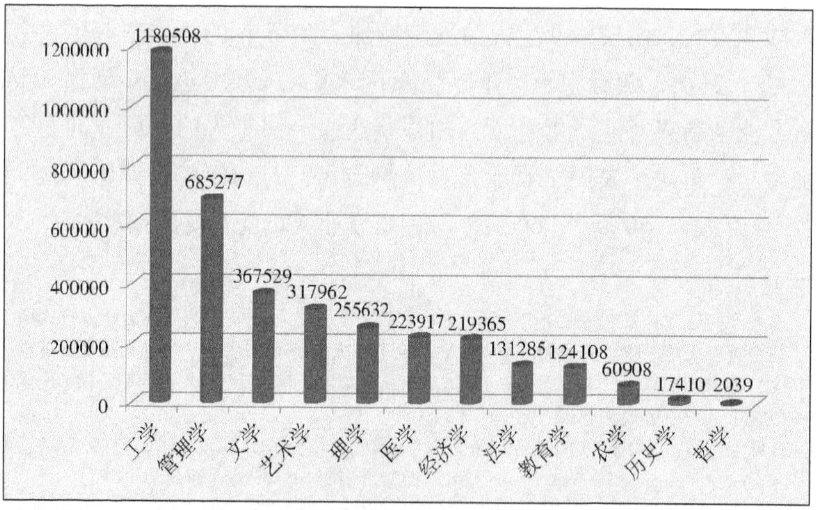

图1－2　2015年普通高校本科毕业生分专业毕业生②

① zlc：《2015年第一季度求人倍率为1.81》，2015－05－16，http://www.xueliedu.com/a/xinwenzixun/2015/0516/327401.html。

② 参见中华人民共和国教育部：《2015年教育统计数据》，2016－10－16，http://www.moe.gov.cn/s78/A03/moe_560/jytjsj_2015/2015_qg/201610/t20161018_285267.html。

第二产业也是GDP增长的主要贡献者。从三次产业对GDP增长的拉动比例来看，截止2013年，第二产业对GDP增长的拉动一直是位居第一的。当然，随着中国第三产业从业人数的增加，第三产业对GDP增长的拉动比值也不断接近第二产业对GDP增长的拉动比值。当2011年第三产业从业人数位居三产从业人数首位后，第三产业和第二产业对GDP增长的拉动效果旗鼓相当。到2013年两者对GDP增长的拉动比值仅相差0.1的水平。具体数值见表1-10。

表1-10　三次产业对国内生产总值增长的拉动①（单位:%）

年份	第一产业拉动率	第二产业拉动率	第三产业拉动率	国内生产总值增长率
1990年	1.6	1.6	0.7	3.8
1995年	1.0	7.0	2.9	10.9
2000年	0.4	5.0	2.9	8.4
2005年	0.6	5.8	4.9	11.3
2010年	0.4	6.1	4.2	10.6
2011年	0.4	5.0	4.2	9.5
2012年	0.4	3.9	3.5	7.9
2013年	0.3	3.8	3.7	7.8
2014年	0.3	3.5	3.5	7.3
2015年	0.3	2.9	3.7	6.9

四、新职业的涌现增加高校毕业生就业机会

随着我国产业结构转型升级步伐的加快，新的职业需求不断涌现。以无锡市人才市场需求变化态势来看，随着产业转型升级，智能生产设备在制造业企业中应用范围不断拓展。2015年上半年，工业机器人服务专员、工业机器人系统工程师、机器人研发工程师、机器人运动控制算法工程师和维修工

① 参见中华人民共和国国家统计局:《三次产业对国内生产总值增长的拉动》，见《中国统计年鉴2016》，http://www.stats.gov.cn/tjsj/ndsj/2016/indexch.htm。

程师等新职业相继出现，为求职人员带来了更多的就业选择。这些新职业通常要求应聘者具备大专及以上文化，与自动控制、机电一体化、电气自动化等专业相关的毕业生，并具有相关工作经验。从短期看，工业机器人的使用可能会减少部分劳动密集型企业的用人需求数量，但从长期看，将会优化经济结构，创造更多的高质量的就业机会。因为，随着智能装备业的发展，工业机器人将替代劳动者从事简单重复劳动、精细化劳动或高温高危劳动，人力资源市场对于低层次、低技能劳动者的需求量将有所缩减。同时，智能装备业也将推动制造业朝着数字化、智能化的方向升级，拉升市场对高学历、高技能和高层次人才特别是高校毕业生的需求数量。①

但人才市场复杂动态的变化，也会导致就业结构就业形态出现非线性的特征。在局部地区、某些领域、特定岗位都会出现与上述就业形势不完全吻合的地方。这也是正常的。因为，随着招工单位对求职者年龄、文化程度、技术等级或职称提出一定要求趋势的增强，随着企业转型升级对技能单一、陈旧的劳动者淘汰步伐的加快，随着产业转型升级创造的适合高校毕业生的岗位增速远低于毕业生供给增速状态的持续，新的结构性失业的态势也将随之形成。一些不能适应新形势变化的劳动力，无论是高校毕业生还是农民工都会难以就业。

从总体来看，我国就业形势依然平稳，相对于庞大的就业群体，20 万左右新增就业的波动应属正常。在大众创业、万众创新的经济新形势下，民众就业的选择更加多样性，同样会导致按照传统统计标准下的新增就业人数减缓，但这不必为虑。中国就业形势总体保持稳定大致有三方面原因：一是虽然中国经济增速有所放缓，但经济增速还是比较高的，依然保持在 6% 以上；二是中国经济总量盘子大，增长一个点，便能带来明显的经济增量和就业增量；三是中国经济结构的优化，第三产业占比近几年迅速提高。第三产业对就业拉动尤为明显。

但是就业形势的好转离不开各级政府积极作为。正如中共中央党校周天勇教授所说的那样，中国已出台大量的就业扶持政策，欧美有的我国都学了，欧美没有的我国也在出，但落地情况参差不齐，影响了这些政策的效果。下

① 参见无锡市人力资源市场：《求人倍率出现拐点 供求结构性矛盾凸显——2015 年上半年无锡人力资源市场运行特点和下半年形势预测》，2015 -08 -05，http://bbs.thmz.com/thread -2412977 -1 -1.html。

一步，相关部门应督查、检查这些政策的贯彻情况，并对已出台政策进行评估和完善。①

概而言之，中国高校毕业生就业时面临的是一个充满挑战和机遇的大环境，只要高校毕业生转变观念、增强技能、具备实力，就一定能在新的时代背景下有业可就，并且有可观的发展空间。

① 参见新华网：《我国就业总体稳定 困难就业群体、大学生就业不容忽视》，2015－05－12，http://politics.people.com.cn/n/2015/0512/c70731－26987657.html。

第二章　高校毕业生的就业形势

人才是国家、企业发展的基础性和关键性资源，值得高度重视。我国经济正处于转型升级的关键时期，人才资源是促经济社会转型升级的重要保障。但就目前形势来看，人才资源短缺是当下中国企业转型升级遇到的最大瓶颈之一。无论是传统制造行业还是新兴的电子商务行业、动漫游戏产业、新媒体行业，均存在着人才短缺制约发展的现象。随着中国经济保持中高速稳定发展，中国对各类人才的需求仍处于快速增长期，高校毕业生的就业既有挑战又有机遇。

第一节　普通高校毕业生就业状况

普通高校是培养高级专门人才的主阵地，是一国人才资源的宝库。培养好人才、利用好人才是每个国家、地区和民族繁荣发展的重要保障。中国作为21世纪的新兴大国，从政府到社会各界都要充分认识到人才在现代社会的重要价值，为此，需要了解中国整体的劳动力供求情况，尤其要把握本地高校毕业生的供给与需求状况以及发展趋势，从而有针对性地制定相关政策，推动人才市场繁荣稳定，促进高校毕业生顺利有效地就业，充分发挥各级各类人才的社会价值。

一、高校毕业生数量逐年增长

我国自1999年启动了高校扩招政策以来，高校毕业生逐年增加。2003年之后，高校毕业生以每年40万~70万人的增长幅度快速增长，到2011年高校毕业生增长速度才有所下降，每年增加20万人，到2015年有736.1万毕业生。各年普通高校毕业生数量状况见表2－1所示。单就2014年713万毕业生而言，该数量接近于萨尔瓦多的人口总数（2014年萨尔瓦多人口是7185218），是新加坡人口的1.5倍，比3个纳米比亚的人口总数还多。在世界227个国家和地区中，128个国家和地区的人口均低于我国2014年高校毕业生的数量。

表2－1 1998—2015年普通高校研究生、本专科毕业生数[①]（单位：万人）

年份	1998年	1999年	2000年	2001年	2002年	2003年
研究生	4.7	5.5	5.9	6.8	8.1	11.1
普通本专科	83	85	95	104	134	187.8
合计	87.7	90.5	100.9	110.8	142.1	198.9
年份	2004年	2005年	2006年	2007年	2008年	2009年
研究生	15.1	19.0	25.6	31	34.5	37.1
普通本专科	239.1	306.8	377.5	448	512	531.1
合计	254.2	325.8	403.1	479	546.5	568.2
年份	2010年	2011年	2012年	2013年	2014年	2015年
研究生	38.4	43	48.6	51.4	53.6	55.2
普通本专科	575.4	608.2	624.7	638.7	659.4	680.9
合计	613.8	651.2	673.3	690.1	713	736.1

如果用线状图的形式来体现中国高校扩招以来普通高校毕业生就业人数的变化情况，我们将更直观看出普通高校毕业生数量变化的趋势和特点，见图2－1所示。从图2－1可以看出，2002—2008年间，中国普通高校毕业生数量曲线的坡度较大，这表明该期间高校毕业生数量有着较大幅度的增长。

如果按照中国教育在线网公布的统计数据，[②] 中国高校毕业生的规模更是庞大，2015年达到749万人，在世界上227个国家和地区中，有133个国家

① 表格中数据来自国家统计局发布的历年“国民经济和社会发展统计公报”。这数据可能与媒体报道的数据不一致，特此说明。

② 参见《2001年—2015年全国高校毕业生人数》，2014－12－05，http://career.eol.cn/kuai_xun_4343/20141205/t20141205_1209695.shtml。

和地区的人口达不到这样的数量规模。

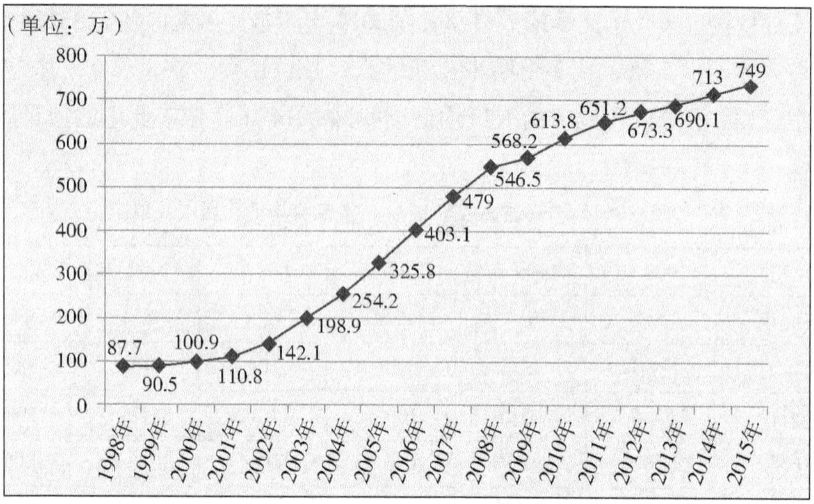

图 2－1　1998—2015 年普通高校毕业生数量（单位：万人）

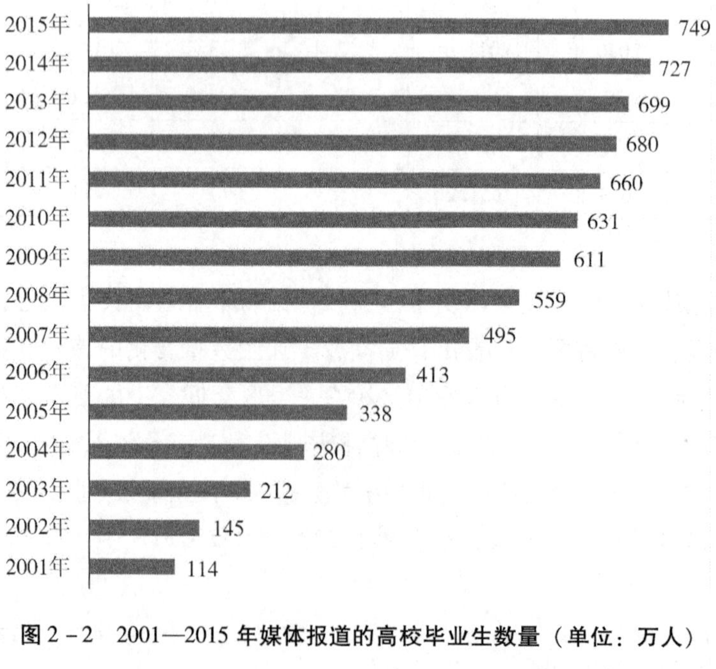

图 2－2　2001—2015 年媒体报道的高校毕业生数量（单位：万人）

如果对中国教育在线网公布的历年高校毕业生数量增长进行增幅计算，我们不难发现，2002—2006 年间，每年高校毕业生增长的辅导都在 20% 以上，2003 年竟然达到了 46.21% 的增长幅度。到 2009 年之后，每年的增长幅度才降低到 10% 以下。2002—2015 年间，每年高校毕业生增长幅度如图 2-3 所示。

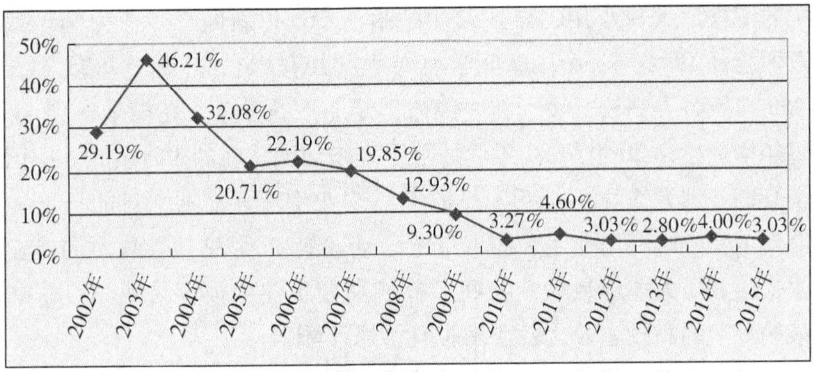

图 2-3　2002—2015 年间每年高校毕业生增长的幅度

（根据中国教育在线网公布数据计算）

中国 1999 年启动的高校扩招政策让中国在扩招的第五年便迈入了高等教育大众化阶段。而据统计，世界各国适龄人口高等教育入学率从 5% 上升到 15%，平均为 26 年，美国用了 30 年，而我国从 1993 年的 5% 到 2003 年的 15%，仅用了 10 年的时间。社会发展对于人才的需求赶不上毕业生数量的高速增长，此外，农村富余劳动力拥入城市，以及原有体制下闲置劳动力的充分利用，这都对高校毕业生就业提出严峻挑战。①

但是，从中国人口增长的趋势来看，中国人口在 2015—2020 年进入一个拐点，即劳动人口总数从正增长转入负增长的转折。劳动力供给总量的下降会缓解高校毕业生就业压力。

---

① 参见要恒：《大学毕业生就业促进和保障制度构建思路与对策》，载《经营管理者》，2009 (22)，316 页。

二、高校毕业生供求的结构性矛盾凸显

在中国高校毕业生逐年增加的同时，也存在高校毕业生素质结构与用人单位需求不匹配的问题。大量的毕业生要么因所学的专业在就业市场上没有需求，要么因同专业毕业生数量超过用人单位的需求量，造成他们只能从事低层次的工作，大材小用，导致人才的高消费。以新闻学专业为例，据教育部高教司统计1994年，全国新闻学类专业点共有66个，到了2006年，全国已有460多所各类高校开设了新闻传播类专业点661个，在校生达到13万余人，每年毕业生由20世纪80年代的数百人增加到现在的3万余人。中国新闻教育学会的一项调查显示，新闻类的专科毕业生不再需要，对能从事一般记者、编辑工作的本科毕业生，需求量也已接近饱和。[①] 这便导致不同专业的高校毕业生就业压力差异较大，某些专业的高校毕业生很容易就业且薪酬待遇好，某些专业的高校毕业生就业困难且待遇薪酬差。

鉴于各专业就业形势的不同，麦可思研究院通过系统的跟踪研究，总结了出“红黄绿牌”专业[②]排行榜，为高校专业设置和建设以及学生专业选择提供参考。红牌专业指的是失业量较大，就业率、薪资和就业满意度综合较低的专业，为高失业风险型专业。[③] 如2015年本科的红牌专业有生物工程、美术学、生物科学、应用物理学、应用心理学、法学、音乐表演。所谓黄牌专业是指除“红牌”专业外，失业量较大，就业率也持续走低，且薪资较低的专业。2015年本科黄牌专业有体育教育、动画、英语、工商管理、汉语言文学；所谓绿牌专业是指失业量较小、就业率较高、月收入较高、就业满意度较高，属于需求增长型专业。2015年本科绿牌专业有建筑学、软件工程、网络工程、通信工程、建筑环境与设备工程、车辆工程、矿物加工工程。2008—2015年本科红黄绿牌专业情况如表2-2所示。

---

① 参见要恒：《大学毕业生就业促进和保障制度构建思路与对策》，载《经营管理者》，2009(22)，316页。

② 麦可思最初将红牌专业定义为“连续两年落在全国失业率前10名或失业量前10名的专业”；将黄牌专业定义为“除红牌专业外同时落在全国应届毕业生失业率和失业量上升最快的前25名中的专业”；将绿牌专业定义为“就业率高居全国专业前50名、并且就业率或薪资增长最快（或金融危机时下降最慢）的前10名中的专业，为需求增长型专业”。

③ 部分红牌专业是供大于求造成的；部分红牌专业如计算机类是人才培养质量达不到产业的要求造成的，一方面应届毕业生找不到专业岗位，一方面企业招不到合适人才。

表 2-2 2008—2015 年本科红黄绿牌专业情况①

	本科红牌专业	本科黄牌专业	本科绿牌专业
2008 年	法学、计算机科学与技术、英语、国际经济与贸易、工商管理、汉语言文学、电子信息工程、会计学、中医学、音乐表演、运动训练	临床医学、旅游管理、公共事业管理、信息与计算科学、数学与应用数学	石油工程、材料物理、金属材料工程、工程力学、地理科学
2010 年	动画、法学、生物技术、生物科学与工程、数学与应用数学、体育教育、生物工程、计算机科学与技术、英语、国际经济与贸易	美术学、艺术设计、统计学、电子信息科学与技术、公共事业管理、信息管理与信息系统、工商管理、汉语言文学	地质工程、港口航道、海岸工程、船舶与海洋工程、石油工程、采矿工程、油气储运工程、矿物加工工程、过程装备与控制工程、水文与水资源工程
2011 年	动画、法学、生物技术、生物科学与工程、数学与应用数学、体育教育、生物工程、计算机科学与技术、英语、国际经济与贸易	艺术设计、美术学、电子信息科学与技术、公共事业管理、信息管理与信息系统、工商管理、汉语言文学	地质工程、港口航道、海岸工程、船舶与海洋工程、石油工程、采矿工程、油气储运工程、矿物加工工程、过程装备与控制工程、水文与水资源工程、审计学
2012 年	动画、法学、生物技术、生物科学与工程、数学与应用数学、体育教育、生物工程、英语、国际经济与贸易	计算机科学与技术、艺术设计、美术学、电子信息科学与技术、公共事业管理、信息管理与信息系统、工商管理、汉语言文学	地质工程、港口航道与海岸工程、船舶与海洋工程、石油工程、采矿工程、油气储运工程、矿物加工工程、过程装备与控制工程、水文与水资源工程、审计学
2013 年	动画、法学、生物技术、生物科学与工程、数学与应用数学、体育教育、生物工程、英语	计算机科学与技术、艺术设计、电子信息科学与技术、公共事业管理、信息管理与信息系统、工商管理、汉语言文学、国际经济与贸易。	地质工程、港口航道与海岸工程、船舶与海洋工程、石油工程、采矿工程、油气储运工程、矿物加工工程、过程装备与控制工程、水文与水资源工程、审计学

① 表格中数据根据麦克思研究院，就业蓝皮书：2008、2010、2011、2012、2013、2014、2015 年中国大学生就业报告所载资料整理所得。

续表

	本科红牌专业	本科黄牌专业	本科绿牌专业
2014 年	生物科学与工程、法学、生物技术、生物工程、动画、美术学、艺术设计、体育教育	数学与应用数学、电子信息科学与技术、公共事业管理、汉语言文学、英语、工商管理、国际经济与贸易	建筑学、地质工程、矿物加工工程、采矿工程、油气储运工程、车辆工程、城市规划、船舶与海洋工程、审计学
2015 年	生物工程、美术学、生物科学、应用物理学、应用心理学、法学、音乐表演	体育教育、动画、英语、工商管理、汉语言文学	建筑学、软件工程、网络工程、通信工程、建筑环境与设备工程、车辆工程、矿物加工工程

麦克思研究院发布的《2016 年中国大学生就业报告》① 指出，2015 年，财务管理专业就业率拔得头筹，成为就业率最高的专业，而 2014 年名列第一的土木工程专业 2015 年只排到第三名，与第一名相差 2.7 的百分点。法学专业更是连续三年（2013、2014、2015 年）垫底，成为十大专业中就业率最低的专业。排在前十位的就业行业中，信息、教育、医疗等知识密集型产业雇佣大学毕业生比例快速增加，建筑、制造等劳动密集型产业雇佣大学毕业生的比例下降。

对照根据麦克思研究的调研结果，民族院校所设的专业多属于“红牌”“黄牌”类专业。这让民族院校毕业生的就业形势变得更加严峻。

三、高校毕业生总体就业形势较好

尽管中国高校毕业生面临着每年毕业生总数逐年增加，毕业生专业与市场需求存在错位等困难因素，但，只要毕业生及时转变就业观念、提升就业

① 参见麦克思研究院：《就业蓝皮书：2016 年中国大学生就业报告》，2016 - 06 - 23，http://ex. cssn. cn/dybg/gqdy_sh/201606/t20160623_3081988. shtml。

麦可思公司自 2007 年以来，每年对毕业半年后大学生的就业状态和工作能力进行全国性调查研究，目前已经调查了 2006 届—2012 届毕业半年后的大学生。从 2010 年开始，麦可思对之前调查过的全国 2006 届—2009 届大学毕业生进行毕业三年后的再跟踪调查。《中国大学生就业报告》自 2009 年首度发布，2016 年报告是第八次年度报告。

能力以及政府和社会各界大力扶持，实现就业也是不难的。麦可思研究院多年跟踪研究获得的数据能够佐证我们的乐观判断。分析麦克思研究员发布的《中国大学生就业报告》（2008—2015）提供数据来看，毕业半年之后，各类毕业生就业率还是较高的。具体数值如表2-3所示。

表2-3 2008—2015年中国高校毕业生毕业半年后就业率①（单位:%）

年份 层次	2008年	2009年	2010年	2011年	2012年	2013年	2014年	2015年
本科	86.7%	88.0%	91.2%	90.8%	91.5%	91.8%	92.6%	92.2%
高职	83.5%	85.2%	88.1%	89.6%	90.4%	90.9%	91.5%	91.2%

从表2-3可以看出，除了2008年金融危机造成就业压力外，之后，各年高校毕业生就业率稳步上升。

为了直观表示这种变化的趋势，我们将表2-3的数据用线性图来加以表示。如图2-4所示。从图2-4能够非常直观地看到无论是本科毕业生就业，还是高职高专的毕业生就业，自2008年之后整体上都处于上升趋势。

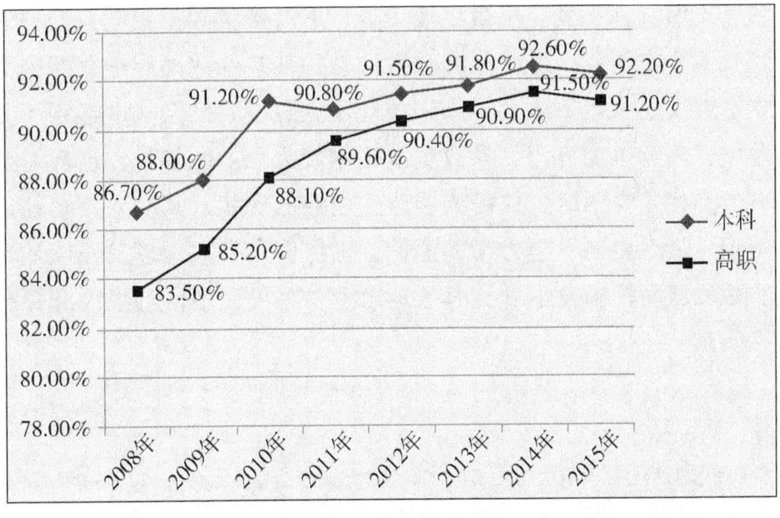

图2-4 2007—2014年高校毕业生毕业半年后就业率

① 根据麦克思研究院，就业蓝皮书：2008—2015年中国大学生就业报告所载资料整理所得。

麦可思研究院发布的《2016 年中国大学生就业报告》[①] 指出，2015 届大学生毕业半年后的就业率为 91.7%。其中，本科院校 2015 届毕业生半年后的就业率为 92.2%；高职高专为 91.2%。2015 届大学生毕业半年后的就业率（91.7%）与 2014 届（92.1%）和 2013 届（91.4%）基本持平。

从劳动经济学的理论来看，保持一定比例的劳动力处于暂时待业状况不仅是合理的，也是必要的。这能够促使劳动力增强劳动的积极性、主动性和创造性，不断提升劳动技能，对整个社会经济的良性发展是有促进作用的。

第二节 民族院校毕业生就业状况

民族院校是高等教育重要的组成部分。民族院校毕业生就业既有普通高校毕业生的共性，又具有自身的个性。在民族院校里，少数民族学生占据多数。高校少数民族毕业生的就业有着自身的特殊性。从毕业生的人数来看，高校少数民族毕业生逐年增加，就业压力也随之增加；从就业观念来看，有些少数民族毕业生尚未建立起高等教育大众化时代的就业观念，对工作类型挑肥拣瘦，不愿意到私营、小微企业就业，不能接受到基层就业，不能接受自我雇佣式就业或创业；从就业综合素质看，某些少数民族毕业生因为各种客观因素造就汉语水平不太高、知识技能不太过硬、社会实践经历不足，在就业竞争中，其竞争力有限，导致就业困难较大。如此等等，这都需要政府和社会各界，首先要了解少数民族毕业生就业的现状；其次要理解他们就业所处的境遇；最后要竭尽全力帮助他们，确保作为少数民族及民族地区高端人才的少数民族高校毕业生顺利有效地就业，为民族地区的发展和社会稳定和谐做出贡献。

---

① 参见麦克思研究院：《就业蓝皮书：2016 年中国大学生就业报告》，2016－06－23，http://ex. cssn. cn/dybg/gqdy_sh/201606/t20160623_3081988. shtml。

麦可思公司自 2007 年以来，每年对毕业半年后大学生的就业状态和工作能力进行全国性调查研究，目前已经调查了 2006—2012 届毕业半年后的大学生。从 2010 年开始，麦可思对之前调查过的全国 2006—2009 届大学毕业生进行毕业三年后的再跟踪调查。《中国大学生就业报告》自 2009 年首度发布，2016 年报告是第八次年度报告。

一、少数民族高校毕业生供给量逐年增加

在高等教育招生政策上，中国政府制定了对少数民族学生招生的优惠政策，这带来中国少数民族学生接受高等教育机会的增加和少数民族高校毕业生数量的逐年增长。

中国政府对少数民族学生招生优惠政策主要表现为招生年龄限制放宽、成绩要求降低和优先录取等方面。如1950年教育部在《关于高等学校1950年度暑假招考新生的规定》中，第一次明确提出高校招生应对民族学生实行“照顾录取”的优惠政策。1955年12月下达的《关于放宽少数民族学生报考年龄的问题给广西省教育厅的函》中规定：“今后在各级学校招生规定报考年龄时，对少数民族学生报考年龄一般应比照当地规定放宽2~3岁。同时，当年毕业生报考时不受年龄大小之限制。”1956年7月的中华人民共和国高等教育部通知《关于优先录取少数民族学生事项》中规定：“今年在录取时，应该特别照顾他们。只要他们的学科成绩达到最低录取标准，汉语程度估计能够听懂讲课，则可予以优先录取。”1980年教育部、国家民委印发了经国务院批准的《关于加强民族教育工作的意见》规定：“高考招生，应对少数民族学生实行择优录取和规定比例适当照顾相结合的办法，在各民族自治地方，少数民族学生的录取的比例应力争不少于少数民族人口比例。”

随着国家一系列促进少数民族高等教育发展的政策持续有效地实施，接受高等教育的少数民族人数越来越多，少数民族高等教育的规模逐年扩大，少数民族高校毕业生的供给数量也逐年递增。

以普通高校少数民族本专科在校生数量来看，2006年普通高校少数民族本专科在校数为107.55万人，到2015达到214.29万人。

普通高校少数民族本专科在校生所占学生总数的比例也逐年增长，从2006年的6.19%上升到2015年的8.16%。其中，普通高校少数民族本科在校生所占的比例从2006年的6.87%上升到2015年的8.56%，专科在校生所占的比例从2006年的5.37%上升到2015年的7.57%。具体数值见表2－4所示。

表 2－4　2006—2015 年普通高校少数民族本专科在校生占学生占总数比[1]（单位:%）

年份	本专所占比例	本科所占比例	专科所占比例
2015	8. 16	8. 56	7. 57
2014	7. 82	8. 2	7. 24
2013	7. 47	7. 81	6. 95
2012	7. 44	7. 86	6. 82
2011	7. 31	7. 81	6. 61
2010	6. 76	7. 35	5. 99
2009	6. 58	7. 23	5. 78
2008	6. 33	6. 91	5. 64
2007	6. 12	6. 75	5. 37
2006	6. 19	6. 87	5. 37

以普通高校少数民族研究生在校生的数量来看，普通高校少数民族在校研究生数量，从 2006 年 5. 14 万增加到 2015 年的 10. 98 万。见图 2－5 所示。普通高校少数民族研究生在校人数每年增长的幅度达 11. 34%。

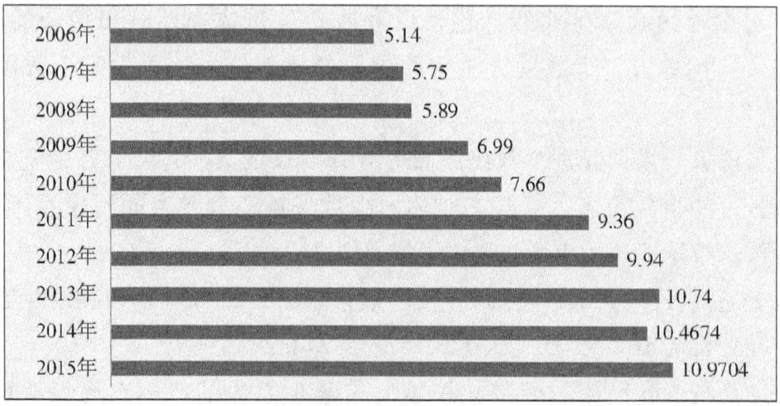

图 2－5　2006—2015 年普通高校少数民族研究生在校生数量[2]（单位：万人）

① 参见中华人民共和国教育部：《2006—2015 年教育统计数据》，2016－10－16，http://www.moe. gov. cn/。

② 参见中华人民共和国教育部：《2006—2015 年教育统计数据》，2016－10－16，http://www.moe. gov. cn/。

普通高校少数民族研究生在读人数占在读研究生总数的比例也由 2006 年的 4.26% 上升到 2015 年的 5.74%。具体比例情况如图 2-6 所示。

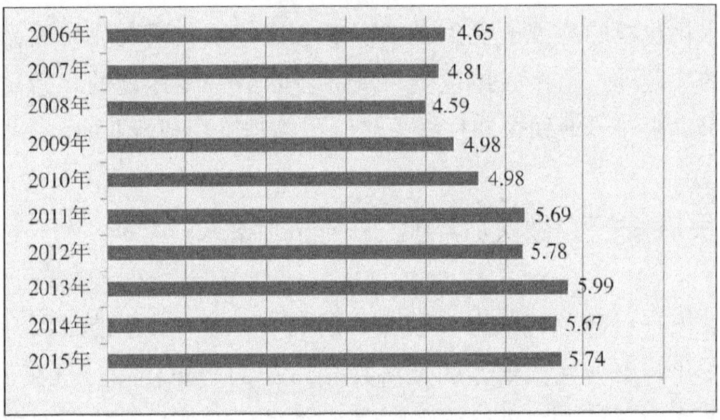

图 2-6　2006—2015 年普通高校少数民族研究生在校数占在读研究生总数比例①（单位:%）

整体而言，少数民族在普通高校就读（包括高职高专、本科、硕士和博士）人数也由 2006 年的 112.69 万上升到 2015 年的 225.27 万人。每年增长 11.26 万人。具体数值见图 2-7 所示。

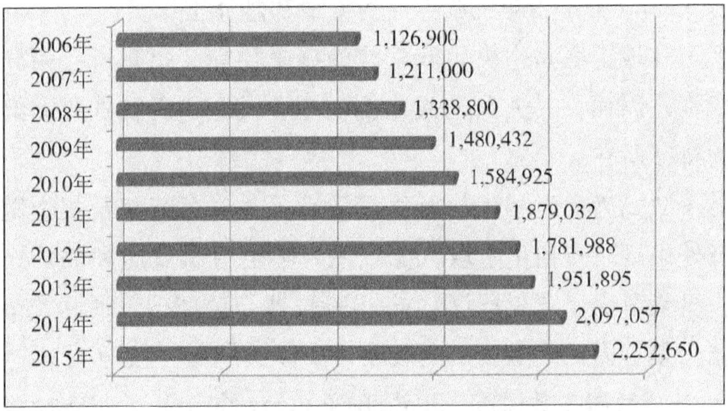

图 2-7　2006—2015 年普通高校少数民族在校生总数②

① 参见中华人民共和国教育部：《2006—2015 年教育统计数据》，2016-10-16，http://www.moe.gov.cn/。

② 参见中华人民共和国教育部：《2006—2015 年教育统计数据》，2016-10-16，http://www.moe.gov.cn/。

由此可见，中国少数民族高等教育发展取得了喜人成绩。然后，这也给少数民族高校毕业生的就业带来了较大压力。因为，民族院校毕业生的就业效果与求职人数以及求职者自身的就业观念、就业素质有着直接的联系。高等教育大众化阶段的高校毕业生若求职观念还停留在精英化阶段，显然是不利于就业的。此外，当用人单位要求求职者具有一专多能的高素质时，求职者的素质仍局限于专业知识和技能，显然也是难以顺利就业的。

二、民族院校少数民族毕业生所占比重大

民族院校有自己独特的办学使命，肩负着培养少数民族高级专门人才，传承民族文化、服务民族地区的经济社会发展的历史使命。早在1950年11月政务院批准的《筹办中央民族学院试行方案》对中央民族学院规定了三项基本任务：

1. 为国内各少数民族实行区域自治以及发展政治、经济、文化建设培养高级和中级的干部。

2. 研究中国少数民族问题，以及各少数民族的语言文字、历史文化、社会经济，发扬并介绍各民族的优良历史文化。

3. 组织和领导关于少数民族方面的编辑和翻译工作。

这三项内容规定既是中央民族学院的办学使命，也是所有民族院校必须要承担的职责。因而，其人员构成比例、专业设置、研究主题上都有区别于普通高校的特征所在。

国家对少数民族学生招生执行优惠政策，并对民族院校招生做出特别规定：一是省外民族院校招生录取，少数民族考生（含聚居和散居）原则上按70%投档；汉族考生（含长居汉）按30%投档。全部按普通高校最低控制分数线执行；二是省内民族院校招生录取，少数民族考生按70%投档（聚居少数民族占60%，散居少数民族考生占10%）；汉族考生按30%投档（长居汉考生占20%，其他考生占10%）。投档时，聚居少数民族考生执行聚居少数民族最低控制分数线，汉族考生（含长居汉）执行普通高校招生最低控制分数线。

民族院校少数民族学生比例高于普通高校，这是由特定的招生政策所决定的，是符合中国民族高等教育发展实情的，是非常必要和重要的。

我国现有15所民族院校。其中，国家民委直属6所：中央民族大学、中南民族大学、西南民族大学、西北民族大学、北方民族大学、大连民族大学。由地方省级人民政府管理的9所：广西民族大学、云南民族大学、内蒙古民族大学、湖北民族学院、贵州民族大学、青海民族大学、西藏民族大学、四川民族学院、呼和浩特民族学院。

关于民族院校生源构成的特征，我们以M民族大学为例加以说明，2011年，M民族大学招收本科生2823人，覆盖56个民族。其中，汉族学生1370人，占总数的48.5%；少数民族学生1453人，占招生总数的51.5%。在少数民族学生中，招收40名以上本科生的少数民族共计11个，分别是：回族(249人)、蒙古族（174人)、藏族（127人)、维吾尔族（85)、土家族（81人)、壮族（90人)、满族（105人)、朝鲜族（102人)、苗族（66人)、彝族（68人)、哈萨克族（48人)。2014年，M民族大学招收本科生2827人，覆盖56个民族，其中汉族学生1393人，占总人数的49.3%。招收少数民族学生1434人，占招生总数的50.7%。其中，招收40名以上本科生的少数民族有11个，分别是：回族（224人)、藏族（193人)、蒙古族(155人)、土家族（132人)、朝鲜族（95人)、满族（89人)、维吾尔族(84人)、彝族（74人)、壮族（72人)、苗族（65人)、哈萨克族（40人)。由此可见，M民族大学的生源构成中，少数民族学生占多数，56个民族学生全覆盖。

M民族大学的生源构成是民族院校生源构成一个缩影，大致反映了民族院校生源构成特征。

三、民族院校少数民族毕业生以文科类专业为主

从少数民族学生就读的专业来看，少数民族学生所选专业有三个方面的特点：一是文科类专业比例较大；二是理工科类专业比例偏低；三是费用较高的艺术类专业比例较低。

我们仍以M民族大学2011级本科生[①]专业分布为例，少数民族学生选择文科类专业比例超出少数民族学生所占同级本科生总数比，最高达到19.8个

① M民族大学2011级本科的信息来源于学生处所保存的数据。

百分点①，最低也有3.8个百分点。具体数值见表2－5所示。

表2－5　M民族大学2011级本科生中少数民族学生在文科类专业中所占比例

专业名称	财政学	公共管理	国际贸易	教育学	历史学	民族学	政治与行政学	宗教学
专业比例	59.5%	67.6%	55.3%	58.5%	71.1%	69.0%	61.5%	60.0%
比例差②	8	16.1	3.8	7.0	19.6	17.5	10	8.5

注：M民族大学2011级本科生中少数民族学生占同级本科生总数的51.5%。

少数民族本科生在理工类的专业中所占的比例低于其所占总比例，统计学专业所占比例最低，仅为41%，比其所占总比例低10.5个百分点，其他理工类专业的比例也低于其总比例，具体数值见表2－6所示。

表2－6　M民族大学2011级本科生中少数民族学生在理工类专业中所占比例

专业名称	光信息科学	计算机科学技术	统计学	信息与技术科学	应用物理	自动化	环境科学
专业比例	42.9%	44.6%	41.0%	47.2%	45.7%	48.6%	50.8%
比例差	－8.6	－6.9	－10.5	－4.3	－5.8	－2.9	－0.7

在M民族大学的艺术类专业中，少数民族本科生所占的比例偏低，远远低于其所占总人数比例，具体数字如表2－7所示。这可能是因为艺术类专业学费高，且在入学之前要投入大量的培训和训练费用之故。即使在少数民族器乐方面，少数民族学生所占比例也很低，仅为8.3%，低于总比的43.2个百分点。

---

① 其计算方法为：就读该专业少数民族本科生所占比例减去该年级所有少数民族本科生占该年级本科生总数比例所得的差，如2011年，M民族大学少数民族本科生占当年所招本科生总数的51.5%，2011级的少数民族本科生就读财政学专业的比例是59.5%。

② 其计算方法为：就读该专业少数民族本科生所占比例减去该年级所有少数民族本科生占该年级本科生总数比例所得的差，如2011年，M民族大学少数民族本科生占当年所招本科生总数的51.5%，2011级的少数民族本科生就读财政学专业的比例是59.5%，专业比例减少本科生人数比例所得的差为8。

表 2-7 M 民族大学 2011 级本科生中少数民族学生在艺术类专业中所占比例

专业名称	舞蹈学	环境艺术	影像艺术	服装艺术	钢琴表演	声乐表演	油画	中国画	音乐表演	音乐教育	少数民族器乐	音乐学
专业比例	29.6%	2.9%	13.3%	16%	17.7%	20.0%	16.0%	10.0%	6.7%	17.7%	8.3%	40.0%
比例差	-21.9	-48.6	-38.2	-35.5	-33.8	-31.5	-35.5	-41.5	-44.8	-33.8	-43.2	-11.5

当前，中国高校毕业生的就业形势是，文科类毕业生供给量大于理工农医毕业生。以 2014 年全国毕业生的本科生数量为例，理工农医类本科毕业生共计 1657074 人，占当年毕业本科生总数的 48.5%，而文科类专业本科毕业生占 51.5%。而在中国人才就业市场上，用人单位对理工农医类专业的毕业生需要量大于文科类专业的毕业生需求量。因而，以文科毕业生占多数的民族院校，其毕业生就业难度是显而易见的。

第三章 民族院校毕业生的就业现实

在高校毕业生数量逐年增加的形势下，在中国高等教育迈入大众化的门槛之后，民族院校毕业生就业状况如何呢？

本书课题组在充分研究文献和预调研的基础上，开发出民族院校毕业生就业状况调研的问卷和访谈工具，并于2011年5月对中央民族大学、大连民族大学、内蒙古大学、内蒙古师范大学、内蒙古民族大学、中南民族大学、西南民族大学、广西民族大学、西北民族大学、新疆石河子大学十所高校的2011届本科毕业生进行了抽样调查，共发放问卷9000份，回收有效问卷7936份，有效问卷率达88.2%。为了探究民族院校毕业生就业状况，下面仅对中央民族大学中南民族大学、西南民族大学、西北民族大学、大连民族大学、内蒙古民族大学、广西民族大学这七所民族院校的6666份有效问卷进行分析。这七所民族院校问卷基本信息见表3－1所示。

表3－1 七所民族院校抽样的基本信息（总人数为6666人）

	性别		民族		户籍地				户籍性质		是否贫困生		高考文字	
类别	男	女	汉族	少数民族	京津冀	东部	中部	西部	农业	非农	是	否	汉文	民族文字
人数（人）	311	3555	3761	2905	612	1992	1360	2702	3724	2942	2928	3738	5589	1077
比例（%）	46.7	53.3	56.5	43.5	9.2	29.9	20.5	40.5	56.4	43.6	43.9	56.1	83.8	16.2

民族院校毕业生的就业状况涉及对就业的期望、是否就业、所就业的区域、就业的单位类型、就业的薪酬、就业的满意度以及影响其就业的因素、

提高就业效果的期望与建议等方面。

第一节　民族院校毕业生对就业的期望

对就业的期望主要调查民族院校毕业生期望的就业薪酬、就业区域、就业岗位与专业对口程度。

一、对就业薪酬的期望

从统计数值看，所调研的这七所民族院校，毕业生期望的就业薪酬绝大多数都在月均2000元以上，其中，2000～3000元的比例最高，为37.6%；其次，是3000～4000元，为24.1%；期待薪酬在4000元以上的有21.4%。

在这些毕业生中，少数民族毕业生对月薪的期望，选择4000元以上的占21.9%，选择3000～4000元的占23.4%，选择2000～3000元的占38.2%，选择1000～2000元的占12.2%，选择1000元以内的占3.5%，选择零薪酬的占0.8%。这与所调查对象对就业薪酬期望的整体趋势是基本一致的，具体数值见表3－2所示。

表3－2　七所民族院校毕业生和少数民族毕业生对就业薪酬的期望

期望的薪酬	毕业生期望的百分比	少数民族毕业生期望的百分比
零薪酬	0.9%	0.8%
1000元以内	3.3%	3.5%
1000～2000元	12.5%	12.2%
2000～3000元	37.6%	38.2%
3000～4000元	24.1%	23.4%
4000元以上	21.4%	21.9%

据北京青年压力管理服务中心与新浪网教育频道联合发布的《2012中国大学生就业压力调查报告》报道，2012年参与调查的普通高校毕业生期望的

月薪主要集中分布在3000～5000元，期望3001～5000元的占调查总样本的39.2%，具体数值见图3－1所示。[①] 从就业薪酬的期望来看，时隔两年，全国普通高校毕业生就业薪酬的期望水平明显高于民族院校毕业生就业薪酬的期望水平。

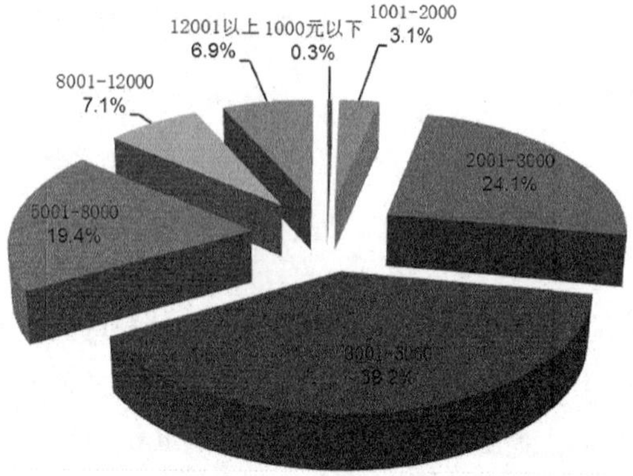

图3－1　总体人群的期望月薪（单位：元）

北京青年压力管理服务中心与新浪网教育频道联合发布的高校毕业生就业薪酬期望较高，也可能与调研的对象构成有一定关系。该报告的数据来源不是单纯的应届毕业生，其中有29.3%的往届毕业生和38.3%的在校1～3年级的学生。而应届毕业生仅占26.9%。该报告的数据来源人员分布见图3－2所示。

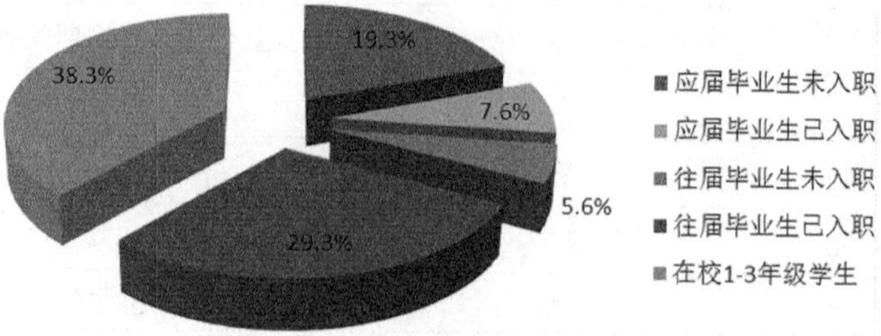

图3－2　调查对象的人员分布

---

① 参见熊汉忠：《2012中国大学生就业压力调查报告》，载 http://career.eol.cn/re_dian_4673/20120522/t20120522_779371_3.shtml，2012－05－22。

二、对就业区域的期望

调研结果显示，民族院校毕业生选择到东部地区就业所占比例最高，达到37.5%，而期望在京津冀地区就业的占19.7%，两者合计达到57.2%，这个比例还是较高的，具体数值见图3－3所示。

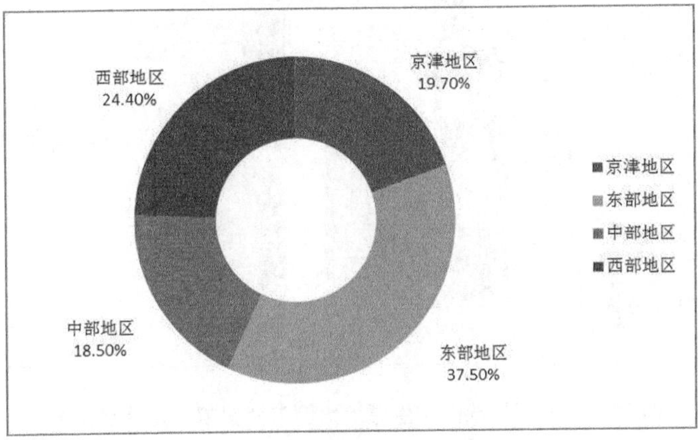

图3－3 七所民族院校毕业生期望的就业区域

与生源地的比例相比较我们不难看出，期望在京津冀地区和东部地区就业的比例高于生源地比例，愿意去京津冀地区就业的比例高出生源地比例10.5个百分点，期望到东部地区就业的比例也高出生源地比例的7.6个百分点，期望去中部地区就业的比例与学生来自中部地区的比例相差不大，仅高出生源地比例2个百分点，最大差距的是西部地区，期望去西部地区就业的比例要比生源地所占比例少16个百分点，这表明民族院校毕业生愿意去西部地区就业状况的不容乐观，具体数值见表3－3所示。

表3－3 七所民族院校生源地比例与期望就业地比例情况

区域	生源地	期望就业地	期望地比例与生源地比例差
京津冀地区	9.2%	19.7%	10.5
东部地区	29.9%	37.5%	7.6
中部地区	20.5%	18.5%	－2.0
西部地区	40.5%	24.4%	－16.1

为了直观地显示高校毕业生生源地比例与期望就业地比值之间的关系，我们采用对比柱状的图形式对表 3 －3 内容进行呈现。从图 3 －4 可以直观地看出，中部和西部地区对高校毕业生吸引力不足。

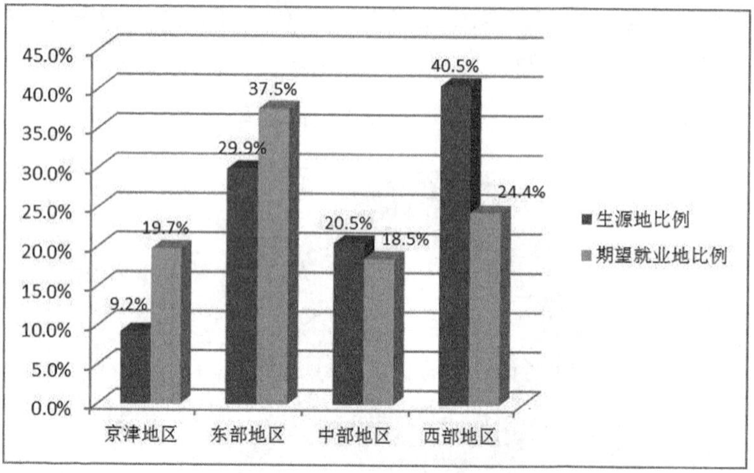

图 3 －4　七所民族院校生源地比例与期望就业地比例关系

就少数民族高校毕业生而言，愿意到西部地区就业的少数民族高校毕业生比例与其生源地比例相比也是较低的，来自西部的少数民族高校毕业生占 49. 8%，而期望到西部地区就业的少数民族高校毕业生的比例仅为 34. 9%，两者相差 14. 9 个百分点。较高比例的毕业生期望在东部地区就业，这为西部地区人才流失埋下了隐患。从少数民族高校毕业生期望就业地比例与少数民族高校毕业生生源地比例之差可以看出，京津冀地区和东部地区对少数民族高校毕业生具有较强的吸引力，具体数值见表 3 －4 所示。

表 3 －4　七所民族院校少数民族毕业生生源地比例与期望就业地比例

区域	生源地比例	期望就业地比例	期望就业地比例与生源地比例差
京津地区	9. 1%	18. 8%	9. 7
东部地区	25. 8%	30. 6%	4. 8
中部地区	15. 3%	15. 7%	0. 4
西部地区	49. 8%	34. 9%	－14. 9

为了直观地显示少数民族高校毕业生生源地比例与期望就业地比值之间的关系，我们同样采用对比柱状图的形式对表3－4内容进行呈现。从图3－5可以直观地看出，西部地区对高校毕业生吸引力不足，呈现人才流失的现状，而东部地区和京津冀地区是吸引少数民族高校毕业生流入的就业区域。

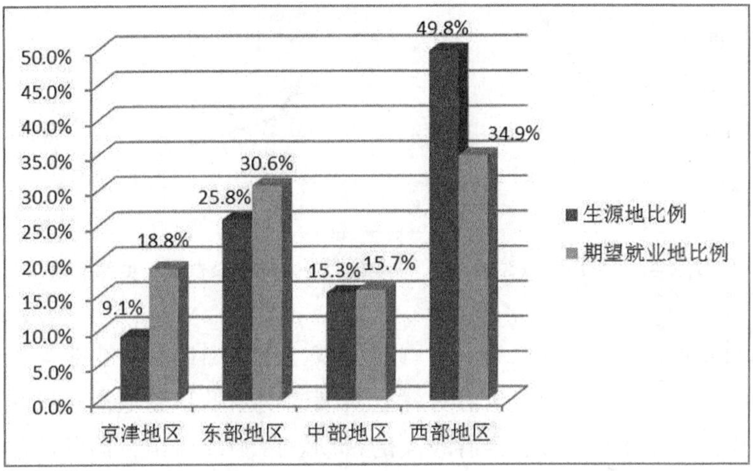

图3－5　七所民族院校少数民族学生生源地比例与期望就业地比例关系

三、对就业岗位与专业对口程度的期望

调研结果显示，对于民族院校毕业生对就业时与所学专业是否相关的期望情况如下：期望非常相关的比例并不太高，仅为16.3%，更多的毕业生期望能够在一定程度上相关，其比例达到67.3%。期望就业岗位能够与所学专业在一定程度上相关的比例较高，是较为合理的期望，毕竟大学四五年的学习磨练，在专业方面投入较多，积累也较多，具备一个专业人员的潜质，所学的知识技能能够在工作岗位上得以发挥，是利己、利人、利国的。期望就业岗位与自己所学专业不相干的占总数2.6%，具体数值见图3－6所示。这个数值也是合理的，毕竟有些学生所学专业并非自己喜欢，他们并不希望将来的工作与自己不喜欢的专业有关联。在尊重个性发展的今天，知识青年这种选择是值得尊重的。

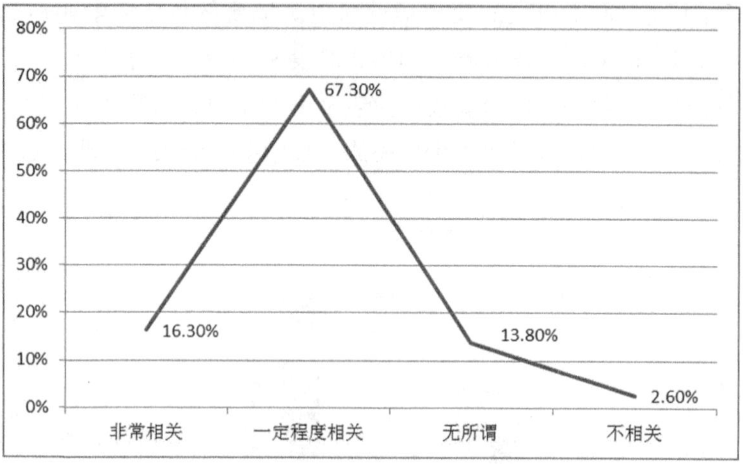

图3-6　七所民族院校毕业生对就业岗位与所学专业相关的期望

民族院校毕业生对就业薪酬、就业区域、就业岗位与专业对口程度的期望总体而言是比较合理的。他们对就业薪酬的期望低于普通高校毕业生总体的期望水平，这对他们就业会有较大的帮助。因为政府出台的各项政策和所采取的扶助性的就业措施，如特岗教师、公益性岗位、"三支一扶"，其工资水平与民族院校毕业生期望的薪酬水平较为接近，这有助于民族院校毕业生能够较为愉快地接受该类就业岗位。

民族院校毕业生对就业区域的期望相对偏高，愿意到京津冀地区和东部地区就业的比例较高，这是不利于毕业生就业的。毕竟，这两个地区能够吸纳毕业生的容量有限，因而竞争压力较大，就业难度随之也会大大增加。好在民族院校毕业生能够较为客观地看待这项落差现象，也能够接受非自己所期望地区的就业岗位。这从去东部地区就业的比例低于期望的比例，而去西部地区就业比例高于期望的比例可以看出，民族院校毕业生较为务实的就业心态。这从后面少数民族毕业生去西部就业比例较高的事实得以证明。

民族院校毕业生对就业岗位与专业对口程度的期望与实际是较为吻合的。他们期望非常相关的有16.3%，而实际就业的毕业生的岗位与其专业对口程度达到了17.8%。他们期望就业岗位与其专业一定程度相关有67.3%。一定程度相关的期望比例较高为他们就业时保持平和的心态，做到灵活就业奠定了较好的心理基础。因此，实际就业岗位与专业对口程度不相关的比例达到33.1%时，他们依然能够坦然接受。

概而言之，民族院校毕业生对就业薪酬的期待、对就业岗位与专业对口程度的期望有助于其就业。

第二节　民族院校毕业生就业的现状

了解民族院校毕业生就业的现状，主要从是否确定就业单位、到西部就业的比例、就业单位的性质、工作岗位与专业对口程度、对就业满意度这几个方面展开。

一、确定单位的比例不高

调研结果显示，所调研的七所民族院校毕业生在6月初已经确定单位的比例仅为26.8%，这个比例不是非常理想。从统计结果看，自主创业的比例为12.0%，这属于是学生打算自主创业的情况，而不是已经创业的情况，因为调研时学生尚未毕业，具体数值见图3－7所示。

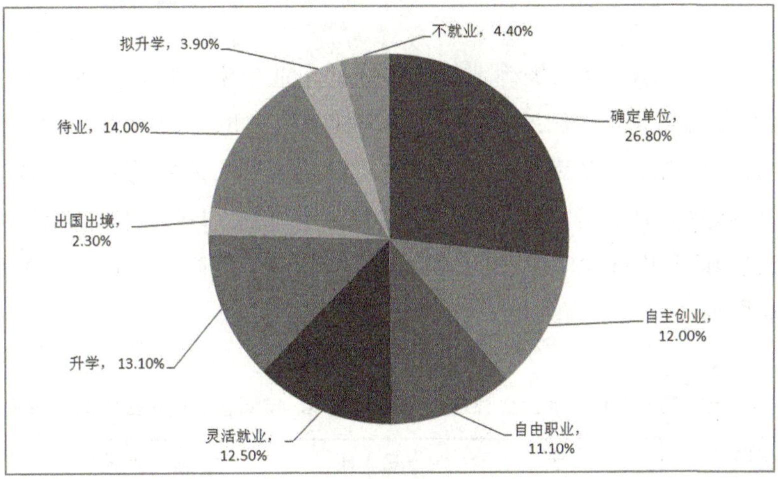

图3－7　七所民族院校毕业生就业的状况

对于民族院校的少数民族学生而言，少数民族高校毕业生确定单位的比例略高于汉族高校毕业生，但在自主创业、灵活就业和升学方面，汉族高校毕业生均高于少数民族高校毕业生。少数民族高校毕业生待业的比例高出汉族高校毕业生 4 个百分点。具体数值见图 3 – 8 所示。

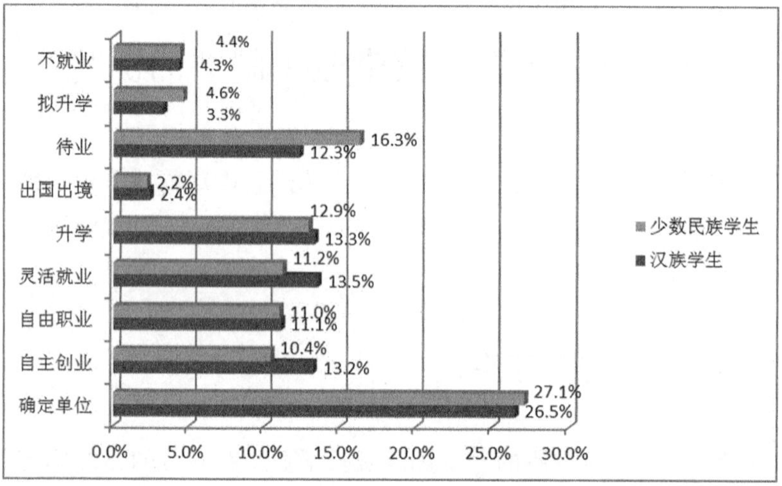

图 3 – 8　七所民族院校的汉族和少数民族毕业生就业的状况

二、到西部就业的比例较高

调研结果显示，在已经确定就业单位的毕业生中，其单位所在地位于西部地区的占 32.9%，比例最高，但比生源地 40.5% 的比例还是低 7 个百分点，比期望就业地高 8 个多百分点。这反映出毕业生较为矛盾的心理，虽然想到东部地区就业，但是实际上更多的学生往往是在西部地区落实了就业单位。在京津冀地区和中部地区就业的比例与所期望的比例高度一致。具体数值见表 3 – 5 所示。

表 3 – 5　七所民族院校毕业生生源地、期望就业地、实际就业地所占比例（单位:%）

区域	生源地	期望就业地	实际就业地所占比例
京津冀地区	9.2	19.7	19.8
东部地区	29.9	37.5	28.5
中部地区	20.5	18.5	18.8
西部地区	40.5	24.4	32.9

就少数民族高校毕业生而言，其在西部就业的比重较高，占就业总数的42.2%。值得注意的是，少数民族高校毕业生在京津冀地区就业的比例高出其生源地比例的10.9个百分点。具体数值见表3－6所示。

表3－6　七所民族院校汉族与少数民族高校毕业生生源地与就业地比例（单位：%）

地区	汉族毕业生		少数民族毕业生	
	生源地	就业地	生源地	就业地
京津冀地区	9.3	19.8	9.1	20.0
东部地区	33.2	32.3	25.8	22.8
中部地区	24.5	21.4	15.3	15.0
西部地区	33.0	26.5	49.8	42.2

为了直观反映来自七所民族院校汉族学生与少数民族学生在各地区就业的比例关系，我们将表3－6的数据用柱状图形式进行了呈现，见图3－9所示。从图3－9可以直观地看出，在西部地区，少数民族毕业生就业比例高出汉族毕业生仅16个百分点。

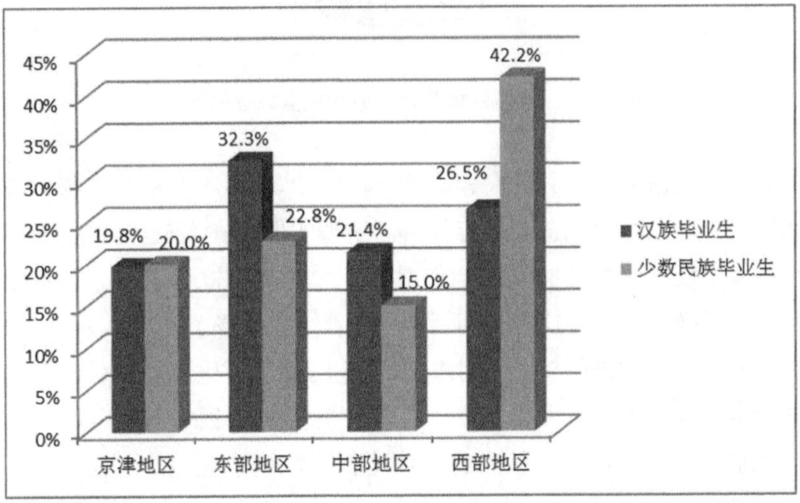

图3－9　七所民族院校汉族与少数民族高校毕业生在各区域就业的比例

三、在私营企业就业的比例较高

调研结果显示，民族院校毕业生已经确定就业单位的，属于私营企业的占26.7%，位居第一，其次是在政府机关就业，占19.9%。排在第三位、第四位、第五位的分别是外资企业、国有单位、事业单位，其比例分别为16.4%、12.7%、11.6%，具体数值见图3－10所示。

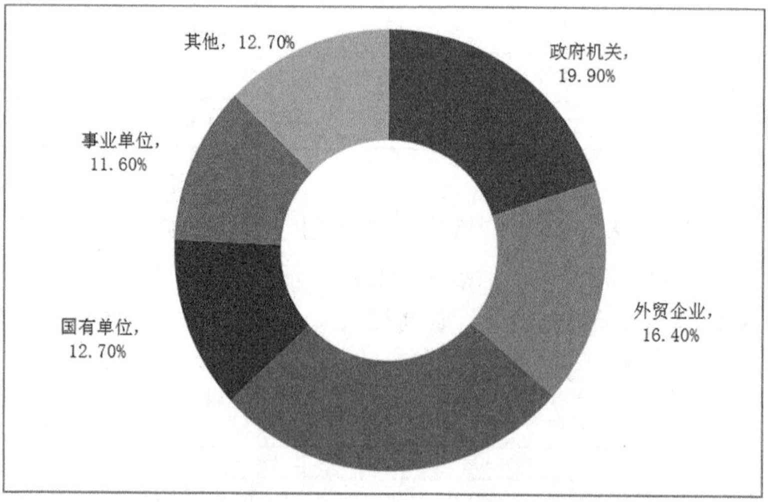

图3－10　7所民族院校毕业生就业单位的类型

从调研的数据来看，只要是落实单位的，单位都还不错。这与毕业生就业初期宁缺毋滥的择业观念有一定关系。实践表明，在高校毕业生就业初期，尤其是毕业生没有离校的时候，他们对就业单位有较高的要求，他们宁缺毋滥，不愿降低择业标准，这是初期就业率不高（26.8%）的原因所在。

对比七所民族院校的汉族毕业生和少数民族毕业生就业单位类型，少数民族毕业生在政府机关、事业单位、国有企业就业的比例均高于汉族毕业生。而在“创业”“私营企业”就业的比例均低于汉族毕业生。这表明了少数民族毕业生求稳心理和在体制内就业的倾向更为显著，具体数值见图3－11所示。

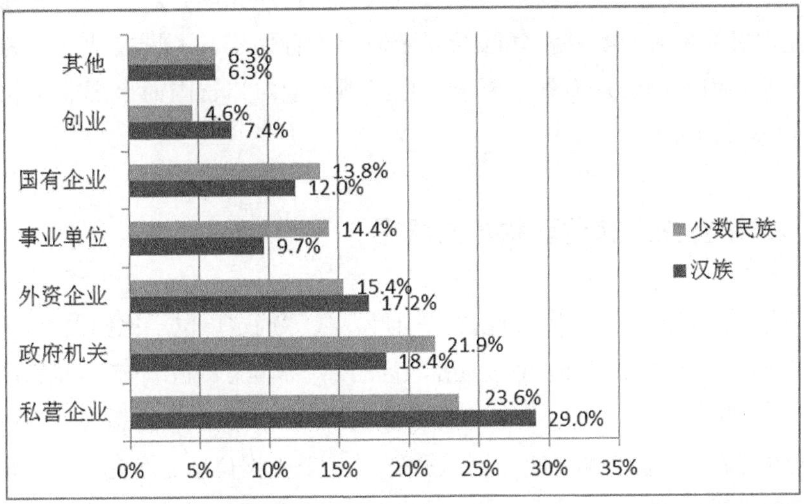

图 3－11 七所民族院校的汉族毕业生与少数民族毕业生在不同单位就业的比例

四、三分之一的就业岗位与专业不对口

调研的结果显示，民族院校毕业生已经确定就业单位的，有三分之一的岗位与所学专业不相关，而一定程度的相关占总数的 49.1%，非常相关的仅占 17.8%。

实际相关程度与期望相关程度的差距还是较为明显，就业岗位与专业一定程度的相关的实际比例低于期望比例 18 个百分点，而实际岗位与所学专业不相关的实际比例高出期望无所谓和不相关比例之和 16 个百分点，具体数值见表 3－7 所示。

表 3－7 七所民族院校毕业生期望与实际的就业岗位与专业对口程度

相关程度	期望相关比例	实际相关比例
非常相关	16.3%	17.8%
一定程度的相关	67.3%	49.1%
无所谓	13.8%	—
不相关	2.6%	33.1%

这种就业状况与本科教育属于通识教育的性质相吻合。在中国研究生教育快速发展的今天，本科教育已经属于通识教育性质，不再被社会视为高级专门人才。用人单位并不刻意要求学生必须专业对口，因而出现非常相关的仅为17.8%的现状。

五、毕业生对就业现状较为满意

调研的结果显示，七所民族院校毕业生尽管“确定单位”比例仅为26.8%，但是毕业生对就业现状的满意程度还是较高的，非常满意的占7.9%，较为满意占39.1%，两者合计达到47%。这反映了当前的大学生对就业新常态（体现在不能及时全部就业、在非体制内就业比例逐级扩大、就业岗位稳定性变小等方面）已经有了较为理性的认识，不为没有及时就业而过分焦虑与不满，不为没有进入理想的就业单位而抱怨愤懑，而是保持了一份较好的心态。

就民族院校少数民族毕业生对就业状况满意度而言，整体的满意度还是较高的，与汉族毕业生对就业满意度相当，具体数值见表3－8所示。

表3－8　七所民族院校汉族学生与少数民族学生对就业状况的满意度（单位:%）

满意状况	汉族毕业生	少数民族毕业生
非常满意	7.6	8.0
较为满意	32.8	29.2
一般	45.7	47.9
较为不满意	9.8	10.1
非常不满意	4.1	4.8

第三节　民族院校毕业生就业的影响因素

关于民族院校毕业生就业的影响因素，我们从国家政策、学校声誉、就业观念、就业技巧、专业素质、所获证书、性别、民族、户籍、社会关系、家庭经济及综合素质等方面进行调查。

一、专业素质、学校声誉、就业技巧对就业影响较大

调研结果显示，在可能影响民族院校毕业生就业的诸种因素中，专业素质、学校声誉、就业技巧被排在前三位，比例分别是64.8%、62.0%、38.6%，而民族、户籍、家庭经济被排在后三位，具体数值见表3－9所示。

表3－9 七所民族院校毕业生对影响其就业因素的选择（单位:%）

专业素质	学校声誉	就业技巧	国家政策	证书	就业观念	综合素质	社会关系	性别	家庭经济	户籍	民族
64.8	62.0	38.6	37.0	33.5	34.4	32.9	29.3	27.1	20.2	19.6	18.5

这样的调研结果表明，民族院校毕业生不再从自身无法改变的客观因素方面来看待影响其就业的因素，更多侧重于从自身可以努力改变的方面来看待影响其就业的因素。像专业素质和就业技巧，这些都是毕业生自身可以努力改变的要素，即使是学校声誉，学生群体也能够通过自身努力塑造好学校形象，从而提升学校的社会声誉。

当然，汉族毕业生与少数民族毕业生对影响其就业因素的选择是有差异的。汉族毕业生比少数民族毕业生更多感受到学校声誉对其就业的影响，而少数民族毕业生则认为专业素质和就业技巧对其就业的影响更为明显，其选择比例高于汉族毕业生。另外，少数民族毕业生更强烈地感受到民族身份对其就业的影响，高出汉族毕业生4.3个百分点，而汉族毕业生比少数民族毕业生更强烈地感受到学校声誉和性别对其就业的影响，其所选的比例均高于少数民族毕业生。具体数值见表3－10所示。

表3－10 七所民族院校汉族毕业生和少数民族毕业生对影响其就业因素的选择（单位:%）

影响因素	学校声誉	专业素质	就业技巧	国家政策	证书	就业观念	综合素质	社会关系	性别	民族	户籍	家庭经济
汉族	65.9	64.5	37.4	35.6	34.4	35.0	33.2	30.5	28.8	16.6	20.8	20.5
少数民族	57.0	65.2	40.0	38.9	32.4	33.8	32.4	27.9	24.8	20.9	18.2	19.8

二、英语、计算机和上岗证书对毕业生就业影响较大

在证书系列中，哪些证书是助于高校毕业生就业呢？针对“为了找到理想的工作，除大学文凭外，你认为哪些证书比较重要（限选三项）”的调查题项，回答情况是这样的：英语四六级证书、计算机等级证书、专业人员上岗证书排在前三位，其被选比例分别为77.2%、69.4%、62.6%。而在位列前三项的证书选择中，少数民族毕业生选择的比例均高于汉族毕业生。这在一定程度表明，少数民族毕业生在求职过程中比汉族毕业生遭遇更多的证书短缺的尴尬，从而更加迫切感受这些证书对就业的重要性，具体数值见表3－11所示。

表3－11　七所民族院校毕业生对影响其就业证书的选择情况（单位:%）

证书类型	英语四六级证书	计算机等级证书	专业人员上岗证书	奖学金证书	驾驶证	优干三好生证书
总体比例	77.2	69.4	62.6	54.4	41.4	37.2
汉族学生	76.7	68.1	61.8	55.3	43.3	37.1
少数民族学生	77.7	71	63.8	53.3	38.9	37.4

三、经验、学校、地域、户籍等让毕业生感到就业被歧视

针对就业是否有歧视的问题，本次调研设置了“你就业过程中是否遭遇歧视（没有受歧视，该题不做），若受歧视，选出主要的三项”的题其，统计结果显示，选择经验歧视的占总人数的48.3%，即二分之一的毕业生感到招聘单位有经验歧视问题；其次是学校歧视，占总人数的38.4%；第三是地域歧视，占总人数的35.8%；户籍歧视被排在第四位，占总人数的28.9%。这是因为来自京津冀地区的毕业生仅为9.2%，而有19.7%的毕业生期望在京津冀地区就业。在北京，有明显的户籍歧视，很多用人单位明确要求应聘者是北京市常住户籍。这就让期望到北京就业的毕业生强烈地感受到户籍歧视，而民族歧视是所有歧视项目中比例最低的一项，仅占总数的10.6%。

但值得注意的是，有 12.7% 的少数民族毕业生感受到就业时有民族歧视，具体数值见表 3－12 所示。这就需要媒体多加宣传，让社会各界更加了解各少数民族的文化，从而逐步消除对不同民族的刻板印象，促进少数民族毕业生就业。

表 3－12　七所民族院校毕业生在就业时对歧视现象的感受（单位:%）

类型数量	经验歧视	学校歧视	地域歧视	户籍歧视	性别歧视	相貌歧视	身高歧视	民族歧视
总体	48.3	38.4	35.8	28.9	27.5	16.2	14.1	10.6
汉族	50.2	40.1	39.5	31.3	27.5	16.8	14	8.7
少数民族	46	36.4	31.2	26	27.5	15.5	14.1	12.7

第四节　民族院校毕业生对学校教育教学工作评价

关于毕业生对民族院校教育教学工作的评价，我们从整体评价、学校声誉对就业帮助程度、所学专业社会影响力对就业帮助程度、就业指导服务对就业帮助程度、课程设置对就业帮助程度、学校组织实践活动对就业的帮助程度、教育评价制度对就业帮助程度等方面进行调查。

一、对学校教学评价较好

针对“你对学校本科教学水平的整体评价”的问卷调查，七所民族院校的毕业生回答很好的占 12.6%，较好的占 36.1%，两者合计 48.7%，即接近一半的毕业生对学校教学评价是较好以上的，具体数值见表 3－13 所示。这反映了当代大学生更具有责任担当的意识，不对外部因素做更多的抱怨，能够以欣赏和感激的心态来看待自己的受教育状态。这是可喜的现象。

表 3－13　七所民族院校毕业生对学校教学工作的评价（单位:%）

评价等级	很好	较好	一般	较差	很差	不知道
总体水平	12.6	36.1	44.8	4.7	1.4	0.5
汉族	13.5	36.6	43.3	4.6	1.5	0.5
少数民族	11.4	35.4	46.6	4.7	1.3	0.5

二、学校声誉对就业帮助不大

关于学校声誉对毕业生就业的帮助，调查结果显示，选择帮助很大的占 22.8%，选择帮助一般的占 44.9%，选择妨碍就业的仅占 3.7%，具体数值见图 3－12 所示。已经确定了就业单位的民族院校毕业生，较大比例是在西部地区就读。西部地区多为民族地区，对民族院校还是相当认可的。从整体而言，绝大多数的毕业生没有感觉到民族院校对自己就业的妨碍。

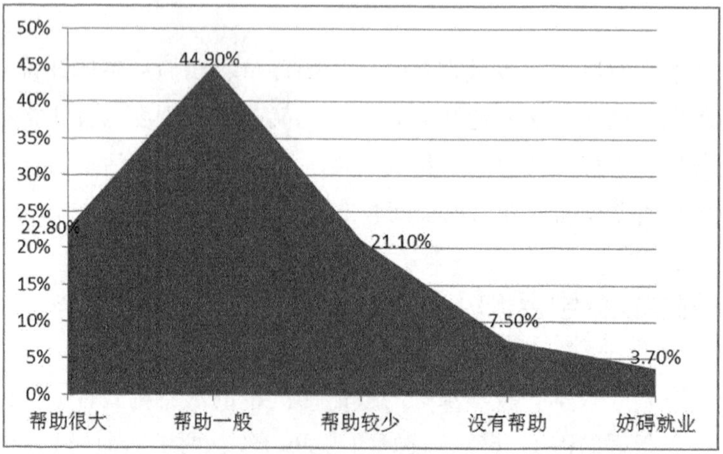

图 3－12　七所民族院校毕业生对学校声誉对其就业帮助的评价

但就少数民族毕业生而言，其对学校声誉对其就业帮助的评价略高于汉族毕业生。帮助很大和帮助一般两者合计，少数民族毕业生为 68.3%，汉族毕业生为 67.1%，少数民族毕业生略高于汉族毕业生的评价，具体数值见表 3－14 所示。

表3－14 七所民族院校汉族毕业生和少数民族毕业生对学校声誉对其就业的帮助的评价（单位:%）

评价情况	帮助很大	帮助一般	帮助较少	没有帮助	妨碍就业
汉族	24.5	42.6	21.3	7.9	3.7
少数民族	20.3	48.0	20.8	7.0	3.7

三、所学专业社会影响力对就业帮助较大

调研结果显示，民族院校毕业生在评价自己所学专业的社会影响力对其就业的帮助程度时，选择帮助很大的占22.6%，选择帮助一般的占45.3%，而选择妨碍就业的仅为2.4%。这表明毕业生对自己所学专业的认可度较好，没有出现遇到困难找客观原因的推卸责任的心理倾向，而是较为乐观地看待自己所学专业。汉族毕业生对专业的社会影响力促进其就业的评价略好于少数民族毕业生，汉族毕业生选择帮助很大和帮助一般比例合计为68.9%，比少数民族毕业生高2.2个百分点，具体数值见表3－15所示。

表3－15 七所民族院校毕业生对所学专业社会影响力帮助其就业的评价（单位:%）

评价情况	帮助很大	帮助一般	帮助较小	没有帮助	妨碍就业
总体比例	22.6	45.3	22.8	6.9	2.4
汉族学生	24.2	44.7	22.1	6.8	2.2
少数民族学生	20.6	46.1	23.8	6.9	2.6

关于毕业生对自己专业的认同度，我们还设置了“如果回到4年前，你是否还会选择目前所就读专业”的调查题项，统计结果显示，仅有53.2%的学生选择目前所读专业。这个比例并不让人振奋。

四、少数民族毕业生评价学校就业指导服务的作用比汉族毕业生低

学校的就业指导与服务工作直接与毕业生的就业活动和效果相关，因而

毕业生对学校的就业指导与服务工作的感受最为真实。从调研结果看，毕业生对学校提供的就业指导和服务的评价比学校声誉与专业对其就业帮助要低。选择帮助很大的占 17.2%，比学校声誉和专业低 5 个百分点，选择帮助一般的占 37.8%，也低于学校声誉和专业 7 个百分点。

就少数民族毕业生而言，其对学校就业指导与服务帮助其就业的评价略低于汉族毕业生，少数民族毕业生选择帮助很大和帮助一般的比例合计为 53.6%，低于汉族毕业生 2.5 个百分点，具体数值见表 3－16 所示。

表 3－16　七所民族院校毕业生对学校就业指导服务帮助其就业的评价（单位:%）

评价情况	帮助很大	帮助一般	帮助较小	没有帮助	妨碍就业
总体比例	17.2	37.8	30.4	13.4	1.3
汉族学生	19.0	37.1	29.7	13.1	1.2
少数民族学生	14.8	38.8	31.3	13.7	1.4

这种评价状况与毕业生所接受到的就业指导服务现状是相互印证的。在"你从学校获得了哪些就业指导（可多选）"调查中，选择职业生涯规划的占 76.1%，选择入学教育的占 54.5%，选择就业指导的占 58.4%，选择求职技巧辅导的占 45.2%，选择个体咨询的占 18.7%，选择没有参加的占 21.4%，具体数值见表 3－17 所示。

表 3－17　七所民族院校毕业生接受学校提供服务的情况（单位:%）

接受服务	职业生涯规划	就业指导	入学教育	求职技巧辅导	个体咨询	没有参加
总体比例	76.1%	58.4%	54.5%	45.2%	18.7%	21.4%
汉族	76.6	61.4	55.3	47.5	19.9	21.0
少数民族	75.3	54.6	53.5	42.3	17.1	21.8

从表 3－17 可以看出，少数民族毕业生接受学校就业指导和求职技巧辅导的比汉族毕业生少一些。出现这种情况可能与少数民族毕业生面向市场就业的积极性和紧迫性略显淡薄些，从而不会积极、主动地参与学校提供的有关就业指导服务和相关培训活动。

五、课程设置对就业帮助一般

课程体系是人才培养的重要载体，合理的课程结构有助于培养素质全面的毕业生，并能帮助其就业。从调研结果来看，民族院校课程设置对毕业生就业的帮助并不令人乐观，选择帮助很大的占 18.6%，低于学校声誉和专业对就业的帮助比例，选择帮助一般的占 43.2%。汉族毕业生对学校课程设置与其就业关系所做的肯定性评价略高于少数民族学生。汉族毕业生选择帮助很大和帮助一般的比例合计为 62.6%，高于少数民族毕业生 0.8 个百分点，具体数值见表 3－18 所示。

表 3－18　七所民族院校毕业生对课程设置帮助其就业的评价（单位:%）

评价情况	帮助很大	帮助一般	帮助较小	没有帮助	妨碍就业
总体比例	18.6	43.2	27.5	9.1	1.6
汉族毕业生	19.9	42.7	26.5	9.3	1.5
少数民族毕业生	18.6	43.2	27.5	9.1	1.6

六、学校组织实践活动帮助学生就业的效果有待增强

教育实践活动是促进学生理论联系实际，将知识转化为动手能力的重要途径。有计划地开展教育实践活动对培养责任意识和较强专业工作能力都是非常必要和重要的。学生自主择业的过程其实就是毕业生综合素质和能力展示的过程，而这些综合素质和能力离不开教育实践活动的锤炼，从学校组织教育实践活动对毕业生就业帮助的角度可以反观学校教育工作的实效性和努力改进的方向。

调研的结果显示，七所民族院校毕业生对学校组织的教育实践活动对其就业帮助的评价，选择帮助很大的占 18.6%，选择帮助一般的占 38.6%，均低于学校声誉和专业对其就业帮助的比例。其中，汉族毕业生对学校组织教育实践活动帮助其就业的肯定性评价的比例略高于少数民族毕业生，具体数值见表 3－19 所示。从中可以看出，民族院校要进一步加强教育实践工作。

表 3-19　七所民族院校毕业生对学校组织的教育实践活动帮助其就业的评价（单位:%）

帮助情况	帮助很大	帮助一般	帮助较小	没有帮助	妨碍就业
总体比例	18.6	38.6	28.5	12.6	1.8
汉族毕业生	19.6	37.9	28.0	12.9	1.6
少数民族毕业生	17.3	39.6	29.0	12.1	2.0

七、教育评价制度对就业帮助不大

教育评价标准是一个指挥棒，它指引着师生行动的方向，科学、合理的教育评价制度能够调动学生全面发展的积极性和最大限度地发掘学生潜能。而市场经济条件下的就业便是对求职者全面素质能力的衡量和选拔，那些能够在就业市场的竞争中拔得头筹的毕业生都是素质能力一流的学生。而毕业生素质能力状况受到教育评价制度的影响，从教育评价制度是否对毕业生就业有帮助的角度能够反映出学校教育评价制度是否具有科学性、合理性和有效性。

调研的结果显示，七所民族院校的毕业生选择帮助很大的占 18.3%，选择帮助一般的占 40.2%。在这其中，汉族毕业生对教育评价制度帮助其就业的肯定性评价的比例略高于少数民族毕业生，具体数值见表 3-20 所示。

表 3-20　七所民族院校毕业生对教育评价制度帮助其就业的评价（单位:%）

帮助情况	帮助很大	帮助一般	帮助较小	没有帮助	妨碍就业
总体比例	18.2	40.2	26.0	13.1	2.5
汉族毕业生	19.8	39.1	25.4	13.2	2.5
少数民族毕业生	16.2	41.6	26.6	12.9	2.6

第五节　民族院校学生和学校努力的方向

在就业方面，民族院校学生和学校努力的方向，主要从毕业生感觉自己所欠缺的素质、期望学校要改进的工作这两个方面展开。

一、学生要加强专业知识技能、实践经历和能力磨砺

大学毕业生经历了求学与求职两个完整过程，对自身缺乏哪些方面的素质有着更真切的体会。这对在校生来说和学校教育管理工作来讲，都具有指导价值。为此，我们设置了“就业中，你认为自己主要欠缺的素质是什么(限选三项)”的调查题项，选择全面知识技能的排在第一位，达到65.5%。这说明了毕业生感觉自己大学四年中没有努力、认真地学习，觉得自己缺乏全面知识技能。排在第二位的是经历阅历，达到59.7%，第三位的是应对能力，占54.5%。具体数值见表3－21所示。值得注意的是，毕业生自我评价就业时所欠缺的素质，汉族毕业生在全面知识技能、经历阅历、应对能力、沟通能力、受压能力上选择的比例均高于少数民族毕业生选择的比例。

其实，应对能力是全面知识技能和经历阅历整合后的结果，因而，主要是缺乏全面知识技能和阅历经历导致毕业生就业时的困难和压力。这对学校教育管理工作有很好的启发作用，即要狠抓学生在校期间的学习和社会实践工作，让其多学习，多实践，从而增强其就业竞争能力。

表3－21　七所民族院校毕业生评价自己就业时所欠缺的素质（单位:%）

强化内容	全面知识技能	经历阅历	应对能力	电脑外语	沟通能力	就业技巧	受压能力
总体比例	65.5	59.7	54.5	51.9	51.8	39.6	34.5
汉族毕业生	66.8	61.2	54.6	51.1	52.7	38.6	35.6
少数民族毕业生	63.9	57.8	54.3	52.8	50.8	40.9	33.1

二、学校要加强教学、管理和服务工作

大学生尽管有自我规划、自主选择、自觉学习的义务，但是学校依然负有组织、规划教育教学工作和提供科学、有效的管理与服务的职责，具有规范、引导和激励青年学生立志成才、全面发展的义务。

（一）加强社会实践、实习和前沿专业知识教学

高等教育作为专业化教育，专业知识和技能是高等教育区别于其他层次教育的根本特征所在。专业知识技能的获得既来源于课堂教学，又来源于实践教学，两种途径相辅相成，才能达到社会预期的人才规格。

作为经历了高校人才培养完整过程的毕业生，他们可以认识到母校应该如何改进和加强教育教学工作，才能更好地提升毕业生的就业竞争力，这具有很强的指向性和针对性。为此，我们设置了“为了提高学生就业竞争力，你认为母校应进一步加强哪些方面的教育教学（限选三项）”的调查题项，统计结果表明，毕业生期望母校改进的工作排在前三位的分别是社会实践、前沿专业知识、专业实习，这三项被选比例分别为 66.2%、55.7%、51.6%。其中，少数民族毕业生比汉族毕业生更迫切地期望学校加强社会实践工作，而在学校要加强前沿专业知识教学方面，汉族毕业生比少数民族毕业生的需求更迫切，高出少数民族毕业生 5.6 个百分点，具体数值见表 3－22 所示。

表 3－22　七所民族院校毕业生认为母校需要加强的方面（单位:%）

工作内容	社会实践	专业知识	专业实习	职业指导	证书培训	心理辅导	通识教育	创业教育
总体比例	66.2	55.7	51.6	49.7	46.3	42.2	34.5	32.6
汉族	65.5	58.2	51.6	49.1	47.0	42.0	34.1	32.8
少数民族	67.0	52.6	51.8	50.6	45.6	42.3	34.8	32.2

（二）期待学校优化课程体系、拓展实习基地、联络用人单位

学校的教育、管理和服务水平都关系到毕业生的发展。为了更好地了解毕业生们对母校各项工作的认识和评价，我们设置了毕业生期望学校进行改革，以促进毕业生就业竞争力的调查题项：“为了有效提高学生的就业竞争力，你认为母校必须要做的工作有？（选择三项）”统计结果显示，毕业生将母校要优化课程体系、拓展实习基地、联络用人单位放在前三位，其所占比例分别为 73.4%、62.1%、56.8%。此外，值得注意的是，调整专业被学生选择的比例在 50% 以上，这也应该是民族院校要关注的重要内容。就汉族毕业生与少

数民族毕业生之间是否具有显著差异性的问题，统计结果表明，两者尽管在选择比例上有些不同，但是并无统计学上的显著差异，具体数值见表3-23所示。

表3-23 七所民族院校毕业生认为母校应该要加强的工作（单位:%）

改进内容	优化课程体系	拓展实习基地	联络用人单位	调整专业	职业指导	就业培训	改革评价制度	宣传策划
总体比例	73.4	62.1	56.8	53.6	43.3	36.5	37.3	29.7
汉族	74.0	61.6	56.7	53.2	46.2	34.9	37.3	31.3
少数民族	72.7	62.8	57.1	54.2	39.3	38.5	37.3	27.7

这样的结果与前面所分析的学生眼中的课程设置和实践教学效果之间有着内在的一致性。正是由于学校课程设置对毕业生就业的帮助效果一般，不太令毕业生满意，因而他们期望母校在优化课程体系上要进一步改革完善，正由于对母校教育实践活动并不太满意，因此要加强实习基地建设，提升毕业生的专业实践能力，满足用人单位对工作经历、实习经历的要求。

（三）就业指导服务要侧重素质能力拓展、求职技能培训、职业生涯规划

针对学生的就业指导服务方面，我们设置了“您认为就业指导中开展哪些活动能提高你的就业竞争力（限选三项）”的调查题项，统计结果显示，排在前三位的分别是素质能力拓展、求职技能培训、职业生涯规划，其所占比例分别为74.2%、69.0%、54.1%。就少数民族毕业生与汉族毕业生对比来看，除了汉族毕业生在职业生涯规划选项上高出少数民族毕业生3.9个百分点之外，在其他项目上，两者选择的比例较为一致，具体数值见表3-24所示。

表3-24 七所民族院校毕业生认为学校就业指导服务中应加强的工作（单位:%）

服务内容	素质能力拓展	求职技能培训	职业生涯规划	形势分析	创业教育	思想政治教育	职业咨询
总体比例	74.2	69.0	54.1	49.2	39.3	33.4	31.5
汉族	74.2	68.4	55.9	48.5	39.5	33.4	32.6
少数民族	74.2	69.9	52.0	50.2	39.1	33.4	30.1

第六节　存在的问题与建议对策

基于问卷调查和访谈调查，我们得出了民族院校毕业生在就业过程中存在一些问题，需要给予重视并设法加以解决。

一、存在的问题

（一）就业比例整体偏低

截至当年的6月中旬，调研所得的数据为，确定单位的仅为26.8%，升学为13.1%，两者合计为39.9%，其余的为自由职业、灵活就业、待业、拟升学等。这个就业比例是不容乐观的。

就民族院校中的少数民族毕业生而言，尽管其在确定单位和升学两项上的合计比例与汉族毕业生旗鼓相当，但是其在待业上的比例高出汉族毕业生4个百分点。这表明，在民族院校中，少数民族毕业生比汉族学生就业更为艰难，具体数值见表3－25所示。

表3－25　七所民族院校毕业生就业类型（单位:%）

就业类型	确定单位	升学	自主创业	自由职业	灵活就业	出国出境	待业	拟升学	不就业
总体比例	26.8	13.1	12.0	11.0	12.5	2.3	14.0	3.9	4.4
汉族	26.5	13.3	13.2	11.1	13.5	2.4	12.3	3.3	4.3
少数民族	27.1	12.9	10.4	11.0	11.2	2.2	16.3	4.6	4.4

（二）到中西部就业的比例偏低

民族院校有着为少数民族和民族地区发展培养人才的历史使命。民族院校的办学使命决定了民族院校毕业生要更多地到中西部民族地区就业，但调研结果显示，来自中西部的少数民族毕业生占65.1%，而到中西部就业的少数民族毕业生为57.2%，在中西部就业的少数民族毕业生减少了近8个百分点；来自京津冀地区的少数民族毕业生为9.1%，而到京津冀就业的少数民族毕业生达到20%，增加了10多个百分点，具体数值见表3－26所示。

表3－26　七所民族院校毕业生的来源地、就业地的比例（单位:%）

对象 / 地区	所调研的毕业生		汉族毕业生		少数民族毕业生	
	生源地	就业地	生源地	就业地	生源地	就业地
京津冀地区	9.2	19.8	9.3	19.8	9.1	20.0
东部地区	29.9	28.5	33.2	32.3	25.8	22.8
中部地区	20.5	18.8	24.5	21.4	15.3	15.0
西部地区	40.5	32.9	33.0	26.5	49.8	42.2

（三）少数民族毕业生就业偏重于政府部门与事业单位

调研结果显示，民族院校毕业生实现就业的，其单位类型排在前四位的是私营企业、政府机关、外资企业、事业单位，比例分别为23.6%、21.9%、15.4%、14.4%。而少数民族毕业生在政府机关、事业单位、国有企业就业的比例均高于汉族毕业生，在私营企业就业的比例低于汉族毕业生5.4个百分点，具体数值见图3－11所示。这种情况是由两个方面的因素造成的，一是少数民族毕业生倾向于在政府部门和事业单位就业，而去私营企业就业的积极性不足；二是企业对求职者各方面素质要求比较高，尤其是表达能力和综合素质，而少数民族毕业生在这两个方面往往不占优势。针对第一种情况，需要加大宣传力度，鼓励少数民族毕业生积极到私营企业就业。因为随着中国市场经济的繁荣发展，企业越来越成为人才招聘的大户，私营企业所招聘人才的数量，更是远远超过国有企业和外资企业。少数民族毕业生仍然坚守到国有企业和外资企业就业的心理定势，显然是不合时宜的。针对第二种情况，各地政府要出台优惠政策，鼓励企业招收少数民族毕业生。

（四）多数学生对就业未做充分准备

当前，各用人单位对应聘者的要求较高，尤其表现在相关实践经验上。作为高校的应届毕业生自然不可能有正式的工作经验，但具备相关的实践经历还是可以努力做到的。只要学生提前准备，及早明确将来的就业的大致行业和工作领域，提前进入相关工作岗位进行实习，以积累相关的实践经历还是可行的。但从调查的结果看，毕业生认为母校最需要加强的教育教学工作是增加社会实践机会，有66.2%毕业生选择了此项，见表3－22所示。这从一个侧面反映了毕业生实践经历的匮乏，不能满足用人单位的招聘要求，但这同时也表明，多数毕业生没有事先为就业做相关的准备。

（五）学校的教学、管理、服务促进毕业生就业的效果有限

为调研民族院校毕业生就业时的影响因素，本课题组围绕内外因素共计设置了十二种类目，调查结果显示，民族院校毕业生将专业素质、学校声誉、就业技巧排在影响因素的前三位。

这三种因素基本都与学校的办学有关。毕业生的专业素质是学校教育教学和管理的结果；学校声誉是学校在人才培养、科学研究和社会服务方面综合影响力的产物；毕业生的就业技巧与学校所提供的就业指导和服务关系密切。这三种因素排在影响毕业生就业的前三位，无疑给民族院校的办学敲起警钟，督促民族院校在教学管理和学生服务方面要加大力度，尽可能在推动毕业生就业方面发挥更大的效用。尽管，在问卷调查时，毕业生反映就业技巧是影响其有效就业的重要因素，但在访谈时，很多毕业生都提到自己很少关注学校提供的就业指导讲座和就业技巧培训，他们认为这些活动没有什么实际效果。这在一定程度上反映了当下的大学生较为急功近利，心态浮躁：一方面，他们认为学校就业指导部门提供的服务没有实际价值，另一方面在就业过程中感觉就业技巧还是影响其就业的重要因素。这表明当下大学生的思维发展还是没有完全成熟。其实，我们每一次的认真投入都会在不同时刻发挥作用的，我们不能要求任何付出都会有立竿见影的效果，那不现实，也不应该。

二、建议对策

民族院校毕业生就业现状是由国家政策、就业形势、毕业生自身观念与素质综合作用造就的。因而，要从根本上解决民族院校毕业生就业难的问题，就需要政府、高校和毕业生本人三位一体地协调努力，才能达到预期目标。

（一）政府出台精准的扶持政策

政府是社会资源分配的主导者和协调者。政府有责任，也有能力通过政策创新实现社会资源合理、有效地分配，达到其能预期的目标。针对民族院校毕业生就业面临的问题，课题组访问了民族院校毕业生，请他们就促进民族院校毕业生就业问题，向政府和社会各界提出一些期望和要求总体为以下四点。

1. 增加就业机会

就业机会意味着就业率和就业满意度。高校毕业生就业机会越多，其就业效果就越好，就业的满意度也越高。高校毕业生几乎都谈到，政府要拓展思路，创新政策空间，不断释放出更多的就业岗位，让高校毕业生有更多的就业机会。

访谈时，毕业生对政府提出如下的期望：

希望政府提供更多的工作机会，规范就业市场，与学校结合，及时把信息反馈到学校，整个互动起来，共同帮助大学生就业。

——俄语专业毕业生

提供就业信息，就业问题不仅是学校的事情，也是政府的问题。

——经济学专业毕业生

政府要多关注大学生，从根本有一些措施。

——化学专业壮族毕业生

政府要对公司加强管理，多提供一些岗位。

——平面设计专业毕业生

政府多提供就业机会、就业岗位。 ——生态学专业毕业生

政府多做一些培训，多鼓励一些企业进校园，增加实习机会。

——民族学专业毕业生

政府要多关注大学生，要提供更多岗位。

——制药工程专业毕业生

希望给我们提供的在地方就业的单位多一点，大多数人都想回去。我们不要求大城市啊，大型企业啊，中等、小型企业也行，还有地方的那种小厂子也行。只要给我们提供机会，我们肯定去，但是现在地方我们根本就去不了。 ——会计专业毕业生

就我个人来说，我还是想回地方，可以不是专业的，可以是别的，想自己到地方去工作，但是地方给我们提供的岗位特别少。

——资产评估专业毕业生

我们毕竟是少数民族嘛，英语肯定比汉族学生会差一点，但是我们是蒙汉兼通嘛，这个国家可以给我们提供一些让我们直接去实践的岗位。

——蒙古语授课的毕业生

2. 规范就业市场

政府要规范高校毕业生的就业市场。一方面，政府要打击各种欺骗、敲诈的行为，以保障大学生就业的合法权益，另一方面，政府要规范招聘市场对招聘条件的要求，尤其要降低对应届高校毕业生工作经验的要求。访问毕业生时，他们对此有如下看法：

政府要多提供一些保障，不要让大学生在找工作时，遭遇一些骗局，或是找到丧失保障的一些工作。不一定要政府提供就业岗位，但政府应该给所有大学生就业安全方面以保障，权益方面的保障。

——法学专业毕业生

很多岗位是需要工作经验的，对应届毕业大学生不公平，公务员也是如此，经验看得太重了。

——法英双学位毕业生

政府要求公司不要太关注经验，希望政府能做一些，不要让大学生跟有经验的人竞争，毕竟是刚毕业的大学生嘛，不要让经验掐死大学生。

——社会学专业畲族毕业生

我都参加过好多次招聘会了，咋说，工作经验是最大的限制吧，应届生根本就不要。

——农业专业蒙古族毕业生

3. 提供更多政策支持

政府是社会资源的分配者和调节者。只要政府解放思想，创新思路，重视高校毕业生的人才资源，就一定能够通过政策创新的方式让更多的用人单位有招聘高校毕业生的动力，也会让更多高校毕业生走向原先不被看好的岗位和领域。这其中的关键，就是政府要提供利好的政策来加以激励。访问毕业生时，很多毕业生提到类似的想法和愿望：

政府要对大学生就业进行政策扶持、经济支持，要有专门的人去做这些事。
——应用语言学专业毕业生

政府鼓励学生到西部去就业，但这吸引力不大，条件不是很好，应加强一些软硬件措施，促进到西部就业。
——管理学专业藏族毕业生

政府能有更多的政策扶持去基层工作的人，以及更多的鼓励大学生创业。
——环境科学专业藏族毕业生

政府需要为偏远地区的学生考虑，提供更多的政策支持。
——体育教育专业毕业生

政府要提供更多的资金支持，引导企业与大学合作创业。
——英语专业毕业生

4. 做好就业宣传

高校毕业生就业是用人单位和求职主体共同认知与取舍的问题。用人单位要招聘什么样的毕业生，毕业生要去什么样的地区和岗位就业，都存在一个认知和认可的问题。由于宣传不充分、不到位、不全面，很多好的政策没有为毕业生所认知和认可，也有好多就业岗位没有被毕业生所理解和接纳。这些都需要政府加大宣传力度，让各项利好的就业政策被社会各界所了解和接纳，让更多的就业岗位被毕业生及其家长所认知和认可。如此，用人单位和高校毕业生之间的信息不畅问题便解决了，高校毕业生就业压力也会随之缓解。

政府要首先在思想上纠正学生的就业观，不要过于偏激，让学生健康些。
——经济学专业毕业生

政府要扩大宣传，保障首次就业人的收入，对大学生薪水有一个明确的规定，避免毕业后收入太低，保证基本的生存。
——新闻学专业回族毕业生

希望加强政策宣传，将已经出台的政策落实到位。
——信息与计算科学专业毕业生

希望学校能够为我们介绍相关政策，法律法规方面的知识，我们不要求太长，就是希望找个时间给我们介绍介绍，但是现在就是

没有这种。 ——旅游专业毕业生

（二）学校全面努力提升毕业生素质

民族院校毕业生就业问题归根究底是毕业生的思想观念和能力素质与就业市场的匹配问题。只有民族院校培养的人才在专业知识与技能上、思维品质和综合能力上、思想素质上与用人单位的招聘要求达到一致，毕业生的就业困难才会迎刃而解。为此，民族院校需要做好如下三个方面的工作。

1. 加强学科和课程建设，全面提高教学质量

民族院校毕业生认为所学专业的社会影响力、课程建设、前沿学科知识对其就业有较大的影响，学校需要重视和加强。这其实涉及学校的学科建设和课程设置。学校要以专业结构合理的高素质教师队伍建设和管理激励措施为突破口来推进学科建设。因为一流的教师队伍有助于产生一流的成果，一流的成果能提升学校在社会上的影响力。同时，要根据学科发展和社会需要来优化课程设置，解决理论与实践脱节的问题，解决学科前沿知识不足的问题，让高质量的教育教学提升毕业生在就业市场上的竞争力。

当前，民族院校毕业生反映学校的学科建设和课程设置对他们就业的帮助非常有限。他们的看法如下：

所学专业知识过于理论，无法跟实际相结合。这完全影响学生的就业，与社会接轨有冲突。课程设置的侧重点与社会有一定的脱节。 ——法学专业毕业生

比如说课程设置，学的跟工作时的不一样，学校应开设一些实践方面的课程，多关注实践性。 ——管理学专业藏族毕业生

希望实践多点，我们专业实习了三天，我现在还是不清楚这专业进了环保局要做怎样的工作，我是不清楚的，我希望在以后的课程设置上能为实践多考虑一下。 ——环境科学专业藏族毕业生

课程设置要多关注实践性，课程太理论化了。

——广告学专业毕业生

课程很多，尤其是大三，专业课程太多，没有实习的时间。教学方面，希望老师不要讲得让我们睡着了。

——国际经济与贸易专业毕业生

我对学校教育教学方面的评价是课程太多，实习不是太好。

——化学专业壮族毕业生

学校应该大量引进海归，尽量让教师的国际视野大一些，不要局限于国内。——应用语言学专业毕业生

专业要求应该更严格，技术课要加强难度、严谨度，培养实质性的专业能力。——体育教育专业毕业生

教学方面，理工科跟其他学校还是相差很远的，老师、学校、学生都要加强。——通信工程专业壮族毕业生

学校知名度不大，专业课老师还行，公共课老师水平差，为了学分，不是为了知识。——英语教育专业毕业生

大四下学期的课程要调一下，影响找工作。

——英语专业毕业生

学校如果可以的话，我想可以和一些用人单位合作，让我们的学生可以到那边去实习，有效的实习，然后针对用人单位培养学生，也就是说我们多弄一些应用性的这个专业，或者是应用性比较差的专业在选修课中也可以提供一些应用性的知识。

——生物科学专业的毕业生

课程上可能是有问题的，给我们安排的有些课程，我们根本就学不了，学了也没有实际用途。要是英语从大一的时候给我们系统地好好上，多上一点就好了，大三的时候就没英语了。

——会计专业毕业生

2. 树立“以生为本”的理念，完善服务体系

高校教育教学质量是否满足学生期望和用人单位的要求，除了拥有一流的师资队伍之外，还需要有一个以“以生为本”的办学理念为支撑的服务体系。广大教职工若把学生的利益和需要放在第一位，自然会在教学和各项服务中努力做到尽善尽美，给学生提供最好的教学和服务，促进学生全面和快速地发展。

从调查结果看，毕业生期望学校为其社会实践、专业实习提供充足、完善的服务，为学生就业所需的证书提供有效的指导培训，为就业提供有效的指导和服务，学生尤为看重的是，学校要积极为学生开拓就业市场，与潜在的用人单位建立人才服务联盟。广大教职工若切实形成了“以生为本”的工

作理念，自然就能在各自的岗位上积极地做出努力，形成完善的、高质量的服务体系，满足学生多方面的需要，毕业生在就业时就业技巧不足的问题便得以解决。

访问毕业生时，有学生提出：

学校要更多地邀请名企宣讲或开讲座，为即将毕业的学生提供实习或就业的机会，希望学校做出更多努力，现在资源太少了。

——法学专业毕业生

多关注成绩比较差、进步比较明显的学生。

——管理学专业藏族毕业生

教师多与学生交流，多参加学生的活动，不要上完课就走人，要和学生打成一片。 ——经济学专业毕业生

完善就业信息，多搞几场像样的招聘会。乱七八糟的小企业来招人，没啥效果。最好多跟地方政府合作，定向招聘。

——经济学专业毕业生

学校对就业信息宣传的太少，学校应有针对性，宣传力度大一些，现在公布就业信息只是在学校信息门户上，必须专门去看才知道这些信息。 ——广告学专业毕业生

学校提供的就业信息太少了。 ——化学专业壮族毕业生

我觉得学校的就业工作还做得不够，信息也比较少，没有专业的针对性，我们大多数还是自己去找的。 ——俄语专业毕业生

给学校就业工作的建议是，应该有一些与社会接轨比较实用的理念、技能培训，多鼓励学生创业，给学生一些创业的指导。

——应用语言学专业毕业生

学校的设施需要完善一些，服务态度需要更好一些。

——社会学专业畲族毕业生

办几场招聘会就是学校就业部门所提供的资源，大学生就业能力培养没什么用，就做几个讲座，根本达不到什么效果。如果能提供详细指导更好，不要只通过讲座，那没用。要针对每个学生的特点或某一类人制定更详细的指导计划。 ——社会学专业畲族毕业生

学校要多增加就业指导课程，多提供一些实习、实践训练的机

会。——民族学专业毕业生

学校要多搜集信息，搜集学生就业地方的招聘信息，带动更多的人就业。——通信工程专业毕业生

我们学校缺少高质量的招聘会，就业信息量不大，应届毕业生经常跑到别的学校去参加招聘。希望学校能办一场就业信息大、质量高的招聘会，以吸引很多人，这是最重要的。

——通信工程专业壮族毕业生

在学生就业服务方面，学校什么也没做，我对学校非常不满。就业工作做得太糟糕了，我们大四了，没有收到任何指导、信息，就是有招聘会，吸引力也不够。可能我们学校吸引力不足，也不够积极造成的吧。——新闻学专业回族毕业生

学校要从大三开始就进行就业指导、心理辅导、专业性对口指导。某些不好找工作的专业要开展专门的招聘会。学生需要指导的地方，要多给一些帮助，比如讲一讲怎么接触信息，怎么去做些选择。——新闻学专业回族毕业生

应该有面试和被面试的课程，然后投简历什么的都应该要求，比如现在我们班就有很多人没有做简历呢，我的那个简历、表格什么的，都没人要，我觉得这方面的培训应该是强制性的。

——化学专业蒙古族毕业生

得到面试机会的人少，求职失败的多，求职失败的原因是简历上不知道写什么，写的东西比较少。当场收简历的也有，也可以现场写简历，写的简历内容比较少，用人单位一看就不要，扔了。

——生物学专业蒙古族毕业生

3. 牢记办学使命，积极推进思想教育

中国的民族院校肩负着培养能够服务少数民族与民族地区发展的高素质人才的办学使命，但从调查结果来看，各民族院校毕业生的就业倾向不能与民族院校的办学使命和办学定位相吻合。这就对民族院校的教育教学工作提出了新的挑战，如何增强学生服务民族地区和少数民族的思想意识，便成为了当下民族院校迫切需要解决的问题。

民族院校要站在国家统一和各民族繁荣发展的政治高度，积极加强学生

的思想教育工作，通过课堂教学和课外实践的方式，增强广大学生服务少数民族和民族地区发展的认识和情感，自觉树立到祖国需要的地方建功立业的大局意识和崇高理想，积极地将自己的聪明才智奉献给祖国少数民族和民族地区繁荣发展的伟大事业。

那些没有找到工作的高校毕业生并不是真正无事可做，而是因为找到的工作与其就业预期不符，所以不愿就业。当下，不少少数民族高校毕业生将找到体面的、有保障、较稳定的“正式”工作作为自己的求职目标。所谓“正式”的工作在他们看来往往是指在国有企事业单位、党政机关部门里工作。不少少数民族高校毕业生是有机会去三资企业、私营企业、个体经济去就业的，但这些单位都是“无人事权单位”，毕业生们宁愿不断寻找，也不着急就业。这种心理和行为其实反映了一个深刻的问题，即原有的就业制度使高校毕业生求职的视野变窄了，观念固化了，跟不上现代社会发展需要了。但随着中国的改革开放和市场经济的深入发展，作为高校毕业生主要需求者的国有经济单位在整个经济结构中的比重已下降到30%，甚至更小，而非国有经济部门的比重上升到70%，甚至更高，这就决定了越来越多的就业岗位是由非国有经济部门提供的。少数民族高校毕业生的就业思想和就业观念还停留在大学毕业要“当干部”的时代，这是不合时宜的，非常不利于少数民族高校毕业生就业心态的调整和就业行为的选择。

因而，民族院校乃至所有少数民族学生所占比例较大的院校都要对少数民族毕业生进行思想教育和就业形势教育，要让少数民族毕业生认清当前和未来的就业形势，要转变就业观念，积极投身到能够发挥自己所长的就业岗位中去，而不能拘泥于是否为国有单位和政府部门，教育学生只要有能够契合自己的兴趣和才能、具有发展空间的就业机会，就一定要牢牢抓住，而不能挑肥拣瘦错失就业良机。同时，高校也要教育少数民族毕业生要有大局意识和责任担当，在这个海阔凭鱼跃、天高任鸟飞的时代，履行自己的社会责任，用自己的专业知识和能力为国家社会造福，也为自己和家庭造福。正如一位受访的毕业生所说：

> 教育学生要自足自立，学生自己解决吃穿住行，要有独立人格。思想方面要对社会、对国家有社会责任感。 ——作曲专业毕业生

（三）高校学生要未雨绸缪，积极为就业做准备

毕业生就业问题从本质上来讲，是毕业生本人与用人单位互动交流和相互接纳的问题。毕业生的思想观念和知识能力能否与用人单位的要求相契合，以及毕业生能否被用人单位认同和接纳，决定了两者能否达成聘用关系，而毕业生综合素质和能力归根究底是学生自身努力的结果。学校和社会提供青年学生再多的成长发展机会，如果学生自己并不加以利用，并不积极投身到磨砺自我的学习和实践中去，那么一切的好政策、好平台、好条件都毫无价值。正如马克思主义唯物辩证法所说的内因是事物存在的基础，是事物运动的源泉和动力，外因是事物存在和发展的外部条件，它通过内因作用于事物的存在和发展，加速或延缓事物的发展进程，但不能改变事物的根本性质和发展的基本方向。

为此，作为就业当事人的高校学生要树立未雨绸缪的思想意识，及早地思考和筹划自己的求学生涯和职业规划，要在全面审视自身和了解社会形势的基础上，确立自己的就业方向，及早为自己的就业学习相关知识，训练相关技能，积累相关实践经验，让方向明确、努力奋斗的大学生活成就自己的职业理想。

课题组在访谈毕业生时，设置了“你何时开始为就业进行准备”“你的就业情况如何”“你对大一新生有哪些建议”的调查题项，毕业生的回答进一步强化了我们的认识，即作为正在成长发展中的青年学生一定要做到如下三点。

1. 及早为就业做准备

我们通过访谈毕业生，获得的信息可以大致得出一个结论，越早为就业做准备，就业效果就越好；越晚为就业做准备，就业效果往往差强人意。关于自己何时为就业做的准备以及现在的就业情况，毕业生的回答如下：

> 我从大二开始为就业做准备。现在已经考上了公务员。
>
> ——管理专业藏族毕业生
>
> 我是从大二开始关注就业问题，就是提升自己的能力，尽力培养自己所希望的职业岗位的能力。现在我已经找到了工作。
>
> ——法学专业毕业生
>
> 我大三开始实习，到大四就慢慢投简历，参加笔试、面试。现

在已经找到工作了。——新闻学专业毕业生

我从大三就开始实习了，一直到现在。我已经找到工作了。

——国际经济与贸易专业毕业生

我是大三开始准备就业问题，已定下来在北京当村官。

——化学专业壮族毕业生

我大三暑假开始为就业准备的实习，现在工作定下来了。

——自动化专业侗族毕业生

我是大四开始准备就业工作的，现在还在等通知。

——体育教育专业毕业生

我从大三开始关注就业问题，就业意向基本确定，要签协议了。

——社会学专业毕业生

我从大四开始关注就业问题。对学校举办的就业方面的讲座、报告，就业技能培训关注得比较少，我主要从网上的招聘网站了解招聘信息。我现在还在找工作。——广告学专业毕业生

我是考研之后才开始为就业做准备的，现在正在为找工作四处奔波。——信息与计算科学专业毕业生

我对大一新生的建议是，小的方面就是提前做好规划，比如要考研的话，要大致准备一些东西，考什么方向；要工作的话，多去实习，多去参加一些社会活动，对以后找工作有帮助。

——广告学专业毕业生

我对大一新生的建议是，从大一到大四都要注重自己认为重要的内容，要清楚地知道自己要做的事情，每个阶段有不同的事情。前三年都不关注，大四开始，是不会起多大作用的。

——管理专业的藏族毕业生

我对大一新生的建议是，多看点书，多参加读书会，不要被学校的事情牵扯，要早点确定自己的目标，做好规划。

——新闻学专业回族毕业生

2. 要加强专业学习和社会实践

尽管现在很多大学生就业并不一定从事与其专业相关的工作，但这并不意味着大学生不要认真搞好专业学习，不要培养应有的专业知识和技能。恰

恰相反，经历了就业市场上激烈竞争的大学毕业生，对专业知识的学习还是相当看重的。在他们给大学新生的建议中，很多毕业生都提出了要加强专业学习和社会实践活动的建议：

我给大一新生的建议是，第一是认真学习，重视专业，不管以后自己从事的是否是本专业的工作，在学校是学习你如何学习的方法的掌握。第二尽量多地接触社会，不管是兼职发传单，还是做礼仪，还是其他传统型的工作，尽量多地去接触这个社会。然后，你才能知道自己适合哪个职位，走自己的路，当然还要听一下父母、长辈、老师们的意见。——法学专业毕业生

我给大一新生的建议是，一些社团活动积极参加，课程还是要学好的，考研还是挺辛苦的，争取保研。

——国际经济与贸易专业毕业生

我对新生的建议是，第一二年以学业为主吧，多学习，把自己的专业基础打好，然后大三、大四的时候多出去实习，增加自己的就业技能，对找工作会有一些帮助。——民族学专业毕业生

我对大学新生的建议是，打牢固专业知识，多参加实践活动，培养自己的实践能力。——体育教育专业毕业生

我给新生的建议是专业要学会，要加强实践活动。

——信息与计算科学专业毕业生

我给大一学生的建议是，大学前三年，学业一定要搞好。多参加社团的一些活动，扩大自己的社交网络，多交一些朋友。

——英语专业毕业生

我对新生的建议是，专业知识要学好，多实践，多实习，发现自己对什么感兴趣，就实习时间长一些，找适合自己的。

——英语教育专业毕业生

学校最好是和一些用人单位合作，然后给学生们提供一些有效的实习，可以针对用人单位的需要培养学生。

——生物科学专业毕业生

3. 不要盲目兼职赚钱

处于市场经济大潮中的大学生，兼职赚钱的机会并不缺乏，但兼职是一

柄双刃剑，它一方面会让大学生获得一定的实践经历，获得一定的经济报酬，锻炼了一些能力，另一方面，它会占用大学生用来学习专业知识技能和参与更能历练成长活动的时间，让高级专门人才的培养平庸化、低端化。经历了四年、五年历练和体验的大学毕业生，在给大学新生提出建议时，就明确提出不要盲目兼职赚钱的忠告。

> 我对大一新生的建议是，大一开始，不要太放松，不要参加太多社团，不要找兼职，太浪费时间了，低档次的兼职学不到很多东西。如果专业需要，那么多做项目。如果将来要保研，就要多注重成绩。要考研的话，多做准备，多看一些专业书，要关注自己成绩怎么样。
>
> ——社会学专业畲族毕业生
>
> 我给大一新生的建议是，如果毕业后想升学，就要踏踏实实四年，不要打工，专注才能专业。如果以后不准备继续深造，就要合理搭配自己的时间，多参加实践，为就业做准备。
>
> ——应用语言学专业毕业生

民族院校毕业生就业问题有与普通高校毕业生相同的就业压力和问题，比如相关经历经验不足以满足用人单位的需要，综合素质难以达到用人单位的高要求，所学专业不能与用人单位需求相契合。但除此之外，民族院校毕业生还有自身独到的困难，比如，某些少数民族有自己的宗教信仰和生活习惯，不能到任何地方就业，其就业地必须有相应的成家立业的婚配资源，因为他们往往在本民族内通婚。有些地方本民族同胞少，或相应素质层次的同胞少，他们往往不去就业；有些地区不能满足有清真饮食习惯的少数民族毕业生生活，他们也会拒绝相应的工作岗位；有些少数民族毕业生因为高考入学时属于“民考民”①，汉语水平相对其他竞争者来说，没有就业优势；一些少数民族毕业生倾向于在政府机关和事业单位就业，不愿去企业，尤其是私营企业就业。

此外，民族院校毕业生还有一些非自身主观因素让他们难以就业，比如专业类型以及社会对民族院校的不认可。民族院校最初是作为干部培训机构

---

① “民考民”：指少数民族考生在高考时采用本民族语言答卷。

发展而来的，因而，传统的人文社科类专业占主导。当前，人文社科类专业毕业生供给量较大，社会需求趋于饱和状况，人文社科类毕业生就业压力高于理工类毕业生，这无形中增加了民族院校毕业生就业的难度。还有一些地区、一些用人单位对民族院校了解不够，对民族院校毕业生有些歧视。

概而言之，各种因素的叠加导致了民族院校毕业生比普通高校毕业生就业有着更大的压力和困难，需要政府和社会各界给予特别的政策扶持，以促进少数民族高校毕业生顺利就业，造福少数民族和民族地区，造福国家统一繁荣和各民族的团结发展。

第四章　就业资本与民族院校毕业生就业竞争力

大学生就业资本影响着大学生的就业效果，学者们对此已达成共识。当前学者们对大学生就业资本的研究主要聚焦于大学生家庭关系网络这个层面。其实，大学生就业资本既有来自家庭的，还有来自自身素质的，更有来自就读学校的。民族院校大学生的就业资本同样具有这三个方面的内容。因而，本章从家庭、大学生自身、学校这三个维度来探讨大学生就业资本与就业效果之间的关系。

第一节　社会资本与高校毕业生就业资本

中国学术界对就业资本的界定和探讨是建立在社会资本概念的基础上，尤其是借鉴皮埃尔·布迪厄的社会资本思想。本研究也在这个基础上拓展。

一、社会资本的内涵

社会资本概念首先由法国著名社会学家皮埃尔·布迪厄提出。在皮埃尔·布迪厄看来，社会资本是实际的或潜在的资源集合体，个体可以动员和使用这些资源以助于实现工具性目标。[①] 在微观层面上，社会资本被认为是个体获取资源的人际关系网络。[②]

① Bourdieu. *The Contingent Value of Social Capita*. Administrative Science Quarterly，1997（42）：39 ~ 365.

② Ronald Burt. *Structural Holes*. Cambridge：Harvard University Press，1992.

皮埃尔·布迪厄认为，社会资本是“实际或潜在资源的集合体，那些资源是同对某种持久性的网络的占有密不可分的，这一网络是大家共同熟悉的、得到公认的，而且是一种体制化关系的网络……它从集体性拥有的资本的角度为每个会员提供支持，提供为他们赢得声望的‘凭证’”①。布尔迪厄把社会资本与社会关系联系起来，指出社会资本是社会关系的集合体，是可以充分利用的社会资源，能够为个体带来利益，并为个体的社会行为提供支持、帮助。构成关系网络的可以是家族、学校、社团、职业群体、俱乐部等。关系网络既可以是正式的网络，也可以是非正式的网络，资源比较宽泛，但它对网络中的个体或行动者的行动有一定的“作用”。

美国社会学家詹姆斯·科尔曼从社会结构层面阐释了社会资本的价值和表现形式，他认为，“社会资本不仅是增加个人利益的手段，也是解决集体行动问题的重要资源。社会资本的表现形式为义务与期望、信息网络、规范与有效惩罚、权威关系、多功能社会组织和有益创建的社会组织”②。

美国政治学家罗伯特·D. 帕特南指出，社会资本是“可以被视为社会组织的种种特征，诸如信任、规范、网络，它可以通过促进行为的协调而提高社会效率”③。他将社会资本与社会治理结合起来研究，认为一个依赖普遍信任和普遍性互惠的社会比一个不拥有社会信任的社会更有效率，因为信任为社会的运转和发展增添了润滑剂。帕特南经过对意大利南北地区社会差异的调查研究，发现社会资本与社会管理之间潜在的互动关系。北部地区建立起互相信任、互相合作、公平公正的网络，公民具有较强的政治参与意识和政治参与能力，政府保持高效率、回应性、公平、公正；南部地区则恰好相反，公民参与能力较低，参与意识淡薄。④

日裔美国学者弗朗西斯·福山则从文化的角度研究社会资本，指出：“所

---

① ［法］皮埃尔·布尔迪厄，包亚明译：《文化资本与社会炼金术：布尔迪厄访谈录》，202 页，上海，上海人民出版社，1997。

② ［美］詹姆斯·科尔曼著，邓方译：《社会理论的基础》，54 页，北京，社会科学文献出版社，1991。

③ ［英］罗伯特·D. 帕特南著，王列、赖海榕译：《使民主运转起来：现代意大利的公民传统》，195～196 页，南昌，江西人民出版社，2001。

④ 谭新雨：《社会资本视角下推进社会管理创新研究述评》，载《中共云南省委党校学报》，2014（2），132 页。

谓的社会资本是建立在社会或特定群体之中成员之间的信任普及程度，是一个社团中，成员对彼此常态、城市、合作行为的期待，其基础是社团成员共同拥有的规范以及个体隶属于那个集团的角色。”①

美国社会学家C. 格鲁特尔特和T. 范·贝斯特纳尔将社会资本分为结构型社会资本和认知型社会资本两大类，即“结构型社会资本通过规则、程序和先例建立起社会网络和确定社会角色，促进分享信息、采取集体行动和制定政策制度；而认知型社会资本是指共享的规范、价值观、信任、态度和信仰”②。

通过梳理总结，社会资本有三个明显特征：一是社会资本主要是由公民与信任、互惠和合作有关的一系列态度和价值观构成的，其关键是使人们倾向于相互合作、相互信任、相互理解；二是社会资本的主要特征体现在那些将朋友、家庭、社区、工作以及公私生活联系起来的人格网络；三是社会资本有助于使参与者更有效地共同行动，以实现共同的目标。③

由此可见，社会资本已经成为学者分析社会现象和社会问题的重要理论工具。在高校毕业生就业问题的分析中，很多学者都从社会资本这一理论视角出发进行了实证研究。如湖南师范大学的陈海平于2004年6—8月在湖南省长沙市、湘潭市、株洲市的高校中进行了人力资本和社会资本对毕业生就业影响的实证调查，通过调查发现，高校毕业生的社会资本总体来说较低，特别是缺乏以“强关系”④为特征的社会资本，高校毕业生在就业中更多使用的是以“弱关系”为特征的社会资本。总体而言，社会资本对高校毕业生就业的影响不及人力资本的影响。由此他得出结论，人力资本是高校毕业生

---

① ［美］弗兰西斯·福山著，李宛蓉译：《信任：社会道德与繁荣的创造》，35页，上海，上海远东出版社，1998。

② C. 格鲁特尔特、T. 范·贝斯特纳尔，黄载曦等译：《社会资本在发展中的作用》，3～4页，成都，西南财经大学出版社，2004。

③ 参见［英］肯尼斯·纽顿：《社会资本与现代欧洲民主》，见李惠斌、杨雪冬：《社会资本与社会发展》，380页，北京，社会科学文献出版社，2000。

④ 强关系和弱关系的概念由格兰诺维特于1973年提出。他认为，求职者要想得到一份职业，其获得信息的途径主要来自于那些关系不亲密、交往不频繁的人群。由此，他提出了著名的弱关系假设（Granovetter，1973）。

就业的决定性因素。[①]

这就启示我们，考虑高校毕业生就业效果的影响因素，不能仅从某一方面进行探讨，要系统考虑多方面因素。为此，本研究采取基于社会资本的研究视角，放眼高校毕业生的家庭、社会网络、自身素质等方面来加以探讨，将这三个方面因素综合考虑并冠以就业资本的名称，来进行民族院校毕业生就业效果的实证研究。

二、高校毕业生的就业资本

关于就业资本，已有不少学者进行了研究。中国学者已对农民工就业资本、大学生就业资本进行研究。人的本质是一切社会关系的总和，任何人的社会行动都离不开社会网络，总是以这样、那样的方式与他人发生关系。费孝通先生指出，西方社会是团体格局，而中国社会是差序格局，在差序格局中，不同的人拥有的社会网络不同，在不同网络中所处的地位也是不同的，能够动用的资源、关系也是不同的，行动的结果便存在差别。大学生就业也受到其社会关系和社会网络的影响。[②] 社会关系网络和大学生就业的关联性使社会资本在差序格局的社会关系网络中也呈现出差序性。[③]

学者对就业资本的界定不限于社会资本的内涵，他们将就业主体所拥有的基本素质和能力纳入就业资本的范畴。如葛笑如、王燕指出，农民工的就业资本是劳动力进入劳动力市场时，可以用来获取工作的各种条件和资源，根据就业资本的来源不同，将其分为社会资本和个人资本。社会资本是指个人以社会关系中的信任、规范和网络为依托，从自己与国家、社会组织或其他人所建构的社会关系网络中获得的各种有形无形的帮助与便利条件。个人资本是个人拥有的先赋性的或自致性的因素，包括身份、家庭背景、文化程

① 参见陈海平：《人力资本、社会资本与高校毕业生就业——对高校毕业生就业影响因素的研究》，载《青年研究》，2005（11），9～15页。

② 参见张明波、李萌萌：《民族院校大学生就业问题的实证研究》，载《湖北经济学院学报》（人文社会科学版），2014（2），181页。

③ 参见吴立保：《社会资本与大学生就业的实证研究综述》，载《扬州大学学报》（高教研究版），2011（3），66页。

度、技能、经验、资金等。[①] 郭素玲指出，失地农民的就业资本就是其拥有的对就业产生重要影响的各种内外部因素的总和，包括人力资本、创业资本、政治资本、社会关系网络资本这四类资本。[②] 周兢将农民工的就业资本概括为经济资本、文化资本、社会资本和权利资本。[③] 学者们将农民工的经济、文化和政治权利都视为其就业资本的重要内容。这样的界定是符合客观实际的。

关于大学生就业资本，有学者将其界定为“大学生从个人教育关系网络中来获取就业能力资源”[④]。也有学者从人力资本、社会资本、心理资本的角度，来探究资本对大学生求职就业和入职初期的影响，将大学生就业资本视为人力资本、社会资本和心理资本的综合。[⑤] 人力资本、社会资本和心理资本在个体身上并非孤立存在，而是相互影响、相互转化的。心理资本影响着人力资本和社会资本的积累和外在表现，是个人资本的核心因素，它在大学生求职和个人的职业生涯发展中起着至关重要的作用。人力资本起着入门证的作用，能帮助求职者获取资格，往往在面试初期和入职初期影响大些。[⑥]

心理资本源于20世纪美国心理学家积极的倡导。心理学家在20世纪末期的研究中发现，某些积极的心理要素有助于心理疾患的预防和消除。基于此背景，美国率先兴起了积极心理学运动。积极心理学强调人性中的积极方面和健康功能，相信人性中一定有抵抗障碍的倾向和潜能，成长的潜能一定会战胜不健康。2001年美国管理学家卢桑斯开始探讨将积极心理学运用于组织管理中，并于2004年以积极心理学和积极组织行为学为基础，提出了以强调人的积极心理力量为核心的“心理资本”概念，并将其定义为“个体一般积极性的核心心理要素，具体表现为符合积极组织行为标准的心理状态，它

① 参见葛笑如、王燕：《农民工就业资本的身份因素分析》，载《生产力研究》，2010（9），41页。

② 参见郭素玲：《安阳市失地农民就业资本状况的调查与分析》，载《安阳师范学院学报》，2011（1），91页。

③ 参见周兢：《进城农民的就业资本缺失问题探析》，载《经济论坛》，2010（1），75页。

④ 陈丽影、易石宏：《就业资本与大学生就业》，载《求索》，2007（11），111页。

⑤ 参见白雪杰：《基于大学生就业资本的个案研究》，载《学理论》，2013（35），316页。

⑥ 同⑤文，317页。

超出了人力资本和社会资本之上，并能够通过有针对性的投资和开发而使个体获得竞争优势”①。卢桑斯等认为，心理资本是由自我效能、乐观、希望和韧性四种积极心理状态构成的。具体表现为：在面对充满挑战性的工作时，有信心（自我效能）并能付出必要的努力来获得成功；对现在与未来的成功有积极的归因（乐观）；对目标锲而不舍，为取得成功，在必要时能调整实现目标的途径（希望）；当身处逆境和被问题困扰时，能够持之以恒，迅速复原并超越（韧性），以取得成功。②

其实，心理资本是大学生个体自身的心理素质的内容，可以被纳入人力资本的范畴。当然，如果为了突出心理资本的重要性，也可以将其从人力资本的范畴中剥离出来，专门阐述和研究。

有的学者以更广的视野来理解大学生的就业资本，将其分为广义和狭义两种。广义的就业资本包括就业主体资本，即毕业生的就业观念、综合素质、就业心理等；就业客体，即用人单位的用人观念、用人标准和管理体制等；就业环境，即就业法规、就业政策、供求状况、就业市场建设、就业服务等；就业结果，即毕业生的岗位落实情况。狭义的就业资本仅指毕业生的就业能力获取就业地位的结果。③ 这种广阔是视野对本研究有较大的启发意义。

本书将大学生就业资本界定为大学生在四年求学过程中获得的有利于其就业的各类资源。该资源包括家庭资源、大学生素质、学校赋予的资源。

根据对大学生就业资本的界定，本课题组从家庭资本、毕业生自身资本、学校资本这三个方面来设置大学生的就业资本问卷。家庭资本包括毕业生上大学前的户籍地（京津沪、东部地区、中部地区、西部地区）、户籍类型（农业户口、非农业户口）、家庭经济状况（是否为学校确认的贫困生）。因为户籍地在较大程度上决定了家庭人际关系网络所在的地域，所以在城乡二元分割的中国国情下，户籍类型在很大程度上决定了家庭人际关

① 仲理峰：《心理资本研究评述与展望》，载《心理科学进展》，2007（3），483页。

② 参见［美］Fred Luthans、［美］Cardyn M. Youssef、［美］Burce J. Avolio 著，李超平译：《心理资本：打造人的竞争优势》，133页，北京，中国轻工业出版社，2008。

③ 参见蒋维、王迎春：《大学生就业资本研究——基于调查样本的分析》，载《中国成人教育》，2011（9），119页。

系网络的多寡。家庭经济状况直接影响着毕业生的就业观念和行为，如富裕群体在择业时更倾向于外企、高新技术企业，而其他群体对收入一般、风险较小的职业选择概率较大，如党政机关、学校和科研部门等。[①] 毕业生自身资本包括参加高考的语文、知识技能、经验阅历和应对能力。民族院校不同于普通高校的特点之一就是少数民族学生比重较大，并且存在用少数民族语文高考和接受高等教育的现象，他们的汉语水平相对较低。汉语水平与就业效果之间是否存在相关性值得探讨，故而将其作为民族院校大学生自身资本的内容之一。毕业生的学校资本包括学校的教学质量、学校的社会声誉、所学专业的社会影响力、学校的就业指导服务工作。现有的研究表明，这些因素与毕业生就业结果存在相关性，如李炜、岳昌君指出，学校类型（声望）对求职结果有一定的影响，"211" 重点大学毕业生找到工作的概率要显著高于普通本科院校。[②]

基于北京 18 所高校调查的实证分析表明，社会资本，如生源地为沿海地区和中西部地区、来自城镇和高收入家庭、父母为机关或事业单位负责人、男性，在很大程度上对大学生就业有正而影响。与 2010 年情况相比，2011 年社会资本的总体作用在增强。从微观角度来看，大学生要充分利用现有的社会资本，并构建自己的社会关系网络。从宏观角度来看，政府应通过制度设计和政策制定，创造公平的就业机制，发挥社会资本的有利作用，并限制其不利影响。[③] 但现有文献没有揭示出学校资本与就业效果具体的相关情况，因而，本书课题组力图调查出具体的相关情况。

关于大学生就业效果的界定，学术界尚没有成型的概念，笔者将其界定为大学生就业的实际状态。这种就业状况包括就业的形式、就业的地域、就业的单位类型、就业的对口程度，问卷设置情况见表 4 - 1 所示。

---

① 参见冯华：《五种因素影响了毕业生择业——北京师范大学"大学生就业研究课题组"》，载《中国大学生就业》，2005（5），41 页。

② 参见李炜、岳昌君：《2007 年高校毕业生就业影响因素分析》，载《清华大学教育研究》，2009（1），90 页。

③ 参见黄敬宝：《社会资本对大学生就业的影响假设与检验》，载《企业经济》，2012（9），110 ~ 113 页。

表4-1 测量大学生就业资本与就业效果的问卷题项

	问卷题目	选择题项（单选）
家庭资本	上大学前，你的户籍所在地是	①京津沪 ②东部（除京津沪）③中部 ④西部
	上大学前，你的户籍属于	①农业户口 ②非农户口
	你是否为校方确定的贫困大学生	①是 ②否
自身资本	你高考时使用的语言	①汉语 ②少数民族语文
	你认为自己主要欠缺的素质是什么？	①沟通协调能力 ②全面的知识与技能 ③解决与应对问题能力 ④承受压力的能力 ⑤实习经历与社会阅历 ⑥外语与电脑技能 ⑦就业技能技巧 ⑧其他（多项选择）
学校资本	你对学校本科教学质量的评价	①很好 ②较好 ③一般 ④较差 ⑤很差
	学校社会声誉对你就业的帮助	①很大 ②较大 ③一般 ④较小 ⑤很小
	所学专业对你就业的帮助	①很大 ②较大 ③一般 ④较小 ⑤很小
	学校就业指导对你就业的帮助	①很大 ②较大 ③一般 ④较小 ⑤很小
就业效果	你的就业形式	①确定了单位 ②自主创业 ③自由职业 ④其他灵活就业 ⑤升学 ⑥出国出境 ⑦待就业 ⑧不就业拟升学 ⑨其他暂不就业 ⑩其他
	你签约单位所在地是	①京津沪 ②东部地区（除京津沪）③中部地区 ④西部地区
	你就业单位类型是	①政府机关 ②外资企业 ③私营民营企业 ④国有单位 ⑤事业单位 ⑥自己创业
	你专业与签约岗位的对口程度	①非常相关 ②一定程度的相关 ③不相关

第二节 民族院校毕业生就业资本与就业的关系

民族院校学生生源有自身的特色，因为按照国家政策的要求，民族院校要在招生时多招少数民族学生，确保民族院校学生中少数民族学生占据较高的比例。而少数民族更多来自民族地区，由于地理、历史、教育水平以及思想观念的因素他们在家庭经济、进取意识、学习效果等方面有自己的特点。这就要求我们不能拿普通高校毕业生的情况，来衡量民族院校毕业生的状况。

一、民族院校毕业生就业资本的现状

从大学生家庭资本来看，统计结果显示：户籍地为京津沪的毕业生占8.5%，上大学前属于农业户籍的毕业生占57.4%，属于学校确认的贫困生占41.1%。

从大学生自身素质来看，用少数民族语文参加高考的占15%。毕业生认为自己在就业中所欠缺的素质，选择全面的知识技能的占48.6%，选择实习经验和社会阅历的占46.0%，选择解决问题和应对问题的能力的占37.0%，这三项被选择比例位于7个项目的前三项。

从大学赋予的毕业生资本来看，统计结果显示，毕业生评价学校教学质量为一般的占44.8%，比例位列第一，远远高于理论均值；毕业生评价学校声誉对就业帮助一般的占45.0%，比例最高，高于理论均值；毕业生评价所学专业的影响力对其就业帮助一般的占44.5%，高于理论均值；毕业生评价就业指导服务对其就业帮助一般的占38.1%，高于理论均值，拟合度检验结果也表明毕业生的评价倾向于一般。

从就业形式来看，确定单位、升学、出国出境的比例分别为27.4%、13.2%、2.1%。这三类是大学生较好的就业形式，但合计起来，比例总和仅为42.7%。这表明大学生总体就业状况并不好。

从就业地域来看，在京津沪地区就业的为16.8%，比期望值低1.2个百分点，比户籍数高出8.5个百分点；在东部地区就业的占33.4%，比期望值低4.9个百分点，比户籍数高出3个百分点；在西部地区就业的为29.0%，比期望值高3.8个百分点，比户籍数低10.7个百分点，具体数值见表4－2所示。

表 4－2 毕业生户籍所在地、期望工作地、实际签约地的比例（单位:%）

	户籍所在地	期望工作地	实际签约地	期望与实际的差距	期望与户籍的差距	实际与户籍的差距
京津沪	8.5	18.0	16.8	－1.2	+9.5	+8.5
东部地区	30.4	38.3	33.4	－4.9	+7.9	+3.0
中部地区	21.4	18.5	20.8	+2.3	－2.9	－0.6
西部地区	39.7	25.2	29.0	+3.8	－14.5	－10.7

从就业单位的类型来看，在私营企业就业的占 26.7%，在政府机关就业的占 19.0%，在外资企业就业的占 16.2%。

从就业的对口程度看，就业岗位与专业属于一定程度相关的占 60.2%，非常相关的占 22.3%。这表明，大学生就业从整体看，对口程度较高。

二、民族院校毕业生就业资本与就业效果的关系

关于大学生就业效果与其拥有的就业资本之间存在的相关性，利用 SPSS 统计软件进行相关分析，统计结果见表 4－3 所示。

表 4－3 大学生的就业资本与就业效果相关性分析数据

		就业形式		就业地域		就业单位类型		就业对口程度	
		G 值	P 值	G 值	P 值	G 值	P 值	G 值	P 值
家庭资本	户籍地	0.017	0.176	0.454	0.000※	0.108	0.000※	0.000	0.974
	户籍类型	0.080	0.000※	0.022	0.402	0.008	0.740	0.090	0.003※
	家庭经济	0.065	0.000※	0.028	0.272	0.034	0.148	0.019	0.529
自身资本	高考语文	0.048	0.012※	0.130	0.000※	0.238	0.000※	0.308	0.000※
	知识技能	0.121	0.000※	0.040	0.224	0.153	0.000※	0.086	0.028※
	经历阅历	0.042	0.023※	0.034	0.254	0.120	0.000※	0.085	0.020※
	应对能力	0.004	0.819	0.098	0.002※	0.087	0.002※	0.091	0.015※

续表

		就业形式		就业地域		就业单位类型		就业对口程度	
		G值	P值	G值	P值	G值	P值	G值	P值
社会资本	教学质量	0.053	0.000※	0.095	0.000※	0.067	0.002※	0.123	0.000※
	学校声誉	0.049	0.000※	0.050	0.013※	0.026	0.141	0.047	0.051
	专业影响力	0.058	0.000※	0.085	0.000※	0.020	0.249	0.262	0.000※
	就业指导服务	0.056	0.000※	0.073	0.000※	0.011	0.521	0.086	0.000※

注：G值是G系数检验的值，$p<0.05$，即达到0.05显著水平，表明这两者之间有显著相关；※表示存在显著相关。

1. 家庭资本与就业效果的相关性分析

从表4－3可以看出，大学生的户籍地与就业地域、就业单位类型存在相关关系；大学生户籍类型与其就业形式、就业对口程度存在相关关系；大学生家庭经济状况与其就业形式存在相关关系。具体的相关情况是：

（1）不同户籍地的毕业生都倾向于在京津沪和东部发达地区就业，西部地区生源的毕业生向其他地区流动较多，西部地区实际就业的比例低于生源比例10多个百分点（见表4－2）。

（2）不同户籍地的毕业生就业单位类型各有特点。户籍为京津沪和东部地区的毕业生在政府机关、外资企业就业的比例较高；户籍为中部地区的毕业生在私营企业就业的比例较高；户籍为西部地区的毕业生在事业单位就业的比例较高。

（3）农业户籍的毕业生就业更积极，且倾向于在对口程度较高的岗位就业。

（4）贫困生就业的积极性更高，农业户籍中，贫困生占54.5%，非农户籍中，贫困生占23.6%，这表明贫困生就业积极性高与农业户籍毕业生就业积极高是一致的。

2. 自身素质与就业效果的关系

从表4－3可以看出，毕业生使用不同语言文字参加高考与就业形式、就业地域、就业单位类型、就业对口程度均存在相关性；毕业生的知识技能与就业形式、就业单位类型、就业对口程度均存在相关性；毕业生的实习经历和社会阅历与就业形式、就业单位类型、就业对口程度均存在相关性；毕业生应对问题的能力与就业地域、就业单位类型、就业对口程度均存在相关性。具体的相关情况如下：

（1）用汉语高考的毕业生倾向于在京津沪和东部地区就业；用少数民族语文高考的毕业生就业时向中部地区聚集，与生源数相比，在西部地区就业下降6个百分点。

（2）用少数民族语文高考的毕业生主要在政府机关就业，但就业不对口的比例较高。

（3）缺乏全面知识技能的毕业生感觉自主创业较艰难，且不易在稳定性好的部门就业，就业时主要选择对口程度高的岗位。

（4）缺乏实习经历的毕业生愿意选择对口程度高的工作，乐于升学和出国，即使就业，也难以在政府机关和外资企业获得就业岗位。

（5）缺乏应对能力的毕业生容易在中部和西部地区就业，但较难在政府机关和外企就业，且就业对口程度较低。

3. 学校资本与就业之间的关系

从表4－3可以看出，教学质量与毕业生就业形式、就业地域、就业单位类型、就业对口程度都存在相关关系；学校声誉与就业形式、就业地域存在相关关系；专业影响力与就业形式、就业地域、就业对口程度存在相关关系；学校就业指导服务与就业形式、就业地域、就业对口程度存在相关关系。具体的相关情况如下：

（1）学校教学质量高，毕业生倾向于在京津沪和东部地区就业，且就业相关程度高，自主创业比例也高。

（2）学校声誉越好，毕业生越聚集在京津沪和东部地区就业，自主创业积极性较高。

（3）专业影响力越大，毕业生越聚集在京津沪和东部地区就业，就业对口程度越高，确定单位和升学的比例越高。

（4）学校就业指导服务工作做得越好，毕业生愈容易就业，且就业对口程度也越高，但同时也导致毕业生向东部地区聚集。

值得强调的是，无论是毕业生的家庭资本、自身资本，还是学校资本，只要资本状况较好，毕业生便倾向于在京津沪和东部地区就业。这种高度一致的趋向值得警惕和反思。

三、提升民族院校毕业生就业资本的建议

鉴于以上的研究结果，我们针对可能得以改善和改进的方面，提出如下的对策建议。

（一）加强汉语教学，提高毕业生就业竞争力

汉语文水平影响到毕业生的就业单位类型和就业对口程度，而提高毕业生的汉语文水平便能够破解制约毕业生就业的桎梏，让毕业生具有更强的就业竞争力。

为此，学校要严格汉语课程的教学和考评，一方面要开设思维训练和语言表达课程，另一方面要在全校推行汉语水平等级考试，将其作为人才培养方案的一部分，努力提高毕业生的汉语水平。

（二）加强学生全面知识技能的培养，拓展毕业生就业范围

缺乏全面知识技能的毕业生自主创业的压力大、不容易在稳定性强和保障性好的部门就业，并且毕业生就业时又过分注重对口程度较高的岗位，这样容易导致毕业生失去很多就业机会，不利于毕业生充分、有效地就业。

为此，学校要加强对学生知识技能的拓展和磨练，要在培养方案中规定必修跨专业的通识课程，强化学生的课外实践活动，以此磨炼心智，培养技能。

（三）强化学生实习教学，增加毕业生就业筹码

缺乏实习经历和社会阅历的毕业生更愿意继续升学，即使就业，这类毕业生更愿意选择对口程度高的工作岗位，而欲在待遇较好的政府机关和外资企业就业，竞争力不足的高校毕业生便难以如愿。

为此，学校要加大投入，建设实习基地，组建校企合作联盟，加强学生的实践教学，规范学生的实习制度，确保实践教学全过程、全覆盖地开展，切实增强学生的实习经历和社会阅历。这将有助于毕业生改变当前的就业困境，促进毕业生更好地就业。

（四）加强学生应对能力的训练，提高毕业生就业能力

课题组调研结果表明，缺乏解决问题和应对能力的毕业生在就业时，难以在政府机关和外资企业谋得岗位，就业的对口程度也偏低。

因此，学校要注重学生解决问题能力和应对能力的训练，修订、完善培养方案，增加思维训练课程和各类竞赛活动的比例，着眼于学生的思维能力和应对能力的培训，努力提高学生的就业竞争力。

（五）提高教学质量，为毕业生较好就业奠定基础

学校的教学质量关系到毕业生的就业形式和就业质量。因而，学校要加强教育教学工作，把人才培养作为学校的头等大事，围绕高质量人才培养制定奖惩制度，在全校形成尊师重教和重学的良好风气，为优秀人才的成长发展提供良好的条件。

（六）加强学校的专业建设，提高专业社会影响力

学校所设专业在社会上的影响力直接影响到毕业生的就业形式、就业地域、就业对口程度。统计结果表明，专业的社会影响力越高、越有助于毕业生找到工作，越有助于毕业生在对口程度高的岗位就业。因此，学校要致力于专业建设，将专业建设与社会要求、行业发展、企业需要紧密结合起来，加强优秀拔尖人才的引进，扩大学校专业在社会上的知名度和影响力。

（七）完善就业服务体系，为毕业生顺利就业搭建平台

学校的就业指导服务工作做得越好，就越能促进毕业生就业，越能帮助毕业生找到高质量的工作。这就要求学校高度重视就业指导工作，完善就业指导服务体系，向学生提供职业生涯规划与就业指导服务一体化的服务，全过程帮助大学生规划和度过四年求学生涯。同时，学校要设专人来开拓和维护就业市场，向潜在的用人单位提供智力咨询服务并与之建立人才合作联盟，为学生的全面发展和毕业生的有效就业提供全面而高质量的服务。

（八）加强思想政治教育，提高毕业生的认识水平

当前的毕业生倾向于在京津沪和东部地区就业，这在东部地区人才供过

于求的形势下，是非常不明智的选择：一方面，毕业生难以谋求能够发挥自己专长的工作，另一方面也不利于当地经济社会的发展。作为民族大学和民族地区高校的大学生肩负着服务少数民族和民族地区发展的历史使命，有责任、有义务为西部地区和民族地区贡献自己的聪明才智，造福国家和社会。在国家全面推进区域平衡发展的大局下，在中部和西部地区就业将有很大的发展空间，更有机会发挥自己的聪明才干，实现自我价值。因此，学校要加强对大学生的思想政治教育，转变毕业生的思想观念，激励更多的毕业生到祖国最需要的地方建功立业。

第五章　中国高校毕业生就业制度创新与实际效果

追求效益，以更少的投入达到最佳的效果，让同样的投入实现更多的产出，这是每个组织、每个政府、每个国家孜孜以求的目标，而制度创新无疑是提升资源效益的一种重要途径。

第一节　制度的本质与功能

制度作为一种规范，得到认可而被遵循，能够规范人们的行为、分配社会资源、调整彼此利益关系，是社会运行发展和组织维系壮大所不可或缺的要素。因而，制度问题历来备受学者关注和探究。

一、制度的本质

何为制度呢？学术界有着广泛的探讨。有人指出，它是一组正式和非正式的规则，以及规则的执行安排。[①] 诺斯进一步解释了正式规则和非正式规则的内涵："正式规则包括政治（及司法）规则、经济规则和合约。这些规则可以作如下排序：从宪法到成文法与普通法，再到明确的细则，最终到确定制约的单个合约，从一般规则到特定规则的说明书。""政治规则可广义地定义为政治团体的等级结构，以及它的基本决策结构和支配议事日程的明晰特征。"[②] 非正

① 转引自［美］埃里克·弗鲁博顿、［德］鲁道夫·芮切特著，姜建强、罗长远译：《新制度经济学：一个交易费用分析范式》，7 页，上海，上海人民出版社，2006。

② ［美］道格拉斯·C. 诺思著，刘守英译：《制度、制度变迁与经济绩效》，64 页，上海，上海三联书店，1994。

式规则是来自文化的部分遗产，主要由习俗、惯例、个体行为准则和社会道德规范构成。正式规则只是“冰山一角”，非正式规则是大量的，并且作用是不可忽视的。

将制度界定为规则，几乎是所有经济学家的主张，像舒尔茨、刘易斯、柯武德和史漫飞等皆将制度看成是规则。2009 年度诺贝尔经济学奖获得者、首位获诺贝尔经济学奖的女性，埃莉诺·奥斯特罗姆将制度的内涵进行了细致的分解。她指出，“‘制度’可以被定义为一组运行规则，他们是用来决定在一些场合谁有资格做出决策，什么行为是允许的或者要被限制的，什么样的一组规则可以被采用，应该遵循什么样的程序，必须或者不必提供什么信息，应该如何根据个人的绩效制定支付条件……所有的规则包含禁止、允许或者要求某种行为或结果这样一些条件。当个人在他们的行为中作出选择时，所采用的、监督和执行的正是这些规则……”①。

有的学者将制度视为各种确保社会秩序的关系集合，如施密德指出，制度是“人们之间有秩序的关系集，它确定了他们的权利、对别人权利的确定（exposure）、特权和责任”②。这与施穆勒和诺斯等人的观点是异曲同工的。当然，有的学者对制度做出了更广泛的解释，如美国经济学巨匠、制度经济学鼻祖凡勃伦就认为：“制度实质上就是个人或社会对有关的某些关系或某些作用的一般思想习惯。”③

鉴于现有研究成果的启发和本研究目标的驱动，本书认为所谓制度就是国家机关、政党及其他团体组织为实现一定目标所制定的规则和要求，它包括法令、纲领、条例、计划、措施等成文的规定。

二、制度的功能

关于制度的功能，大致有以下四种观点：

一是制度是一种控制个体的力量。旧制度学派代表人物康芒斯认为：“我

---

① ［美］埃里克·弗鲁博顿、［德］鲁道夫·芮切特著，姜建强、罗长远译：《新制度经济学：一个交易费用分析范式》，8 页，上海，上海人民出版社，2006。

② ［美］丹尼尔·W. 布罗姆利著，陈郁、郭宇峰、汪春译：《经济利益与经济制度：公共政策的理论基础》，54 页，上海，上海三联书店、上海人民出版社，2006。

③ ［美］凡勃伦著，蔡受百译：《有闲阶级论：关于制度的经济研究》，139 页，北京，商务印书馆，1964。转引自鲁鹏：《制度与发展关系研究》，9 页，北京，人民出版社，2002。

们可以把制度解释为‘集体行动控制个体行动’。”① 柯武德和史漫飞也有类似的观点：“制度在这里被定义为由人制定的规则。它们抑制着人际交往中可能出现的任意行为和机会主义行为。”②

二是制度是为了界分人们之间的相互关系。新经济史的先驱者、开拓者、1993 年诺贝尔经济学奖获得者诺斯认为：“制度是一个社会的游戏规则，更规范地说，它们是为决定人们的相互关系而人为设定的一些制约。”③ 与之类似的观点是“制度的目的是为个人行为沿着特定的方向提供一种指引”“制度为日常生活活动提供一种行为准绳，从而降低了不确定性”。④

三是制度是为了完成特定任务而诞生的。伯尔曼在《法律与革命》一书中将制度界定为：“‘制度’（institutions）一词是指为执行特定的社会任务而做的结构化的安排。”⑤

四是制度能降低成本，提高效益。柯武德和史漫飞等认为：“制度协调人们的各种行动，建立起信任，并能减少人们在知识搜寻上的消耗。即使受规则约束的行为并非百分之百地确定，人们仍会觉得它比混乱更恰当，更合理”；“制度使他人的行为变得更可预见”；“而使人们的行为更可预见就降低了信息搜寻成本。例如，依靠恰当的行为规则，与他人做生意的成本或一个组织内的合作成本就会减少。如果没有一个较广框架内的信任，个人往往难以专心致志地利用其专业知识，也很难去新领域中发现知识，结果大量的有益行动永远不会发生，劳动和知识的分工将不可能，而生活标准将滞留在很低水平上”。⑥

制度产生主要有两种情形：一是“制度据说是基于自利的个体‘自发’产生的。在这种情形下，他们可能会在‘没有任何协议，没有任何法律上的

---

① ［美］康芒斯著，于树生译：《制度经济学（上册）》，87 页，北京，商务印书馆，1962。

② ［德］柯武刚、［德］史漫飞著，韩朝华译：《制度经济学：社会秩序与公共政策》，32 页，北京，商务印书馆，2004。

③ ［美］道格拉斯·C. 诺思著，刘守英译：《制度、制度变迁与经济绩效》，3 页，上海，上海三联书店，1994。

④ ［美］埃里克·弗鲁博顿、［德］鲁道夫·芮切特著，姜建强、罗长远译：《新制度经济学：一个交易费用分析范式》，7 页，上海，上海人民出版社，2006。

⑤ ［美］伯尔曼著，贺卫方等译：《法律与革命：西方法律传统的形式》，6 页，北京，中国大百科全书出版社，1993。

⑥ 同②，112～113 页。

强迫，甚至不考虑公众利益’的情况下将他们自己组织起来”[①]。二是“制度也可能是人为设计的一种产物。一些权威（国会、独裁者、企业家、团队等等）具有完全的理性，能够引入被认为是合适的某种具体制度结构”[②]。柯武刚和史漫飞将制度分为内在制度和外在制度时，也体现了制度产生时的这两种思想。他们认为，内在制度是人类经验自然演化的结果，体现着过去曾经最有益于人类的各种解决办法，其例子有习惯、伦理规范、良好礼貌、习俗；外在制度是指被自上而下地强加和执行的制度，如司法制度，它是与惩罚措施相伴而行的。[③]

其实，制度的产生与制度的功能是紧密联系在一起的，当人类需要完成某种特定的任务和功能时，成文或不成文、正式或非正式、内在或外在制度便要出现，以满足人类的实际需要。当某项任务和功能是涉及众人或较大人员覆盖面时，便需要具有社会影响力或控制力的个人或组织创设某项规则，成为“人为”创设的正式制度或外在制度，约束和协调人们的行为；当某项任务和功能在小范围内，没有实际影响力和控制的个人与组织存在，小范围的人员便自发形成某种契约，调整彼此的行为，达到各自利益的满足。这便是不成文或内在制度的形成情形。

在现代高度组织化的社会里，要协调广大范围内人们之间的利益关系，完成某些预定任务和目标，必须通过特定的部门和组织出台成文的规则来对人们的行为进行调整，这便是“人为”创设制度的情形。这种制度产生方式是现代化社会最基本的方式。

第二节　制度与效益

研究制度是因为良好制度能够让散乱归于秩序，让颓废转为奋起，让腐朽化为神奇，因为，良好的制度能够产生人人期盼的效益。

---

① ［美］埃里克·弗鲁博顿、［德］鲁道夫·芮切特著，姜建强、罗长远译：《新制度经济学：一个交易费用分析范式》，8页，上海，上海人民出版社，2006。

② 同①。

③ 参见［德］柯武刚、史漫飞著，韩朝华译：《制度经济学：社会秩序与公共政策》，36～37页，北京，商务印书馆，2004。

一、效益的内涵

何为效益？它与效率、效果之间有何关系？这是人们说起“效益”时很自然产生的观念。其实，效率、效果与效益这三者之间既有联系，又有区别。通俗地来说，效率是指以尽可能少的投入获得尽可能多的产出，强调产出的多与快，是与速度相关联的。在经济领域，同样的一小时产出比相同企业更多的产品或提供更多的服务；在教育领域，同样的经费培养出比同类学校更多的毕业生；在行政管理部门，一个部门同样数量的行政人员办理比同类地区其他部门更多的业务。如此等等，这些都是效率问题。但是，这些产出与服务是否满足社会的需要，是否造成相关危害，却不是效率所关注的问题，效率仅仅关注同样单位的投入与产出之比的关系，这个比值越小，效率越高，反之，效率就低。

而效果是指一项活动的成效与结果，是人们通过某种行为、力量、方式或因素而产生出的合乎目的的结果。效果通常是指做正确的事情，即所从事的工作和活动有助于组织达到其目标。[①] 效果是从结果是否满足主体需要的角度来说的，满足主体需要的结果便是富有效果，否则，便是效果不佳或没有效果。

效益是指某一特定系统运转后所产生的实际效果和利益。具体地说，它反映了人们的投入与所带来的利益之间的关系，包括经济效益、社会效益。[②]当劳动成果的价值超过了劳动占用和劳动消耗的代价，其差额为正效益，即产出多于投入；反之，则为负效益。用同样多的劳动占用劳动消耗获得的劳动成果多，效益就高；反之，效益就低。效益的高低可以反映一个国家、地区、部门或组织的管理水平。

效率、效果和效益向来都是组织所追求的目标。因为，效率、效果、效益虽然侧重点各有不同，但是它们之间有内在联系，不可分离。效率是效果的基础，没有效率，也就没有效果，而效果又是效益的基础，没有效果，就谈不上效益，而效益又决定了效率和效果能否得到社会支持，从而得以持续。

---

① 参见肖美良：《高等教育效率、效果、效益理论辨析及实践研究》，载《黑龙江高教研究》，2012（7），31页。

② 同①文，32页。

比如，A 汽车企业，生产效率高，月生产 1 万辆汽车，但这些汽车性能和质量不好，消费者不喜欢，汽车滞销严重，该企业生产活动效果不佳，其经济效益和社会效益难以体现；反之，B 汽车企业，生产效率不太高，月生产汽车 1000 辆，但这些汽车款型好、性能优越，深受消费者喜欢，汽车供不应求，该汽车企业生产活动效果好，但社会效益和经济效益难以体现。因为该企业产量低、效率低，无法满足广大消费者日益增长的消费需要。良好效益的汽车企业，其汽车产量一定要保持在合理区间，其汽车性能、数量一定要满足消费者需求，也即该汽车企业既有较好的效率（产量），又有不错的效果（满足消费者需求），才有良好的社会效益（消费者支持与赞誉）和经济效益（获得销售收入）。

二、制度产生效益

从上位来思考，组织的生产经营效益一定与其生产管理制度紧密相关。制度作为分配资源和引导人们行为的强制性手段，影响着组织成员的行为方式和行动投入，从而影响着组织的产品和服务的数量与质量，影响着组织的效率、效果，从而决定了组织的活动效益。

制度产生效益，这不是心智推断，而是客观事实的证明。通过下面几个小故事，不难从中找到制度产生效益的合理性依据。

故事 1　合格率的检查制度

第二次世界大战期间，美国空军降落伞的合格率为 99.9%。这就意味着从概率上来说，每一千个跳伞的士兵中会有一个因为降落伞不合格而丧命。军方要求厂家必须让合格率达到 100%，厂家负责人说他们竭尽全力了，99.9% 已是极限，除非出现奇迹。

军方于是改变了检查制度，在每次交货前，从降落伞中随机挑出几个，让厂家负责人亲自跳伞检测。从此，奇迹出现了，降落伞的合格率达到了百分之百。

故事 2　付款方式

英国将澳洲变成殖民地之后，英国政府就开始鼓励国民移民到澳洲。可是当时澳洲地广人稀，尚未开发，非常落后，没有人愿意去。英国政府就想出一个办法，把罪犯送到澳洲去。这样，一方面解决了英国本土监狱人满为患的问题；另一方面也解决了澳洲的劳动力问题。还有一条，把坏家伙们都送走了，英国就会变得更美好。

英国政府雇佣私人船只运送犯人，按照装船的人数付费，多运多赚钱。很快政府发现这样做有很大的弊端，就是罪犯的死亡率非常之高，平均超过了百分之十。最严重的情况是，一艘船的死亡率高达百分之三十七。

政府官员绞尽脑汁地降低罪犯运输过程中的死亡率，包括派官员上船监督，限制船载数量等等，却都效果不明显。

最后，政府改变付款方式：将根据上船的人数付费，即改为根据下船的人数付费。船东只有将人活着送达澳洲，才能赚到运送费用。

新政策一出炉，罪犯死亡率立竿见影地降到了百分之一左右。后来，船东为了提高罪犯生存率，还在船上配备了医生。

故事3　分粥

七个人住在一起，每天分一大桶粥。可是，粥每天都是不够的。一开始，他们通过抓阄来决定谁来分粥，每天轮一个。于是，每周下来，他们只有一天是饱的，就是自己分粥的那一天。

后来他们开始推选出一个道德高尚的人出来分粥，分粥者大权独揽，没有制约。于是，大家开始挖空心思去讨好他，暗中勾结，搞得整个小团体乌烟瘴气。

不得已，大家开始组成三人的分粥委员会和四人的评选委员会，但他们互相攻击，扯皮下来，粥吃到嘴里全是凉的。

最后，他们想出来一个方法：轮流分粥，而且分粥的人要等其他人都挑完后，拿剩下的最后一碗。

为了不让自己吃到最少的，每人都尽量分得平均，就算不平均，也只能认了。大家快快乐乐，和和气气，日子越过越好。

从上述三则小故事我们可以看出，制度对人行为调整和组织活动效益产生发挥了多大的作用。当一个组织感觉到无助、无力和无望时，制度规范的转变立马将组织推向新生，让原本沮丧的组织立马出现活力，展现出激动人心的美好图景。为何制度能够让组织化腐朽为神奇呢？这是因为合理的制度能够恰当满足个体的正当需求和消除自利自肥的可能性。每一个人都是逐利的，只要有可能自私自利而且不会被限制和惩处，自律的闸门总有一天会在欲望浪潮的撞击下被悄然打开，失去监督的权力便日益演变成欲壑难填的腐败。故事 3 中的德高望重的分粥者在可以自利自肥的制度设计下，也未能秉持公正，为世人揭示了一个深刻的道理：只有让个体利益和他人利益得到公平、公正满足的制度设计，才能让组织的每一个人，包括组织领导者秉持公正，按照预定的目标前进，从而团结一致群策群力，达到组织预定的目标。

在此，我们没有必要来讨论人性本善还是本恶的问题，其实人性善恶都无关紧要，只要有合理的制度能抑制住邪恶，让恶人变好，让好人更好就可以了。所以，制度的设计一定要“两手抓”：一手抓科学大胆地授权；另一手抓公开监督和严明奖惩。只有“两手抓”，抓得准，抓得狠，制度才能激发每个人个性中天使的一面，抑制其恶魔的一面，让组织充满生机，让世界变得更美好。

三、制度产生效益的前提

上述三个小故事形象地说明了制度能够产生效益的问题。其实，制度产生效益不是无条件的，它有几个值得注意的前提。

制度产生效益的第一个前提——制度合乎规律性。[①] 好的制度必须建立于遵循客观规律的基础之上。这不仅是理论上的要求，实践中也要求组织制度的具体设计和创新必须遵循客观规律。就高等教育制度的设计而言，其重要的客观规律就是高等教育的制度设计要与社会生产力水平相适应，与政治、经济、文化发展程度相适应，与社会整体需要相适应。建立现代教育制度是我国教育体制改革的一场攻坚战，它不仅涉及微观教育体制的改革，如招生制度、就业制度、培养制度，而且涉及宏观教育体制的改革，如领导体制、管理体制和办学体制。因此，任何领域的制度设计都不可能是单项推进，必

① 参见潘文洁、王凯荣：《重视现代企业制度建设中的制度效益》，载《世界经济文汇》，1999 (4)，68 页。

须和相关改革配套进行，如就业制度设计要与招生制度、培养制度、经费制度等相关制度相互协调、配合，同时也要与外部的经济、政治制度相协调，避免与相关制度相脱节或矛盾冲突，否则高校毕业生就业制度就会无法实施或达到预期的效果。

制度产生效益的第二个前提——制度的合法性。其有三个方面的内涵。一是要求制度设计和创新必须是符合现实社会中人们共同追求的价值标准，能够为本国文化所认同。二是制度的合法性意味着制度符合法律法规的要求。比如说，要出台优惠性的少数民族高校毕业生就业制度，就要与相关法律法规相吻合。2004 年修订通过的《中华人民共和国宪法》第四条第二款规定："国家根据各少数民族的特点和需要，帮助各少数民族地区加速经济和文化的发展。"正是因为这条宪法规定，已经出台的少数民族招生优惠政策已经深入人心，备受认可与支持。如果国家再次大胆创新政策，在制度上规定，特定区域和特定民族的少数民族高校毕业生享有国家支持的就业优惠政策，这从法理上和合法性上讲都是有法可依的。三是制度设计具有合法、合理的现实基础。就少数民族高校毕业生就业制度创新而言，如果少数民族高校毕业生就业现状好于汉族高校毕业生，那么出台扶持少数民族高校毕业生的优惠就业政策就失去了现实合理性，因而在法理上也是失去公众心理支持的。

制度产生效益的第三个前提——制度操作要按正确的程序进行。制度的设计和施行从本质上说是一种尝试错误的过程。从上述三个小故事可以看出，科学、合理的制度不是一下子就能够找到的，而是需要通过实践的检验和不断的调整，才能达到制度的科学完善。因而，出台一项制度不能没有试验和试点，便大规模展开，这不符合制度形成过程的规律。由于科学、合理的制度是建立在客观规律的基础上，是建立在真实国情的前提上，而客观规律和真实国情不是一下子就能够准确把握的，需要一个探索的过程，因而制度的确立和创新都需要一个从试点到调整，再到完善的过程。

当前，中国高等教育的诸多制度设计都是先由个别院校和地区进行试点，在调整完善后，再向全面推广。高校毕业生自主择业制度就是一个经过较长时间的试点而逐步推广的制度。1983 年文化部向国务院递交了《关于文化部部属艺术院校毕业生不包分配的请示》，建议先在中央美院和浙江美院 1983 年新生中试行。与此同时，自 1983 年起，上海交大、清华大学、西安交大和青岛海洋大学（现为中国海洋大学）等几所学校进行了供需见面、一定程度的"双向选择"改革试点。1985年的《中共中央关于教育体制改革的决定》明确提出国家计划内的学生，毕业分配应实行在国家计划指导下，由当事人选报志愿、学校推荐、用人单位择优录用制度，支持了试点院校的做法。① 到1997年，国家规定1997年以后缴费上学的大学生，国家不再统一分配。至此，中国高校毕业生自主择业制度全面铺开。实践证明，高校毕业生自主择业制度让中国高校扩招后带来的大量的毕业生分配安置压力分解到高校和个人，没有造成塌方式的大规模毕业即失业的恐慌与混乱，相反，高校毕业生自主择业制度有效地帮助中国高等教育从精英化迈向大众化阶段，成为高等教育规模世界第一的国家。高校毕业生自主择业制度的成功试点与普遍推广就是一个不断调整和完善的过程。

制度产生效益的第四个前提——制度的系统完整性。这是无须过多阐述的一个前提，任何制度的设计，从本身的逻辑来看，一定要保证体系的完整，从指导思想、工作原则、制度内容、奖惩制度、保障体系、运行程序等方面进行周密的设计，确保制度运行所需要的资源和支持都全面具备。因为任何一项制度的运行都离不开各类主体的支持配合，离不开相应的奖惩制度调整和激励，离不开各种资源的有效供给。因而，制度本身的完整性是其产生效益的内在因素，是非常重要的前提条件，不可疏忽和漠视。

四、制度创新与效益的增长

"制度创新是权力和利益的转移和再分配。"② 制度是资源分配的重要手段，不同时期基于不同的价值取向，设计了不同的制度，以分配社会资源，达到预期目标。各个国家和地区在不同的发展阶段，面临的主要任务不同，因而秉持的价值立场也有所差异，从而导致面对相同的问题采取不同的制度设计，以便与其秉持的价值立场相一致。

如果秉持效率优先的原则，那么经济、有效地分配，社会资源就能够实现社会福利的最大化。经济有效地分配社会资源，就是"各个部门的资源边

---

① 参见国家高级教育行政学院编著：《中国高等教育体制改革世纪报告》，172～173页，北京，人民教育出版社，2001。

② 张方华：《由政策调整到制度创新——重构中央与地方利益关系的路径选择》，载《南京社会科学》，2000（5），31页。

际收益应该相等。换句话说，在一个部门中多用一个单位的资源产生的收益，应该等于另外一个部门相应的收益"①。如果不是这样，就需要通过变革制度实现社会资源的重新分配，从而使社会从中获益，实现收益的最大化。但毕竟人类是有理性，更有情感，有效率追求，更有公平诉求的高级动物。人类社会制度不能总是秉持生物界那种优胜劣汰的理性效率原则，需要有对公平、正义的温情追求。因而，制度设计不能秉持效率优先的原则，而是要兼顾社会公平。关注和促进社会公平就是要关注不同经济群体之间分配的公平性，这可能与效率目标相一致，而更多的时候会发生矛盾。这就要求制度设计者能够站在秉持社会公平、正义，共享社会改革发展的成果的高度来摆脱各种干扰，制定相关规则，确保各类群体，尤其是弱势群体的利益得到保障。因为"制度是社会公平正义的根本保证。有了科学的制度，才能保障人民在政治、经济、文化、社会等方面的权利和利益，正确引导公民依法行使权利、履行义务，实现社会公平正义"②。"只有通过制度的安排，对有限的社会资源进行合理的分配，社会才能保持它的公平与正义，良好的社会秩序才能实现；只有体现公平、正义的制度，才能成为协调社会各阶层相互关系的基本准则，也才能为全体社会成员所接受并自觉遵守，否则就会成为为少数人谋取利益的工具；只有切实维护和实现公平、正义的制度，才能使人们心情舒畅，各方面关系协调，整个社会和谐才有可能。"③

而每种制度都是一定客观现实的产物，随着时间的推移和社会的发展，各种新情况、新问题随之产生，原有的利益格局发生变化或新时期人们价值追求的变化导致的利益诉求的变化，都会倒逼原有制度进行变革，这就是制度变革和创新的客观基础。而每一制度变革和创新都会造成利益格局的重新分配，都会引发一些利益相关者的反对或赞同，当然也有一些人没有明显的反对或赞同，因为新的制度维持了他们原有的利益格局和利益水平。在制度变革和创新中一个不可回避的问题就是效率与公平的价值选择问题。作为新时代的制度设计者应该站在人类社会发展的高级阶段和追求公平、正义的高度，来排除阻力、克服困难，制定出能够满足最广大人民根本利益、达成社

① 张淑华、田圃德：《水权制度创新潜在效益及影响理论探讨》，载《人民长江》，2003（7），22页。

② 于文俊：《加强制度建设与实现社会公平正义》，载《理论导刊》，2010（3），14页。

③ 同②。

会效益最大化的制度规范来。

以上述三个故事为例，只有不断创新制度才能提高效率，增加效果，实现整体效益提升。故事 1 说明，在旧的检测制度下，降落伞制造厂负责人表示他们已经竭尽全力了，再也无法突破合格率为 99.9% 的极限。当检测制度直接关系到降落伞制造商负责人的性命的时候，管理的智慧与创造力被激发出来，终于做到降落伞百分比的合格率。这个故事说明了，科学的制度能够激发人的巨大潜能，从而创造出奇迹，造福组织和整个社会。故事 2 说明，在旧的制度规则下，投机取巧、见利忘义的事情在利益的驱动下，总会不同程度地发生。尽管英国政府采取了各种监管措施，付出了较大的代价，但是效果仍然不理想，其根本的原因是制度本身有漏洞，监管不可能无间隙的覆盖，船东和员工即使消极、怠慢，甚至造孽也不会有泄漏可能而遭受惩罚。因此，运送的罪犯死亡率一直居高不下。新制度下，船东和员工们只有尽心尽力照顾好运送的罪犯，其利益最大化的追求才能满足，稍有疏忽和懈怠，自身利益就会遭遇损失。因而，在没有外在监督的情况下，他们也会竭尽所能照顾好运送的罪犯，确保他们平安到达目的地，其效果是运送的罪犯死亡率大大降低，99% 的罪犯重获新生，澳洲新大陆的开发有了充足的人力资源。新制度产生的这种巨大社会效益源于变革的制度满足了相关利益者利益最大化的追求。因而，每个人都愿意最大限度地贡献自己的智慧和汗水，以实现自身利益的最大化。故事 3 说明，在旧制度规则下，分粥者不遵守公平、正义的价值追求，自身不仅没有受到什么伤害，反而会获得更多利益（比如自己分得多，接受别人的贿赂等）。因而，分粥者无论是轮换的，还是选出道德高尚者，其效果都不能让人满意。变革创新后的分粥制度让分粥最大限度地保持分配的公平，不是分粥者思想觉悟的提高，而是新制度让分粥者深刻体会到只有遵守公平、公正，自己的利益才能得到满足，稍有违反公平原则，首当其冲的就是自己。因而，分粥者当然自觉地公平分粥。从而，7 人小组出现了前所未有的团结与和谐，每个人都倍感公平，生活得愉快、幸福。这么大效益的产生是源自于新制度满足了诚实遵守规则能够获得最大利益的心理期望。从上述三个故事的制度创新产生效益的情形来看，制度的确是有力的资源分配手段，只要制度设计得科学、合理，就一定会产生良好的效果。

实践证明，中国经济制度的变革使中国一跃成为世界经济大国，成为世界第二大经济体。中国高校招生制度的改革，促成中国高等教育的规模跃居世界第一。1999 年普通高等教育共招生 159.68 万人，比 1998 年招生 108.36 万人多出 51.32 万人，增幅为 47.36%。[①] 2014 年全国普通高校招收本专科学生 721.4 万人，比 1998 年增长了 613.04 万人，16 年间增长了 6.66 倍，每年增长幅度达到 38.15 万人。2014 年普通高校本专科毕业生达 659.4 万，加之，成人高校毕业生和研究生毕业生，共计 934.19 万人。[②] 这样海量的高等教育毕业生数量并没有对中国就业市场造成巨大的冲击。中国政府围绕高校扩招政策出台了一系列促进高校毕业生就业的政策和制度，体现了制度创新所产生的巨大社会效益。

中国高等教育发展事业一直是国家发展战略的组成部分。高校毕业生一直被党中央、国务院视为国家发展的战略性资源。无论是计划经济时期，还是市场经济时代，高等教育的发展和高校毕业生的就业都被中央列入政府工作的重要内容。

随着中国经济社会的发展变革，中国高等教育发展战略和管理制度随之进行调整，以适应新形势、新机遇、新挑战。中国政府围绕高校毕业生的就业问题进行了全面、系统的制度创新，焕发出制度的巨大潜力，有效缓解了高校毕业生剧增带来的就业压力。

第三节　中国高校毕业生就业制度创新

中国政府高度重视高校毕业生的就业工作，始终将高校毕业生的就业工作纳入政府工作的重要议程中加以规划指导。无论是计划经济时代“统招统分”的就业政策，还是在市场经济时代“双向选择，自主择业”的就业政策，每届高校毕业生就业之前，国务院办公厅或中央教育行政部门都会发布该年度普通高校毕业生就业工作的通知，以规划指导全国高校毕业生的就业工作。

其实，每年中央出台的高校就业工作通知中所进行的制度设计与创新往往针对高校毕业生就业的现实问题而展开，因为在中国高等教育扩张的过程

① 参见教育部：《1999 年全国教育事业发展统计公报》，2000-05-30，http://old.moe.gov.cn/publicfiles/business/htmlfiles/moe/moe_633/200407/841.html。

② 参见教育部：《2014 年全国教育事业发展统计公报［1］》，2015-07-30，http://www.moe.edu.cn/srcsite/A03/s180/moe_633/201508/t20150811_199589.html。

中，高校毕业生的就业随之出现了诸多前所未有的问题。

一、高校毕业生就业出现的问题

20 世纪 90 年代以来，中国高等教育迈入迅猛发展的快车道。1998 年我国高校毕业生达到一百多万，但从就业信息看，社会需求并没有大的增加。例如，北京市 1993 年毕业生的供需比为 1∶3，1996 年则为 1∶1. 11，其他省市也有同样趋势。[①] 从社会需求来看，不少用人单位对毕业生的吸纳能力呈下降趋势，主要因为第一，随着知识经济的到来，经济增长变为主要依靠投资和技术进步来推动，这与 90 年代以前主要依靠资本和人才资源投入的机制是不一样的；第二，随着经济体制改革的深入，大批国有企业开展减员增效工作，因而对毕业生的需求减少；第三，许多用人单位片面追求高学历，加剧了就业形势的严峻性。而随着 1999 年启动的中国高校扩招政策持续施行，高校毕业生数量在 2015 年增加到 749 万。数量之庞大，就业压力之大，便不言而喻了。

由于高校毕业生的增长并没有引起原有就业岗位结构与数量同步推进，各种形态的就业问题因而便纷至沓来，对求职者户籍的要求，对学历的要求，对就业者性别的要求，求职者关系与社会背景对就业发挥作用，如此等等。这可以归为对毕业生盘剥性的规定、障碍性的程序要求、不公正的招聘行为，从而导致毕业生待业人数增加、毕业生就业压力倍增的后果。

（一）对毕业生盘剥性的规定

在中国高校毕业生就业制度改革的过程中，尤其是从“双向选择”到“一定范围内自主择业”的过渡时期（1989—2000 年），保障高校毕业生自主择业的相关社会制度不健全，出现了一些让毕业生哭笑不得的现象，如 1994 年前后，北京及一些大中城市相继向非本地生源的高校应届毕业生收取城市容纳费。1994 年 11 月 1 日实施的《北京市征收城市容纳费条例》规定：“对经批准迁入本市的常住人口，按下列标准征收城市容纳费：（一）成批（10 人以上，含 10 人）、成建制迁入本市的，每人 10 万元；（二）零散迁入本市，

① 参见高校毕业生就业对策研究课题组：《高校毕业生就业难的调查与对策思考》，载《高等教育研究》，1999（1），71 页。

属于城市户口的，迁入城区和近郊区每人5万元；迁入远郊区、县每人3万元。（三）零散迁入本市，属于农村户口的，迁入近郊区每人2万元；迁入远郊区、县每人1万元。”虽经1996年国务院发文要求不得收取，但各地真正停止收取的并不多。1998年7月22日，国务院发布了《国务院批转公安部关于解决当前户口管理工作中几个突出问题意见的通知》，该通知明确规定了“对于在城市落户的人员，各地区、各部门均不得收取城市增容费和类似增容费的费用”。按照这个规定，北京市征收的城市容纳费属于此范围，于1999年3月31日开始停止收取，四年多期间，北京市共征收城市容纳费2700万元。① 城市增容费的征收增加了毕业生在大城市就业的难度。

另外，伴随高校毕业生就业压力的增加，用人单位在接收高校毕业生的过程中，要求毕业生试工的现象越来越普遍，这非常不利于高校毕业生的就业。不少非国有性质的企事业单位，在接收毕业生之前，要求毕业生先做三至六月的试工，而这段时间毕业生正该做毕业实习或毕业论文。为了能得到这个就业机会，毕业生们往往顾此失彼，老师们对此只有迁就和照顾。试工问题对高校教学计划的完成和毕业生就业计划的落实，已造成了严重的冲击，有的到毕业时仍未完成试工，导致高校的就业工作陷入被动；有的试工期满被评为不合格，只好重新寻找工作单位，错过较好的求职机遇期。

用人单位对高校毕业生试工的要求是违反国家法规的。早在1987年，国家教育委员会、劳动人事部制定的《高校毕业生见习办法》就规定：“高等学校本、专科毕业生分配工作后，原则上都要安排到基层见习。见习期为一年。”毕业生下基层锻炼和见习，单位应认真培养和考核，对见习期满，考查合格的应予以转正，对考查不合格的予以延期六个月至一年，对届时仍不合格的予以降级使用，对表现特别不好的可以辞退。显然，在国家尚未出台有关新规定前，用人单位要求毕业生试工是一种不合法行为。

（二）障碍性的程序规定

在1997年以前，全国所有应届毕业生的名单资料及研究生的改派手续都要上报教育部审批。这无疑延长了毕业生就业的时间，甚至错过重要的求职

---

① 参见胡其峰：《北京废止城市容纳费》，载《生活时报》：http://www.sina.com.cn，1999－03－31。

时间。有资料显示，1989 年，国家人事部发文要求中央部委在京单位，凡接收外地生源毕业生的用人单位，必须先向人事部申请毕业生进京指标，经层层报批，为每个毕业生申请一份户口审批单和介绍信，再经人事部门审批盖章后，到各级公安机关办理外地生的进京落户手续。1996 年，国家人事部进而要求所有用人单位接收非北京生源的毕业生必须到人事部门报批。这往往使一些用人单位因申请不到指标，而无法接收已经面试合格的毕业生，[①] 毕业生就业的难度因此而增加。户籍限制使得从偏远地区、小城镇、农村来的毕业生在就业时，被排在大城市之外。[②]

随着中国市场经济体制的建立和完善，国家的人事制度改革也要适应市场经济发展的要求，赋予市场经济的主体以用人自主权，让更多的用人单位能够根据自己发展的需要，辞退或招聘员工，让高校毕业生的就业程序更简洁、更有效，从而推动高校毕业生顺利就业。

（三）不规范的招聘行为

随着中国高等教育规模的扩大，高校毕业生供给量的激增，高校毕业生从用人单位纷纷争抢的“香饽饽”变成了无人问津的待业者，一些用人单位的领导徇私舞弊，按照“人情”厚薄、“关系”远近来招聘高校毕业生，从而破坏了高校毕业生自主择业的公平性和公正性，侵害了没有相应“关系”的高校毕业生的合法权益。

尤其是某些享受着国家政策保护的部门及国有企事业单位，“走后门”之风愈演愈烈，有的甚至只接收本单位职工的子女和亲属，有的竟然堂而皇之地到学校点名要人。当然，也有做得相当隐蔽和高超的，自己单位不直接安排亲属、朋友的子女，而是与不同单位领导交换安排各自的“关系”毕业生，等等。这些都是对人才市场公平、公正法则的破坏，都是中国高校毕业生市场化就业制度改革的阻碍。

（四）毕业生供需结构性失衡

当然，除了上述外部因素导致一些高校毕业生难以顺利就业之外，还有

① 张宝瑞，江涛：《98 高校毕业生就业制度改革面临考验》，载《瞭望新闻周刊》，1998（16），16 页。

② 阎广发：《高校毕业生就业中的矛盾及其引导》，载《中国高教研究》，1999（3），71 页。

大学生自身的因素影响着就业，如有的高校毕业生期望值过高而自身素质条件又难以与期望的就业岗位相匹配，便直接“被剩下”了；有的高校毕业生的专业与社会需求不吻合，而自身综合素质和能力又无法实现跨专业就业，也无奈“被剩下”了。

从就业市场对人才需求的数量和结构来看，数量不足的问题逐渐消失，而供需的结构性错位显得较为突出。一方面，不少单位反映自己找不到满意的大学生；另一方面，不少大学生感慨难以找到发挥自己才华的岗位。

1996年高校毕业生分配总体上仍属供不应求的形势，但需求中存在着较严重的不平衡现象：其一是对专业需求不平衡，热门专业和冷门专业之间存在较大反差，如对各种工科类及文理科中的应用型专业的需求明显超过毕业生人数，而文理科中的基础理论型专业以及农林、地质、中医等专业的毕业生则显得需求不足，经济类、管理类等一些专业需求不稳定。

其二是对不同层级院校毕业生的需求不平衡。

其三是对学历层次的需求不平衡，普通追求高学历人才，形成人才的高消费。

其四是不同地区之间的需求不平衡。全国各大城市和沿海开放地区对人才的需求较大，吸引毕业生的态度比较积极，一些边远地区和一些内地省区对毕业生的吸引力较小。

其五是社会需求与毕业生就业愿望之间不平衡。毕业生的就业期望值普遍较高，与社会实际需要形成了较大反差。那些急需人才的广大边远地区、艰苦行业、中小城镇以及基层一线单位，毕业生普遍不愿意去，而毕业生们向往的那些大机关、大公司、大院所等热门单位，由于人才已相对饱和而对进人比较挑剔，实际接收的毕业生数量不多。这个矛盾和反差现象也是当前高校毕业生就业分配工作的较大难题。

其六是毕业生素质能力不平衡的问题。单位普遍比较喜欢接收毕业生中的学生干部、学生党员等各方面素质较高、能力较强以及有一定特长技能的人。另外，还有女生就业难的问题。不少单位在招聘广告上明确标出只要男生，高校在分配工作中用男生搭配女生已成惯例，但有的单位对用几个男生搭一个女生还不愿接受。①

---

① 参见甘北林：《北京高校毕业生就业分配形势与政策》，载《中国人才》，1996（7），45页。

（五）毕业生暂时性待业的数量递增

随着中国高校毕业生数量的逐年增加，毕业生找不到工作，出现暂时待业已经是一个不争的事实。1999 年高校毕业生人数达 110 万人，而据有关部门预测，毕业生需求量却没有增加，若再加上历年的沉淀人员，高校毕业生就业前景更不容乐观。[①] 如北京、上海等大城市，每年都有 2 万左右的大学毕业生不能如期就业，他们并不急于由学校或主管部门为其安排一个岗位，而是边打工，边寻找合适的工作。

我国每年有数百万普通高等学校毕业生进入就业市场，中国政府虽作了种种努力，但由于内外多种因素综合影响，一部分毕业生不能及时找到就业单位已是既成事实。暂时性待业的毕业生数量占高校毕业生的总量并不太大，加之高校毕业生不愿屈身低就，对于暂时待业，社会和高校毕业生本人都已有一定的承受能力。

其实，按照国际经验，失业是经济良性运行的一种有效机制，它可以调节社会各方面的矛盾，100% 的就业不仅是不正常的，而且也是不可能的。美国政府认为，通货膨胀率在 3% 以下，失业率在 6% 以下（美国大学生失业率为 2.7%）是有好处的，适当的失业率对调整劳动者就业的心态、提高劳动者素质有促进作用。特别是失业的存在还能增加人的危机感，促使一种竞争意识，引发一颗敬业心。[②]

从理论上讲，我国一些高校毕业生暂时待业是有益的。

首先，它有助于打破了长期以来形成的高校学生一毕业就端国家“铁饭碗”和“当干部”的观念，促使高校毕业生主动适应社会主义市场经济的要求，转变观念，积极就业。

第二，一部分高校毕业生暂时待业对整个大学生群体来说，都是一种警示。警示在校学生，如果学习不好，素质不高，能力不强，知识不足，又无其他优势可言，那么待业便是不可避免的，从而促使在校生珍惜时光，刻苦学习，培养能力，自觉做到德、智、体诸方面发展。

---

① 参见李盛成、曾晓：《高校毕业生就业：制度创新是出路》，载《计划与市场探索》，1999 (6)，9 页。

② 参见王路江：《把握时机积极推进高校毕业生就业制度改革》，载《中国高等教育》，1999 (6)，17 页。

第三，一部分高校毕业生暂时待业对高等学校会形成无形的压力，这种无形的压力来自其“产品”的“滞销”，它会促使学校积极调整专业方向，加大教改内容，提高教学质量，主动适应社会需求的变化，它对学校的震撼和约束将大大超过行政干预的被动力量。

第四，一部分高校毕业生暂时待业对已经找到单位的毕业生是一种威胁，促使他们产生危机感，鞭策已工作的毕业生更加珍爱已有的工作，加倍努力，积极进取，以保证现有职位的安全。

第五，一部分高校毕业生暂时待业对待业者本身是一种磨炼。一方面，它能促使待业者降低就业的期望值，创造条件，抓住机遇，尽快就业；另一方面，它又能促使待业者苦练内功，继续充电，或就业，或进一步深造，以求再搏。这是一个再努力、再历练、再提高的过程。然而，伴随着我国高校毕业生数量逐年快速增加，如果政府不能及时消弭暂时待业的现象，那么势必沉淀的高校毕业生数量越来越多，累积一段时间，便是数量庞大的待业大军。这不仅造成高校毕业生本人和家庭的焦虑、怨愤，而且会使社会各界滋生对高等教育的忧虑和失望。更为可怕的是，一旦这些没有就业的高校毕业生爆发非理性的行为，极易破坏社会的稳定、和谐。这种现象一旦发生不仅是暂时待业毕业生的不幸，而且更是国家的不幸，因为国家培养的高级专门人才不仅没有为社会做出贡献，而且给社会带来负担，阻遏经济社会的良性发展。

因此，中国各级政府要高度重视高校毕业生的就业问题，要解放思想，拓宽思路，创新制度，尽可能地促进经济社会保持较快的发展速度，涌现更多的就业岗位，尽可能地消除有碍于高校毕业生公平自主择业的体制与机制障碍，尽可能地利用政策手段引导、优化、升级低层次就业岗位，让高校毕业生看到改造后的岗位具有较大的发展空间，便于实现高校毕业生的价值追求和理想目标。当然，政府在确保就业岗位增加的基础上，还要加强对高校毕业生的就业保障和就业服务工作，让高校毕业生享受良好的就业服务。

二、通过制度创新解决高校毕业生就业难题

在中国，要使高校毕业生实现真正的自主择业，必须具备三个条件：第一，劳动力市场发育比较完善，与毕业生就业相关的各种政策、法规能够协调配套。这种配套主要体现在毕业生就业制度、人事制度、户籍制度和社会

保障制度的改革和完善上。第二，就业指导机构和就业信息网络能为毕业生和用人单位提供卓有成效的服务。第三，社会上应形成一个公平竞争的环境和机制。但是，从上述分析可以看出，这三个基本条件目前尚不成熟，因此需要政府高度重视毕业生在自主就业道路上遇到的种种障碍，积极进行制度创新，破解制约高校毕业生自主择业的各种体制机制障碍，实现高校毕业生充分、有效地就业。

但是在20世纪90年代末，从中央教育行政部门到地方政府对高校毕业生到非国有部门工作就业，不仅缺乏相应的配套保障政策，而且设置了各种各样的约束条件，使毕业生预期的风险远大于预期的收益。如在当时，跨地区分配、跨行业分配、跨所有制分配等收取的各种费用繁多，而且由于缺乏配套措施，很多想“三跨”分配的毕业生因户口、人事、医疗、社会保障等问题难解决而只好作罢。在当时经济尚落后，生活水平尚较低的情况下，这些东西并非无足轻重，政府没有切实的解决措施，单靠要求毕业生转变就业观念是起不了大作用的，除非预期收益很丰厚，否则担这样的风险，对很多人来说，还是必须极其谨慎的。总之，当时的高校毕业生就业难，在很大程度上只是一种体制性的过剩。解决了体制问题，就大大地打开了毕业生就业渠道。当然，那时也有不少省市在高校毕业生就业制度方面进行了积极的探索，取得了良好的效果。例如，广东各地政府纷纷制订鼓励人才流动的措施，规定：凡本科以上的毕业生，只要用人单位愿意接收，不论其是国有单位，还是非国有部门，都可以通过挂靠人才交流中心解决户口、干部档案问题。在当时其他省市地区尚没有如此利好政策的形势下，形成了一股“东西南北中，求职到广东”的潮流。据统计，1999年春节后到广州市、顺德市、中山市、珠海市、深圳市参加毕业生供需见面会的毕业生就有16万人。[①]

因此，在全国的层面突破体制性的障碍，让高校毕业生能够自由竞争、自主择业，允许高校毕业生到非公有制部门就业，鼓励高校毕业生面向农村、社区基层就业，这对于消除城乡二元结构、提升基层管理水平、建设和谐社会都具有极其重大而深远的意义。为此，国务院和教育部开始启动了革故鼎新以促进高校毕业生自由竞争、自主择业的就业政策创新。

---

① 参见李盛成、曾晓：《高校毕业生就业：制度创新是出路》，载《计划与市场探索》，1999(6)，10页。

通过对国务院或中央教育行政部门每年发布的《全国普通高等学校毕业生就业工作的通知》进行文本分析，我们发现，自1997年之后，每年的就业工作通知都有制度创新的内容。有的体现了就业管理制度的创新，有的体现了就业项目创新，有的体现了就业服务内容的创新。下面，我们将围绕管理创新、项目创新和服务创新这三个方面进行就业制度创新的分析、阐释。

（一）促进高校毕业生就业的管理创新

创新是通过对比体现出来的。探讨中央历年出台的普通高校毕业生就业工作通知中的就业管理制度创新，我们必须选择一个参照点才好比较。通过系统地分析，我们发现，1996年之后，就业制度创新的趋势比较显著，为此，我们以1996年的有关就业的通知中的就业制度作为分析此后历年有关就业工作的通知中的就业制度创新的参照系。

《国家教委关于做好1996年全国普通高等学校毕业生就业工作的意见》（教学［1995］19号）内容摘要

1996年全国高校毕业生就业计划工作，继续实行在国家教委统一管理下的分级负责、相互调剂的办法。教委直属高校毕业生和从部委及地方所属高校抽调的毕业生由国家教委负责，在全国范围内安排就业；国务院部委所属高校毕业生由本部委负责，原则上在本系统、本行业内安排就业；地方所属高校的毕业生由各地方负责，原则上在本地区内安排就业。全国高校毕业生就业计划由国家教委编制并下达执行。

经国家教委批准下达的国务院有关部委和各地方所属学校的毕业生就业计划，任何单位和个人不得擅自调整与变动，出现特殊情况需要改派的，按国家教委有关规定报批。

组织跨省区、跨部门毕业生招聘会、市场等活动，需报国家教委批准，毕业生参加上述活动须经学校同意并持有学校的协议书（推荐表），否则，所签协议无效。

凡国家任务计划招收的毕业生，因特殊情况经本人申请被批准自主择业或申请自费出国的，高等学校可对其收取教育补偿费，按自费生对待。

> 并轨院校毕业生，落实单位的由国家派遣，未落实单位由当地就业指导机构推荐就业；未并轨院校毕业生由国家统一负责；师范类毕业生原则上在教育系统内就业；委托和定向培养的学生应按合同就业；自费生“自主择业”。

对比《国家教委关于做好1996年全国普通高等学校毕业生就业工作的意见》（教学［1995］19号）中对高校毕业生就业的制度规定，此后历年的有关就业工作的通知中都有新规定诞生，现呈现如下：

1. 取消就业限制

中华人民共和国的高等教育事业是在计划经济时代发展起来。一直以来，高等教育招生、培养和就业都属于国家经济社会文化发展规划的重要内容，纳入了国家计划的范畴。随着中国经济体制从计划经济转向市场经济，高校毕业生的就业工作也逐渐从计划经济的统一调配与分配迈向人才供需双方的自由选择。这在1997年的国家教委发布的《全国普通高校学校毕业生就业工作的通知》中就有体现了，以后逐步放松对高校毕业生就业选择的各种限制和约束。截至当前，中国已经真正实现了高校毕业生与用人单位的自主选择，没有什么制度性障碍。

《国家教委关于做好1996年全国普通高等学校毕业生就业工作的意见》规定：“部委所属高校毕业生由本部委负责，原则上在本系统、本行业内安排就业”，《国家教委关于做好1997年全国普通高等学校毕业生就业工作的通知》规定：“疏通毕业生就业渠道，打破部门和区域限制，鼓励有接收能力的地区、部门和单位积极接收毕业生，为毕业生顺利就业创造条件。”之后，中央每年颁布的有关高校毕业生就业工作的通知都不断打破和消除各种不利于高校毕业生就业的制度规定。现将各年有关高校毕业生就业工作的通知中消除就业限制的规定列举如下：

> 《国务院关于做好1998年普通高等学校毕业生就业工作的通知》（国发［1998］16号）规定：“要消除毕业生就业的各种障碍，各有关地方和部门应根据实际情况，放宽对毕业生就业地区和部门的限制。对已找到接收单位的毕业生，要按有关规定予以放行和接收。”
>
> 《教育部关于做好1999年普通高等学校毕业生就业工作的通知》

（教学［1999］2号）规定："要放宽对毕业生就业地区的限制，消除各种人为障碍，为毕业生营造一个良好的就业环境。"但同时又规定："毕业研究生的服务范围主要是高等学校、以基础研究为主的科研机构、国家重点企业、由财政拨款的文化、医药卫生等公益事业单位、党和国家机关，以及人民解放军的所属单位。凡是超出上述服务范围就业的毕业研究生应补办委托培养手续。"

《教育部、公安部、人事部、劳动保障部关于切实做好普通高等学校毕业生就业工作的通知》（教学［2002］16号）规定："取消限制高校毕业生包括专科（高职）毕业生合理流动的政策规定，允许高校毕业生跨省（自治区、直辖市）、跨地（市）就业。"

《国务院办公厅关于做好2013年全国普通高等学校毕业生就业工作的通知》（国办发［2013］35号）规定："用人单位招用人员、职业中介机构从事职业中介活动，不得对求职者设置性别、民族等条件，招聘高校毕业生，不得以毕业院校、年龄、户籍等作为限制性要求。""及时纠正性别歧视和其他各类就业歧视现象。"

2. 禁止针对毕业生的乱收费行为

在高校毕业生就业从计划分配走向就业市场，进行双向选择的过程中，一些地区、部门和高校自行规定对毕业生收费，收费项目包括城市增容费、推荐费、上岗押金等。收费名目繁多，标准各异，互相攀比，不仅加重了学生和家长的负担，而且也严重干扰了毕业生就业工作的正常进行。为此，1998年7月20日，国家发展计划委员会、教育部联合发布了《关于对普通高校毕业生收费有关政策问题的通知》（计价费［1998］1349号），规定："属于国家定向培养和委托培养的毕业生，如因本人原因不到定向、委培单位就业的，应向学校缴纳相应培养费。享受师范、农林、民族、体育、航海等国家专业奖学金及享受艰苦行业、地区或特殊岗位定向奖学金的毕业生，因不服从学校派遣自谋职业的，应补缴在校学习期间普通专业的学费并返还定向奖学金、专业奖学金。除此之外，各地区、各部门和各单位不得对高校毕业生收取其他费用。""一些地区、部门和单位违反国家有关规定擅自设立的毕业生就业分配收费项目应一律取消。""经省级人民政府批准的有关收费项目，应按照本通知精神，进行清理和重新审定，对不合理的收费项目应予取消。

本通知自发布之日起执行。各级物价、教育行政部门要加强对毕业生收费的监督检查，对违反规定的乱收费行为要按规定予以查处。”

为此，1999 年及此后有关就业工作的通知中都规定，要严格执行《国家发展计划委员会、教育部关于对普通高校毕业生收费有关政策问题的通知》（计价费［1998］1349 号）中的规定，不得向毕业生乱收费。

针对高校毕业生就业的收费项目的规范和削减，大大地减轻了高校毕业生就业的经济压力，推动了毕业生的顺利就业。

3. 简化就业手续

在计划经济时代，高校毕业生按照计划分配，要严格执行相关制度规定，确保国家人才培养与使用符合预期的计划安排。但随着高校毕业生就业从计划分配走向双向选择或自主择业进程的加快，繁琐的行政管理环节已无法适应用人单位与毕业生的需要，同时繁琐的行政管理环节也失去了应有的意义。为此，教育部和国务院便及时发布通知，要求各地各部门简化高校毕业生就业手续，方便毕业生和用人单位的应聘录用工作。这在一定程度上促进了高校毕业生的就业。

《国家教委关于做好 1996 年全国普通高等学校毕业生就业工作的意见》（教学［1995］19 号）规定：“任何单位和部门组织跨省区、跨部门的毕业生招聘会、市场等活动，须报我委批准。毕业生参加上述活动须经学校同意并持有学校的协议书（推荐表），否则，所签协议无效。”时隔三年，这种繁琐的规定被废除了。

之后，简化高校毕业生就业手续的制度创新在中央出台的有关高校毕业生就业工作的通知中都有体现，列举如下：

> 《教育部关于做好 1999 年普通高等学校毕业生就业工作的通知》（教学［1999］2 号）规定：“各级主管部门要简化手续，尽可能方便毕业生和用人单位，除了签订协议书所必需的手续外，不得再搞层层审批。”
>
> 《教育部关于做好 2001 年普通高等学校毕业生就业工作的通知》（教学［2001］2 号）规定：“今后地方所属高校专科毕业生就业工作也一并交由省级政府统筹管理。”
>
> 《教育部关于切实做好 2006 年高等学校毕业生就业工作的通知》

（教学［2006］8号）规定："对用人单位跨地区聘用的高校毕业生，省会城市、副省级城市、地级市应取消落户限制，简化有关手续。"

《国务院办公厅关于做好2013年全国普通高等学校毕业生就业工作的通知》（国办发［2013］35号）规定："简化高校毕业生就业程序，消除其在不同地区、不同类型单位之间流动就业的制度性障碍。"

4. 改革、优化人才培养工作

高校毕业生的就业状况与毕业生的专业、综合素质和能力都有相当大的关联。促进高校毕业生的就业就不能单纯从人才的出口寻找办法，也需要从招生和培养的环节做文章。因此，随着高校毕业生暂时待业人数的增加，高校的招生和人才培养工作也需要及时进行调整、优化，以从源头上解决高校毕业生难以就业的难题。作为领导和管理全国高等教育的教育部，甚至国务院及相关职能部门都积极参与建言献策行动中，推动高校优化人才培养工作，以促进高校毕业生适应经济社会发展的需要。

之后，推动高校优化人才培养制度的规定在中央出台的有关高校毕业生就业工作的通知中都有体现，列举如下：

《教育部关于做好2001年普通高等学校毕业生就业工作的通知》（教学［2001］2号）规定，今后教育部和省（自治区、直辖市）要"以就业率来考核、评价、推动和促进高校的人才培养工作"。高校要"充分利用毕业生就业反馈的信息，加大学科专业结构和人才培养结构调整的力度"。

《教育部、公安部、人事部、劳动保障部关于切实做好普通高等学校毕业生就业工作的通知》（教学［2002］16号）规定："对社会需求不大、毕业生就业率过低的地方、高校、专业，要根据情况减少招生数量，相应减少教育经费投入，甚者停止招生。""高校要主动开展就业市场需求分析和毕业生跟踪调查，根据产业结构的调整和就业市场的变化，及时调整专业，改革教材、教学内容和教学方法，拓宽专业适应性，努力办出特色。""国务院有关部门将定期公布各省、自治区、直辖市高校毕业生的就业率和就业情况。各省、自治区、直辖市要定期公布本地区范围内高校毕业生的就业率和就业情况。"

《国务院办公厅关于做好2003年高等学校毕业生就业工作的通知》（国办发［2003］49号）规定：“对就业率低的高校长线专业，要暂停招生或减少招生；高校要根据社会需要允许学生调整专业，并适当延长学习期限。”

《国务院办公厅关于进一步做好2004年普通高等学校毕业生就业工作的通知》（国办发［2004］35号）规定：“高等学校要努力与本校志愿者服务地建立起长期、稳定的对口支援关系，开展教学、实践、扶贫等全方位的合作与援助。提倡高校奖学金适当用于鼓励和支持毕业生到西部、到基层贫困地区就业。”“建立高等学校布局结构、发展规划、专业设置、招生规模、办学评估、经费投入、领导班子考核等工作与毕业生就业状况挂钩的管理制度和工作机制。”

《教育部关于切实做好2006年普通高等学校毕业生就业工作的通知》（教学［2006］8号）规定：“省级政府有关部门要适当控制高等学校招生增长幅度，相对稳定招生规模，及时调整不能适应社会需要的学校和专业。”“把就业、创业理念引入教学环节，大力加强实践教学，切实提高学生的就业和创业能力。”

《国务院办公厅关于切实做好2007年普通高等学校毕业生就业工作的通知》（国办发［2007］26号）规定：“高等学校要加强市场需求调研，找准办学定位，明确培养目标，主动及时调整学科专业结构。要改革教学内容和人才培养模式，加强学生的实习实训，大力提高毕业生的实践能力、创造能力、就业能力和创业能力。”

《教育部关于做好2010年普通高校学校毕业生就业工作的通知》（教学［2009］15号）规定：“国家重点建设的大学应努力满足国家重大发展战略和重点行业、地区对高层次人才的需求；地方本科院校的人才培养要重点为区域经济社会发展以及相关行业需要服务；高职院校要坚持以就业为导向，为行业企业的生产和服务一线培养高技能和技术应用型人才。各类院校都要形成自己的办学理念和风格，在不同层次、不同领域办出特色、争创一流。”“高等学校要加强与地方政府、行业协会、企业等的联系与合作，共建以促进就业为目的的实践教学和实习实训基地。”“要加大生产性实训教学安排，确保学生毕业前有充足的顶岗实习学习经历，时间一般不少于半年；

要积极探索建立对顶岗实习合作企业兼职教师给予补贴和对学生工伤保险给予补贴等制度。”“要积极探索建立符合中国国情的职业发展和就业指导课程体系；有条件的学校可成立就业创业指导教研室。”“通过开展就业指导课程观摩、评选等活动，建设一批精品课程、示范课程。”“各省级教育行政部门要紧密结合服务外包行业发展需求，促进校企合作，培养服务外包企业适用的人才；要会同商务部门，积极推动在全国实现服务外包企业吸纳20万名高校毕业生的目标任务；有条件的地方要把服务外包领域扩大到金融业、语言服务业等行业，进一步拓宽毕业生在服务外包领域就业的渠道。”

《教育部关于做好2011年全国普通高等学校毕业生就业工作的通知》（教学［2010］11号）规定：“各地和高校要加大学科专业和人才类型结构调整力度，积极构建高校学科专业人才需求预测预警系统，建立动态调整学科专业结构新机制。”“高校要积极推进人才培养模式改革，统筹安排实习实训，并完善实习管理办法。”

《教育部关于做好2012年全国普通高等学校毕业生就业工作的通知》（教学［2011］12号）中规定：“探索建立高校毕业生就业和重点产业人才供需年度报告制度，健全专业动态调整和预警、退出机制，对就业率连续两年低于60%的专业，调减招生计划直至停招。”“教育部在部分高校设立的、‘试点学院’，要在探索人才选拔方式、培养模式等内部治理结构改革的基础上，统筹做好高校毕业生就业工作。”

《教育部关于做好2013年全国普通高等学校毕业生就业工作的通知》（教学［2012］11号）中规定：“紧紧围绕国家和地方经济社会发展需要，建立高校毕业生就业和重点产业人才供需对接机制，超前部署战略性新兴产业等相关专业设置和培养计划，实现人才培养、社会需求与就业的良性互动。”“把就业状况作为高校本科教学工作评估的重要指标和高等职业学校人才培养工作评估的核心指标。连续两年就业率较低的专业，除个别特殊专业外，应调减招生计划直至停招。”

《教育部关于做好2015年全国普通高等学校毕业生就业创业工作的通知》（教学［2014］15号）规定：“引导一批普通本科高校向应用技术型高校转型发展。”

5. 推行奖励与学费代偿政策

在中国高等教育从精英化走向大众化，从“包当干部”的待遇转向普通的劳动者，这种心理落差是需要相应的外部补偿激励机制来填充、修复的。如何让高校毕业生走向并不荣耀和自豪的工作岗位，这就需要政府出台一系列激励补偿措施了。纵观政府出台的就业激励措施，从提前转正定级到优先转换更好的工作，从奖励和贷款代偿到职称评审条件放宽，从推荐就业到读研照顾，都不断释放优惠政策，以促进高校毕业生先就业再发展。

鼓励高校毕业生到基层就业和应征入伍的制度创新在2002年之后中央出台的高校毕业生就业工作通知中都有体现，列举如下：

《教育部、公安部、人事部、劳动保障部关于切实做好普通高等学校毕业生就业工作的通知》（教学［2002］16号）规定：“到西部贫困边远地区工作的高校毕业生，可提前定级，并根据实际情况适当高定工资标准。”

《国务院办公厅关于做好2003年高等学校毕业生就业工作的通知》（国办发［2003］49号）规定：“在艰苦地区工作2年或2年以上者，报考研究生的，应优先予以推荐、录取；报考党政机关和应聘国有企事业单位的，在同等条件下，应优先录用。”

《国务院办公厅关于进一步做好2004年普通高等学校毕业生就业工作的通知》（国办发［2004］35号）规定：“提倡高校奖学金适当用于鼓励和支持毕业生到西部、到基层贫困地区就业。”

《教育部办公厅关于做好2005年普通高校毕业生就业重点工作的通知》（教学厅［2005］4号）规定：“2005年教育部直属高校都要积极开展为到艰苦地区、艰苦行业就业的毕业生提供奖励或代偿助学贷款工作，鼓励有条件的其他高校积极开展此项工作。”

《教育部关于切实做好2006年普通高等学校毕业生就业工作的通知》（教学［2006］8号）规定：“要落实好加大财政支持力度、代偿国家助学贷款等政策。”“组织人事部门会同编制部门为西部地区和艰苦边远地区的乡镇下达一部分周转编制，用于接收应届或往届高校毕业生。”

《教育部关于做好2012年全国普通高等学校毕业生就业工作的

通知》(教学［2011］12号)规定:“要推动出台本省高校毕业生到中西部地区和艰苦边远地区基层单位就业的学费补偿和助学贷款代偿办法。”

《国务院办公厅关于做好2014年全国普通高等学校毕业生就业创业工作的通知》(国办发［2014］22号)规定:“高校毕业生在中西部地区和艰苦边远地区县以下基层单位从事专业技术工作,申报相应职称时,可不参加职称外语考试或放宽外语成绩要求。”

6. 放宽户籍政策

长期以来,户籍与人们在城市中学习、工作、生活所享有的相关权利紧密相连。尤其是经济文化教育比较发达的直辖市,更是让户籍负载着相当多的城市公民福利。因而,户籍一直被高校毕业生所看重。打破在较为发达城市落户的限制,必然激发高校毕业生积极就业的热情,提升高校毕业生整体就业率,促使社会的稳定、和谐和经济社会的繁荣、发展。为此,教育部与国务院相关职能部门果断地创新制度,积极推动直辖市以外的城市放开高校毕业生的落户限制,让高校毕业生能够根据自己的意愿在城市落户,增加高校毕业生的就业积极性。

放宽户籍政策,以促进高校毕业生就业的制度创新,自2002年之后,在中央出台的有关高校毕业生就业工作的通知中皆有体现,列举如下:

2002年2月8日,教育部、公安部、人事部、劳动保障部联合发布的《关于进一步深化普通高等学校毕业生就业制度改革有关问题的意见》,规定:“省会及省会以下城市放开对吸收高校毕业生落户的限制。省会以上城市也要根据需要,积极放宽高校毕业生就业落户规定,简化有关手续。公安部门对应届毕业生凭用人单位与毕业生签订的《就业协议书》和高校毕业生所持的《普通高等学校毕业证书》、《全国普通高等学校毕业生就业报到证》办理其落户手续;对非应届毕业生凭用人单位录(聘)用手续、劳动合同和《普通高等学校毕业证书》办理其落户手续。”

《国务院办公厅关于做好2003年普通高等学校毕业生就业工作的通知》(国办发［2003］49号)规定:“对企业跨地区聘用的高校

毕业生，省会及省会以下城市要认真落实有关政策，取消落户限制。”

《国务院办公厅关于切实做好2007年普通高等学校毕业生就业工作的通知》（国办发［2007］26号）规定：“对到西部县以下基层单位和艰苦边远地区工作满5年以上的高校毕业生，根据本人意愿可以流动到原籍或除直辖市以外的其他地区工作，凡落实了接收单位的，接收单位所在地区应准予落户。”

7. 推行持证上岗制度

高校毕业生是高级专门人才，是国家人才宝库的重要组成部分，在推动社会全面发展中发挥着重要的作用。但由于历史原因和管理制度不完善，一些急需高素质专门人才的岗位被一些低学历、低能力、低素质的人员所占用，不仅影响行业和社会事业的发展，而且也导致一些合适人员无法获得应有的工作岗位。为此，有必要通过职业资格准入制度的形式解聘一些不能很好履行岗位职责的人员，把工作岗位留给高素质的能胜任该项工作的人才大展宏图。这不仅是促进高校毕业生就业的重要举措，而且也是建设世界强国的前瞻性谋划。教育部自2002年就开始从职业资格入手来推动高素质高校毕业生的就业。2002年教育部发布的就业工作通知规定：“要进一步完善并严格执行就业准入制度。对国家规定实行就业准入的职业，从业者和初次就业者必须取得相应职业资格证书后，方可上岗；对新增加的就业岗位，要优先录用符合相应资格条件的高校毕业生。”

推行持证上岗制度，促进高校毕业生就业的制度创新在此后中央出台的有关高校毕业生就业工作的通知中也有体现，列举如下：

《国务院办公厅关于进一步做好2004年普通高等学校毕业生就业工作的通知》（国办发［2004］35号）规定：“深化人事制度和劳动用工制度改革，完善并严格执行职业资格准入制度。”

《教育部关于切实做好2006年普通高等学校毕业生就业工作的通知》（教学［2006］8号）规定：“要加快建立并完善技术技能岗位准入制度，扩大高校毕业生就业空间。”

《国务院办公厅关于切实做好2007年普通高等学校毕业生就业工

作的通知》（国办发［2007］26号）规定："要进一步加强监督检查，凡国家规定实行就业准入的职业，从业者和初次就业者必须取得相应职业资格证书方可上岗。"

8. 建立就业领导协调机制

高校毕业生的就业涉及财政、人事、编制、户籍等因素。这就需要政府出台系统、全面的配套政策，才能有效解决高校毕业生就业难题。为此，国务院和教育部反复强调，各省、市、自治区的党政领导或各级部门"一把手"要亲自领导和组织督察高校毕业生工作，为高校毕业生的顺利、有效就业提供强有力的组织保障。

中央在出台的有关高校毕业生就业工作的通知中，反复强调各省、市、自治区党政领导班子要建立高校毕业生就业领导协调机制，列举如下：

《国务院办公厅关于进一步做好2004年普通高等学校毕业生就业工作的通知》（国办发［2004］35号）规定："中央建立由国务院有关部门参加的高校毕业生就业工作联席会议制度，定期研究、协调解决工作中的重大问题。2004年7月前，各省、自治区、直辖市人民政府都要建立健全高校毕业生就业工作领导协调机制；地（市）级人民政府和县级人民政府也要建立相应的领导协调机制。""各地区、各有关部门和高等学校要建立高校毕业生就业工作目标责任制，明确工作目标，制定具体措施，解决实际问题，确保到2004年9月1日，高校毕业生就业率达到或高于2003年的同期水平。"

《教育部办公厅关于做好2005年普通高校毕业生就业重点工作的通知》（教学厅［2005］4号）规定："各级领导要高度重视就业工作，'一把手'要亲自抓就业，明确目标任务，落实工作责任制，一级抓一级，确保各级完成今年的就业工作目标。"

《教育部关于切实做好2006年普通高等学校毕业生就业工作的通知》（教学［2006］8号）规定："高等学校要切实落实'一把手工程'，增强就业意识，加强就业指导队伍建设，提高就业指导的针对性。要积极主动联系用人单位，千方百计搜集就业信息。"

《国务院办公厅关于切实做好2007年普通高等学校毕业生就业

工作的通知》(国办发〔2007〕26号)规定:“各级政府要把高校毕业生就业工作作为就业工作的重要内容,纳入就业工作联席会议制度,健全省、市、县三级毕业生就业工作领导机构和协调机制。”“明确目标任务,落实工作责任。”

《国务院办公厅关于加强普通高等学校毕业生就业工作的通知》(国办发〔2009〕3号)规定:“各级人力资源社会保障部门要牵头制定和实施高校毕业生就业政策,并做好高校毕业生离校后的就业指导和就业服务工作。教育部门要指导高校大力加强在校生的就业指导和服务工作,并继续深化高等教育改革。财政部门要根据高校毕业生就业形势和实际需要,统筹安排资金用于促进高校毕业生就业。”

《教育部关于做好2010年普通高等学校毕业就业工作的通知》(教学〔2009〕15号)规定:“各高等学校党委书记、校长作为本校毕业生就业工作的第一责任人,要把就业工作作为学校重要的战略任务和当前工作重点,摆在重要议事日程,要明确任务分工,逐级落实责任制,进一步形成全员参与、齐抓共管的工作格局。”

《教育部关于做好2011年全国普通高等学校毕业生就业工作的通知》(教学〔2010〕11号)规定:“各地高校毕业生就业主管部门的主要负责同志和高校的‘一把手’要亲自抓、负总责,抓紧制订具体工作方案,落实目标责任。加强对就业工作的督促和检查。”

《教育部关于做好2012年全国普通高等学校毕业生就业工作的通知》(教学〔2011〕12号)规定:“各省级主管部门主要负责同志和高校的‘一把手’要切实加强领导,把高校毕业生就业工作放在突出重要的位置,纳入重要议事日程,明确任务,强化责任,狠抓落实。”

《教育部关于做好2013年全国普通高等学校毕业生就业工作的通知》(教学〔2012〕11号)规定:各省级工作部门和高校“要全面落实和深化‘一把手’工程,加强督促检查和考核评估,切实保证机构、人员、经费、场地‘四到位’”。

9. 规范就业市场

在高校毕业生总体处于供过于求的状况下,高校毕业生在就业时往往处于弱势地位。一些不法组织和个人，甚至一些用人部门会显性或隐性侵害就业者的合法权益。作为领导、管理国家高等教育事业的中央行政部门有责任，也有义务出台各种政策措施，保障高校毕业生的合法权益，推动高校毕业生顺利、及时地就业，以为国家经济社会的发展添砖加瓦。

中央在出台的有关高校毕业生就业工作的通知中，对规范就业市场做出的规定，列举如下：

《国务院办公厅关于进一步做好2004年普通高等学校毕业生就业工作的通知》（国办发［2004］35号）规定："高校毕业生就业主管部门及其他有关部门要建立用人单位招聘毕业生信用制度，对发布虚假招聘信息，利用招聘进行欺诈、损害毕业生权益的，要及时严肃处理。""对于以非全日制、临时性和弹性工作等灵活形式就业以及到个体、私营等非公有制经济组织就业的高校毕业生，要按照有关规定，在工资支付、社会保险、劳动争议处理等方面维护其合法权益。"

《教育部关于切实做好2006年普通高等学校毕业生就业工作的通知》（教学［2006］8号）规定："要加大力度监督落实企业用工和劳动保障制度，加强对中小企业和非公有制单位在签订劳动合同、兑现劳动报酬，特别是缴纳社会保险等方面的监督检查，切实维护毕业生到中小企业和非公有制单位就业的合法权益。"

《国务院办公厅关于做好2013年全国普通高等学校毕业生就业工作的通知》（国办发［2013］35号）规定："探索建立国有单位招聘信息统一公开发布制度，加强国有企业招聘活动监管，在国有企业全面推行分级分类的公开招聘制度，切实做到信息公开、过程公开、结果公开。加大劳动用工、缴纳社会保险费等方面的劳动保障监察力度，切实维护高校毕业生就业后的合法权益。"

《国务院办公厅关于做好2014年全国普通高等学校毕业生就业创业工作的通知》（国办发［2014］22号）规定："用人单位招聘不得设置民族、种族、性别、宗教信仰等歧视性条件，不得将院校作为限制性条件。省会及以下城市用人单位招聘应届毕业生不得将户籍作为限制性条件。国有企业招聘应届高校毕业生，除涉密等特殊岗位外，要实行公开招聘，招聘应届高校毕业生信息要在政府网站公开发布，报名时间不少于7天；对拟聘人员应进行公示，明确监督渠道，公示期不少于7天。”“对企业招用高校毕业生不签订劳动合同、不按时足额缴纳社会保险费、不按时支付工资等违法行为，及时予以查处，切实维护高校毕业生的合法权益。”

10. 建立高校毕业生就业监测体系

高校毕业生就业与否？多大程度实现了就业？不同专业、不同学历层次的毕业生就业状况如何？这些都是关系着高校毕业生就业水平和质量的重要内容。影响着社会的稳定、和谐，决定着高校的可持续发展，关系着高校毕业生及家庭的幸福安康，意义重大。因此，促进高校毕业生最大范围内和最大限度地就业，是各级政府和高校的义不容辞的责任。各级政府和高校也有能力做好分内职责的就业监测工作，从而及时地出台政策，提供服务，促进高校毕业生就业。

建立高校毕业生就业监测体系在中央出台的有关高校毕业生就业工作的通知中不断被强调，列举如下：

《国务院办公厅关于进一步做好2004年普通高等学校毕业生就业工作的通知》（国办发［2004］35号）规定：“各省、自治区、直辖市要建立并不断完善高校毕业生就业监测体系，科学、准确、快速地报告就业工作进展情况，及时公布当地高等学校的毕业生就业率。要加强对毕业生就业工作的督促检查，重点检查就业工作薄弱地区、薄弱学校，对工作不落实、政策不到位的情况要限期认真整改。”

《教育部办公厅关于做好2005年普通高校毕业生就业重点工作的通知》（教学厅［2005］4号）规定：“强化就业统计工作的领导责任制和工作责任制，严格执行教育部规定的统计标准和要求。”

《教育部关于切实做好2006年普通高等学校毕业生就业工作的通知》（教学［2006］8号）规定：“做好高校毕业生就业情况相关统计，由高校毕业生就业主管部门统计截至9月1日分地区、分学校初次就业率信息；由劳动保障部门统计截至12月31日分地区应届高校毕业生登记失业信息。”

《教育部关于做好2010年普通高等学校毕业就业工作的通知》（教学［2009］15号）规定：“要建立高校毕业生就业统计工作核查和举报制度，对毕业生就业率作假实行‘一票否决制’。”

《教育部关于做好2011年全国普通高等学校毕业生就业工作的通知》（教学［2010］11号）规定：“积极推进毕业生就业状况监测分析系统建设。有条件的地方，可以探索引入第三方统计、监测和评估机制。”

《教育部关于做好2012年全国普通高等学校毕业生就业工作的通知》（教学［2011］12号）规定：“高校不准以各种方式强迫毕业生签订就业协议和劳动合同，不准将毕业证书、学位证书发放与就业签约挂钩，不准劝导毕业生签订虚假协议，不准将顶岗实习材料作为就业证明材料。”

《教育部关于做好2013年全国普通高等学校毕业生就业工作的通知》（教学［2012］11号）规定：“各省级教育行政部门和高校要加强就业状况统计、分析和监测预警，把就业状况作为招生计划制定、质量评估、经费投入、专业设置、培养方案调整、班子考核等工作的重要依据。”

《教育部关于做好2014年全国普通高等学校毕业生就业工作的通知》（教学［2013］14号）规定：“从2014年起，各高校要逐步发布本校的毕业生就业质量年度报告，并在校园网、就业网、全国大学生就业公共服务立体化平台或其他媒体上公布。”

《教育部关于做好2015年全国普通高等学校毕业生就业创业工作的通知》（教学［2014］15号）规定：“充分利用‘全国高校毕业生就业管理与监测系统’，及时更新、按时报送高校毕业生就业信息，严禁任何形式的就业率造假。”

11. 援助就业困难的毕业生

对就业困难的高校毕业生进行就业援助是中国高校毕业生就业制度从“统包统分”转向“双向选择”和“自主择业”阶段的产物。我国是社会主义国家，人民是国家的主人，高校毕业生是国家重要的人才资源，也是国家应该保护、保障的对象。在市场经济的竞争下，一些高校毕业生因为专业、能力、生理、心理等方面因素，不能及时、有效地就业。各级政府、社会各界以及高校应该对他们伸出援手，帮助他们不断克服困难，提升素质，最终实现就业，为他们自己及家庭的生活提供保障。同时，他们的就业也会为国家和社会创造财富，推动国家的繁荣发展。纵观历年的有关高校毕业生就业工作的通知，都对就业困难的高校毕业生做出援助规定。

早在 1996 年，国家教委就要求，对于未落实工作单位的毕业生，转回其家庭所在地，由当地毕业生就业指导机构推荐其就业；1997 年，国家教委再次强调，对未落实工作单位的毕业生，学校可将其档案和户粮关系转回家庭所在地，由当地毕业生就业指导机构帮助推荐就业；1999 年，教育部指出，对于未就业的毕业生由当地毕业生就业指导机构推荐或毕业生自行联系工作单位；2002 年，教育部等四部委联合发布提出有困难未就业的毕业生到就业指导和服务机构登记享受免费指导和就业信息服务；2003 年，国务院办公厅发文规定，毕业半年以上未能就业并要求就业的高校毕业生，可到入学前户籍所在地办理失业登记，参加临时性社会工作、社会公益活动，对于确无生活来源者，参照当地城市低保标准，给予临时救助；2005 年，教育部提出对就业困难的高校毕业生要做好细致的心理辅导、就业推荐工作；2006 年，教育部提出为就业困难的毕业生提供见习、实习服务并适当给予经济补助；2007 年，国务院办公厅提出对就业困难的毕业生进行“一对一”的就业服务和重点推荐，提供公益性的岗位帮助；2008 年，教育部、人事部、劳动和社会保障部联合提出免收困难家庭的高校毕业生报考公务员和事业单位人员的报名费和体检费，为就业困难的高校毕业生提供职业资格培训、职业技能鉴定和就业见习，并给予基本生活补助；2010 年，教育部规定要为就业困难的毕业生设立专项经费和帮扶项目，同年，教育部提出就业困难的毕业生免费参加各类招聘会、职业技能培训和鉴定的政策；2012 年，教育部提出要为就业困难的毕业生提供至少“一次个体咨询、一次技能培训、一次就业补贴”的要求；2013 年，国务院办公厅发文规定就业困难的高校毕业生可以在求职地（直辖市除外）进行求职登记和失业登记，享受当地免费服务；2014 年，国务院办公厅发布通知，要求给予离校未就业而灵活就业并办理社保的就业困难的毕业生给予一定的社保补贴；2015 年，国务院办公厅发布通知要求各地对就业困难的毕业生在公益性岗位予以托底安置，并给予社会保险补贴及适当岗位补贴。这一系列扶持政策的创新，为就业困难的毕业生的顺利就业提供了可靠的保障。

历年中央出台的有关高校毕业生就业工作的通知中的相关规定列举如下：

《国家教委关于做好 1996 年全国普通高等学校毕业生就业工作的意见》（教学［1995］19 号）规定："未落实工作单位的，转回其家庭所在地，由当地毕业生就业指导机构推荐其就业。"

《国家教委关于做好 1997 年全国普通高等学校毕业生就业工作的通知》（教学［1997］2 号）规定："规定时间内落实工作单位的毕业生，国家负责派遣；未落实工作单位的毕业生，学校可将其档案和户粮关系转回家庭所在地，由当地毕业生就业指导机构帮助推荐就业。"

《教育部关于做好 1999 年普通高等学校毕业生就业工作的通知》（教学［1999］2 号）规定："毕业生在规定的时间内，通过供需见面与双向选择落实工作单位的，国家负责派遣；在规定时间内未落实到具体单位的，学校应事先将其名单告知地方毕业生就业主管部门，然后将其派回家庭所在地区，由当地毕业生就业指导机构推荐或自行联系工作单位。"

《教育部、公安部、人事部、劳动保障部关于切实做好普通高等学校毕业生就业工作的通知》（教学［2002］16 号）规定："凡就业确有困难、需要帮助的未就业高校毕业生，应到当地政府有关部门所属的高校毕业生就业指导机构、人才交流机构或公共职业介绍机构登记。""对已进行登记的未就业高校毕业生，有关机构要提供免费就业指导和就业信息服务。"

《国务院办公厅关于做好 2003 年普通高等学校毕业生就业工作的通知》（国办发［2003］49 号）规定："毕业半年以上未能就业并要求就业的高校毕业生，可持学校证明到入学前户籍所在城市或县劳动保障部门办理失业登记。""对已进行失业登记的高校毕业生，有条件的城市、社区可组织其参加临时性的社会工作、社会公益活动。""对于因患病等原因短期无法工作并确无生活来源者，由民政部门参照当地城市低保标准，给予临时救助。此项费用由地方财政列支。”

《教育部办公厅关于做好2005年普通高校毕业生就业重点工作的通知》（教学厅［2005］4号）规定：“对贫困毕业生等就业困难群体要给予更多的关心和帮助，要开展个性化的就业服务，做好细致的心理辅导、就业推荐，帮助他们解决实际困难。”

《教育部关于切实做好2006年普通高校毕业生就业工作的通知》（教学［2006］8号）规定：“要组织目前尚未落实就业岗位的贫困学生多渠道进行见习、实习，采取多种途径扩大就业渠道。高等学校对就业困难的贫困学生要进行重点帮扶，给予重点推荐、指导、服务，可适当给予经济补助，努力帮助他们实现就业。”

《国务院办公厅关切切实做好2007年普通高等学校毕业生就业工作的通知》（国办发［2007］26号）规定：“高等学校要针对困难家庭毕业生的特点和需求开展就业指导，提供‘一对一’的就业服务和重点推荐，并尽量给予适当求职经济补贴。各级政府和有关部门要把对困难家庭高校毕业生的就业援助工作纳入政府援助困难群体就业的政策体系。”“各地有关部门要对离校后回原籍的‘零就业’家庭未就业毕业生进行逐户逐人登记，优先安排进入高校毕业生就业见习基地，给予见习补贴，并实施重点帮助，提供有针对性的就业服务和公益性岗位帮助。”

《教育部、人事部、劳动保障部关于积极做好2008年普通高等学校毕业生就业工作的通知》（教学［2007］24号）规定：“各级机关考录公务员、事业单位招聘工作人员时，免收困难家庭高校毕业生的报名费和体检费。高校要加强政策宣传，使离校时未就业的每一位毕业生都能全面了解离校后的就业政策和求职渠道。”“劳动保障部门要把享受国家助学贷款政策并就业困难、确有就业需求且登记失业的高校毕业生纳入就业困难人员的援助范围，摸清人员底数，建立专门台账，确定专人联系，推荐符合其需求的岗位，落实就业援助的相关政策；要积极组织就业困难的高校毕业生参加职业资格培训、职业技能鉴定和就业见习，按规定落实培训、鉴定补贴和见习基本生活补助。”

《教育部关于做好2010年普通高等学校毕业生就业工作的通知》

（教学［2009］15号）规定："设立专项经费和帮扶项目，进一步加大对家庭经济困难毕业生、就业困难毕业生、残疾人毕业生等特殊群体的就业帮扶力度。"

《教育部关于做好2011年全国普通高等学校毕业生就业工作的通知》（教学［2010］11号）规定："建立困难群体毕业生信息数据库，开展'一对一'服务，通过发放求职或生活补贴、重点组织培训、加强就业创业指导、优先推荐岗位等措施，帮助家庭贫困、身体残疾、少数民族地区的少数民族毕业生等群体尽快实现就业。加强对女大学生就业帮扶工作。""各省级教育行政部门和高校要配合有关部门采取重点推荐、公益性岗位安置、就业见习培训等帮扶措施，按规定落实社会保险补贴、公益性岗位补贴、免费参加各类招聘会、免费职业技能培训和鉴定等就业援助政策。"

《教育部关于做好2012年全国普通高等学校毕业生就业工作的通知》（教学［2011］12号）规定："各高校要针对家庭经济困难、就业困难毕业生，建立帮扶台账，指定院系教师开展'一对一'帮扶，优先推荐，提供至少'一次个体咨询、一次技能培训、一次就业补贴'。"

《国务院办公厅关于做好2013年全国普通高等学校毕业生就业工作的通知》（国办发［2013］35号）规定："允许高校毕业生在求职地（直辖市除外）进行求职登记和失业登记，申领《就业失业登记证》，纳入本地免费公共就业服务和就业扶持政策范围。""在全国范围内组织实施'离校未就业高校毕业生就业促进计划'，综合运用各项政策措施和服务手段，力争使每一名有就业意愿的离校未就业高校毕业生在年底前实现就业或参加到就业准备活动中。"

《国务院办公厅关于做好2014年全国普通高等学校毕业生就业创业工作的通知》（国办发［2014］22号）规定："各地区、各高校要将零就业家庭、优抚对象家庭、农村贫困户、城乡低保家庭以及残疾等就业困难的高校毕业生列为重点对象实施重点帮扶。""离校未就业高校毕业生实现灵活就业的，在公共就业人才服务机构办理实名登记并按规定缴纳社会保险费的，给予一定数额的社会保险补贴，补贴数额原则上不超过其实际缴费的2/3，最长不超过2年，所需资金从就业专项资金中列支。”

《教育部关于做好2015年全国普通高等学校毕业生就业创业工作的通知》（教学［2014］15号）规定：“认真做好低保家庭毕业生的求职补贴发放工作，有条件的地方应将享受国家助学贷款毕业生纳入求职补贴对象范围。”

《国务院关于进一步做好新形势下就业创业工作的意见》（国发［2015］23号）规定：“对通过市场渠道确实难以实现就业的，可通过公益性岗位予以托底安置，并给予社会保险补贴及适当岗位补贴。社会保险补贴和岗位补贴期限最长不超过3年。”“依法大力推进残疾人按比例就业，加大对用人单位安置残疾人的补贴和奖励力度，建立用人单位按比例安排残疾人就业公示制度。”“加大对困难人员就业援助力度，确保零就业家庭、最低生活保障家庭等困难家庭至少有一人就业。”“将《就业失业登记证》调整为《就业创业证》，免费发放，作为劳动者享受公共就业服务及就业扶持政策的凭证。”

12. 对少数民族毕业生就业进行帮扶

中国有些少数民族高校毕业生因地区整体教育质量、所处地理环境、家庭文化氛围等影响，他们在文化水平、思想观念、综合素质和能力方面与用人单位的要求不相适应，导致就业困难。这是一个不争的事实。针对这种现象和问题，教育部出台了相应的帮扶政策，为少数民族高校毕业生尽快找到就业岗位发挥了重要的促进作用。针对少数民族高校毕业生的就业，教育部在2010年开始做出了重点培训、专门就业项目的帮扶规划，2011年规定发放求职或生活补贴、重点组织培训、优先推荐岗位的帮扶对策，2012年提出加强国家通用语言培训、就业技能培训，开发本地社区、农技、双语教师岗位就业的政策，2013年提出大力开发农牧业技术、医疗卫生、治安管理以及双语教师、幼儿园教师等公共服务岗位和调整少数民族地区高校的学科专业结构的对策。2013年，国务院办公厅要求承担对口支援西藏、青海、新疆任务的地区要组织本地用人单位招聘受援地毕业生，支援企业也要招聘来自西藏、青海、新疆的高校毕业生。2014年，教育部要求各地组织少数民族毕业生专场招聘活动。制度创新内容不断拓展，全方位推动少数民族高校毕业生就业。

历年中央出台的关于高校毕业生就业工作的通知中的相关规定列举如下：

《教育部关于做好2010年普通高等学校毕业就业工作的通知》（教学［2009］15号）规定："各省级主管部门和高等学校要主动协调有关部门，通过开展就业指导、重点培训、设立专门项目、政府购买岗位等措施，高度重视并切实做好少数民族高校毕业生就业工作。"

《教育部关于做好2012年全国普通高等学校毕业生就业工作的通知》（教学［2011］12号）规定："重点开展高校就业困难少数民族毕业生的帮扶和援助。各省级主管部门、各高校要以高度的政治责任感，努力促进少数民族毕业生充分就业。特别是各少数民族地区省级主管部门和高校要摸清就业困难的少数民族毕业生底数，加强对少数民族学生的国家通用语言培训、就业技能培训，提高其就业竞争力；要积极开发本地社区、农技、双语教师岗位，继续实施未就业毕业生赴对口支援省市培养计划。"

《教育部关于做好2013年全国普通高等学校毕业生就业工作的通知》（教学［2012］11号）规定："进一步拓宽少数民族高校毕业生的就业渠道，鼓励毕业生到当地经济社会发展急需的领域和岗位就业，大力开发农牧业技术、医疗卫生、治安管理以及双语教师、幼儿园教师等公共服务岗位。要适应当地经济社会发展的需要，适时调整少数民族地区高校的学科专业结构。"

《国务院办公厅关于做好2013年全国普通高等学校毕业生就业工作的通知》（国办发［2013］35号）规定："承担对口支援西藏、青海、新疆任务的地区要组织本地用人单位积极面向受援地高校毕业生开展各类招聘活动，并将到本地求职的受援地高校毕业生纳入就业扶持政策范围。承担对口支援西藏、青海、新疆任务的中央企业要结合援助项目建设，积极吸纳当地高校毕业生就业。"

《教育部关于做好2014年全国普通高等学校毕业生就业工作的通知》（教学［2013］14号）规定："各地特别是民族地区就业工作部门和各高校要进一步拓宽少数民族高校毕业生的就业渠道和范围，组织少数民族毕业生专场招聘活动。""民族地区高校要适应民族地区经济发展需要，适时调整学科专业结构，根据少数民族毕业生特点，开展合作办学，定向培养，加强国家通用语言文字和就业技能培训。”

（二）促进高校毕业生就业的项目创新

国务院和教育行政部门除了在高校毕业生的就业管理上进行制度创新之外，还在拓展高校毕业生就业空间、增加就业项目方面进行了持续的开拓创新，新的就业岗位、就业领域、就业途径不断涌现，为逐年增加的高校毕业生提供了更多的就业渠道。

1. 鼓励毕业生自主创业

高校毕业生的自主创业不仅能够解决自己的就业，而且还能吸纳一部分人的就业，为整个就业压力的缓解做出贡献。此外，高校毕业生作为高级专门人才，其创业往往伴随着创新，往往能够为国家经济社会文化的发展做出开拓性的贡献。1998 年 10 月，在巴黎召开的世界高等教育会议就明确提出，“高等学校，必须将创业技能和创业精神作为高等教育的基本目标，为了方便毕业生就业，高等教育应主要关心培养创业技能与主动精神”，要使高校毕业生“不仅成为求职者，而且成为工作岗位的创造者”。在未来社会，自主创业不仅是大学生为自己获得就业机会、实现自身价值的途径，而且也可以为社会创造更多就业机会，从而有效满足所有高校毕业生和其他群体就业的需要。①

因此，1999 年中国教育部首次提出，要鼓励高校毕业生自主创业。2002 年，教育部、公安部、人事部、劳动保障部联合发布通知，要求工商和税收部门要简化高校毕业生创业的审批手续；2003 年，国务院办公厅发文规定高校毕业生从事个体经营的 1 年内免交登记类和管理类的各项行政事业性收费，有条件的地方要提供小额贷款和担保；2006 年，教育部发布通知规定，从事个体经营的高校毕业生三年内免交登记类、管理类和证照类的各项行政事业性收费，从事微利项目的，贷款利息由财政承担 50%，各地要为毕业生提供创业培训指导和服务；2008 年，教育部、人事部、劳动和社会保障部联合发

① 参见刘静：《我国高校毕业生就业制度的变迁与完善》，载《知识经济》，2010（4），65 页。

布通知，要求开展创业实训，建立创业基地；2009 年，国务院发布通知，要求给自主创业的高校毕业生提供不超过 5 万元的小额担保贷款，合伙经营的可适当扩大贷款规模，从事微利项目的，可享受贴息扶持，参加创业培训的，要给予职业培训补贴，各地要建设一批大学生创业园和创业孵化基地；2010 年，教育部发布通知要求高校在专业课教学中融入创业教育，要通过各种途径提高毕业生的创业意识、创业素质；2011 年，教育部发布通知，指出教育部开通大学生创业服务网后，各地各校可据此开发创业项目，为毕业生创业服务；2012 年，教育部要求各地和高校要普遍建立创新创业指导中心，要将创业课纳入学分管理，聘请企业家和创业成功人士为创业导师，高校与用人单位互派人员进行双向挂职交流；2013 年，国务院发布通知，要求创业培训补贴政策的期限调整为毕业学年，放宽创业的准入条件；2014 年，国务院办公厅发文规定，实施大学生创业引领计划，给创业者相关税收优惠政策，多种方式向自主创业大学生提供资金支持；2015 年，教育部发文要求相关的研究中心、各类实验室、教学仪器设备要向学生开放，推动学生创新创业；同年，国务院办公厅发文要求放松经营范围登记管制，提供科技服务业，为创新创业提供补贴和低价场所，设立创业投资引导基金。

不断推进的创业政策使高校毕业生获得更多的智力、财力支持和行政许可，极大地方便了高校毕业生的创新和创业。

历年中央出台的有关高校毕业生就业工作的通知中的相关规定列举如下：

《教育部关于做好 1999 年普通高等学校毕业生就业工作的通知》（教学［1999］2 号）规定，要“重视发挥毕业生思想教育的作用……鼓励毕业生自主创业，提高毕业生为国家服务的自觉性”。

《教育部、公安部、人事部、劳动保障部关于切实做好普通高等学校毕业生就业工作的通知》（教学［2002］16 号）规定：“鼓励和支持高校毕业生自主创业，工商和税收部门要简化审批手续，积极给予支持。”

《国务院办公厅关于做好 2003 年普通高等学校毕业生就业工作的通知》（国办发［2003］49 号）规定：“凡高校毕业生从事个体经营的，除国家限制的行业外，自工商部门批准其经营之日起 1 年内免交登记类和管理类的各项行政事业性收费。有条件的地区由地方政府确定，在现有渠道中为高校毕业生提供创业小额贷款和担保。"

《教育部关于切实做好2006年普通高等学校毕业生就业工作的通知》（教学［2006］8号）规定："要进一步落实对从事个体经营的高校毕业生三年内免交登记类、管理类和证照类的各项行政事业性收费的优惠政策。""对从事微利项目的，贷款利息由财政承担50%（中央财政和地方财政各承担25%），展期不贴息。各地要积极组织开展创业培训、开业指导、政策咨询、项目论证和跟踪辅导等'一条龙'服务，搭建毕业生自主创业'绿色通道'。有条件的地区，可通过财政和社会渠道筹集'高校毕业生创业资金'，为毕业生自主创业提供相应支持。"

《教育部、人事部、劳动保障部关于积极做好2008年普通高等学校毕业生就业工作的通知》（教学［2007］24号）规定："劳动保障部门与高校要加强合作，将高校毕业生创业培训工作纳入创业培训总体规划，开展适合高校毕业生的创业实训，推动高校毕业生创业基地建设。"

《国务院办公厅关于加强普通高等学校毕业生就业工作通知》（国办发［2009］3号）规定："在当地公共就业服务机构登记失业的自主创业高校毕业生，自筹资金不足的，可申请不超过5万元的小额担保贷款；对合伙经营和组织起来就业的，可按规定适当扩大贷款规模；从事当地政府规定微利项目的，可按规定享受贴息扶持。有创业意愿的高校毕业生参加创业培训的，按规定给予职业培训补贴。""各地要建设完善一批投资小、见效快的大学生创业园和创业孵化基地，并给予相关政策扶持。"

《教育部关于做好2010年普通高等学校毕业就业工作的通知》（教学［2009］15号）规定："教育部将成立'高校创业教育指导委员会'；高等学校也可成立由主管校领导牵头，相关部门以及有关院系参加的创业教育指导协调机构；要积极探索在专业课教学中融入创业教育，就业指导课程也要把创新创业教育作为重要内容；要充分利用第二课堂，通过举办创业讲座、创业大赛、社团活动等，丰富学生的创业知识和创业体验，培养学生的创新精神和创业意识，提高学生的创业素质。""各省级主管部门要积极协调当地有关部门，充分利用大学科技园、经济技术开发区、高新技术开发区、工业园区的资源，出台扶持大学生创业的政策。各高等学校也要积极整合资源，特别注重依托大学科技园等综合性科技服务平台，建立创业实习基地以及孵化基地，为大学生创业提供教育培训、配备创业导师，在场地、资金等方面给予支持，切实扶持一批高校学生实现自主创业。"

《教育部关于做好2011年全国普通高等学校毕业生就业工作的通知》（教学［2010］11号）规定："认真做好《高校毕业生自主创业证》的审核、发放工作，把好事办好，让毕业生切实享受到自主创业税收减免政策。""落实毕业生自主创业在工商注册、行政审批、小额担保贷款等方面的政策。""教育部开通'大学生创业服务网'；各地和高校要依托创业网，广泛挖掘创业项目和创业信息，开展创业培训、政策咨询、创业实训，提供项目开发、开业指导等服务，鼓励和帮助创业的学生带动更多学生实现创业、就业。"

《教育部关于做好2012年全国普通高等学校毕业生就业工作的通知》（教学［2011］12号）中规定："普遍建立地方和高校创新创业教育指导中心等机构，积极开发创新创业类课程，并纳入学分管理。要探索建立聘用企业家和创业成功人士担任创业导师、学校专职教师到用人单位挂职锻炼双向交流的有效机制。广泛开展创业大赛、创业模拟等实践活动，着力提升学生的创新精神、创业意识和创业能力。要大力建设创新创业教育实践、实习和项目孵化基地等创新创业平台，积极推进'大学生创业示范基地'、'大学生创业教育示范校'建设。"

《国务院办公厅关于做好2013年全国普通高等学校毕业生就业工作的通知》（国办发［2013］35号）规定："从2013年起，将创业培训补贴政策期限从目前的毕业年度调整为毕业学年（即从毕业前一年7月1日起的12个月）。各地区要对自主创业高校毕业生进一步放宽准入条件，降低注册门槛，创业地应按规定给予小额担保贷款及贴息、税费减免等政策扶持。加大政策倾斜力度，积极推进大学生创业孵化基地建设，为自主创业高校毕业生提供项目开发、开业指导、融资、跟踪扶持等'一条龙'创业服务。"

《国务院办公厅关于做好2014年全国普通高等学校毕业生就业创业工作的通知》（国办发［2014］22号）规定："2014年至2017年，在全国范围内实施大学生创业引领计划。""对高校毕业生创办的小型微型企业，按规定落实好减半征收企业所得税、月销售额不超过2万元的暂免征收增值税和营业税等税收优惠政策。对从事个体经营的高校毕业生和毕业年度内的高校毕业生，按规定享受相关税收优惠政策。留学回国的高校毕业生自主创业，符合条件的，可享受现行高校毕业生创业扶持政策。""多途径为高校毕业生解决反担保难问题，切实落实银行贷款和财政贴息。在电子商务网络平台开办'网店'的高校毕业生，可享受小额担保贷款和贴息政策。""充分发挥中小企业发展专项资金的积极作用，推动改善创业环境。鼓励企业、行业协会、群团组织、天使投资人等以多种方式向自主创业大学生提供资金支持，设立重点面向扶持高校毕业生创业的天使投资和创业投资基金。对支持创业早期企业的投资，符合条件的，可享受创业投资企业相关企业所得税优惠政策。"

《教育部关于做好2015年全国普通高等学校毕业生就业创业工作的通知》（教学［2014］15号）规定："高校应开辟专门场地用于学生创新创业实践活动，教育部工程研究中心、各类实验室、教学仪器设备等原则上都要向学生开放。"

《国务院关于进一步做好新形势下就业创业工作的意见》（国发［2015］23号）规定："放松经营范围登记管制，支持各地结合实际放宽新注册企业场所登记条件限制，推动'一址多照'、集群注册等住所登记改革，分行业、分业态释放住所资源。""大力发展技术转移转化、科技金融、认证认可、检验检测等科技服务业，总结推广创客空间、创业咖啡、创新工场等新型孵化模式，加快发展市场化、专业化、集成化、网络化的众创空间，实现创新与创业、线上与线下、孵化与投资相结合，为创业者提供低成本、便利化、全要素、开放式的综合服务平台和发展空间。""有条件的地方可对众创空间的房租、宽带网络、公共软件等给予适当补贴，或通过盘活商业用房、闲置厂房等资源提供成本较低的场所。""加快设立国家中小企业发展基金和国家新兴产业创业投资引导基金，带动社会资本共同加大对中小企业创业创新的投入，促进初创期科技型中小企业成长，支持新兴产业领域早中期、初创期企业发展。鼓励地方设立创业投资引导等基金。”针对有创业要求、具备一定创业条件但缺乏创业资金的就业重点群体和困难人员，“贷款最高额度由针对不同群体的5万元、8万元、10万元不等统一调整为10万元”。“对个人发放的创业担保贷款，在贷款基础利率基础上上浮3个百分点以内的，由财政给予贴息。”

2. 鼓励毕业生到基层就业

随着中国高等教育迈向大众化，高校毕业生人数不断增加，原先扎堆在中等城市及大城市就业的现象慢慢发生了变化。作为中国经济社会发展的重要组成部分的区县以下的区域同样需要发展，同样需要人才。为了让毕业生能够顺利就业，也为了促进中国经济社会文化的整体发展，国务院和教育部等相关职能部门不断创新政策，积极推动高校毕业生到区县级以下单位就业，即到基层就业。

1998年，国家教委发文指出，要有计划地吸收一部分品学兼优的高校毕业生充实到基层机关和重要岗位，到基层支教、支农、扶贫或到企业锻炼，两三年后，其中的优秀人员选拔到机关工作，开启了高校毕业生去基层就业的序幕。2000年，教育部发文号召毕业生面向基层就业；2002年，教育部、公安部、人事部、劳动保障部联合发文，要求中央机关录用的公务员要安排到西部基层工作1～2年，同时要清理农村不合格的中小学教师，腾出岗位接受高校毕业生；2003年，国务院发文要求各地要创造条件引导毕业生到城市社区和农村乡镇基层单位，从事教育、卫生、公安、农技、扶贫和其他社会公益事业。

2005年6月25日，中共中央办公厅国务院办公厅印发的《关于引导和鼓励高校毕业生面向基层就业的意见》规定，对到西部县以下基层单位和艰苦边远地区就业的高校毕业生，实行来去自由的政策，户口可留在原籍或根据本人意愿迁往西部地区和艰苦边远地区。工作满5年以上的，根据本人意愿可以流动到原籍或除直辖市以外的其他地区工作，凡落实了接收单位的，接收单位所在地区应准予落户；需要人事代理服务的，由有关机构提供全面的免费代理服务。对毕业后自愿到艰苦地区、艰苦行业工作，服务达到一定年限的学生，其在校期间的国家助学贷款本息由国家代为偿还。到艰苦边远地区和国家扶贫开发工作重点县就业的，可提前执行转正定级工资，高定1至2档工资标准。

要逐步实行省级以上党政机关从具有2年以上基层工作经历的高校毕业生中考录公务员的办法。从2006年开始，省级以上党政机关考录公务员，考录具有2年以上基层工作经历的高校毕业生（包括报考特种专业岗位）的比例不得低于三分之一，以后逐年提高。对招录到省级以上党政机关、没有基层工作经历的高校毕业生，应有计划地安排到县以下基层单位工作1至2年。副省级城市党政机关考录公务员参照以上办法执行。今后在选拔县处级以上党政领导干部时，要注意从有基层工作经历的高校毕业生中选拔。

2006年，教育部发文要求各省级政府在当年6月要制定完成高校毕业生到基层就业的实施方案；2007年，国务院发文要求基层公安、司法、工商、税务、质检等执法部门新增人员，首先要从高校毕业生中考试录用，同时要为到基层就业的毕业生代偿助学贷款、考研考公务员优惠，提供生活补贴；2009年，国务院发文要求地市级以上党政机关考录公务员要扩大具有基层工作经历的高校毕业生比例；2011年，教育部发文规定，启动实施“基层农技推广特设岗位计划”，同时开辟去社区、乡镇卫生院所、幼儿园等基层单位就业的渠道，落实好免费师范生就业工作，制定好在基层就业毕业生的工资待遇、职称评定、有序流动、基层岗位优先录用等优惠政策；2014年，教育部发文要将基础项目优惠政策扩展到西部地区县以下基层单位毕业生。这些促进基层就业的优惠政策不断创新，为高校毕业生的就业开拓了较为广阔的空间。

历年中央出台的有关高校毕业生就业工作的通知中的相关规定列举如下：

国家教育委员会《关于做好1998年普通高校毕业生就业工作的通知》（教学［1997］18号）提出，要有计划地吸收一部分品学兼优的高校毕业生充实到基层机关和重要岗位，具体规定是：“有条件的地方，也可以试行预备公务员制度，录用应届高校毕业生先安排到基层支教、支农、扶贫或到企业锻炼，两三年后，选拔其中的优秀人员到机关工作，所需指标从人员分流和自然减员中核减。”

《教育部关于做好2000年全国普通高等学校毕业生就业工作的

通知》（教学［2000］1号）规定："引导、鼓励和教育毕业生面向基层、到国家最需要的地方去建功立业，走艰苦创业、科技创业、自主创业的成才之路。"

《教育部、公安部、人事部、劳动保障部关于切实做好普通高等学校毕业生就业工作的通知》（教学［2002］16号）要求拓宽高校毕业生到基层就业的渠道："各级人民政府要抓住西部大开发、小城镇建设和城市社区建设的有利时机，积极创造条件、拓宽渠道，引导并吸纳高校毕业生到基层和中小企业就业。""录用到各级政府机关工作的应届高校毕业生，要安排到基层支教、支农、扶贫或到企业锻炼一至二年。中央国家机关各部门从高校毕业生中考试录用的公务员，要安排到西部地区基层单位锻炼一至二年。""要根据国家有关规定，做好农村中小学教师的定编和教师资格的认定工作，坚决清退不合格的教师和代课教师，空出岗位吸纳高校毕业生到农村中小学任教，提高农村义务教育的质量。"

《国务院办公厅关于做好2003年普通高等学校毕业生就业工作的通知》（国办发［2003］49号）规定：各级政府要为高校毕业生创造工作条件，主要充实城市社区和农村乡镇基层单位，从事教育、卫生、公安、农技、扶贫和其他社会公益事业。

《教育部关于切实做好2006年普通高等学校毕业生就业工作的通知》（教学［2006］8号）规定："全面贯彻落实引导和鼓励高校毕业生面向基层就业的各项政策措施，各省级政府有关部门最迟应在今年6月出台具体实施意见，高等学校也应制订和完善鼓励毕业生面向基层就业的办法。要不断完善制度环境，使基层成为高校毕业生就业创业的主要渠道。"

《国务院办公厅关于切实做好2007年普通高等学校毕业生就业工作的通知》（国办发［2007］26号）规定："各级机关特别是县、乡级机关要按照公开、平等、择优的原则，加大从高校毕业生中考录公务员的力度，基层公安、司法、工商、税务、质检等执法部门新增人员，应首先从高校毕业生中考试录用。""要加强督促检查，重点落实好代偿助学贷款、考研考公务员、生活补贴、户档迁转、权益保障等方面的优惠政策，努力做好管理和后续服务工作，促进基层就业项目健康可持续发展。”

《国务院办公厅关于加强普通高等学校毕业生就业工作的通知》（国办发［2009］3号）规定：“对具有基层工作经历的高校毕业生，在研究生招录和事业单位选聘时实行优先，在地市级以上党政机关考录公务员时也要进一步扩大招考录用的比例。”

《财政部、教育部关于印发〈高等学校毕业生学费和国家助学贷款代偿暂行办法〉的通知》（财教［2009］15号）规定：“毕业时自愿到中西部地区和艰苦边远地区基层单位工作、服务期在3年以上（含3年）的高校毕业生可申请学费和国家助学贷款代偿。”“每个高校毕业生每学年代偿学费和国家助学贷款的金额最高不超过6000元。毕业生在校学习期间每年实际缴纳的学费或获得的国家助学贷款低于6000元的，按照实际缴纳的学费或获得的国家助学贷款金额实行代偿。”“国家对到中西部地区和艰苦边远地区基层单位就业的获得学费和国家助学贷款代偿资格的高校毕业生采取分年度代偿的办法，学生毕业后每年代偿学费或国家助学贷款总额的1/3，3年代偿完毕。”①

《教育部关于做好2011年全国普通高等学校毕业生就业工作的通知》（教学［2010］11号）规定：“要启动实施‘基层农技推广特设岗位计划’，鼓励高校涉农专业毕业生到基层担任特岗农技人员。同时要因地制宜，努力开辟毕业生到社区、乡镇卫生院所、幼儿园等基层单位就业的新渠道。”“切实做好首批1万多名免费师范毕业生的组织招聘录用、落实岗位、离校服务等工作，确保到中小学有编有岗。”“加快完善高校毕业生基层就业保障制度。有条件的省份要争取在2011年年底前制订出台鼓励毕业生到基层就业的地方性学费补偿和助学贷款代偿资助办法，并在工资待遇、职称评定、

① 西部地区是指西藏、内蒙古、广西、重庆、四川、贵州、云南、陕西、甘肃、青海、宁夏、新疆等12个省（自治区、直辖市）。中部地区是指河北、山西、吉林、黑龙江、安徽、江西、河南、湖北、湖南、海南等10个省。艰苦边远地区是指除上述地区外，国务院规定的艰苦边远地区。

基层单位是指：（一）中西部地区和艰苦边远地区县以下机关、企事业单位，包括乡（镇）政府机关、农村中小学、国有农（牧、林）场、农业技术推广站、畜牧兽医站、乡镇卫生院、计划生育服务站、乡镇文化站等；（二）工作现场地处中西部地区和艰苦边远地区县以下的气象、地震、地质、水电施工、煤炭、石油、航海、核工业等中央单位艰苦行业生产第一线。

有序流动、基层岗位优先录用等方面制定更加优惠的政策。要为服务期满毕业生落实好升学优惠政策，提供岗位推荐、就业指导等服务。”

《教育部关于做好2014年全国普通高等学校毕业生就业工作的通知》（教学［2013］14号）规定：“探索将基层项目的有关优惠政策扩大到西部地区县以下基层就业的毕业生。各地各高校要设立奖励资金，鼓励毕业生到西部基层建功立业。”

3. 推行大学生志愿服务西部计划

尽管大学生志愿服务西部计划是基层就业的重要组成部门，但是它是作为一个独立的就业项目开发出来的，并为此出台了专门政策，因此，我们将此单独列出，进行阐释。大学生志愿服务西部计划又称西部计划，它是由共青团中央、教育部、组织部门、人事部门于2003年根据国务院有关要求共同组织实施的。该计划从2003年开始，按照公开招募、自愿报名、组织选拔、集中派遣的方式，每年招募一定数量的普通高等院校应届毕业生，以志愿服务的方式到西部贫困县的乡镇从事为期1～3年的教育、卫生、农技、扶贫以及青年中心建设和管理等方面的工作。

大学生志愿服务西部计划是中央部门组织实施的4大基层就业项目之一。2003年5月29日，国务院办公厅发布的《关于做好2003年普通高等学校毕业生就业工作的通知》（国办发［2003］49号）提出：国家支持共青团中央、教育部组织实施大学生志愿服务西部计划，中央财政对该计划给予适当支持。2003年6月8日，由共青团中央、教育部、财政部、人事部联合发布了《关于实施大学生志愿服务西部计划的通知》（中青联发［2003］26号），决定从2003年开始实施大学生志愿服务西部计划。

2011年西部计划全国项目共实施基础教育、农业科技、医疗卫生、基层青年工作、服务新疆、服务西藏、基层社会管理等7个专项。其中，基础教育、农业科技、医疗卫生分别为原支教、支农、支医专项更名，并将团中央、教育部组织实施的青年志愿者扶贫接力计划研究生支教团项目纳入基础教育专项实施，保留基层青年工作专项。根据中央关于援疆、援藏工作的要求以及新疆、西藏经济社会发展的实际要求，增设服务新疆、服务西藏专项。增设基层社会管理专项，围绕西部基层社会公益、社会保障、社会福利、法律援助、扶贫开发、金融开发等公共服务需求及党政、司法、综治等工作需要开展服务。之前开展的灾后重建、新疆双语教学专项不再在全国范围实施，由所在省级项目办结合实际需要组织实施。

志愿者服务西部计划享有的待遇如下所示：

在经济上，志愿者服务期间中央财政给予一定补贴。生活补贴为每人每月1000元，同时根据所在服务地享受艰苦边远地区津贴。按照人事部、财政部《完善艰苦边远地区津贴制度实施方案》，全国有984个县、市、区纳入实施艰苦边远地区津贴范围，每月津贴标准分别为：一类区120元，二类区210元，三类区350元，四类区515元，五类区900元，六类区1490元，按月发放。服务单位为志愿者提供住宿等必要的生活条件。在服务期间，志愿者保险由全国项目办统保，保费为每人350元，险种为大学生志愿服务西部计划志愿者综合保障险。自2009年开始，对参加西部计划并到西部地区县以下农村基层单位履行3年服务期限的毕业生实施相应的学费和助学贷款代偿。首次签约1年而后延长至3年服务期的，不享受学费和助学贷款代偿政策。具体由符合条件的新入选志愿者向本人毕业高校学生管理资助中心等相关机构申请办理。

在精神奖励上，志愿者服务期为1年、服务期满考核合格的，授予中国青年志愿服务铜奖奖章；服务期为2~3年、服务期满考核合格的，授予中国青年志愿服务银奖奖章；表现优秀的授予中国青年志愿服务金奖奖章；表现特别优秀的推荐参加中国青年五四奖章、中国十大杰出青年、中国十大杰出青年志愿者、国际青少年消除贫困奖等评选。

在户籍档案管理上，志愿者服务期间，户口、档案保留在学校，服务期满后，志愿者通过双向选择落实工作单位，学校再发放报到证。

在发展空间上，志愿者服务期至少满1年且考核合格的，可以应届高校毕业生身份报考公务员。报考中央机关和东、中部地区公务员的，同等条件下，优先录取；报考西部地区公务员的，笔试总分加5分。志愿者服务期未满1年的，可以社会在职人员身份报考公务员，但不享受相关优惠政策。志愿者服务期满2年考核合格的，3年内报考研究生，初试总分加10分，同等条件下，优先录取。

历年中央出台的有关高校学生就业工作的通知中的相关规定列举如下：

《国务院办公厅关于做好2003年普通高等学校毕业生就业工作的通知》（国办发［2003］49号）规定："国家支持共青团中央、教育部组织实施'大学生志愿服务西部计划'。中央财政对该计划给予适当支持。从2003年高校毕业生中招募志愿者，到西部贫困县的乡镇一级教育、卫生、农技、扶贫等单位服务2年，服务期间计算工龄。志愿者服务期满后，鼓励其扎根基层或者自主择业和流动就业；愿意报考研究生或报考党政机关和应聘国有企事业单位的，仍可享受上述在艰苦地区工作2年或2年以上人员的优惠政策。"

《国务院办公厅关于进一步做好2004年普通高等学校毕业生就业工作的通知》（国办发［2004］35号）规定："加大实施'大学生志愿服务西部计划'力度，扩大由中央财政支持的西部志愿者规模。"

《教育部、人事部、劳动保障部关于积极做好2008年普通高等学校毕业生就业工作的通知》（教学［2007］24号）规定："要继续组织实施好'大学生志愿服务西部计划'、'三支一扶计划'、'农村教师特设岗位计划'等国家和地方项目。"

《教育部关于做好2013年全国普通高等学校毕业生就业工作的通知》（教学［2012］11号）规定："各省级工作部门要会同有关部门继续实施好'农村教师特岗计划'、'西部计划'、'三支一扶计划'和'到村任职'等已有基层项目。"

4. 党政机关、国有单位加大招聘高校毕业生的力度

党政机关和国有企事业单位人事组织管理受政府影响较大，因而，政府针对他们出台相关政策能够起到立竿见影的效果。另外，在高等教育大众化之前，这些单位是接纳高校毕业生的主体单位。然而，随着中央行政部门的机构改革以及国有企业的减员增效改革的推进，这些部门接纳高校毕业生的容量缩小，导致在高校毕业生就业去向中所占比例呈现下降趋势。但自1998年以来，政府积极倡导和鼓励党政机关和国有单位挖掘自身潜力，杜绝非规范的用人行为，优化人员素质结构，通过公开招考，尽可能提高本单位人员构成中高校毕业生的比例，从而促进高校毕业生就业。1998年，国家教委发文要求工商、税务、审计、公安、司法等部门录用工作人员，要优先从高校毕业生中选拔，国有企事业单位要进一步加大吸收毕业生的工作力度；2003

年，国务院发文规定，党政机关录用公务员和国有企事业单位新增专业技术人员和管理人员，应主要面向高校毕业生；2004年，国务院发文规定，机关录用公务员，要严格坚持凡进必考，要在高校毕业生中择优录用，同时要清理整顿乡镇干部，为吸纳高校毕业生创造条件。随着“西部计划”“三支一扶”“到村任职”等项目的全面实施，国务院和教育部等相关职能部门要求党政机关和国有事业单位要优先招录具有基层工作经历的高校毕业生，以增加这些项目对高校毕业生就业的吸引力。党政机关和国有单位同样是国家促进高校毕业生就业的重要抓手。

历年中央出台的有关高校毕业生就业工作的通知中的相关规定列举如下：

《国家教育委员会关于做好1998年普通高校毕业生就业工作的通知》（教学［1997］18号）规定：“今后，基层机关的领导、企业的主要领导和总会计师以及金融、工商、税务、审计等部门的领导和专业工作岗位，应由具备大学学历（含大专）并持有相关专业证书的高文化素质的人员担任，现在就要着手调整和培训工作。”“工商、税务、审计、公安、司法等部门录用工作人员，除军转等指令性安置外，优先从高校毕业生中选拔。中国人民银行、各国有商业银行、中国人民保险（集团）公司要使用自然减员指标补充一批高校毕业生。”“国有企事业单位要进一步加大吸收毕业生的工作力度，做好人才结构调整和人才储备工作。”

《国务院办公厅关于做好2003年普通高等学校毕业生就业工作的通知》（国办发［2003］49号）规定：“党政机关录用公务员和国有企事业单位新增专业技术人员和管理人员，应主要面向高校毕业生，公开招考或招聘，择优录用。”

《国务院办公厅关于进一步做好2004年普通高等学校毕业生就业工作的通知》（国办发［2004］35号）规定：“各级党政机关特别是地（市）、县、乡级机关录用公务员，要严格坚持‘凡进必考’制度。国有企事业单位新增管理和技术人员，应主要面向高校毕业生公开招聘、择优录用。”“积极推进事业单位改革，清理整顿乡镇干部队伍，清退不合格中小学教师，为吸纳高校毕业生创造条件。”

5. 鼓励中小企业与民营企业聘用高校毕业生

随着中国经济体制的改革完善，多种经济并存、共同繁荣发展的经济格局已经形成。不断发展的中小企业和民营企业，越来越成为吸纳高校毕业生的大户。但鉴于就业观念束缚和这些单位就业稳定性与发展空间的不确定性，高校毕业生还是难以主动、自觉地到这些企业就业。作为全面领导国家经济建设的中央政府，要站在国家发展的战略高度，积极出台相关鼓励扶持政策，激励高校毕业生到这些企业就业。

1998 年，国务院发文规定，积极支持集体、私营、股份等企业接受高校毕业生，打破以前对这些单位录用高校毕业生的限制；2003 年，国务院发文再次强调，鼓励中小企业和民营企业聘用高校毕业生；2006 年，教育部发文规定，对在中小企业和民营企业就业的高校毕业生专业技术职称评审要与国有企业一视同仁，同时，公安机关要放宽集体户口评审条件，便于在这些单位就业的高校毕业生落户；2007 年，国务院发文规定，录用高校毕业生的中小企业和非公有制单位，必须与毕业生签订劳动合同、兑现劳动报酬、缴纳社会保险，劳动保障部门要依法加强监督检查，在非公有制单位就业并参加了基本养老保险的高校毕业生考录或招聘到国家机关、事业单位，其缴费年限可合并计算为工龄。地方财政安排的扶持中小企业发展资金，要向聘用高校毕业生达到一定数额的中小企业倾斜；2009 年，国务院发文规定，劳动密集型小企业招用登记失业高校毕业生等城镇登记失业人员达到规定比例的，可获最高为 200 万元的小额担保贷款，对不裁员或少裁员，更多地保留高校毕业生技术骨干的困难企业可给予 6 个月的社会保险补贴或岗位补贴，对其岗位培训提供资金补助；2010 年，教育部发文规定，到中小企业、非公有制企业就业的高校毕业生，要在户籍、人事档案管理、职称评定、社保接续、工龄计算等方面落实好政策。《财政部、人力资源社会保障部关于进一步加强就业专项资金管理有关问题的通知》（财社［2011］64 号）规定，毕业年度高校毕业生享受职业培训补贴和离校未就业高校毕业生见习享受生活补贴；2012 年，国务院颁布的《关于进一步支持小型微型企业健康发展的意见（国发［2012］14 号）规定："对小型微型企业新招用高校毕业生并组织开展岗前培训的，按规定给予培训费补贴。"2014 年，教育部发文规定，落实小微企业吸纳毕业生的社保补贴、培训补贴、税费减免等政策，同年，国务院发文强调，对小型微型企业新招用毕业年度高校毕业生，签订 1 年以上劳动合同并按时足额缴纳社会保险费的，给予1年的社会保险补贴，科技型小型微型企业招收毕业年度高校毕业生达到一定比例的，可申请最高不超过200万元的小额担保贷款，并享受财政贴息，对小型微型企业新招用高校毕业生按规定开展岗前培训的，提高培训费补贴标准。

历年中央出台的有关高校毕业生就业工作的通知中的相关规定列举如下：

《国务院关于做好1998年普通高等学校毕业生就业工作的通知》（国发［1998］16号）规定："积极支持和鼓励集体企业、私营企业、联营企业和股份制企业等单位接收毕业生。"

《国务院办公厅关于做好2003年普通高等学校毕业生就业工作的通知》（国办发［2003］49号）规定："鼓励各类企事业单位特别是中小企业和民营企事业单位聘用高校毕业生。"

《教育部关于切实做好2006年普通高等学校毕业生就业工作的通知》（教学［2006］8号）规定："对到中小企业和非公有制单位就业的高校毕业生，在专业技术职称评定方面，要与国有企业员工一视同仁；公安机关要放宽建立集体户口的审批条件。"

《国务院办公厅关于切实做好2007年普通高等学校毕业生就业工作的通知》（国办发［2007］26号）规定："凡录用高校毕业生的中小企业和非公有制单位，必须与毕业生签订劳动合同、兑现劳动报酬、缴纳社会保险，劳动保障部门要依法加强监督检查。""对从事科技工作的，在按规定程序申请国家和地方科研项目和经费、申报有关科研成果或荣誉称号时，要根据情况给予重视和支持。在非公有制单位就业并参加了基本养老保险的高校毕业生，今后考录或招聘到国家机关、事业单位工作，其缴费年限可合并计算为工龄。地方财政安排的扶持中小企业发展资金，要向聘用高校毕业生达到一定数额的中小企业倾斜。"

《国务院办公厅关于加强普通高等学校毕业生就业工作通知》（国办发［2009］3号）规定："劳动密集型小企业招用登记失业高校毕业生等城镇登记失业人员达到规定比例的，可按规定享受最高为200万元的小额担保贷款扶持。""各地在实施支持困难企业稳定员工队伍的工作中，要引导企业不裁员或少裁员，更多地保留高校毕业生技术骨干，对符合条件的困难企业可按规定在2009年内给予6个月以内的社会保险补贴或岗位补贴，由失业保险基金支付；困难企业开展在岗培训的，按规定给予资金补助。”

《教育部关于做好2010年普通高等学校毕业就业工作通知》（教学［2009］15号）规定：“各省级主管部门要主动协调配合有关部门，力争出台社保补贴、贷款扶持、税费减免等优惠政策，鼓励中小企业和非公有制企业吸纳毕业生；要切实清理毕业生到中小企业、非公有制企业就业的制度性障碍和限制，落实户籍、人事档案管理、职称评定、社保接续、工龄计算等方面的政策；协调有关部门进一步规范企业用人制度，加强劳动用工监察力度，营造高校毕业生到中小企业和非公有制企业就业的良好环境。”

《财政部、人力资源社会保障部关于进一步加强就业专项资金管理有关问题的通知》（财社［2011］64号）规定：“对企业（单位）吸纳离校未就业高校毕业生参加就业见习的，由见习企业（单位）先行垫付见习人员见习期间基本生活补助，企业（单位）可按规定向当地人力资源社会保障部门申请就业见习补贴。”

《国务院关于进一步支持小型微型企业健康发展的意见》（国发［2012］14号）》规定：“对小型微型企业新招用高校毕业生并组织开展岗前培训的，按规定给予培训费补贴，并适当提高培训费补贴标准，具体标准由省级财政、人力资源和社会保障部门确定。对小型微型企业新招用毕业年度高校毕业生，签订1年以上劳动合同并按时足额缴纳社会保险费的，给予1年的社会保险补贴，政策执行期限截至2014年底。”

《教育部关于做好2014年全国普通高等学校毕业生就业工作的通知》（教学［2013］14号）规定：“会同有关部门完善和落实小微企业吸纳毕业生的社保补贴、培训补贴、税费减免等政策。进一步破除毕业生到非公有制企业就业的政策障碍和壁垒，解除毕业生到非公有制企业就业的后顾之忧，鼓励毕业生到非公有制企业就业。”“要进一步落实好自主创业税费减免、小额担保贷款、创业地落户、毕业学年享受创业培训补贴等优惠政策。”

《国务院办公厅关于做好2014年全国普通高等学校毕业生就业

创业工作的通知》（国办发［2014］22号）规定："对小型微型企业新招用毕业年度高校毕业生，签订1年以上劳动合同并按时足额缴纳社会保险费的，给予1年的社会保险补贴，政策执行期限截至2015年年底。科技型小型微型企业招收毕业年度高校毕业生达到一定比例的，可申请最高不超过200万元的小额担保贷款，并享受财政贴息。对小型微型企业新招用高校毕业生按规定开展岗前培训的，各地要根据当地物价水平，适当提高培训费补贴标准。"

6. 鼓励毕业生到单位见习

高校毕业生的素质和能力不一定满足用人单位的要求，因而就业问题便随之产生。为了促进高校毕业生在知识技能以及综合素质方面与用人单位要求达到吻合，国务院和教育部等相关职能部门积极推动了高校毕业生到用人单位实习的做法，帮助高校毕业生提升素质，锻炼能力，最终实现就业。

2003年，国务院发文规定，对于登记失业的高校毕业生要组织他们到用人单位见习，开辟了通过见习促进就业的新渠道。2005年，中央办公厅颁布的《关于引导和鼓励高校毕业生面向基层就业的意见》明确提出要探索建立高校毕业生就业见习制度。为帮助回到原籍、尚未就业的高校毕业生提升职业技能和促进供需见面，地方政府要创造条件，探索建立高校毕业生见习制度。地方政府有关部门可根据实际需要，联系部分企事业单位，为高校毕业生建立见习基地或提供见习岗位，安排见习指导老师，组织开展见习和就业培训，促进他们尽快就业。见习期一般不超过1年，见习期间由见习单位和地方政府提供基本生活补助。当地有关服务机构要为这些毕业生提供免费的人事代理和就业指导等服务。2008年，教育部、人事部、劳动保障部联合发文，要求各地扩大参加见习的高校毕业生数量，保障见习毕业生的利益。2009年，国务院发文强调扩展就业见习基地，扩大高校毕业生见习的规模，3年达到100万。2014年，国务院发文规定，参加实习、见习、志愿服务等活动被作为高校毕业生求职的实践经历。2015年，国务院发文强调，对见习期满留用率达到50%以上的见习单位，提高见习补贴标准。见习促进就业的激励措施不断扩展，对促进高校毕业生的就业发挥了积极的作用。

历年中央出台的有关高校毕业生就业工作的通知中的相关规定列举如下：

《国务院办公厅关于做好2003年普通高等学校毕业生就业工作的通知》（国办发［2003］49号）规定："对已进行失业登记的高校毕业生，有条件的城市、社区可组织其参加临时性的社会工作、社会公益活动，或到用人单位见习，给予一定报酬。"

《教育部、人事部、劳动保障部关于积极做好2008年普通高等学校毕业生就业工作的通知》（教学［2007］24号）规定："各地人事、劳动保障、教育部门要加强对企业的指导、协调和支持，进一步扩大高校毕业生就业见习基地的地域范围和数量，组织更多高校毕业生到企业参加见习；积极协调落实好见习毕业生的基本生活补助，并免费提供必要的人事、劳动保障事务代理等服务；鼓励企业优先录用见习毕业生，完善高校毕业生就业见习制度。"

《国务院办公厅关于加强普通高等学校毕业生就业工作的通知》（国办发［2009］3号）规定："拓展一批社会责任感强、管理规范的用人单位作为高校毕业生实习见习基地。从2009年起，用3年时间组织100万未就业的高校毕业生参加见习。"

《国务院办公厅关于做好2014年全国普通高等学校毕业生就业创业工作的通知》（国办发［2014］22号）规定："各地要为高校毕业生参加实习、见习、志愿服务等活动创造条件，并将参加实习、见习、志愿服务等活动作为高校毕业生求职的实践经历。"

《国务院关于进一步做好新形势下就业创业工作的意见》（国发［2015］23号）规定："落实完善见习补贴政策，对见习期满留用率达到50%以上的见习单位，适当提高见习补贴标准。"

7. 通过重大项目吸纳毕业生

在为高校毕业生开辟就业渠道的探索过程中，中央政府创新政策，将国家投资建设的重点项目作为接受高校毕业生的一个新的途径，千方百计增加就业岗位，促进高校毕业生顺利、及时地就业，体现了政府引导下的特色鲜明的社会主义国家的就业政策。在中国高校毕业生急剧增加的形势下，实现了每年高校毕业生平稳、有序地就业，没有发生较大规模的毕业生失业现象。这得益于了中国政府积极、负责任地持续推进就业政策的创新。

历年中央出台的有关高校毕业生就业工作的通知中的相关规定列举如下：

《国务院办公厅关于进一步做好2004年普通高等学校毕业生就业工作的通知》（国办发［2004］35号）规定："政府支持的西部大开发、振兴东北地区等老工业基地、国家西部地区'两基'攻坚等重大项目，要积极吸纳高校毕业生。"

《国务院办公厅关于切实做好2007年普通高等学校毕业生就业工作的通知》（国办发［2007］26号）规定："政府组织的各类重点建设工程和项目，所需人员要优先从高校毕业生中录用。"

8. 开发地方项目吸纳毕业生

在中央政府积极开辟新的就业途径的同时，中央政府也要求各省、市、自治区和各市级政府、县级政府也要解放思想，开拓创新，结合本地的实际，开发出地方项目来接纳高校毕业生，形成上下联动、多部门协同配合的高校毕业生就业体系，促进高校毕业生平稳就业。

2004年，国务院发文要求各地区结合本地实际，地方财政予以支持，实施地方项目，引导大学生到当地贫困地区就业；2006年，教育部发文进一步强调，各地要实施引导高校毕业生进村、进社区工作的地方项目，即实施"村官计划"；2007年，国务院发文规定，各级政府要积极吸纳高校毕业生在社区管理、高技术服务等新兴社会工作岗位就业；2008年，教育部、人事部、劳动保障部联合发文，再次强调城市要在社区建设中启动高校毕业生服务社区项目，积极吸纳高校毕业生；2010年，教育部发文要求，各省级主管部门要实施农村基层卫生人才服务计划等新的基层就业项目，吸纳高校毕业生；2014年，国务院发文，政府要购买基层公共管理和社会服务岗位，更多吸纳高校毕业生就业。

历年中央出台的有关高校毕业生就业工作的通知中的相关规定列举如下：

《国务院办公厅关于进一步做好2004年普通高等学校毕业生就业工作的通知》（国办发［2004］35号）规定："各地区结合本地实际，实施地方项目，引导大学生到当地贫困地区服务，地方财政要给予支持。"

《教育部关于切实做好2006年普通高等学校毕业生就业工作的通知》（教学［2006］8号）规定："因地制宜，稳步扩大地方项目规模和服务范围，各地要积极探索实施引导高校毕业生进村、进社区工作的地方项目，争取通过3~5年的努力，实现每个村和社区至少有1名高校毕业生。”

《国务院办公厅关于切实做好2007年普通高等学校毕业生就业工作的通知》（国办发［2007］26号）规定：“各级政府在城市社区建设中，要积极吸纳高校毕业生在社区管理、高技术服务等新兴社会工作岗位就业。”

《教育部、人事部、劳动保障部关于积极做好2008年普通高等学校毕业生就业工作的通知》（教学［2007］24号）规定：“鼓励有条件的城市尽快启动高校毕业生服务社区项目，街道、社区聘用劳动保障协理员要积极吸纳高校毕业生，积极促进高校毕业生就业与基层公共就业服务机构建设、城市社区建设的有机结合。”

《教育部关于做好2010年普通高等学校毕业就业工作的通知》（教学［2009］15号）规定：“各省级主管部门要主动协调有关部门积极探索实施大学生社区就业计划、农村基层卫生人才服务计划等新的基层就业项目，在更多的领域为基层输送高素质人才。”

《国务院办公厅关于做好2014年全国普通高等学校毕业生就业创业工作的通知》（国办发［2014］22号）规定：“推动政府购买基层公共管理和社会服务岗位更多用于吸纳高校毕业生就业。”

9. 推行“三支一扶计划”

“三支一扶计划”是中央部门组织实施的四大基层就业项目之一，岗位包括支农、支教、支医和扶贫岗位及基层公共服务岗位。招募的高校应届毕业生服务期间的身份是“三支一扶”志愿者。2005年6月，中央办公厅、国务院办公厅印发了《关于鼓励和引导高校毕业生面向基层就业的意见》（中办发［2005］18号），号召高校毕业生到西部去、到基层去、到祖国最需要的地方去，提出“实施高校毕业生到农村服务计划：从2005年起连续5年，每年招募2万名左右高校毕业生，主要安排到乡镇开展支教、支农、支医和扶贫工作，时间一般为2到3年，工作期间给予一定生活补贴”。2006年3月，中组部、人事部、教育部、财政部、农业部、卫生部、扶贫办、共青团中央等八部委按照中办发［2005］18号文件的精神，下发了《关于组织开展高校毕业生到农村基层从事支教、支农、支医和扶贫工作的通知》(国人部发［2006］16号)，正式提出实施高校毕业生"三支一扶计划"，决定"按照公开招募、自愿报名、组织选拔、统一派遣"的方式，从2006年开始连续5年，每年招募2万名高校毕业生，主要安排到乡镇从事支教、支农、支医和扶贫工作，服务期限一般为2～3年，招募对象主要为全国普通高校应届毕业生。2011年，中组部、教育部、人力资源和社会保障部、共青团中央联合印发的《关于继续做好高校毕业生三支一扶计划实施工作的通知》(人社部发［2011］27号)，决定继续组织开展高校毕业生"三支一扶计划"，从2011年起，每年选拔2万名，五年内选拔10万名高校毕业生到基层从事"三支一扶计划"服务。"三支一扶"作为到基层服务项目之一，发挥着引导高校毕业生到乡镇就业的功能，减轻了高校毕业生就业的压力，促进了新农村建设和城乡协同发展。

历年中央出台的相关高校毕业生就业工作的通知中的相关规定列举如下：

> 中央办公厅、国务院办公厅印发的《关于引导和鼓励高校毕业生面向基层就业的意见》(中办发［2005］18号)规定："从2005年起连续5年，每年招募2万名左右高校毕业生，主要安排到乡镇开展支教、支农、支医和扶贫工作，时间一般为2到3年，工作期间给予一定生活补贴。安排到西部地区农村中小学、医疗卫生机构和农技推广服务机构工作的高校毕业生，其生活补贴由财政安排专项经费予以支付。服务期满后，进入市场自主择业，有关部门应协助在本系统内推荐就业。在今后晋升中高级职称时，同等条件下应优先评定。对报考公务员的，可以通过适当增加分数以及其他优惠政策，优先录用。对于已被录取为研究生的应届高校毕业生到基层服务的，为其保留学籍2年；对于到西部地区和艰苦边远地区服务2年以上的高校毕业生报考研究生的，应适当给予优惠并在同等条件下优先录取。"
>
> 《教育部关于切实做好2006年普通高等学校毕业生就业工作的通知》(教学［2006］8号)中规定："认真做好'大学生志愿服务西部计划'、'三支一扶计划'、'农村义务教育阶段学校教师特设岗位计划'等项目的组织实施"。

《国务院办公厅关于加强普通高等学校毕业生就业工作的通知》（国办发［2009］3号）规定："鼓励高校毕业生在项目结束后留在当地就业，今后相对应的自然减员空岗全部聘用服务期满的高校毕业生。对参加项目的高校毕业生给予生活补贴，所需资金按现行资金渠道解决，同时按规定参加有关社会保险。"

中组部、教育部、人力资源和社会保障部、共青团中央联合印发的《高校毕业生基层培养计划实施方案》（中组发［2011］13号）规定："从2011年开始，部署开展新一轮'三支一扶'计划。连续5年时间，每年招募2万名高校毕业生，选派到基层从事支教、支农、支医和扶贫工作，服务期限为2~3年。同时，适当扩大实施领域，充实基层社会服务管理岗位。"

10. 推行特岗教师计划

在中共中央、国务院引导和鼓励高校毕业生面向基层就业的战略部署和推进社会主义新农村建设的时代背景下，2006年5月18日，教育部、财政部、人事部、中央编办联合发布《关于实施农村义务教育阶段学校教师特设岗位计划的通知》（教师［2006］2号），提出通过公开招聘高校毕业生到西部地区"两基"攻坚县县以下农村学校任教，引导和鼓励高校毕业生从事农村义务教育工作，创新农村学校教师的补充机制，逐步解决农村学校师资总量不足和结构不合理等问题，提高农村教师队伍的整体素质。该计划从2006年起，用5年的时间实施，特设岗位教师聘期3年，鼓励特设岗位教师在3年聘期结束后，继续扎根基层，从事农村教育事业。对自愿留在本地学校的，要负责落实工作岗位，将其工资发放纳入当地财政统发范围，保证其享受与当地教师同等的待遇。对重新择业的，各地要为其重新选择工作岗位提供方便条件和必要的帮助。2006年特岗教师计划的实施范围以国家西部地区"两基"攻坚县为主，2009年扩大到中西部地区国家扶贫开发工作重点县。

历年中央出台的有关高校毕业生就业工作的通知中的相关规定列举如下：

《教育部关于切实做好2006年普通高等学校毕业生就业工作的通知》（教学［2006］8号）规定："认真做好'大学生志愿服务西

部计划’、‘三支一扶计划’、‘农村义务教育阶段学校教师特设岗位计划’等项目的组织实施。”

《国务院办公厅关于切实做好2007年普通高等学校毕业生就业工作的通知》（国办发［2007］26号）规定：“各地方、各有关部门要深入贯彻落实中共中央办公厅、国务院办公厅《关于引导和鼓励高校毕业生面向基层就业的意见》（中办发［2005］18号）等文件精神，认真组织实施好‘大学生志愿服务西部计划’、‘三支一扶计划’、‘农村义务教育阶段学校教师特设岗位计划’等专项计划，并结合实际、因地制宜，精心组织实施好各类地方项目。”

《教育部关于做好2010年普通高等学校毕业就业工作的通知》（教学［2009］15号）规定：“2010年‘农村义务教育阶段学校教师特设岗位计划’中央项目规模将进一步扩大；各地要因地制宜，积极实施地方‘特岗计划’，力争全国中小学补充教师总规模达到30万人以上。”

11. 推行大学生村官计划

大学生村官（又叫“大学生到村任职”）计划的萌芽，可以追溯到1995年江苏省丰县的“雏鹰工程”。1995年，为解决“三农”问题，江苏省率先开始招聘大学生担任农村基层干部；1999年，海南省推出大学生村官计划，定安、临高、东方等市县先后组织招聘大学生村官。同年，浙江省宁波市采用公开招考方式，成为全国第一个推行一村一名大学生计划的地区；2000年3月，广州市天河区公开招聘52名大学生村官，全国各地3000多名大学生前往求职。2002年河南省鹤壁市招聘205名大学生村官；2004年，河北省邢台市在试点工作的基础上，决定每年选派1000名大学生到农村工作，5年内实现全市5200个行政村都有大学生村官的目标，到2004年底，全国启动大学生村官计划的省市区发展到10个，主要分布在东、中部地区；从2005年起，北京、四川、江西、福建、青海、辽宁、贵州、陕西、山西、安徽、上海、吉林、湖南、甘肃、宁夏、内蒙古、云南等省市区先后启动大学生村官计划；截至2008年2月底，全国共有28个省市区启动了大学生村官计划，其中17个省市区启动了村村有大学生村官计划。

2008年3月，中组部会同教育部、财政部、人力资源和社会保障部召开选聘高校毕业生到农村任职工作座谈会，部署选聘高校毕业生到农村任职工作，“大学生村官”工作进入一个全面的发展时期；2009年，国务院发布的有关高校毕业生就业工作的通知要求继续实施选聘高校毕业生到村任职等基层项目；2010年4月29日，中央组织部下发通知，5年内选聘10万大学生村官增长为5年内选聘20万大学生村官，2010年全国选聘3.6万名大学生村官；自2011年到2015年，政府发布的就业工作通知中，每年都要再次重申继续实施好大学生村官计划。

历年中央出台的有关高校毕业生就业工作的通知中的相关规定列举如下：

《国务院办公厅关于加强普通高等学校毕业生就业工作的通知》（国办发［2009］3号）规定：“2009年，中央有关部门继续组织实施‘选聘高校毕业生到村任职’、‘三支一扶（支教、支农、支医和扶贫）、‘大学生志愿服务西部计划’、‘农村义务教育阶段学校教师特设岗位计划’等项目。”

《教育部关于做好2010年普通高等学校毕业就业工作的通知》（教学［2009］15号）规定：“要积极配合有关部门精心组织实施好‘选聘高校毕业生到村任职’、‘大学生志愿服务西部计划’、‘三支一扶计划’以及本地实施的基层就业项目。”

《教育部关于做好2011年全国普通高等学校毕业生就业工作的通知》（教学［2010］11号）规定：“各省级教育行政部门要与有关部门积极协调配合，继续精心实施好‘农村义务教育阶段学校教师特设岗位计划’、‘选聘高校毕业生到村任职’、‘大学生志愿服务西部计划’、‘三支一扶计划’以及本地基层项目。”

《教育部关于做好2012年全国普通高等学校毕业生就业工作的通知》（教学［2011］12号）规定“各省级主管部门、各高校要与有关部门密切配合，统筹实施好‘农村教师特岗计划’、‘西部志愿者计划’、‘三支一扶计划’、‘到村任职计划’、‘农技特岗计划’等项目。”

《教育部关于做好2013年全国普通高等学校毕业生就业工作的

通知》(教学［2012］11号)规定:“各省级工作部门要会同有关部门继续实施好‘农村教师特岗计划’、‘西部计划’、‘三支一扶计划’和‘到村任职’等已有基层项目。”

《国务院办公厅关于做好2014年全国普通高等学校毕业生就业创业工作的通知》(国办发［2014］22号)规定:“继续统筹实施好大学生村官、‘三支一扶’等各类基层服务项目，健全鼓励高校毕业生到基层工作的服务保障机制。”

《教育部关于做好2015年全国普通高等学校毕业生就业创业工作的通知》(教学［2014］15号)规定:“要会同有关部门继续组织实施好‘农村教师特岗计划’‘西部计划’‘大学生村官’‘三支一扶’等各类基层服务项目，通过定期走访、跟踪培养等方式关心毕业生的工作、成长和发展。”

12. 积极开发公益性岗位

在促进高校毕业生就业的渠道探索中，发挥各级财政，尤其是地方财政创造就业岗位的积极性，国务院自2007年开始发文要求各级政府要利用地方财政，积极开发公益性岗位，来托底解决就业困难的高校毕业生就业问题，以发挥人才资源的社会价值，维护社会的和谐、稳定，保障就业困难高校毕业生的生活问题。这种制度创新为那些难以通过公开竞争，获得就业岗位的高校毕业生提供了基本保障，意义深远。

历年中央出台的有关高校毕业生就业工作的通知中的相关规定列举如下:

《国务院办公厅关于切实做好2007年普通高等学校毕业生就业工作的通知》(国办发［2007］26号)规定:“各级政府要通过积极发展经济和各项社会事业增加就业岗位，积极开发和创造适合高校毕业生就业的公益性岗位”。

《国务院办公厅关于加强普通高等学校毕业生就业工作的通知》(国办发［2009］3号)规定:“对到农村基层和城市社区从事社会管理和公共服务工作的高校毕业生，符合公益性岗位就业条件并在公益性岗位就业的，按照国家现行促进就业政策的规定，给予社会保险补贴和公益性岗位补贴，所需资金从就业专项资金列支；对到农村基层和城市社区其他社会管理和公共服务岗位就业的，给予薪酬或生活补贴，所需资金按现行渠道解决，同时按规定参加有关社会保险。”

13. 应征入伍

应征入伍不仅能够解决部分高校毕业生的就业问题，缓解就业压力，而且能够推动中国军队现代化、信息化建设，利国利民。另外，高校毕业生经历了军营的磨练，为再次就业积累了宝贵的财富，也便于找到理想的工作。

在2009之前就有高校毕业生参军入伍的现象，但将参军入伍作为推动高校毕业生就业的一种手段和渠道，还是2009年的事。2009年4月2日，解放军总参谋部、总政治部及教育部、财政部联合颁布的《关于做好普通高等学校应届毕业生征集工作的通知》（参动［2009］6号），规定，高校毕业生应征入伍服义务兵役，除享有优先报名应征、优先体检政审、优先审批定兵及其他优惠政策外，还享有下列优惠政策：优先选拔使用、考学升学优惠、补偿学费和代偿国家助学贷款。

2009年，国务院办公厅发布的有关高校毕业生就业工作的通知中要求将应征入伍的高校毕业生纳入学费或助学贷款代偿的范畴。以后，每年政府发布的有关高校毕业生就业工作的通知都强调要组织、动员高校毕业生参军入伍并落实好相关的优惠政策，列举如下：

解放军总参谋部、总政治部、教育部、财政部联合颁布的《关于做好普通高等学校应届毕业生征集工作的通知》（参动［2009］6号）规定：“高校毕业生应征入伍服义务兵役，除享有优先报名应征、优先体检政审、优先审批定兵及其他优待安置政策外，还享受下列优惠政策。（一）优先选拔使用。同等条件下，高校毕业生士兵在选取士官、考军校、安排到技术岗位等方面优先；具有普通高等学校本科以上学历、取得相应学位的高校毕业生士兵，表现优秀、符合总政治部有关规定的可以直接选拔为军官。（二）考学升学优惠。具有高等教育学历的士兵退役后，参加政法院校为基层公检法定向岗位招生时，优先录取；退役后三年内参加硕士生考试初试总分加10分，立二等功及以上的，退役后免试推荐入读硕士研究生；具有高职（高专）学历的，退役后免试入读成人本科或经过一定考核，入读普通本科。（三）补偿学费和代偿国家助学贷款。对应征入伍的高校毕业生，由中央财政实施相应的学费补偿和国家助学贷款代偿。具体实施办法另行规定。"

《国务院办公厅关于加强普通高等学校毕业生就业工作的通知》（国办发［2009］3号）规定："应征入伍服义务兵役的高校毕业生，按规定实施相应的学费和助学贷款代偿。"

《教育部关于做好2011年全国普通高等学校毕业生就业工作的通知》（教学［2010］11号）规定："各级学生资助管理部门务必抓紧为上年入伍的毕业生办结学费补偿代偿手续。各省级教育行政部门和招生考试机构要尽快制定退役高职毕业生报考普通本科单独录取和申请就读成人本科审核录取的具体实施办法，落实好免试读研和考研优惠政策。各地教育行政部门和有关高校要协助做好2009届入伍毕业生退役后的就业招聘、推荐、办理就业手续等服务工作。"

《教育部关于做好2013年全国普通高等学校毕业生就业工作的通知》（教学［2012］11号）规定："认真落实各项优惠政策并做好退役高校毕业生有关后续服务工作。"

《国务院办公厅关于做好2013年全国普通高等学校毕业生就业工作的通知》（国办发［2013］35号）规定："建立健全征集高校毕业生入伍服义务兵役的政策体系和长效机制。"

14. 科研助理

高校、科研院所的科研经费多是来自中央或地方的财政开支，尤其是国家重大科研项目，更是中央财政直接拨付。为了让国家财政发挥促进高校毕业生就业的作用，自2009年开始，国家启动了承担国家和地方重大科研项目的单位要聘用优秀高校毕业生担任科研助理的政策，以释放就业空间，促进高校毕业生的就业。这项制度创新一直延续，发挥出了育人和就业的双重作用，社会反响较好。

历年中央出台的有关高校毕业生就业工作的通知中的相关规定列举如下：

《国务院办公厅关于加强普通高等学校毕业生就业工作的通知》（国办发［2009］3号）规定："承担国家和地方重大科研项目的单位要积极聘用优秀高校毕业生参与研究，其劳务性费用和有关社会保险费补助按规定从项目经费中列支。""高校毕业生参与项目研究期间，其户口、档案可存放在项目单位所在地或入学前家庭所在地人才交流中心。聘用期满，根据工作需要可以续聘或到其他岗位就业，就业后工龄与参与项目研究期间的工作时间合并计算，社会保险缴费年限连续计算。"

《国务院办公厅关于做好2013年全国普通高等学校毕业生就业工作的通知》（国办发［2013］35号）规定："逐步扩大科研项目单位吸纳高校毕业生规模，鼓励优秀高校毕业生作为科研助理或辅助人员参与项目实施。"

《教育部关于做好2013年全国普通高等学校毕业生就业工作的通知》（教学［2012］11号）规定："高校要继续做好重大科研项目聘用高校毕业生担任科研助理工作。"

《教育部关于做好2014年全国普通高等学校毕业生就业工作的通知》（教学［2013］14号）规定："继续做好毕业生到海外担任汉语教师志愿者、重大科研项目聘用高校毕业生担任科研助理等专项工作。"

15. 推行农技特岗计划

农技特岗计划是农业技术推广服务特设岗位计划的简称，是教育部自2011年开始创设的一种新的就业岗位，以再次拓展高校毕业生的就业空间，让更多的就业岗位吸纳数量逐年增长的高校毕业生，实现高校毕业生稳定就业的目标。其实，早在2003年共青团中央、教育部组织实施的大学生志愿服务西部计划中就提出要组织大学生到乡镇从事农技服务。将其作为一种与特岗教师并列的就业项目，是始于2011年。这一种就业岗位的创设不仅有利于高校毕业生的就业，而且有利于中国农业现代化建设，有助于推动中国城乡协同发展。

历年中央出台的有关高校毕业生就业工作的通知中的相关规定列举如下：

《国务院办公厅关于做好2003年普通高等学校毕业生就业工作的通知》（国办发［2003］49号）规定："从2003年高校毕业生中招募志愿者，到西部贫困县的乡镇一级教育、卫生、农技、扶贫等单位服务2年，服务期间计算工龄。"

《教育部关于做好2011年全国普通高等学校毕业生就业工作的通知》（教学［2010］11号）规定："要启动实施'基层农技推广特设岗位计划'，鼓励高校涉农专业毕业生到基层担任特岗农技人员。"

《教育部关于做好2012年全国普通高等学校毕业生就业工作的通知》（教学［2011］12号）规定："各省级主管部门、各高校要与有关部门密切配合，统筹实施好'农村教师特岗计划'、'西部志愿者计划'、'三支一扶计划'、'到村任职计划'、'农技特岗计划'等项目。"

《国务院办公厅关于做好2013年全国普通高等学校毕业生就业工作的通知》（国办发［2013］35号）规定："开展农业技术推广服务特岗计划试点，选拔一批高校毕业生到乡镇担任特岗人员。"

《教育部关于做好2013年全国普通高等学校毕业生就业工作的通知》（教学［2012］11号）规定："配合农业、人力资源社会保障等有关部门启动实施'农业技术推广服务特设岗位计划'，研究制订本地具体政策和实施办法，鼓励涉农等专业毕业生到农技一线服务。"

《教育部关于做好2014年全国普通高等学校毕业生就业工作的通知》（教学［2013］14号）规定："配合农业、民政等部门启动实施'农业技术推广服务特设岗位计划'、'社会养老服务事业特设岗位计划'等项目。"

16. 海外汉语教师志愿者

海外汉语教师志愿者随着中国孔子学院的创办运行而产生，中国孔子学院一直在招募高校毕业生担任海外汉语教师。但从政府的层面将其作为解决高校毕业生就业的正式项目始于2013年。2013年，教育部发布的有关高校毕业生就业工作的通知首次以官方文件的形式规定：鼓励高校毕业生到海外汉语教学岗位就业。2014年，教育部发布的有关高校毕业生就业的通知再次强调继续做好高校毕业生到海外担任汉语教师志愿者的专项工作。高校毕业生赴海外孔子学院做汉语教师志愿者将是高校毕业生一个不错的选择和经历。

历年中央出台的有关高校毕业生就业工作的通知中的相关规定列举如下：

> 《教育部关于做好2013年全国普通高等学校毕业生就业工作的通知》（教学［2012］11号）规定："拓展毕业生到战略性新兴产业、先进制造业、现代服务业等领域的就业渠道，鼓励高校毕业生到各类中小微企业、社会养老服务业、海外汉语教学等岗位就业。"
>
> 《教育部关于做好2014年全国普通高等学校毕业生就业工作的通知》（教学［2013］14号）规定："继续做好毕业生到海外担任汉语教师志愿者……专项工作。"

深入分析中国政府为促进高校毕业生就业而不断开发出新的就业项目，我们不难看出这些项目的出台与当时高校毕业生面临的严峻就业形势有着紧密的联系。我们不妨用列表的方式来表示就业形势与就业项目之间的关系，如表5-1所示。

从表5-1我们可以看出，1999年扩招带来2003年高校毕业生人数增幅达到前所未有的高度（增幅为46.21%），党中央和国务院及时出台了三大就业政策："大学生志愿服务西部计划""见习计划"和"到中小企业就业计划"。随后的第二年中国高校毕业生就业人数达到280万人时，出台了重大项目吸纳高校毕业生政策和各地方要出台地方项目吸纳高校毕业生政策。到了2005年，"三支一扶计划"隆重出台，基层就业项目正式提出。随后，基本上每年都会创设一种新的就业项目，如2006年的出台的"特岗计划"项目；2007年出台"公益性岗位"就业项目；2008年出台"村官计划"；2009年出台"科研助理"就业项目；2011年出台"农技特岗计划"；2013年出台"海外汉语教师志愿者计划"。这些项目的出台无疑给高校毕业生的就业带来了福音。

表 5-1　历年高校毕业生人数与当时出台的就业促进项目

<table>
<tr><th>年份</th><th>毕业生数（万人）</th><th>增幅</th><th colspan="3">出台的就业项目</th></tr>
<tr><td>2003 年</td><td>212</td><td>46.21%</td><td>西部计划</td><td>中小企业就业</td><td>见习计划</td></tr>
<tr><td>2004 年</td><td>280</td><td>32.08%</td><td>重大项目吸收毕业生</td><td>地方项目</td><td rowspan="8">无</td></tr>
<tr><td>2005 年</td><td>338</td><td>20.71%</td><td>三支一扶</td><td>基层项目</td></tr>
<tr><td>2006 年</td><td>413</td><td>22.19%</td><td>特岗教师</td><td rowspan="6">无</td></tr>
<tr><td>2007 年</td><td>495</td><td>19.85%</td><td>公益岗位</td></tr>
<tr><td>2008 年</td><td>559</td><td>12.93%</td><td>村官计划</td></tr>
<tr><td>2009 年</td><td>611</td><td>9.30%</td><td>科研助理</td></tr>
<tr><td>2011 年</td><td>660</td><td>4.60%</td><td>农技特岗</td></tr>
<tr><td>2013 年</td><td>699</td><td>2.80%</td><td>汉语教师志愿者</td></tr>
</table>

中国政府除了在就业项目和就业管理方面做出了积极的制度创新外，还从就业服务和指导方面进行了多维度的创新，为高校毕业生顺利、高效地就业提供了有力的支撑。

（三）促进高校毕业生就业的服务创新

为高校毕业生的就业提供就业指导和服务，不仅有最初的就业信息提供、就业手续便利化办理，还有后来的就业市场开拓、就业技能培训、就业跟踪服务。

1. 完善就业信息服务

就业信息是实现就业的基本前提。在信息不对称的情况下，就会出现招聘方难以招到合适人员，求职方难以找到满意岗位。为此，提供就业信息服务是为高校毕业生提供服务的第一要务。与 1996 年及以前的就业工作通知不同，自 1997 年开始，国家教委就提出各地、各有关部委和高校要加强就业信息网络建设，并做好人员配备工作；1999 年，教育部要求各地、各高校的就业信息网联网；2000 年，教育部要求有条件的地方和高校进行网上双向选择、供需见面、就业方案认定；2004 年，国务院发文要求所有本科高校和有条件的高职（专科）学校的就业服务信息网要与国家和省市网互联互通；2005 年，教育部发文要求 2005 年所有普通高校都要开通就业服务信息网；2006

年，教育部要求，从2006年起，教育、人事、劳动保障部门要定期发布高校毕业生求职登记信息和用人单位对大学生的岗位需求登记信息，教育、人事、劳动保障等部门要定期联合举行网上招聘活动；2007年，国务院办公厅发文要求，全国高校毕业生就业网络联盟每季度要定期举行综合性、大规模的网上联合招聘活动，同时，国有大中型企业、全国中小企业、国家经济技术开发区、全国铁路行业企事业单位、全国卫生行业都要开展网上招聘活动；2012年，教育部规定，在2012年7月前要全面推广使用全国大学生就业信息服务一体化系统，使用手机信息报、微博等新媒体手段，建立就业供求信息共享机制；2014年，教育部要求建立教育行政部门、高校、院系、班级四级联动网络，确保政策信息能及时送达每一位毕业生；2015年，国务院要求建立省级集中的就业信息资源库，加强信息系统应用，实现就业管理和就业服务工作全程信息化。

历年中央出台的有关高校毕业生就业工作的通知中的相关规定列举如下：

《国家教委关于做好1997年全国普通高等学校毕业生就业工作的通知》（教学［1997］2号）规定："各地方、有关部委和高等学校要高度重视毕业生就业信息网络的研制工作，要在我委的统一部署下主动做好建网的准备工作，并积极创造条件，做好人员配备和有关准备工作，为早日建成一个全国性的、功能齐备的毕业生就业信息网络打下基础。"

《教育部关于做好1999年普通高等学校毕业生就业工作的通知》（教学［1999］2号）规定："各主管部门要积极推动毕业生就业信息管理手段的现代化，加快地方和高校的毕业生就业信息联网工作，从而形成覆盖全国的高校毕业生就业信息网络。实现全国高校毕业生就业信息共享，促进毕业生就业市场的健康发展。"

《教育部关于做好2000年全国普通高等学校毕业生就业工作的通知》（教学［2000］1号）规定："有条件的地方和高等学校可在今年进行网上双向选择、供需见面和就业方案认定的试点工作。"

《国务院办公厅关于进一步做好2004年普通高等学校毕业生就业工作的通知》（国办发［2004］35号）规定："2004年所有本科高校和有条件的高职（专科）学校，要开通就业服务信息网并与国家和省市网互联互通。加快毕业生就业服务网信息资源建设，尽快实现网上招聘和远程面试。”

《教育部办公厅关于做好2005年普通高校毕业生就业重点工作的通知》（教学厅［2005］4号）规定：“2005年所有普通高校都要开通就业服务信息网。”

《教育部关于切实做好2006年普通高等学校毕业生就业工作的通知》（教学［2006］8号）规定：“从2006年起，教育、人事、劳动保障部门要定期发布高校毕业生求职登记信息和用人单位对大学生的岗位需求登记信息。”“实行国家高校毕业生就业网上联合招聘制度，由教育、人事、劳动保障等部门定期联合举行网上招聘活动。”

《国务院办公厅关于切实做好2007年普通高等学校毕业生就业工作的通知》（国办发［2007］26号）规定：“教育部、人事部、劳动保障部、发展改革委、国资委等部门要进一步完善国家大学生就业供求信息发布制度和网上联合招聘制度，全国高校毕业生就业网络联盟每季度要定期举行综合性、大规模的网上联合招聘活动，同时，要联合多个部门和行业，持续组织开展‘国有大中型企业网上双选活动’、‘全国中小企业网上百日招聘活动’、‘国家经济技术开发区网络招聘服务活动’、‘全国铁路行业企事业单位网上招聘周’、‘全国卫生行业网上招聘服务周’等分行业、分专业的网上招聘活动。”

《教育部关于做好2012年全国普通高等学校毕业生就业工作的通知》（教学［2011］12号）规定：“2012年7月前要全面推广使用‘全国大学生就业信息服务一体化系统’，积极探索使用手机信息报、微博等新媒体手段，建立和完善高校毕业生就业供求信息共享机制。”

《教育部关于做好2014年全国普通高等学校毕业生就业工作的通知》（教学［2013］14号）规定：“建立教育行政部门、高校、院系、班级四级联动网络，充分发挥辅导员（班主任）、学生干部作用，利用手机等移动终端，确保政策信息能及时送达每一位毕业生。”“充分运用‘全国大学生就业信息服务一体化系统’网络及各类就业网站、微博、微信、QQ、短信等，提升信息收集、发布效率，推进毕业生求职信息和用人单位需求信息及时有效共享。”

《教育部关于做好2015年全国高校毕业生就业创业工作的通知》（教学［2014］15号）规定：“结合国家新推出的‘一带一路’‘互联互通’和亚太自由贸易区等重大战略，探索毕业生就业创业的新渠道、新形态。”

《国务院关于进一步做好新形势下就业创业工作的意见》（国发［2015］23号）规定：“建立省级集中的就业信息资源库，加强信息系统应用，实现就业管理和就业服务工作全程信息化。”

2. 开展就业指导服务

就业指导服务内容的丰富性、手段的多样性、技术的先进性、观念的科学性是促进高校毕业生顺利就业的重要的因素。教育部根据高校毕业生就业形势的变化，及时对各地主管部门和高校提出创新就业指导服务的内容与手段方法，较好地帮助了高校毕业生实现顺利就业。

1998年，国家教委要求各主管毕业生部门和高校要在人员编制、经费投入、设备配置和干部配备等方面充分保障就业指导机构建设；1999年，教育部再次强调要从人员、经费、设备上保障就业指导中心建设；2002年，教育部专门发布《关于进一步加强普通高等学校毕业生就业指导服务机构及队伍建设的几点意见》，规定专职就业指导教师和专职工作人员与应聘毕业生的比例要保证不低于1∶500；2005年，教育部发文要求所有高校在2005年内就业指导工作“机构到位、人员到位、经费到位”，达到标准化标准；2008年，教育部的就业工作通知中要求就业指导课程纳入高校教学计划，所有高校从2008年起开设就业指导必修课或必选课；2010年，教育部规定高等学校就业指导专职教师纳入专业技术岗位系列；2011年，教育部要求建立就业咨询室，开展个性化就业指导和服务；2012年，教育部要求，推进就业指导教师、新任就业指导中心主任培训计划，开展“就业指导名师评选”；2013年，教育部要求各省级工作部门制订本地高校毕业生就业工作人员培训规划，积极聘请社会上的专家学者、行业成功人士担任就业导师。

历年中央出台的有关高校毕业生就业工作的通知中的相关规定列举如下：

《国家教委关于做好1998年普通高校毕业生就业工作的通知》（教学［1997］18号）规定："各主管毕业生调配部门和高等学校要主动适应市场经济的要求，尽快建立毕业生就业指导机构，要在人员编制、经费投入、设备配置和干部配备等方面给予充分保证，不断提高干部队伍素质和就业工作质量，推动毕业生就业工作健康发展。"

《教育部关于做好1999年普通高等学校毕业生就业工作的通知》（教学［1999］2号）规定："加大毕业生就业指导经费、设备的投入力度，注重配备毕业生就业指导专业人员，并加强对现有就业工作人员的业务培训，广泛开展多种形式的就业指导工作，为毕业生就业提供帮助和服务。"

《教育部关于进一步加强普通高等学校毕业生就业指导服务机构及队伍建设的几点意见》（教学［2002］18号）规定："专职就业指导教师和专职工作人员与应聘毕业生的比例要保证不低于1∶500。""按照毕业生人数确定核拨标准并据此列入学校当年的预算予以重点保证和落实。所核拨的经费要确保用于与就业工作密切相关的就业指导、市场调查、信息交流、供需见面等日常工作和一些大型招聘活动，不得挪作他用。""各校要加大力度，动员各方面力量，通过多种渠道广泛收集需求信息。要加大投入，抓紧进行就业信息网络建设，努力实现资源共享。"

《教育部办公厅关于做好2005年普通高校毕业生就业重点工作的通知》（教学厅［2005］4号）规定："2005年内，所有普通高校都要按照《教育部关于进一步加强普通高等学校毕业生就业指导服务机构及队伍建设的几点意见》（教学［2002］18号）要求，实现就业指导服务的'机构到位、人员到位、经费到位'，切实达到量化标准。"

《教育部、人事部、劳动保障部关于积极做好2008年普通高等学校毕业生就业工作的通知》（教学［2007］24号）规定："将就业指导课程切实纳入高校教学计划，鼓励和提倡所有高校从2008年起开设就业指导必修课或必选课，并依据各校自身具体情况制订教学计划。各地和高校要定期开展就业指导教师培训，开展高校就业指导人员资格认证工作”。

《教育部关于做好2010年普通高等学校毕业生就业工作的通知》（教学［2009］15号）规定：“高等学校就业指导专职教师应纳入专业技术岗位系列。”

《教育部关于做好2011年全国普通高等学校毕业生就业工作的通知》（教学［2010］11号）规定：“建立就业咨询室，结合学生个人特点，有针对性地提供就业政策、求职技巧、职业规划等帮助。逐步形成以就业指导课程为基础，以个性化职业咨询和辅导为辅助的就业指导服务体系。”

《教育部关于做好2012年全国普通高等学校毕业生就业工作的通知》（教学［2011］12号）规定：“要加快推进就业指导教师、新任就业指导中心主任培训计划，把西部高校就业指导教师培训纳入‘东部高校对口支援西部高校计划’项目。积极开展‘就业指导名师评选’。”

《教育部关于做好2013年全国普通高等学校毕业生就业工作的通知》（教学［2012］11号）规定：“各省级工作部门要制订本地高校毕业生就业工作人员培训规划，力争用2～3年将校级专职就业工作人员全员轮训一遍。各地各高校要充分发挥高校专业教师的作用，积极聘请社会上的专家学者、行业成功人士担任就业导师。”

3. 开拓毕业生就业市场

开拓就业市场、组织招聘会是各地各高校服务高校毕业生的一项创新制度。国务院和教育部积极组织、规划各地、各高校积极行动起来，为毕业生开拓就业市场和组织招聘，服务高校毕业生双向选择的需要，最终实现毕业生与用人单位的自主选择。

1998年，国家教委鼓励和帮助有条件的高校举办毕业生就业市场；1999年，教育部要求各高校要培育以学校为基础的毕业生就业市场；2003年，国务院要求高校主动联系用人单位和职业服务机构，帮助毕业生了解用人单位情况，组织用人单位参加招聘活动，同时，要求各级人事和劳动保障等部门所属的人才交流服务机构和公共职业介绍机构主动为高校毕业生提供就业岗位信息服务，免费提供职业指导、职业介绍等服务；2007年，国务院要求各地要完善未就业的毕业生的失业登记制度并提供帮助；2013 年，教育部要求高校要千方百计为毕业生开拓就业市场。

历年中央出台的有关高校毕业生就业工作的通知中的相关规定列举如下：

《国家教委关于做好 1998 年普通高校毕业生就业工作的通知》（教学［1997］18 号）规定："鼓励和帮助有条件的高校举办或校际联办毕业生就业市场，要充分发挥学校的基础作用、政府的主导作用和市场的调节作用。"

《教育部关于做好 1999 年普通高等学校毕业生就业工作的通知》（教学［1999］2 号）规定："各高等学校要积极培育和完善以学校为基础的毕业生就业市场，为毕业生和用人单位双向选择提供服务。"

《国务院办公厅关于做好 2003 年普通高等学校毕业生就业工作的通知》（国办发［2003］49 号）规定："高校就业指导服务机构要主动为毕业生联系用人单位，并加强与各级人才交流服务机构、公共职业介绍机构的联系，创造条件帮助高校毕业生了解基层和用人单位的情况，有计划地组织高校毕业生参加各种形式的求职招聘活动。""各级人事和劳动保障等部门所属的人才交流服务机构和公共职业介绍机构要主动为高校毕业生提供就业岗位信息服务，免费提供职业指导、职业介绍等服务。"

《国务院办公厅关于切实做好 2007 年普通高等学校毕业生就业工作的通知》（国办发［2007］26 号）规定："各地要进一步完善对 9 月 1 日后未就业应届毕业生的失业登记制度，对登记失业的高校毕业生，劳动保障部门要建立专门台账，免费提供政策咨询、职业指导和职业介绍服务。"

《教育部关于做好 2013 年全国普通高等学校毕业生就业工作的通知》（教学［2012］11 号）规定："鼓励高校组织各类协作体，联合开拓就业市场。加快探索建立毕业生就业与重要行业领域、战略性新兴产业、中西部地区和二、三线城市、县域城镇等人才需求的对接机制。"

4. 便利户籍、档案、保险的办理

就业不仅是解决求职者当下有一份工作可做，能够养家糊口和实现自己的人生价值，而且还意味着除了工作获得报酬之外其他方面需要的满足，如城市公民权的拥有、晋级、职业发展、以后生活保障等方面的内容。这额外的需求往往与落户、档案接续与管理、社会保险等相互关联。这是每一位求职者都非常关注的内容，因此，作为政府要出台相关政策解决求职者的后顾之忧，尤其是存在户籍变换、档案转移、社会保险办理问题的高校毕业生，他们更希望政府能够为他们解决这些牵挂的事项。自 1998 年，国务院就发文要求各级政府要为高校毕业生解决这些后顾之忧。当前，这些问题都得到了较为圆满的解决，极大地促进了高校毕业生到非公有制单位就业。

1998 年，国务院发文要求各级政府和有关部门为高校毕业生解决派遣、户籍、人事档案、职称评定等问题，解除他们的后顾之忧；2002 年，教育部、公安部、人事部、劳动保障部联合发文，要求对中、东部地区的毕业生到西部地区工作的，根据本人意愿，户口可迁到工作地区，也可回原籍，到非公有制单位就业的，公安机关要放宽建立集体户口的审批条件，及时、便捷办理落户，对离校时未落实工作单位的高校毕业生，档案管理机构对其档案免费保管两年；2006 年，教育部规定，对自主创业的高校毕业生，给予其社会保险和保险关系接续等方面提供保障；2007 年，国务院办公厅发文要求，对以自由职业、短期职业、个体经营等方式灵活就业的高校毕业生，各级政府要在户籍管理、劳动关系形式、社会保险缴纳和保险关系接续等方面提供保障；2009 年，国务院办公厅发文规定，要进一步清理影响高校毕业生就业的制度性障碍和限制，为他们提供档案管理、人事代理、社会保险办理和接续、职称评定以及权益保障等方面的服务；2014 年，国务院办公厅发文规定，高校毕业生到小型微型企业就业、自主创业的，其档案可由当地市、县一级的公共就业人才服务机构免费保管。办理高校毕业生档案转递手续，转正定级表、调整改派手续不再作为接收审核档案的必备材料。

国务院根据高校毕业生的就业形势，及时地出台了能够解除毕业生后顾之忧的新政策，有力地推动了高校毕业生的平稳、有效就业。

历年中央出台的有关高校毕业生就业工作的通知中的相关规定列举如下：

《国务院关于做好 1998 年普通高等学校毕业生就业工作的通知》（国发［1998］16 号）规定：“各级政府和有关部门要创造条件，对毕业生到集体企业、私营企业、联营企业和股份制企业等单位工作的给予帮助，按有关政策规定并采取有效措施解决相关的派遣、户籍、人事档案、职称评定等问题，解除他们的后顾之忧。”

《教育部、公安部、人事部、劳动保障部关于切实做好普通高等学校毕业生就业工作的通知》（教学［2002］16号）规定：“对原籍在中、东部地区的毕业生到西部地区工作的，实行来去自由的政策，根据本人意愿，户口可迁到工作地区，也可迁回原籍，由政府主管部门所属的人才交流机构提供免费人事代理服务。”“到非公有制单位就业的高校毕业生，公安机关要积极放宽建立集体户口的审批条件，及时、便捷地办理落户手续。用人单位要按照国家有关规定与所聘高校毕业生签订劳动合同，为其办理社会保险手续，缴纳社会保险费，保障其合法权益。”“对毕业离校时未落实工作单位的高校毕业生，档案管理机构对保管其档案免收服务费用。学校可根据本人意愿，将其户口转至入学前户籍所在地或两年内继续保留在原就读的高校，待落实工作单位后，将户口迁至工作单位所在地。超过两年仍未落实工作单位的高校毕业生，学校和档案管理机构将其在校户口及档案迁回其入学前户籍所在地。”

《教育部关于切实做好2006年普通高等学校毕业生就业工作的通知》（教学［2006］8号）规定：各级政府有关部门要给自主创业的高校毕业生“提供必要的人事劳动保障代理服务，在劳动关系形式、社会保险缴纳和保险关系接续等方面提供保障。高等学校要加强对毕业生的创业指导、创业培训和创业实践活动，培养学生的创业观念和创业能力”。

《国务院办公厅关于切实做好2007年普通高等学校毕业生就业工作的通知》（国办发［2007］26号）规定：“对以自由职业、短期职业、个体经营等方式灵活就业的高校毕业生，各级政府要提供必要的人事劳动保障代理服务，在户籍管理、劳动关系形式、社会保险缴纳和保险关系接续等方面提供保障。”

《国务院办公厅关于加强普通高等学校毕业生就业工作的通知》（国办发［2009］3号）规定：“要进一步清理影响高校毕业生就业的制度性障碍和限制，为他们提供档案管理、人事代理、社会保险办理和接续、职称评定以及权益保障等方面的服务，形成有利于高校毕业生到企业就业的社会环境。”

《国务院办公厅关于做好2014年全国普通高等学校毕业生就业创业工作的通知》（国办发［2014］22号）规定：“高校毕业生到小型微型企业就业、自主创业的，其档案可由当地市、县一级的公共就业人才服务机构免费保管。办理高校毕业生档案转递手续，转正定级表、调整改派手续不再作为接收审核档案的必备材料。”

5. 提供促进就业的培训

高校毕业生能否就业除了受求职总体人数与求职者专业的影响外，最为重要的是受到求职者自身因素的影响，如求职者的思想观念、知识技能、综合素质、面试技巧等因素。而求职者的个体性因素可以通过多种类型的培训加以改造、提升。事实证明，高校毕业生经过专门的培训能够有效提升其个体素质，从而尽快找到合适的工作。2002年，教育部等相关职能部门开始大力推进为没有就业的高校毕业生提供培训服务的工作。

1998年，国务院发文要求对未就业的高校毕业生开展转岗培训；2002年，教育部、公安部、人事部、劳动保障部联合发文要求各地组织毕业生进行专业技能培训，各省级政府要划出专项经费用于未就业高校毕业生进行职业技能培训；2003年，国务院发文指出，高校毕业生可到职业院校进行3~6个月职业技能培训并参加职业技能鉴定，其培训费、鉴定费由地方政府统筹；2014年，国务院进一步发文要求，高校毕业生集中的城市，要提升、改造一批适应高校毕业生特点的职业技能公共实训基地。国家级重点技工院校和培训实力雄厚的职业培训机构要选择一批适合高校毕业生的培训项目，服务高校毕业生。

历年中央出台的有关高校毕业生就业工作的通知中的相关规定列举如下：

《国务院关于做好1998年普通高等学校毕业生就业工作的通知》（国发［1998］16号）规定：“对暂未落实单位的毕业生要进行储备开发，开展转岗培训。”

《教育部、公安部、人事部、劳动保障部关于切实做好普通高等学校毕业生就业工作的通知》（教学［2002］16号）规定：“组织毕业生进行专业技能培训，帮助他们尽快走上工作岗位。培训经费不足部分由各级政府财政予以补助。”“各省、自治区、直辖市人民政府要划拨一定专项经费，同时广泛吸引社会用人单位资金用于未就业高校毕业生初次职业技能培训。”

《国务院办公厅关于做好2003年普通高等学校毕业生就业工作的通知》（国办发［2003］49号）规定：“可采取毕业后到职业技术学院、技师学院和高级技工学校参加3个月到6个月的职业技能培训，并参加职业技能鉴定的办法，促进高校毕业生就业；毕业后长期找不到工作的，可根据本人意愿，报名参加社会急需专业的职业培训。上述培训和职业技能鉴定费用由地方政府统筹解决。”

《国务院办公厅关于做好2014年全国普通高等学校毕业生就业创业工作的通知》（国办发［2014］22号）规定：“在高校毕业生集中的城市，要提升改造一批适应高校毕业生特点的职业技能公共实训基地。国家级重点技工院校和培训实力雄厚的职业培训机构，要选择一批适合高校毕业生的培训项目，及时向社会公布。”

6. 新闻媒体积极参与

社会舆论和社会心理是影响高校毕业生就业的重要因素。这涉及广泛的层面，既有高校毕业生对就业的看法，也有用人单位对高校毕业生就业的认知，更有社会各界和家长们对高校毕业生就业现状的认知。而转变和提升各类群体对高校毕业生就业的认知莫过于正面地、及时地宣传。在这个过程中，新闻媒体发挥着至关重要的作用。新闻媒体倡导什么、反对什么、赞扬什么直接影响到社会舆论方向。为此，新闻媒体站在国家发展大局和高校毕业生长远发展的立场上进行正面积极的报道便至关重要。

注重进行舆论宣传，其实从1996年国家教委发布的有关就业工作的通知中就提出了。到2002年，教育部、公安部、人事部、劳动保障部联合发文更加明确提出，新闻媒体要引导高校毕业生树立正确的择业观，宣传在基层做出突出贡献的高校毕业生的典型事迹，在全社会营造良好社会氛围；2005年，中共中央办公厅、国务院办公厅要求各地要通过报刊、广播、电视、网络等媒体，深入宣传有关高校毕业生到基层就业的政策；2010年，教育部发文，要求各省级主管部门和高校要把新闻宣传作为高校毕业生就业工作的重要内容，要主动与当地宣传部门联系，通过报刊、广播、电视、网络等媒体，积极宣传促进就业的政策以及就业的各种先进典型；2012年，教育部发文要求，各省级主管部门和高校要积极引导和配合新闻媒体，大力宣传促进就业的政策措施和毕业生就业创业的先进典型；2013 年，国务院发文，要求加大宣传，促使高校毕业生将个人理想融入实现中华民族伟大复兴中国梦的进程中，到城乡基层、到中小企业、到中西部地区、到祖国最需要的地方成长成才、建功立业；2014 年，国务院发文，要求各地区、各有关部门、各高校要大力宣传对高校毕业生就业创业工作的政策措施，大力宣传高校毕业生到基层和中小微企业就业创业的先进事迹和典型经验；2015 年，国务院发文要求注重舆论引导，坚持正确导向，加强政策解读，及时回应社会关切。

历年中央出台的有关高校毕业生就业工作的通知中的相关规定列举如下：

《国家教委关于做好 1996 年全国普通高等学校毕业生就业工作的意见》（教学［1995］19 号）规定："各级政府和各主管部门要抓住时机向社会做好尊重知识、尊重人才的宣传工作，为毕业生顺利就业创造条件。"

2002 年，教育部、公安部、人事部、劳动保障部联合下发的《关于进一步深化普通高等学校毕业生就业制度改革有关问题的意见》规定："新闻媒体要加强高校毕业生就业工作的宣传报道，提高用人单位对这项工作的认识，引导高校毕业生树立正确的择业观，宣传在基层做出突出贡献的高校毕业生的典型事迹，在全社会营造有利于高校毕业生就业，特别是到基层就业的良好社会氛围。"

2005 年，中共中央办公厅、国务院办公厅发布的《关于引导和鼓励高校毕业生面向基层就业的意见》（中办发［2005］18 号）规定："要加大宣传力度，通过报刊、广播、电视、网络等媒体，深入宣传党和政府有关高校毕业生到基层就业的政策，大力宣传高校毕业生在基层创业成才的先进典型，唱响到基层、到西部、到祖国最需要的地方建功立业的主旋律，在全社会形成良好的舆论导向。"

《教育部关于做好 2010 年普通高等学校毕业就业工作的通知》（教学［2009］15 号）规定："各省级主管部门和高等学校要高度重视就业宣传工作，把新闻宣传作为高校毕业生就业工作的重要内容，把新闻媒体作为推动就业工作的重要力量。要主动与当地宣传部门联系，通过报刊、广播、电视、网络等媒体，积极宣传促进就业的政策、取得的显著成效和毕业生到基层就业、自主创业的先进典型。同时，要高度关注舆情动态，保持与新闻媒体的良好沟通，主动引导舆论，加强正面宣传，努力营造全社会关心支持高校毕业生就业工作的良好舆论氛围。”

《教育部关于做好2012年全国普通高等学校毕业生就业工作的通知》（教学［2011］12号）规定：各省级主管部门和高校“要积极引导和配合新闻媒体，大力宣传党和政府促进就业的政策措施，大力宣传毕业生就业创业的先进典型，努力营造良好舆论氛围”。

《国务院办公厅关于做好2013年全国普通高等学校毕业生就业工作的通知》（国办发［2013］35号）规定：“要加大高校毕业生就业工作宣传力度，重点宣传新时期就业方针和就业创业政策措施，以及高校毕业生到基层就业创业的先进典型，引导广大高校毕业生树立正确的就业观和择业观，将个人理想融入实现中华民族伟大复兴中国梦进程中，到城乡基层、到中小企业、到中西部地区、到祖国最需要的地方成长成才、建功立业。”

《国务院办公厅关于做好2014年全国普通高等学校毕业生就业创业工作的通知》（国办发［2014］22号）规定：“各地区、各有关部门、各高校要高度重视宣传工作。要大力宣传党和政府对高校毕业生就业创业工作的重视和采取的政策措施，大力宣传高校毕业生到基层和中小微企业就业创业的先进事迹和典型经验，以正确的舆论导向引导社会各方面全面客观地看待当前就业形势，共同关心高校毕业生就业创业工作。”

《国务院关于进一步做好新形势下就业创业工作的意见》（国发［2015］23号）规定：“注重舆论引导。坚持正确导向，加强政策解读，及时回应社会关切，大力宣传促进就业创业工作的经验做法，宣传劳动者自主就业、自主创业和用人单位促进就业的典型事迹，引导全社会共同关心和支持就业创业工作，引导高校毕业生等各类劳动者转变观念，树立正确的就业观，大力营造劳动光荣、技能宝贵、创造伟大的时代风尚。”

为了直观体现中国政府为促进高校毕业生顺利就业而在历年的就业工作

通知中的就业制度创新情况，我们将1997年至2015年期间，教育部或国务院发布的有关普通高校毕业生就业工作通知中涉及的相关制度创新的内容按照管理创新、项目创新、服务内容创新这三个维度进行了简要地梳理呈现，见表5－2所示。

表5－2　1997—2015年有关普通高等学校毕业生就业工作的通知中的制度创新

年度	发文单位	制度创新（项目创新、管理创新、服务创新）
1997	国家教委（教学［1997］2号）	**管理创新：** 打破部门就业限制； **服务创新：** 建立毕业生就业信息网。
1998	国家教委（教学［1997］18号）	**服务创新：** （1）主管毕业生调配部门和高等学校要建立毕业生就业指导机构； （2）有条件的高校举办或校际联办毕业生就业市场。
1999	教育部（教学［1999］2号）	**管理创新：** （1）放宽对毕业生就业地区的限制； （2）各级主管部门要简化手续。 **项目创新：** 鼓励毕业生自主创业。
2000	教育部（教学［2000］1号）	**管理创新：** 地方所属高校专科毕业生就业交由省级政府统筹管理。 **项目创新：** 引导、鼓励和教育毕业生面向基层就业。 **服务创新：** 试行网上双向选择、供需见面和就业方案认定工作。
2001	教育部（教学［2001］2号）	**管理创新：** （1）加快学科专业结构和人才培养结构调整； （2）以就业率考核、评价、推动和促进高校人才培养工作。 **服务创新：** 建立集教育、管理、指导和服务等功能于一体的毕业生就业指导和服务体系。

续表

年度	发文单位	制度创新（项目创新、管理创新、服务创新）
2002	教育部、公安部、人事部、劳动保障部（教学［2002］16 号）	**管理创新：** （1）允许高校毕业生跨省（自治区、直辖市）、跨地（市）就业； （2）执行行业就业准入制度，持证上岗； （3）落实用人单位用人自主权； （4）省会级以下城市取消户口指标限制； （5）对就业率低的地方、高校、专业进行减招； （6）改革教材、教学内容、教学方法； （7）国务院有关部门定期公布各地就业率； （8）将就业纳入领导干部政绩考核内容； （9）从学费中提取一定比例用于毕业生就业指导和服务工作； （10）省政府划拨和吸引社会用人单位资金用于未就业高校毕业生初次职业技能培训。 **项目创新：** 省级政府积极开辟临时就业、灵活就业等多种渠道。 **服务创新：** 对未就业高校毕业生提供免费就业指导和就业信息服务。
2003	国务院办公厅（国办发［2003］49 号）	**管理创新：** （1）党政机关录用公务员和国有企事业单位新增专业技术人员和管理人员主要面向高校毕业生，要公开招考或招聘择优录取； （2）鼓励是中小企业和民营企事业单位聘用高校毕业生； （3）从事个体经营的毕业生 1 年内免交登记类和管理类的各项行政事业性收费，有条件的地区要提供创业小额贷款和担保； （4）就业率低的长线专业暂停招生或减招； （5）允许学生转专业并延长学习期限； （6）省级政府要健全高校毕业生就业工作领导机构，加强政策指导和工作协调。 **项目创新：** （1）“大学生志愿服务西部计划”； （2）参加临时性社会公益活动或到用人单位实习，取得一定报酬。

续表

年度	发文单位	制度创新（项目创新、管理创新、服务创新）
2003	国务院办公厅（国办发［2003］49号）	**服务创新**： （1）未就业的毕业生户口和人事档案在校保留两年，免收服务费用； （2）为毕业生办理户籍转回入学前户籍所在地； （3）人才交流服务机构免费提供人事代理； （4）政府所属人才交流服务机构和职业介绍机构主动为高校毕业生提供全面服务； （5）半年未就业可在入学前户籍地办理失业登记； （6）无工作无生活来源可获得低保标准的临时救助； （7）毕业生到技校参与短期职业技能培训，参加职业技能鉴定费用由地方政府统筹。
2004	国务院办公厅（国办发［2004］35号）	**管理创新**： （1）中央建立由国务院有关部门参加的高校毕业生就业工作联席会议制度； （2）高校奖学金鼓励和支持毕业生到西部、基层贫困地区就业； （3）就业主管部门及其他有关部门要建立用人单位招聘毕业生信用制度规范就业市场； （4）地（市）、县、乡级机关录用公务员格坚持“凡进必考”制度。 **项目创新**： （1）政府支持的西部大开发、振兴东北地区等老工业基地、国家西部地区“两基”攻坚等重大项目，要积极吸纳高校毕业生； （2）实施地方项目，引导大学生到当地贫困地区服务，地方财政给予支持； （3）清退不合格中小学教师，为吸纳高校毕业生创造条件。 **服务创新**： （1）各级人才交流服务机构和公共职业介绍机构都要开辟毕业生就业的专门窗口全面提供服务； （2）为高校毕业生提供创业小额贷款和担保； （3）维护以非全日制、临时性和弹性工作等灵活形式就业以及到个体、私营等非公有制经济组织就业的高校毕业生合法权益； （4）各校就业服务信息网并与国家和省市网互联互通。

续表

年度	发文单位	制度创新（项目创新、管理创新、服务创新）
2005	教育部办公厅（教学厅［2005］4号）	**管理创新：** （1）各级领导“一把手”要亲自抓就业； （2）严格执行教育部规定的就业统计标准和要求。 **项目创新：** 给去艰苦地区或行业毕业生提供奖励或代偿助学贷款。 **服务创新：** 对贫困毕业生等就业困难群体提供个性化的就业服务。
2006	教育部（教学［2006］8号）	**管理创新：** （1）各地落实加大财政支持力度、代偿国家助学贷款等政策； （2）为西部地区和艰苦边远地区乡镇下达周转编制接收高校毕业生； （3）从事个体经营的高校毕业生三年内免交登记类、管理类和证照类的各项行政事业性收费； （4）对从事微利项目的，贷款利息由财政承担50%； （5）确保到中小企业和非公有制单位就业的高校毕业生职称评定权益； （6）放宽建立集体户口的审批条件； （7）监督维护到中小企业和非公有制单位就业的毕业生合法权益。 **项目创新：** （1）“农村义务教育阶段学校教师特设岗位计划”； （2）高校毕业生进村、进社区工作的地方项目。 **服务创新：** （1）高校开展创业培训、开业指导、政策咨询、项目论证和跟踪辅导等“一条龙”服务； （2）筹集“高校毕业生创业资金”，为毕业生自主创业提供支持； （3）提供必要的人事劳动保障代理服务，在劳动关系形式、社会保险缴纳和保险关系接续等方面提供保障； （4）从2006年起，教育、人事、劳动保障部门要定期发布高校毕业生求职登记信息和用人单位对大学生的岗位需求登记信息； （5）推动高校毕业生就业市场、人才市场、劳动力市场相互贯通和信息共享。

续表

年度	发文单位	制度创新（项目创新、管理创新、服务创新）
2007	国务院办公厅（国办发［2007］26号）	**管理创新：** （1）支持从事科技工作的毕业生申请国家和地方科研项目和经费、科研成果或荣誉称号； （2）在非公有制单位就业并参加养老保险的高校毕业生到国家机关、事业单位工作，其缴费年限可合并计算为工龄； （3）企业发展资金向聘用高校毕业生达到一定数额的中小企业倾斜； （4）对以自由职业、短期职业、个体经营等方式灵活就业的高校毕业生在户籍管理、劳动关系形式、社会保险缴纳和保险关系接续等方面提供保障； （5）实施就业指导人员资格认证； （6）将就业指导课程纳入教学计划； （7）为未就业的毕业生参加就业见习，见习期间由见习单位和地方政府提供基本生活补助； （8）各级机关加大从高校毕业生中考录公务员的力度。 **项目创新：** （1）政府购买就业岗位促进大学生就业； （2）积极开发和创造适合高校毕业生就业的公益性岗位； （3）政府各类重点建设工程、项目优先吸纳高校毕业生。 **服务创新：** （1）全国高校毕业生就业网络联盟每季度要定期举行综合性、大规模的网上联合招聘活动； （2）对困难家庭毕业生提供“一对一”的就业服务和重点推荐，并给予适当求职经济补贴； （3）对回原籍的“零就业”家庭未就业毕业生优先安排见习，给予见习补贴，提供针对性的就业服务和公益性岗位； （4）劳动保障部门要建立专门台账，免费为未就业毕业生提供全面服务。

续表

年度	发文单位	制度创新（项目创新、管理创新、服务创新）
2008	教育部、人事部、劳动保障部（教学［2007］24号）	**管理创新：** （1）实施“高校毕业生创业行动”，促进以创业带动就业； （2）从2008年起开设就业指导必修课或必选课； （3）各地和高校要定期开展就业指导教师培训。 **服务创新：** （1）机关考录公务员、事业单位招聘工作人员时，免收困难家庭高校毕业生的报名费和体检费； （2）开展适合高校毕业生的创业实训。
2009	国务院办公厅（国办发［2009］3号）	**管理创新：** （1）应征入伍服义务兵役的高校毕业生，按规定实施相应的学费和助学贷款代偿； （2）承担国家和地方重大科研项目的单位要积极聘用优秀高校毕业生参与研究； （3）鼓励高校毕业生在基层项目结束后留在当地就业； （4）对不裁员、少裁员的困难企业在2009年内给予6个月以内的社会保险补贴或岗位补贴； （5）困难企业开展在岗培训的给予资金补助； （6）高校毕业生参与项目研究期满重新就业，工龄与参与项目研究期间的工作时间、社会保险缴费年限连续计算。 **项目创新：** （1）高校毕业生应征入伍； （2）从2009年起，用3年时间组织100万未就业的高校毕业生参加见习； （3）科研项目助研岗位。 **服务创新：** （1）高校毕业生参与项目研究期间，其户口、档案可存放在项目单位所在地或入学前家庭所在地人才交流中心； （2）在当地公共就业服务机构登记失业的自主创业高校毕业生，可申请不超过5万元的小额担保贷款，对合伙经营和组织起来就业的，可按规定适当扩大贷款规模，从事当地政府规定微利项目的，可按规定享受贴息扶持；

续表

年度	发文单位	制度创新（项目创新、管理创新、服务创新）
2009	国务院办公厅（国办发［2009］3号）	（3）对困难家庭的高校毕业生，高校给予适当的求职补贴； （4）对就业困难的高校毕业生和零就业家庭的高校毕业生落实社会保险补贴、公益性岗位补贴； （5）建立创业实习基地以及孵化基地，为大学生创业提供教育培训、配备创业导师，在场地、资金等方面给予支持。
2010	教育部（教学［2009］15号）	**管理创新：** （1）党委书记、校长作为本校毕业生就业工作的第一责任人； （2）出台社保补贴、贷款扶持、税费减免等优惠政策鼓励中小企业和非公有制企业吸纳毕业生； （3）清理毕业生到中小企业、非公有制企业就业的制度性障碍和限制； （4）开展就业指导、重点培训、设立专门项目、政府购买岗位等措施，做好少数民族高校毕业生就业工作； （5）高校联合地方政府、行业协会、企业共建促进就业为的实践教学和实习实训基地； （6）利用大学科技园、经济技术开发区、高新技术开发区、工业园区的资源，扶持大学生创业； （7）成立就业创业指导教研室； （8）省级主管部门和高等学校要把新闻宣传作为高校毕业生就业工作的重要内容，主动引导舆论，加强正面宣传； （9）高等学校就业指导专职教师应纳入专业技术岗位系列。 **项目创新：** （1）会同商务部门，实现服务外包企业吸纳20万名高校毕业生； （2）各地要因地制宜，积极实施地方“特岗计划”。 **服务创新：** 加大对家庭经济困难毕业生、就业困难毕业生、残疾人毕业生等特殊群体的就业帮扶力度。

续表

年度	发文单位	制度创新（项目创新、管理创新、服务创新）
2011	教育部（教学［2010］11号）	**管理创新**： （1）为到基层就业的毕业生在工资待遇、职称评定、有序流动、基层岗位优先录用等方面制定更加优惠的政策； （2）做好《高校毕业生自主创业证》的审核、发放，给自主创业的毕业生减免税收； （3）教育部推进创新创业教育教学改革项目； （4）把高校毕业生就业困难群体纳入当地政府公共就业服务困难群体帮扶体系，实施相应援助项目； （5）各地、高校提早谋划和部署国家战略性新兴产业等所需的专业设置和人才培养工作。 **项目创新**： （1）实施“基层农技推广特设岗位计划”； （2）开辟毕业生到社区、乡镇卫生院所、幼儿园等基层单位就业的新渠道； （3）优先安排免费师范毕业生就业，确保到中小学有编有岗。 **服务创新**： （1）创新创业教育要面向全体学生，结合专业教学，融入人才培养全过程；广泛开展创业讲座、创业大赛等实践活动； （2）教育部开通“大学生创业服务网”，开展创业培训、政策咨询、创业实训，提供项目开发、开业指导等服务； （3）学生资助管理部门为入伍的毕业生办结学费补偿代偿手续，落实好免试读研和考研优惠政策； （4）建立就业咨询室，提供就业政策、求职技巧、职业规划等帮助； （5）发放求职或生活补贴、组织培训、加强就业创业指导、优先推荐岗位，帮助家庭贫困、身体残疾、少数民族地区的少数民族毕业生等群体尽快实现就业； （6）加强对女大学生就业帮扶工作。

续表

年度	发文单位	制度创新（项目创新、管理创新、服务创新）
2012	教育部 （教学［2011］ 12号）	**管理创新：** （1）各省级主管部门主要负责同志和高校的“一把手”明确任务，强化责任，狠抓落实； （2）建立地方和高校创新创业教育指导中心等机构，积极开发创新创业类课程，并纳入学分管理； （3）聘用企业家和创业成功人士担任创业导师，学校专职教师到用人单位挂职锻炼双向交流； （4）西部高校就业指导教师培训纳入“东部高校对口支援西部高校计划”项目；开展“就业指导名师评选”； （5）就业指导专职教师纳入专业技术岗位系列； （6）对就业率连续两年低于60%的专业，调减招生计划直至停招； （7）增加实践教学比重，系统开展各类社会实践活动。 **项目创新：** 为少数民族高校毕业生开发本地社区、农技、双语教师岗位。 **服务创新：** （1）2012年7月前要全面推广使用“全国大学生就业信息服务一体化系统”，用手机信息报、微博等新媒体手段，建立和完善高校毕业生就业供求信息共享机制； （2）加强对少数民族学生的国家通用语言培训、就业技能培训，提高其就业竞争力； （3）未就业毕业生赴对口支援省市培养计划。
2013	教育部 （教学［2012］ 11号）	**管理创新：** （1）校级专职就业工作人员数量与应届毕业生人数比例不低于1∶500； （2）用2~3年将校级专职就业工作人员全员轮训一遍； （3）连续两年就业率较低的专业，除个别特殊专业外，应调减招生计划直至停招； （4）把就业状况作为招生计划制定、质量评估、经费投入、专业设置、培养方案调整、班子考核等工作的重要依据；

续表

年度	发文单位	制度创新（项目创新、管理创新、服务创新）
2013	教育部（教学［2012］11号）	（5）招聘高校毕业生，不得以毕业院校、年龄、户籍等作为限制性要求。 **项目创新：** （1）实施“本科教学工程”国家级大学生创新创业训练计划； （2）大力开发农牧业技术、医疗卫生、治安管理以及双语教师、幼儿园教师等公共服务岗位，拓宽少数民族高校毕业生就业渠道。 **服务创新：** （1）鼓励高校设立校级大学生自主创业资金； （2）建立职业发展咨询室，为学生提供个性化咨询指导。
2013	国务院办公厅（国办发［2013］35号）	**管理创新：** （1）加大对小微企业的扶持力度，进一步落实社保补贴、培训补贴等扶持政策； （2）加大面向基层考录公务员和招聘事业单位工作人员的力度； （3）从2013年起，将创业培训补贴政策期限从目前的毕业年度调整为毕业学年（即从毕业前一年7月1日起的12个月）； （4）承担对口支援西藏、青海、新疆任务的地区要组织本地用人单位积极面向受援地高校毕业生开展各类招聘活动，并将到本地求职的受援地高校毕业生纳入就业扶持政策范围； （5）承担对口支援西藏、青海、新疆任务的中央企业要结合援助项目建设，积极吸纳当地高校毕业生就业。 **项目创新：** （1）选拔一批高校毕业生到乡镇担任特岗人员； （2）全国范围内组织实施“离校未就业高校毕业生就业促进计划”。 **服务创新：** （1）从2013年起，对享受城乡居民最低生活保障家庭的毕业年度内高校毕业生，可给予一次性求职补贴； （2）允许高校毕业生在求职地（直辖市除外）进行求职登记和失业登记，申领《就业失业登记证》，纳入本地免费公共就业服务和就业扶持政策范围。

续表

年度	发文单位	制度创新（项目创新、管理创新、服务创新）
2014	教育部（教学［2013］14号）	**管理创新**： （1）提高公务员定向招录和事业单位优先招聘的比例； （2）消除城乡、行业、身份、性别等一切影响平等就业的制度障碍和就业歧视； （3）从2014年起，各高校要逐步发布本校的毕业生就业质量年度报告，并在校园网、就业网、全国大学生就业公共服务立体化平台或其他媒体上公布。 **项目创新**： “社会养老服务事业特设岗位计划”。 **服务创新**： 建立教育行政部门、高校、院系、班级四级联动网络，发挥辅导员（班主任）、学生干部作用，利用手机等移动终端，确保政策信息能及时送达每一位毕业生，确保每一位毕业生理解、用好政策。
2014	国务院办公厅（国办发［2014］22号）	**管理创新**： （1）对高校毕业生创办的小型微型企业，减半征收企业所得税、月销售额不超过2万元的暂免征收增值税和营业税； （2）在电子商务网络平台开办“网店”的高校毕业生享受小额担保贷款和贴息； （3）对到省会及省会以下城市的社会团体、基金会、民办非企业单位就业的高校毕业生，给予落户，专业技术职称评定与国有企事业单位同类人员同等待遇； （4）对小型微型企业新招用毕业年度高校毕业生，签订1年以上劳动合同并按时足额缴纳社会保险费的，给予1年的社会保险补贴； （5）科技型小型微型企业招收毕业年度高校毕业生达到一定比例的，可申请不超过200万元担保贷款，并享受财政贴息； （6）灵活就业的给予一定数额的社会保险补贴； （7）办理高校毕业生档案转递手续，转正定级表、调整改派手续不再作为接收审核档案的必备材料；

续表

年度	发文单位	制度创新（项目创新、管理创新、服务创新）
2014	国务院办公厅（国办发［2014］22 号）	（8）各地要切实加大就业专项资金的投入力度。 **项目创新：** 2014 年至 2017 年，在全国范围内实施大学生创业引领计划。 **服务创新：** （1）各地公共就业人才服务机构要为自主创业的高校毕业生做好人事代理、档案保管、社会保险办理和接续、职称评定、权益保障等服务； （2）设立重点面向扶持高校毕业生创业的天使投资和创业投资基金； （3）高校毕业生到小型微型企业就业、自主创业的，其档案可由当地市、县一级的公共就业人才服务机构免费保管。
2015	教育部（教学［2014］15 号）	**管理创新：** （1）引导一批普通本科高校向应用技术型高校转型发展； （2）教育部工程研究中心、各类实验室、教学仪器设备等原则上都要向学生开放。 **服务创新：** 利用“全国高校毕业生就业管理与监测系统”，及时更新、按时报送高校毕业生就业信息
2015	国务院办公厅（国发［2015］23 号）	**管理创新：** （1）放宽新注册企业场所登记条件限制，推动“一址多照”、集群注册等住所登记改革； （2）全面完成清理非行政许可审批事项，大幅减少投资项目前置审批； （3）规范审批行为，明确标准，缩短流程，限时办结，推广“一个窗口”受理、网上并联审批等方式； （4）对众创空间等新型孵化机构适用科技企业孵化器税收优惠政策，有条件的地方可对众创空间的房租、宽带网络、公共软件等给予适当补贴，或通过盘活商业用房、闲置厂房等资源提供成本较低的场所；

续表

年度	发文单位	制度创新（项目创新、管理创新、服务创新）
2015	国务院办公厅（国发［2015］23 号）	(5) 将小额担保贷款调整为创业担保贷款，额度统一为 10 万元，并贴息； (6) 失业一年改为失业半年的可享受企业税收优惠； (7) 毕业生创办个体工商户、个人独资企业的，可依法享受税收减免； (8) 科技成果向毕业生创办的小微企业优先转移； (9) 招收见习 50% 的单位提高见习补贴； (10) 对招收就业困难毕业生的单位进行社保补贴； (11) 对灵活就业的毕业生给予社保补贴。

当然，除了历年的普通高校毕业生就业工作的通知中涉及的高校毕业生就业制度创新内容外，中共中央和国务院以及相关职能部门也会制定专门的政策来推动高校毕业生就业。就政策制定主体来看，有的是中共中央办公厅和国务院办公厅联合颁布，有的是国务院办公厅独立颁布，有的是国务院相关职能部门联合颁布，有的国务院某一职能部门独立颁布；就政策内容与高校毕业生关系来看，有的直接是针对高校毕业生的，有的是涵盖高校毕业生就业的，有的对高校毕业生就业有间接影响的；就政策具体内容来看，有的属于综合性的政策规定，有的属于专门性的政策措施。整体而言，这些政策的出台为高校毕业生的就业保驾护航，有力地促进了高校毕业生的就业。这些专门性的政策信息见表 5－3 所示。

表 5－3　1987—2015 年专项就业政策的时间、发文单位、名称和文件号

序号	时间	发文单位	文件名称	文件号
1	1987. 7. 22	国家教育委员会、劳动人事部	《高等学校毕业生见习暂行办法》	教学字［1987］22 号
2	1994. 4. 7	国家教委	《国家教委关于进一步改革普通高等学校招生和毕业生就业制度的试点意见》	教学［1994］3 号

续表

序号	时间	发文单位	文件名称	文件号
3	1994. 10. 26	中共中央组织部、人事部、公安部	《关于从全国高等学校选拔部分优秀应届毕业生到基层公安机关锻炼培养的通知》	人调发［1994］11 号
4	1995. 3. 28	国家教委关	《关于 1995 年深入进行普通高等学校招生和毕业生就业制度改革的意见》	教学［1995］8 号
5	1998. 5. 21	中组部、人事部、教育部、公安部	《关于选拔录用部分优秀高校毕业生到基层公安机关工作的通知》	人发［1998］40 号
6	1998. 7. 20	国家发展计划委员会、教育部	《关于对普通高校毕业生收费有关政策问题的通知》	计价费［1998］1349 号
7	1999. 5. 31	教育部、中央组织部、人事部、中央机构编制委员会办公室、财政部	《国务院办公厅转发教育部等部门〈关于进一步做好一九九九年普通高等学校毕业生就业工作意见的通知〉》	国办发［1999］50 号
8	1999. 6. 22	中央组织部、人事部、中央机构编制委员会办公室、财政部	《关于选拔高校毕业生到农村基层工作有关问题的通知》	人发［1999］67 号
9	2001. 5. 23	中共中央组织部、人事部、教育部、公安部	《关于“十五”期间继续做好考试录用优秀大学生到基层公安机关工作的通知》	人发［2001］47 号
10	2002. 3. 2	国务院办公厅转发教育部等部门的通知	《关于进一步深化普通高等学校毕业生就业制度改革有关问题意见》	国办发［2002］19 号
11	2002. 4. 24	人事部办公厅	《关于做好 2002 年全国普通高等学校毕业生接收工作的通知》	人办发（2002）34 号

续表

序号	时间	发文单位	文件名称	文件号
12	2002. 12. 31	教育部	《关于进一步加强普通高等学校毕业生就业指导服务机构及队伍建设的几点意见》	教学［2002］18 号
13	2003. 6. 8	团中央、教育部、财政部、人事部	《关于实施大学生志愿服务西部计划的通知》	中青联发［2003］26 号
14	2004. 6. 3	教育部办公厅	《关于进一步加强和完善高校毕业生就业状况统计报告工作的通知》	教学厅［2004］7 号
15	2005. 6. 25	中共中央办公厅、国务院办公厅	《关于引导和鼓励高校毕业生面向基层就业的意见》	中办发［2005］18 号
16	2006. 5. 18	教育部、财政部、人事部、中央编办	《关于实施农村义务教育阶段学校教师特设岗位计划的通知》	教师［2006］2 号
17	2006. 2. 25	中共中央组织部、人事部、教育部、财政部、农业部、卫生部、国务院扶贫开发领导小组办公室、共青团中央	《关于组织开展高校毕业生到农村基层从事支教、支农、支医和扶贫工作的通知》	国人部发［2006］16 号
18	2007. 4. 22	国务院办公厅	《关于切实做好 2007 年普通高等学校毕业生就业工作的通知》	国办发［2007］26 号
19	2007. 5. 9	国务院办公厅转发教育部、财政部、人事部中央编办	《教育部直属师范大学师范生免费教育实施办法（试行）》	国办发［2007］34 号
20	2007. 8. 30	第十届全国人民代表大会常务委员会第二十九次会议通过	《中华人民共和国就业促进法》	中华人民共和国主席令第七十号
21	2007. 11. 16	教育部、人事部、劳动保障部	《关于积极做好 2008 年普通高等学校毕业生就业工作的通知》	教学［2007］24 号

续表

序号	时间	发文单位	文件名称	文件号
22	2008. 4. 11	中共中央组织部、教育部、财政部、人力资源与社会保障部	《关于选聘高校毕业生到村任职工作的意见（试行）》	组通字［2008］18 号
23	2008. 9. 4	中共中央组织部、财政部	《关于下达 2008 年度到村任职高校毕业生中央财政补助资金预算的通知》	财行［2008］253 号
24	2009. 1. 19	国务院办公厅	《国务院办公厅关于加强普通高等学校毕业生就业工作的通知》	国办发［2009］3 号
25	2009. 2. 27	科技部、教育部、财政部、人力资源和社会保障部、国家自然科学基金委员会	《关于鼓励科研项目单位吸纳和稳定高校毕业生就业的若干意见》	国科发财［2009］97 号
26	2009. 3. 11	财政部、教育部	《关于印发〈高等学校毕业生学费和国家助学贷款代偿暂行办法〉的通知》	财教［2009］15 号
27	2009. 3. 18	教育部、商务部	《关于加强服务外包人才培养促进高校毕业生就业工作的若干意见》	教高［2009］5 号
28	2009. 4. 2	国防部征兵办公室	《关于做好普通高等学校应届毕业生征集工作的通知》	参动［2009］6 号
29	2009. 4. 20	财政部、教育部、总参谋部	《应征入伍服义务兵役高等学校毕业生学费补偿国家助学贷款代偿暂行办法》	财教［2009］35 号

续表

序号	时间	发文单位	文件名称	文件号
31	2009.4.20	中共中央组织部、人力资源和社会保障部、教育部、财政部、共青团中央	《关于统筹实施引导高校毕业生到农村基层服务项目工作的通知》	人社部发［2009］42号
32	2009.5.9	教育部办公厅	《关于积极做好2009年普通高等学校应届毕业生入伍预征工作的通知》	教学厅［2009］4号
33	2010.5.4	教育部	《关于大力推进高等学校创新创业教育和大学生自主创业工作的意见》	教办［2010］3号
34	2010.5.18	教育部、人力资源和社会保障部、中央编办、财政部	《教育部直属师范大学免费师范毕业生就业实施办法》	教师［2010］2号
35	2010.10.22	财政部、国家税务总局	《关于支持和促进就业有关税收政策的通知》	财税［2010］84号
36	2011.5.31	国务院	《关于进一步做好普通高等学校毕业生就业工作的通知》	国发［2011］16号
37	2011.06.10	中组部人社部等部门	《关于印发〈高校毕业生基层培养计划实施方案〉的通知》	中组发［2011］13号
38	2014.9.4	中共中央组织部、人力资源社会保障部、国家公务员局	《关于做好艰苦边远地区基层公务员考试录用工作的意见》	人社部发［2014］61号
39	2014.11.28	教育部	《关于做好2015年全国普通高等学校毕业生就业创业工作的通知》	教学［2014］15号
40	2015.4.27	国务院	《关于进一步做好新形势下就业创业工作的意见》	国发［2015］23号

中国政府为促进高校毕业生有效就业做出了全方位、系统性的制度创新，到底为高校毕业生的就业发挥了多大的作用呢？以下将对这系列的就业制度创新所产生的效果进行简要阐述。

第四节　高校毕业生就业制度创新的效果

高校毕业生就业牵动着千万家庭的心弦，关联着经济社会的平稳发展，得到了党中央、国务院和社会各界的高度关注。党中央、国务院先后出台了一系列促进高校毕业生就业的新政策，不断拓展高校毕业生的就业岗位，开辟新的就业渠道，对高校毕业生的顺利就业发挥着巨大的政策驱动作用。高校毕业生就业制度的创新给高校毕业生的顺利就业所带来的影响是广泛而深远的，其效果是非常显著的。

一、专项就业政策体现的效果

党中央、国务院根据中国经济社会的转型和高校毕业生就业形势的变化，及时出台了专门性的就业政策和就业项目，如“三支一扶”、特岗教师、村官计划、内地为受援地毕业生进行援助培养计划等。这些政策都发挥了积极的作用，取得了良好的效果。

（一）“三支一扶”政策的效果

“三支一扶”是支教、支医、支农、扶贫的简称。2006 年，中组部、原人事部、教育部等八部门联合印发了《关于组织开展高校毕业生到农村基层从事支教、支农、支医和扶贫工作的通知》，规定以公开招募、自愿报名、组织选拔、统一派遣的方式，从 2006 年开始连续 5 年，每年招募 2 万名高校毕业生，主要安排到乡镇从事支教、支农、支医和扶贫工作，服务期限一般为 2 ~ 3 年。

大学生在“三支一扶”服务期间的待遇是：工作、生活补贴标准参照本地事业单位从高校毕业生中新聘用工作人员试用期满后的工资收入水平确定；参加社会保险的相关费用，要纳入财政给予的工作、生活补贴范围；中央财政补助西部地区的费用按人均每年 1.5 万元的标准拨付，补助中部地区的费用按人均每年 1 万元的标准拨付，补助东部地区的费用按人均每年 0.5 万元的标准拨付。

各地给予的工作、生活补贴不断增加，让“三支一扶”计划对高校毕业生到基层就业有着较强的吸引力，如 2013 年广西壮族自治区本级财政计划筹措补助资金 2800 万元，对“三支一扶”高校毕业生的生活补助标准从每人每月 1300 元提高到每人每月 1800 元。同时，对“三支一扶”高校毕业生的社会保险和岗前培训、在岗培训、就业培训给予财政补助。2013 年，广西计划招募“三支一扶”高校毕业生 500 名，比 2012 年的 350 人增加了 150 人，加上 2012 年招募在岗的“三支一扶”高校毕业生，2013 年广西自治区“三支一扶”高校毕业生达到 850 名。“三支一扶”的服务项目在原有的支教、支农、支医和扶贫的基础上，逐步拓展到农业技术推广、农村文化建设、贫困村整村推进、就业和社会保障基层服务等领域。

2013 年，吉林省提高了全省所有在岗的“三支一扶”大学生的工作、生活补贴标准，由原来每人每月 1500 元提高到每人每月 2200 元。提高标准后的工作、生活补贴，从各届“三支一扶”大学生当前服务年度整年开始计发，并予以补发。

海南省自 2013 年从 1 月 1 日起，大幅提高“三支一扶”高校毕业生工作、生活补贴标准，大专学历的在原来每人每月 1500 元的基础上提高到每人每月 2300 元，本科学历在原来每人每月 1600 元的基础上提高到每人每月 2500 元。这一补贴标准在全国位居首位。

2014 年，天津市为推动高校毕业生的“三支一扶”计划，规定给参加“三支一扶”的高校毕业生提供生活补贴、社会保险和住房公积金。在“三支一扶”岗位服务的高校毕业生，第一年按每人每月 3000 元的标准发放工作、生活补贴，第二年按每人每月 3500 元的标准发放工作、生活补贴，并按照国家和本市有关政策，为其缴纳社会保险和住房公积金，所需经费由市、区县财政各承担 50%。①

大学生在“三支一扶”服务期满后享有的待遇如下：

---

① 参见《天津市人力资源和社会保障局：天津 2014 年高校毕业生“三支一扶”计划实施方案》，载 http://www.ncss.org.cn/jc/szyf/gg/283398.shtml，2014－04－08。

1. 原服务单位有职位空缺或有相对应的自然减员需补充人员时，要聘用服务期满考核合格的“三支一扶”大学生。相关事业单位公开招聘工作人员，应拿出不低于40%的比例，聘用具有两年以上基层工作经历的高校毕业生，在同等条件下要优先聘用“三支一扶”大学生。

2. 对于准备自主创业人员，可享受行政事业性收费减免、小额贷款担保和贴息等有关政策。

3. 服务期满且考核合格的“三支一扶”毕业生可以享受一定的政策加分或同等条件优先录用。

4. 到西部地区和艰苦边远地区服务2年以上，服务期满后3年内报考硕士研究生初试总分加10分，同等条件下优先录取。

5. 服务期满考核合格的“三支一扶”大学生，根据本人意愿可以回到原籍或到其他地区工作，凡落实了接收单位的，接收单位所在地区应准予落户。

6. 进入国有企事业单位时，由接收单位按照所任职务比照同等条件人员确定其职务工资标准，其服务期限计算为工龄，在今后晋升中高级职称时，同等条件下优先评定等。

7. 高职（高专）毕业生参加“三支一扶”，服务期满考核合格的，可免试入读成人高等学历教育专科起点本科。对已落实就业岗位的大学生，各级“三支一扶”办公室要按规定落实助学贷款代偿政策、工龄计算、服务年限视同社会保险缴纳年限等政策。

人力资源和社会保障部网站于2015年6月8日公布的《2014年度人力资源和社会保障事业发展统计公报》指出，2014年组织了2.7万名高校毕业生到农村基层从事“三支一扶”工作。

各省也加大对“三支一扶”的选聘力度，在大学生村官缩减的背景下，“三支一扶”计划的数量却在增长，2013年四川省选聘大学生村官4500名，2015年，四川省从部分高校定向推荐选聘大学生村官500名。在大学生村官缩减的同时，2015年四川省高校毕业生“三支一扶”计划招募了1207名高校毕业生，主要到乡镇从事两年的支教、支农、支医和扶贫等方面的志愿服务。其工作、生活补贴标准为：“三支一扶”大学生在服务期间的工作、生活补贴参照本地乡镇事业单位从高校毕业生中新聘用工作人员试用期满后的工资收入水平确定标准，按月发放。工资收入包括岗位工资、薪级工资、绩效工资和津贴补贴四个部分。在艰苦边远地区工作的，按规定发放艰苦边远地区津贴。[①]

从上述的数据不难推断出，"三支一扶"计划的顺利实施，较为有力地促进了高校毕业生的就业。

（二）特岗教师政策的效果

自2006年，启动特岗计划以来，党中央、国务院不断出台相关的政策从待遇报酬上、发展空间上、相关福利保障上进行全面的提升，招生数量因而不断增加。

2012年，该计划实施的范围扩大到连片特困地区，中央财政将特岗教师工资性补助标准由原来的年人均1.5万元分地区提高到西部2.7万元、中部2.4万元。任教三年后，经考核合格并自愿留校任教的特岗教师，由各地负责落实工作岗位，将其工资发放纳入当地财政统发范围，保证其享受与当地教师同等的待遇。据统计，2006—2014年，中央财政共安排特岗教师工资性补助资金236.1亿元，其中2014年为44.7亿元。为提高边远贫困地区、边疆民族地区和革命老区（简称"三区"）的教师水平，中央财政下达2014年"三区"教师选派工作中央补助资金2.96亿元，比2013年增加1.58亿元，补助资金专项用于"三区"教师工作补助、交通差旅费用以及购买意外保险等支出。2012年，教育部会同其他部门联合实施"三区"人才支持计划教师专项计划，计划在2013—2020年每年选派3万名优秀幼儿园、中小学（含普通高中）和中等职业学校教师到"三区"支教一年。受援县义务教育阶段教师选派工作经费由中央财政和地方财政按照年人均2万元的标准共同分担。

2015年，中央下达特岗教师工资性补助资金预算34亿元，确保"特岗教师"工资性补助足额发放。同时，中央要求各省做好2015年预算指标分解下达和指导地方预算编制等相关工作，并及时足额落实应承担的资金，待2015年特岗教师招聘结束并重新核定各省特岗教师实际在岗人数后，中央财政将再次核定各省2015年特岗教师工资性补助资金预算，并按照多退少补的原则据实调整经费预算。

特岗教师实行合同管理，聘期3年。鼓励特岗教师3年聘期结束后，继

---

① 参见：《2015年四川省高校毕业生"三支一扶"计划招募公告》，载 http://www.ncss.org.cn/jc/szyf/gg/288642.shtml，2015-04-17。

续扎根基层从事农村教育事业，对自愿留在本地学校的，当地要负责落实工作岗位，将其工资发放纳入当地财政统发范围，保证其享受与当地教师同等的待遇。特岗教师3年服务期满可以报考公务员。

由于特岗教师的薪酬待遇有保障，特岗教师计划因而进展顺利。2006—2010年共招聘24万中央特岗教师，赴3万所农村学校任教，带动吉林、河北等省推进地方特岗计划，招聘6万名教师到贫困县农村学校任教。这从2009年若干省、自治区、直辖市、新疆兵团特岗教师计划可见一斑，见表5－4所示。

表5－4　2009年若干省、自治区、直辖市、新疆兵团特岗计划拟招人数及设岗县数①（单位：人）

省份	拟招人数	设岗县数	省份	拟招人数	设岗县数	省份	拟招人数	设岗县数
河北	5178＋2000（地）	39	山西	4000	35	内蒙古	1020	37
吉林	1710＋1661（地）	19	黑龙江	3050	29	安徽	4635	19
江西	2100	21	河南	5000	31	湖北		38
湖南	2512	35	广西	4400	43	重庆	1535	15
海南	716	11	四川	4366	61	贵州	3938	36
云南	6459	68	陕西	4191	40	甘肃	5000	48
宁夏	2000	24	青海	1325	31	新疆	7952	87
新疆兵团	800	21（团场）						

特岗教师的人数逐年增加。2011年特岗教师达到每年5万人，2013年达到6万人，2015年达到7万人。

特岗教师三年期满后，继续留任乡村的大学生数量令人振奋。全国平均的留任率为87%，有些地方留任率更高。据报道，2006年至2012年，云南省

① 本表格的数据来自《2009年特岗教师报考指南》，载http://teacher.eol.cn/html/t/20090401.shtml。

面向全国28个省区共招聘中央特岗教师3.7万余名，分布在全省近100个县（市、区）的2000多所学校。其中，2010年、2011年、2012年所招聘的特岗教师本科及以上学历的比例均达到70%以上，2006年、2007年、2008年、2009年招聘服务期满的特岗教师留任率均超过90%。①

概而言之，特岗教师计划取得了预期的效果。不仅缓解了高校毕业生的就业压力，而且也提升了中国乡村基础教育的质量，是一举两得的好政策。

（三）村官计划的效果

大学生村官政策萌芽于1995年江苏省丰县的“雏鹰工程”，全国实施大学生村官计划开始于2008年。2008年4月，中共中央组织部、教育部、财政部、人力资源和社会保障部联合发布了《关于选聘高校毕业生到村任职工作的意见（试行）》（组通字［2008］18号），提出自2008年开始，用5年时间选聘10万高校毕业生到村任职，至此，大学生村官计划已经上升到国家人才发展战略的高度。2010年4月，中共中央组织部印发的《关于下达2010年到村任职高校毕业生选聘名额的通知》（组通字［2010］22号），明确至2012年中央政府财政补助的到村任职高校毕业生选聘名额由10万名增至20万名，这标志着大学生村官计划已经进入快速发展阶段。据不完全统计，2010年在任的大学生村官总数已经达到22万人，按此趋势，全国在任大学生村官的总量将可能稳定在30万人左右。②

2012年，中共中央组织部、中央机构编制委员会办公室、教育部、财政部、人力资源和社会保障部、国家公务员局联合发布的《关于进一步加强大学生村官工作的意见》（组通字［2012］36号）规定：“从2011年起，中央财政补助西部地区大学生村官的标准提高到人均每年2万元，中部地区人均每年1.5万元，东部地区人均每年0.8万元，不足部分由地方财政承担。”

大学生村官计划对高校毕业生吸引力较大，规模扩张迅速，这可以从安徽省的情况得以说明。2013年，安徽省计划选聘2100名大学生村官，最后有2292名大学生入选村官。

在大学生就业难的背景下，这一政策得到了高校毕业生响应。据中组部

---

① 参见《2015年云南省特岗教师招聘考试信息》，载 http://www.ynpxrz.com/n365215c988.aspx。

② 参见中国村社发展促进会编写：《2011中国大学生村官发展报告》，北京，中国农业出版社，2011。

公布的数据，到2011年，全国累计有200万名高校毕业生报名应聘大学生村官。2012年7月，大学生村官五年计划到期之际，中组部等部门出台了《关于进一步加强大学生村官工作的意见》（组通字［2012］36号），要求到2015年，全国有一半左右的行政村要配备大学生村官，也就是要达到30万人左右。按照官方数据，截至2013年年底，全国累计选聘41万名大学生村官，在岗22万人，覆盖了超过1/3的行政村。

2014年5月30日，中组部召开全国大学生村官座谈会，中央政治局委员、中组部部长赵乐际提出规模适度的指示，要求合理规划总量，科学控制流量，注重分布的合理性，用2～3年时间，逐步将大学生村官总量由现在的22万降至15万左右，由原先一村一名大学生村官的目标改为覆盖1/4的行政村。赵乐际在全国大学生村官工作座谈会上提出，要"严把入口，好中选优"，要"进一步优化大学生村官的队伍结构，切实提高大学生村官整体素质"。2014年全国大学生工作座谈会召开后，全国各地提高了大学生村官的标准，如北京市顺义区张镇的组织部部长李芒透露，下一届大学生村官的选聘将必须要求至少符合本科以上学历、学生党员或优秀学生干部两个条件。①

2014年5月30日，中组部召开的全国大学生村官工作座谈会所产生的效果是很明显的。各省市基本缩减了大学生村官数量，这种缩减的趋势能从2013年选聘大学生村官的数量与2015年选聘大学生村官的数量对比中鲜明地体现出来。2013年北京市选聘大学生村官2400名，而2015年所选聘的大学生村官仅有1500名，降幅为37.5%，河北省的降幅达到63.6%，江苏省的降幅为54.8%。在多数省市缩减大学生村官之际，云南省的大学生村官不降反升，增幅高达133.3%，具体数据见表5－5所示。

表5－5　2013、2015年十个省市选聘大学生村官的数量（单位：人）

	北京	天津	河北	江苏	安徽	江西	广西	云南	甘肃	内蒙古
2013年	2400	116	4123	3022	2100	3000	2160	1500	1800	971
2015年	1500	90	1500	1366	1200	1200	800	3500	978	500

① 参见《中组部首控大学生村官规模：2～3年内减7万人》，载http://www.gjgwy.net/szrd/zyzx/38953.html。

江苏省的一村一名大学生村官的目标已基本完成，2014 年江苏省大学生村官计划选聘总数锐减至 1319 名，主要用以补充部分人员有流动的岗位，但最终有 24828 人报名，是选聘计划的 18.9 倍，报录比创历史新高，竞争很激烈。其中，扬州市邗江区、常州市武进区村委会岗位考录比分别达到了 105∶1 和 103∶1，火热程度甚至超过了公务员考试。报考人员的质量大幅提升，笔试人员中，中共党员人数是选聘计划的 5.7 倍，担任过学生干部的达到 9.3 倍，拥有硕士研究生以上学历的有 1412 人。报名的持续高温，显示了大学生村官岗位对于毕业生的吸引力。江苏省选聘办主任、省委组织部副部长庄同保认为，今年习近平总书记给一名大学生村官回信，极大地激发了大学生在农村成长成才的热情，而江苏较好的政策待遇，也是吸引省内外大学生报考的重要因素。据了解，除了最初的专项事业单位编制和考公务员、考事业单位、考大型企业等优惠政策外，江苏的大学生村官入职后都免费获赠保险，平均年薪达 4.8 万元，组织上会通过相应的培养措施帮助大学生村官干的有舞台、走的有收获。①

由此可见，大学生村官计划的实施是成功的，有效地吸引了高校毕业生到基层就业，到乡镇就业，为新农村建设做出了贡献。

（四）援助培养计划的效果

2011 年，为贯彻落实中央新疆工作座谈会精神，解决新疆维吾尔自治区高校毕业生就业问题，自治区部署开展了未就业普通高校毕业生赴援疆省市培养工作，培养计划历时 4 年，既定任务圆满完成。全疆共有 23063 名接受培养的未就业大学生学成之后走上工作岗位，培养计划完美收官。

截至目前，选送的 23355 名学员全部培养期满返疆，其中，少数民族有 19378 名，占 82.97%。98.75% 的学员经考核合格后，分别被安置在农村中小学特岗教师、农村双语幼儿园、乡镇卫生院、农村警务室、乡镇（街道）其他事业单位岗位以及企业岗位，2.3 万名高校毕业生实现了就业，缓解了就业压力和社会矛盾。从失业挫折中走出的大学生满怀感恩之情，进一步坚定了跟党走的信念，纷纷表示要报效祖国、回报家乡。培养期间，有 8400 余名学

---

① 参见《2014 年大学生村官考录比创新高》，载 http://learning.sohu.com/20140421/n398553137.shtml，2014-04-21。

员递交了入党申请书，其中105名学员光荣入党。通过培训，少数民族学员运用国家通用语言文字的能力大大提高，13012名学员参加了MHK考试，12874名学员获三级合格证书，通过率达98.9%，不少学员成为当地的“双语通”，带动了少数民族群众学习汉语的热情。①

其他各项就业政策也都受到广大高校毕业生的积极响应。如2009年全国预备从应届大学毕业生中征集12万余名新兵，但当年11月初，记者从教育部高校学生司获悉，由于报名踊跃，已确定的预征人数增加到13万。② 各级政府也积极响应政策的号召，配合项目的有效执行，如2014年，北京市、北京卫戍区继续高标准兑现2011年出台的兵役政策承诺，为符合条件的退役大学生士兵预留公务员岗位64个、事业单位岗位136个、市属国有企业岗位644个，非公经济组织岗位629个，公务员定向招录岗位大多为行政执法职位，事业单位岗位大多为管理岗和专技岗。③

中国政府主导的高校毕业生就业政策创新是系统而全面的，涉及影响高校毕业生就业方方面面的内容，并且各项政策所释放的就业拉动效益相互影响和叠加，对整体就业的推动效果是明显的。为此，以下将对中国政府就业制度创新所产生的整体效果进行阐述。

二、整体效果

当前，中国官方公布的高校毕业生就业数据较为有限，为了体现中国各级政府出台的促进就业的政策所带来的实际效果，我们借助多年来一直追踪高校毕业生就业情况的麦可思公司的统计数据来加以说明。

（一）就业率令人欣喜

麦可思公司是2006年于成都诞生的海归创业企业，是中国首家提供高等教育管理数据与解决方案的专业公司，也是高校、社会大众、用人单位和政

---

① 参见《未就业普通高校毕业生赴援疆省市培养计划完美收官》，载http://www.xjdaily.com.cn/xinjiang/002/1206309.shtml，2015－04－03。

② 参见《国防部解读征兵新政——为什么征招13万大学生入伍》，载http://job.lzu.edu.cn/htmlfile/article/read/2009－12/article_13901.shtml，2009－12－09。

③ 参见《北京市为退役大学生士兵预留千余工作岗位》，载http://www.bjbys.net.cn/zx/ztxm/yzrwzx/yzrwzx/265600.shtml，2014－06－18。

府公认的第三方权威数据机构。麦可思公司每年编著出版《中国大学生就业报告》(就业蓝皮书),且长期为国内多所高等院校提供年度数据跟踪与解决方案服务,是教育部、人社部、司法部、中国科协、中国社会科学院、中国机械工程学会、中国民办教育协会高等教育专业委员会、中国职教学会质量保证与评估研究会、世界银行、哈佛大学中国教育论坛等机构的合作单位。麦可思公司还是北京师范大学教育学部高等教育研究所、清华大学教育研究院、北京大学教育学院、西南财经大学经济学院等机构的产学研合作基地。

麦可思公司对高校毕业生就业率的追踪是基于对2006年毕业半年后的高校毕业生展开的。其对就业的统计分为就业率或非失业率。(就业率 = 已就业人数/需就业的总毕业生数。)由于政府统计就业率时,将国内外读研人数计算在已就业人数,麦可思公司认为这不是劳动经济学上就业率的内涵,因而,麦可思公司称其为非失业率,其就业率不包括国内外读研人数,因而,其就业率将低于非失业率。

我们整理了麦可思公司公布的2007—2013年毕业半年的高校毕业生就业率数据,见表5-6所示。

表5-6　2007年—2013年毕业生数及本专科生毕业半年的就业率

年份	毕业生人数(万人)	本科生就业率(%)	高职高专就业率(%)
2007年	495	91.2	84.1
2008年	559	87.6	83.5
2009年	611	88	85.2
2010年	631	91.2	88.1
2011年	660	90.8	89.6
2012年	680	91.5	90.4
2013年	699	91.8	90.9

从表5-6可以看出,高校毕业生的就业率还是令人欣慰的,本科毕业生就业率稳中有升,而高职高专的毕业生的就业率基本处于平稳上升的态势。面对如此庞大的就业队伍,高校毕业生在毕业半年后能够达到这样的就业率,真是不容易。这不能不让我们将这一了不起的成绩与党中央、国务院不断推

出新的就业政策建立某种关联。从上述若干专项就业政策实施的效果就可以看出，高校毕业生整体向好的就业态势应该得益于中央政府和地方政府的就业制度创新。

另外，我们也可以结合中国经济发展的速度来看这样就业率的来之不易。如表 5－7 所示，2007 年高校毕业生供给量增长幅度为 19.85%，而当年中国 GDP 的增长率为 14.16%，高校毕业生增长幅度高出 GDP 增长的 5 个多百分点，当年本科生就业率达到 91.2%，这是非常难得的。按照常规的市场经济法则，这么庞大的高校毕业生大军难以取得这么高的就业率。这种奇迹的出现从另一个侧面佐证了中国政府出台的促进就业的政策发挥了效益。从表 5－7 也可以看到这样的一种趋势，即随着高校毕业生就业增长幅度的下降，高校毕业生的就业率随之提高。

表 5－7　2007—2013 年高校毕业生、增长率、就业率与 GDP 增长率（单位:%）

年份	高校毕业生增长率	GDP 增长率①	本科生就业率	高职高专就业率
2007 年	19.85	14.16	91.2	84.1
2008 年	12.93	9.63	87.6	83.5
2009 年	9.30	9.21	88	85.2
2010 年	3.27	10.45	91.2	88.1
2011 年	4.60	9.30	90.8	89.6
2012 年	3.03	7.65	91.5	90.4
2013 年	2.80	7.7	91.8	90.9

（二）就业区域较为合理

长期以来，高校毕业生集中到经济发展的地区就业使得经济相对落后的中西部地区人才相对匮乏。随着中国政府多管齐下的政策激励和引导，到中西部就业的高校毕业生数量越来越多。这不仅为就业压力逐年增大的高校毕业生顺利就业做出了贡献，而且也为中西部的发展提供了可靠的人才保障，

① 数据来源：国家统计局官方网站。

符合党中央、国务院拟定的推动社会全面协调可持续发展、实现共同富裕和中华民族伟大复兴的战略意图。中国高校毕业生就业去向逐渐趋于合理的态势可以从麦可思公司抽样调查的数据得以体现。

麦可思公司将全国31个省、市、自治区、直辖市分为8个经济体系区域，分别是：东北区域经济体，包括黑龙江、吉林、辽宁；泛渤海湾区域经济体，包括北京、天津、河北、内蒙古、山西；陕甘宁青区域经济体，包括陕西、甘肃、宁夏、青海；中原区域经济体，包括河南、湖北、湖南；泛长江三角洲区域经济体，包括上海、江苏、浙江、江西、安徽；泛珠江三角洲区域经济体，包括广东、广西、福建、海南；西南区域经济体，包括重庆、四川、贵州、云南；西部生态经济区，包括西藏、新疆。

表5-8　2009、2013届高校毕业生在各经济区就业比例（单位:%）

	本科毕业生		高职高专毕业生	
	2009届	2013届	2009届	2013届
东北经济区	5.10	1.90	2.2	5.6
泛渤海经济区	33.80	23.60	28.0	23.3
泛长江三角洲区	28.00	27.20	26.7	23.3
泛珠江三角洲区	13.50	20.20	21.9	20.6
中原经济区	6.50	9.90	6.1	6.1
陕甘宁青区	4.10	6.10	2.6	6.1
西部生态经济区	0.20	0.80	0.2	2.0
西南经济区	8.80	10.30	12.3	13.1
合计	100	100	100	100

如果用柱状图来直观地加以表示，那么我们将很清晰地看出，从2009届本科毕业生就业区域到2013届本科生的就业区域有一个明显的变化，即经济相对发达的东北经济区、泛渤海湾经济区、泛长江三角洲经济区，其高校毕业生在就业群体所占的比重呈现下降趋势，而泛珠江三角洲经济区、中原经济区、陕甘宁青经济区、西部生态经济区、西南经济区均呈现上升的趋势，见图5-1所示。而这些区域除了珠江三角洲经济区中的广东省、福建省外，均属于经济发展水平相对落后的区域，也即人们常说的中西部地区。

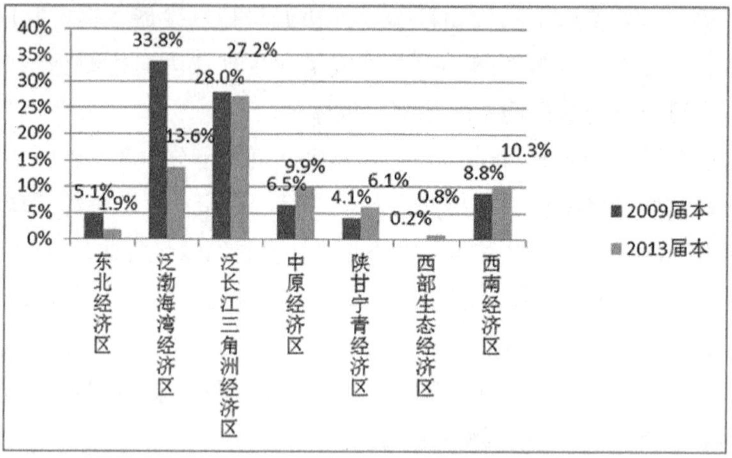

图 5－1　2009 届、2013 届本科生在各经济区域就业的比例

高职高专毕业生也是高校毕业生群体的重要组成部分，其就业的变化趋势也基本同本科生就业的变化态势一致。2009 届高职高专毕业生就业和 2013 届高职高专毕业生就业的变化趋势见图 5－2 所示。在泛渤海湾经济区、泛长江三角洲经济区、泛珠江三角洲经济区，高职高专毕业生就业的比例都呈现下降趋势，而在陕甘宁青经济区、西部生态经济区、西南经济区以及东北经济区高职高专毕业生就业的比例均呈现上升趋势。

东北经济区高职高专毕业生就业呈现上升趋势与 2003 年 10 月，中共中央、国务院发布的《关于实施东北地区等老工业基地振兴战略的若干意见》（以下简称《若干意见》）有密切关系。《若干意见》确定的社会保障试点、增值税转型、豁免企业历史欠税、国有企业政策性破产、中央企业分离办社会职能、厂办大集体改革等政策已付诸实施。2009 年，国务院发布了《关于进一步实施东北地区等老工业基地振兴战略的若干意见》（国发［2009］33 号），进一步充实了振兴战略的内涵，及时制定了新的政策措施，推进了东北地区等老工业基地全面振兴。因而，作为中国工业基地的东北重新焕发出巨大的经济活力，吸引高职高专毕业生的能力进一步增强，造成了本科生毕业生就业比例下降，而高职高专毕业生就业上升的结构性变化。

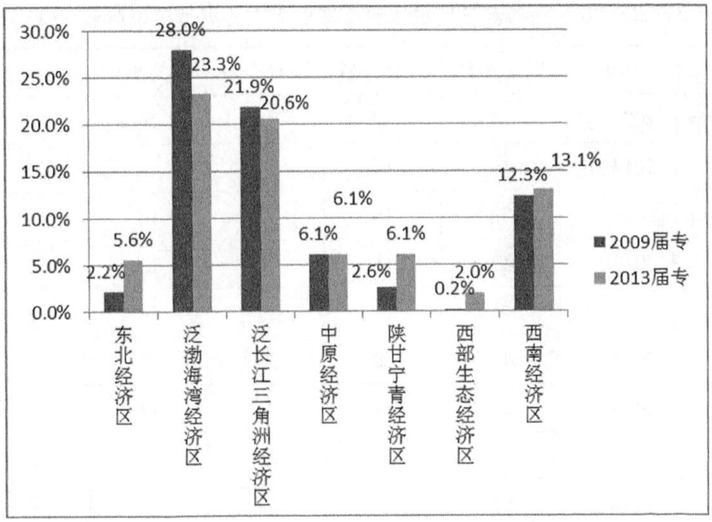

图 5－2　2009 届、2013 届高职高专毕业生在各经济区域就业的比例

分析 2009 届、2013 届本科、高职高专毕业生在各经济区域就业比例的变化趋势，我们不难推断，随着中国西部大开发战略的全面实施和振兴东北工业基地建设战略的落实，以及中国政府连续出台的促进高校毕业生到基层就业、到中西部就业政策，高校毕业生到基层就业、到西部就业的比例不断提升，人才分布的结构日趋合理，从而有力地解决了高校毕业生的就业问题，促进了中国经济社会全面协调可持续发展。

（三）就业质量明显提升

高校毕业生就业质量主要指就业的稳定性和就业岗位的社会认可度。在中国家长和学生的眼里，能在财政拨款单位就业或在国企就业是很不错的就业出路，不仅工作的稳定性有保障，而且也有较高的社会认可度，让人羡慕。在中国高校毕业生的数量快速增长和中国政府制度创新尚未完备和见效果的时候，高校毕业生在这些单位就业比例偏低，随着中国政府各项扶持高校毕业生就业的财政支撑的项目陆续发挥作用后，高校毕业生不仅就业率得以提高，而且就业质量也有很大的起色。

这里我们借助麦可思公司调查的相关数据来加以说明。根据麦可思公司的追踪调查，中国 2009 届毕业生在各就业岗位类型所占的比例与 2013 届高校毕业生在各就业岗位类型所占的比例有所差异，具体见表 5－9 所示。

表 5－9　2009 届、2013 届各经济区的本科生毕业生在各类型单位就业比例（单位:%）

区域	年度	民企个体	合资外资	国有企业	机关事业	NGO 等	合计
泛长江三角洲经济区	2009 届	43	18	23	14	2	100
	2013 届	49	14	21	15	1	100
泛珠江三角洲经济区	2009 届	52	16	15	14	3	100
	2013 届	47	16	23	13	1	100
泛渤海湾经济区	2009 届	41	13	29	14	3	100
	2013 届	45	10	31	13	1	100
中原经济区	2009 届	51	14	21	11	3	100
	2013 届	44	7	26	21	2	100
西南经济区	2009 届	41	12	23	20	4	100
	2013 届	38	6	30	25	1	100
陕甘宁青经济区	2009 届	37	9	36	15	3	100
	2013 届	33	8	35	23	1	100

为了直观表示 2009 届本科生在各经济区各类型单位就业的比例，我们将表 5－9 中相关数据转换为条形图 5－3。同时，为了体现各经济区高校毕业生在各种类型岗位就业所占比例的变化趋势，我们将 2013 届各经济区的本科生在各类型单位就业的比例用条形图呈现出来，见图 5－4 所示。

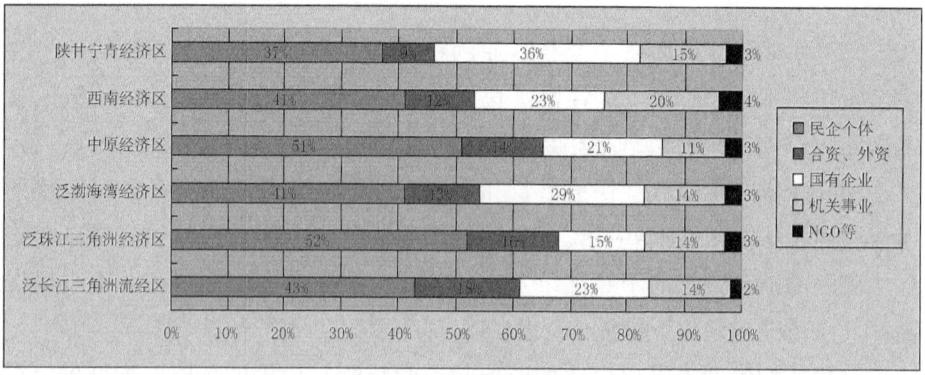

图 5－3　2009 届各经济区的本科生在各类型单位就业的比例

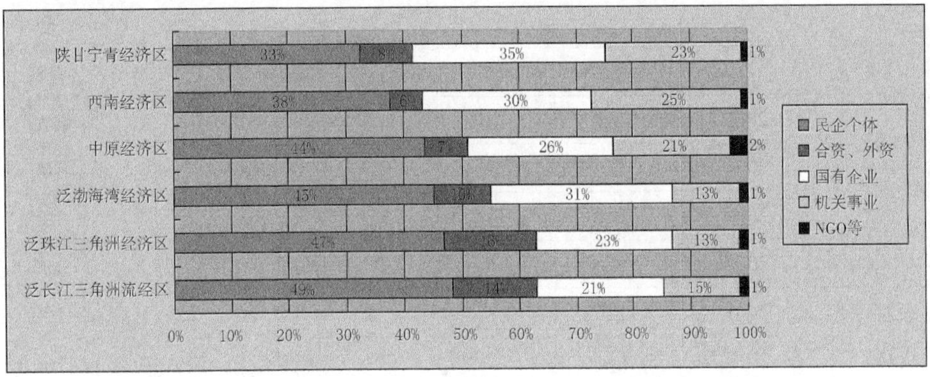

图 5-4　2013 届各经济区的本科生在各类型单位就业的比例

对比图 5-3 和图 5-4，我们不难看出，普通高校本科毕业生在机关事业单位就业的比例整体上呈现上升趋势，多数经济区的高校毕业生在国有企业就业的比例都比 2009 年提高不少。值得注意的是，各经济区域在外资企业或合资企业就业的高校毕业生所占比例均处于下降态势。

但就高职高专毕业生而言，其就业质量比本科生要略逊一筹。他们在民营企业或个体单位就业所占比例较高，最低也在 50% 以上，在某些经济区，他们在民营企业或个体单位就业的比例达到 65%。但对比 2009 届、2013 届高职高专毕业生在国有企业就业的比例，我们不难发现，除了在陕甘宁青经济区，他们在国企就业比例呈下降趋势外，在其他经济区，在国企就业的比例均处于上升趋势，具体数值见表 5-10 所示。

表 5-10　2009 届、2013 届各经济区高职高专毕业生在各类型单位就业比例（单位:%）

区域	年度	民企个体	合资外资	国有企业	机关事业	NGO 等	合计
泛长江三角洲经济区	2009 届	65	18	12	4	1	100
	2013 届	64	13	12	11	0	100
泛珠江三角洲经济区	2009 届	64	17	12	5	2	100
	2013 届	65	12	15	7	1	100
泛渤海湾经济区	2009 届	58	13	20	7	2	100
	2013 届	64	9	22	4	1	100

续表

区域	年度	民企个体	合资外资	国有企业	机关事业	NGO 等	合计
中原经济区	2009 届	63	14	17	4	2	100
	2013 届	62	9	22	6	1	100
西南经济区	2009 届	65	8	15	10	2	100
	2013 届	60	6	25	8	1	100
陕甘宁青经济区	2009 届	51	8	33	7	1	100
	2013 届	61	5	23	11	0	100

当然，在谈到制度创新导致就业质量有所提升的同时，我们不能忽略自2009年以来，每年高校毕业生的数量增速放缓的现实。我国高校毕业生就业压力是伴随着1999年我国启动高等教育扩张政策而来的。在2008年以前，每年高校毕业生的数量都是以两位数的速度在增长，有的年份，如2003年高校毕业生增幅达到46.2%，2009年开始增幅才下降到个位数，且到2015年增幅仅为3.0%。这也是高校毕业生就业质量提升的不可忽略的因素，具体数值见图5－5所示。

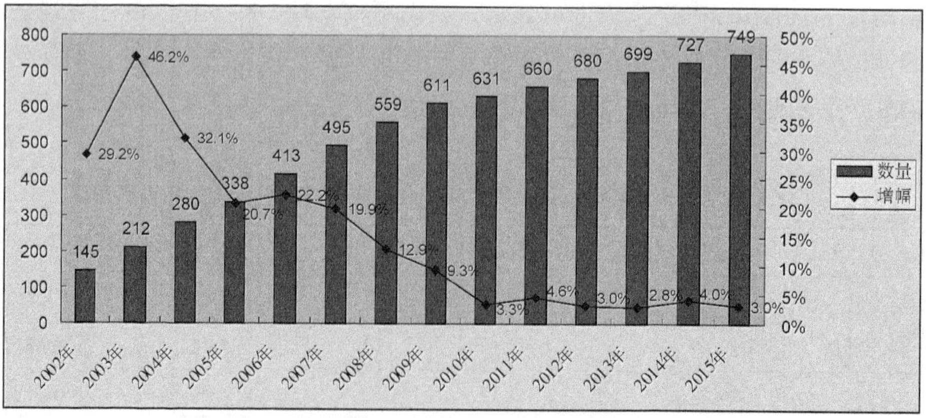

图5－5　2002—2015年中国高校毕业生的数量及增幅

由此可见，中国高校毕业生就业已经走出了困境，不仅就业率稳步回升，而且就业质量也处于上升的趋势。究其原因，这首先得益于中国政府对高校毕业生就业的高度重视，及时出台了一系列行之有效的政策制度，有效缓解了就业压力；其次，这也与近年来高校毕业生增幅下降有关系；最后，这与中国经济社会转型发展有密切的联系。中国经济一直保持了较快的发展速度，在世界经济低迷的背景下，中国经济增长速度依然保持在7%左右的较高水平，这为高校毕业生的顺利就业奠定了扎实的基础。尤为重要的是，中国产业结构于2013年发生了革命性的转变，呈现了第三产业GDP超过第二产业，第三产业成为中国的主导产业的局面，这让中国进入GDP每增长1个百分点拉动就业人数从110万提升到180万人的新阶段，其对扭转中国的就业形势无疑是一股重要推力。

第六章 中国高校毕业生就业政策的价值变迁

中国高校毕业生就业政策是国家政策的重要构成部分，深受社会政治经济和文化心理的影响。人们的经济和文化背景不同，其行为方式与思想观念也便不同。随着中国经济体制从计划经济转向市场经济，资源配置方式发生了转变，人们的价值观念也随之发生变化，以适应新的经济体制运行发展的要求。中国高校毕业生就业政策是随经济体制的转变而改变的，就业政策背后的价值取向也会随之转变。

第一节 高校毕业生就业政策的内涵

在现代社会中，政策几乎是无处不在的，已经渗透到我们生活的方方面面。我们恋爱结婚有婚姻登记政策，结婚生子有计划生育政策，孩子入学有义务教育政策，上大学有缴费上学政策，毕业有自主择业政策……政策已经与我们形影不离了，我们就生活在各种公共政策之中。

一、学术界对政策内涵的界定

关于公共政策的内涵，许多学者都对其作出界定，但不同学者所持立场或观察视角不同，对公共政策的界定便有不同倾向。我们这里将其归结为如下四种倾向。

倾向一：将公共政策界定为法律法规，这以美国学者伍德罗·威尔逊（*Woodrow Wilson*）（后来任美国总统）为代表。他认为“公共政策是由政治家（具有立法权者）制定的并由行政人员（国家公务人员）执行的法律和法规”。

倾向二：将公共政策视为公共权力机关的决策或计划，持有这类观点的学者人数较多。美国政治学家哈罗德·拉斯韦尔（*Harold D. Lasswell*）在创立政策科学时提出，公共政策是一种含有目标、价值和策略的大型计划。美国学者斯图亚特·内格尔（*Stuarts Nagel*）认为，公共政策就是政府为解决各种各样的问题所做的决定。威廉·詹姆斯（*William Jenkins*）指出，公共政策是政治行动主体或团体主体在特定的情境中制定的一组相关联的决策，包括目标的选择、实现目标的手段。

倾向三：将公共政策界定为行动主体或权力机关所采取的行动，持有这种观点的学者也有一些。如托马斯·戴伊（*Thomas Dye*）认为，凡是政府选择所为或所不为之诸事即公共政策。詹姆斯·安德森（*James Anderson*）认为，公共政策是某一行动主体或一群行动主体解决问题或相关事务的有意识的行动。① 卡尔·弗里德里希（*Carl J. Friedrich*）认为，政策是“在某一特定的环境下，个人、团体或政府有计划的活动过程，提出政策的用意就是利用时机、克服障碍，以实现某个既定的目标，或达到某一既定的目的”。②

倾向四：将公共政策视为一切法令、条例、计划、行动的总称，持有这种观点学者多为中国学者。如张金马认为，公共政策是政党和政府用以规范、引导有关机构团体和个人的行为准则或指南。其表现形式有法律规章、行政命令、政府首脑的书面或口头声明或指示、行动机会与策略等等。③ 张兆本主编的《新公共政策分析》将公共政策定义为：“公共政策是社会公共权威或公共机关对公共价值和利益进行的权威性协调、划分和分配。凡是旨在解决社会公共问题的法律、法令、规章、方案或准则都属于公共政策的范畴。”④ 可见，公共政策是国家机关、政党及其他政治团体在特定时期为实现或服务于一定社会政治、经济、文化目标所采取的政治行为或规定的行为准则，它是一系列谋略、法令、措施、办法、方法、条例等的总称。⑤

---

① 参见严强：《公共政策学》，4 页，北京，社会科学文献出版社，2008。

② Carl J. Friedrich. *Man and His Government*. New York：McGraw - Hill，1963：P. 79.

③ 参见张兆本：《新公共政策分析》，3 页，北京，人民出版社，2006。

④ 张兆本：《新公共政策分析》，3 页，北京，人民出版社，2006。

⑤ 参见陈振明：《政策科学——公共政策分析导论（第二版）》，50 页，北京，中国人民大学出版社，2003。

以上四种倾向，在内涵上基本一致，其区别在于外延上，即公共政策的制定和执行都是为了解决一定的社会问题，调整社会利益关系，集中反映或体现统治阶级的意志和愿望，是公共权力机构为维护其统治进行调控的工具和手段，但它最终服务于社会经济的发展和文化的进步。展开来说，公共政策作为分配社会权力和资源的重要机制，具有四大突出的特点：一是强调公共政策活动主要发生在社会公共领域；二是强调在公共政策活动中执政党和政府部门需要运用公共权力；三是强调在公共政策活动中需要协调公共利益；四是强调在公共政策活动中应当遵循和坚持公共价值。①

分析评价上述对公共政策的四种不同的偏好，本认为第四种倾向是符合中国国情的一种认识。因为，在中国人的政治经济、文化、生活实践中，每一个法令、条例、计划、措施都会对其思想意识和行动产生影响，在客观上达到调整利益的目标。因而，本书基于第四种倾向的政策概念来分析中国高校毕业生的就业政策。但这并非意味高校毕业生就业政策仅是各种支离破碎的规定、条例，高校毕业生就业政策还具有谋划与决策的意蕴。可以说，就高校毕业生就业政策的内涵而言，它是一种方向性的规定和引导；从外延来看，高校毕业生就业政策包括一系列的有关就业的法令、条例、计划、措施。

中国高校毕业生就业政策从计划经济体制走向市场经济体制，这是一次思维方式和价值观念的重构，也是一种社会资源和公共利益的调控，更是一种方向上的导引。在市场经济体制下，高校毕业生就业政策需要一系列具体的规则和措施加以落实和保障，因而，作为具有操作规范的制度便能为政策的落实提供支持。为此，我们需要厘清就业政策与就业制度之间的关系，以进一步揭示就业政策的内涵。

二、高校毕业生就业政策与就业制度的关系

高校毕业生就业政策与就业制度的关系，要从政策与制度的关系说起。政策如果没有与制度比肩出现，那么制度与政策便是同一性关系，即某种制度也可以说成是某种政策，但当制度与政策同时出现时，便要为他们之间的关系做一厘清。

① 参见严强：《公共政策学》，4 页，北京，社会科学文献出版社，2008。

首先，就业政策为就业制度提供方向导引。制度作为一组正式或非正式的规则以及规则的执行安排，其层次是位于政策之下的，是对政策的执行和贯彻。根据上述对政策内涵的阐释，我们不难发现政策位于制度的上位，政策具有谋划和决策的内涵，而制度不具备这样的内涵，仅是对决策和计划的细致化规定。政策的方向性、引导性和简洁性就决定了政策的贯彻落实需要更具体、细致的各项制度来推进和保障。

其次，就业政策需要就业制度来实施。在政策科学研究中，学者们提出了政策工具的概念。尽管学术界对政策工具概念尚未达成共识，但学者们对政策工具能推进政策的落实、达成政策的目标这一作用和功能是基本形成一致意见的。正如迈克尔·豪利特和 M·拉米什所言，政策工具是政府赖以推行政策的手段，是政府在部署和贯彻政策时拥有的实际方法和手段。中国学者也持类似的观点，认为政策工具是“公共部门或社会组织为解决某一社会问题或达成一定的政策目标而采用的具体手段和方式的总称”[①]。由此可见，可以将手段性视为政策工具的基本属性。系列的制度显然具有落实政策目标的手段属性。诸多学者都高度评价政策工具对政策目标达成的价值。如美国学者艾利斯认为：“在实现政策目标的过程中，方案确定的功能只占 10%，而其余的 90% 取决于政策的有效执行。”[②] 戴维·奥斯本也指出：“今天我们政府失败的主要之处，不在于目的而在于手段。”[③] 因而，本书认为，高校毕业生就业政策需要系列就业制度来加以落实，高校毕业生就业制度是服务于高校毕业生就业政策的政策工具。

最后，往往先有政策，后有制度。从事物形成、发展的先后关系来看，中国高校毕业生就业政策往往在先，具体明确的就业制度往往在后，也即先有相关的报告、决议提及高校毕业生就业的安排，然后制定出台专门的条例或规定来贯彻落实党中央和国务院的有关决议或指示精神，从而形成具有明确操作主体、操作内容、操作程序的一系列制度。如党中央、国务院提出要将高校毕业生就业政策从统招统分、包当干部的计划经济就业体制转向供需见面、双向选择的市场经济的就业体制，就要变革高校毕业生的管理制度、

① 陶学荣：《公共政策概论》，190 页，北京，中国人事出版社，2006。

② 转引自陈振明：《政策科学》，260 页，中国人民大学出版社，2003。

③ ［美］戴维·奥斯本、［美］特德·盖布勒著，上海市政协编译组、东方编译所编译：《改革政府：企业精神如何改革着公营部门》，8 页，上海，上海译文出版社，1996。

派遣制度和就业激励制度，这从第六章的中国高校毕业生制度创新中可以看出。由此可见，高校毕业生就业政策是统领各项具体的高校毕业生就业制度的，各项就业制度是为中国高校毕业生就业政策转型服务的，是对高校毕业生就业涉及的方方面面内容的具体化、规范化的规定，确保了整体就业政策得以贯彻落实。因而，我们在第六章对落实中国高校毕业生就业制度的各项具体制度进行了分析，但这些具体、细致的制度都是为整体就业政策服务的，为此，我们研究高校毕业生就业政策或制度的价值取向的变迁不能从微观、具体的制度入手，而是要从各项制度上位的就业政策着手。

作为公共政策体系的一部分的高校毕业生就业政策，承载着特定的价值取向。恰如美籍加拿大学者戴维·伊斯顿所言，公共政策就是对全社会的价值作有权威的分配。① “公共政策的价值问题是政策科学的一个基础性理论问题。任何一项公共政策的出台，都必然包含政策主体的价值选择。”② “对于公共政策的制定来说，价值考量和价值旨归无论何时都是首要的。”③ 因为，不同价值取向的政策满足不同时代的需要，也会产生相应的社会效果。

新中国成立以来，高校毕业生就业政策的价值取向是否发生变迁？价值取向变迁的原因和效果如何？在当下和未来，中国高校毕业生就业政策的价值取向该何去何从？这一系列问题的研究显得较为迫切和重要。

第二节　就业政策对就业公平的追求

从新中国建立之初到20世纪80年代，中国政府对高校毕业生实行国家分配、统包统分的就业政策，以确保每位高校毕业生公平就业。

一、实施国家分配、统包统分的就业政策

1950年，中央人民政府政务院发出了《为有计划地合理分配全国公私立

---

① D. Easton. *The Political System: An Inquiry into the State of Political Science*. New York.: Knopf, 1953: P. 129.

② 付翠莲：《构建公平和效率优化组合的公共政策价值取向》，载《重庆社会科学》，2008（2），103页。

③ 张康之：《公共政策过程中科学与价值的统合》，载《江苏社会科学》，2001（6），59~60页。

高等学校今年暑期毕业生工作的通令》，规定从华东、中南、西南三大区抽调部分毕业生支援东北地区，另从华北地区抽调部分毕业生充实党政机关。不论公立还是私立高校的毕业生一视同仁、平等对待。

1951 年 10 月 1 日，中央人民政府政务院公布实施《关于改革学制的决定》，规定高校毕业生的工作由政府分配。

在 1952 年编制的"一五"计划中，高等教育被纳入了国家计划的范围，走上了按计划发展的轨道，毕业生由国家统一分配的制度正式确立。此后，一直到 20 世纪 80 年代初，全国高等学校的招生与分配工作基本上在国家办学管学、统一招生、统一分配的方针政策指导下进行。①

这一时期，高校毕业生就业的总体特征是国家统一计划分配与部委和地方分配相结合的分级安排，基本按照统筹安排、抽成分配、集中使用、保证重点、照顾一般、学用一致、专才专用等原则进行分配。1981 年，高校毕业生的分配计划足以反映这个时期高校毕业生就业政策的脉络：面向全国招生的教育部直属院校，毕业生由国家统一分配；面向本行业部门招生的各部委院校，毕业生多数在本行业分配，不超过 20% 的毕业生由国家抽成分配；地方院校的毕业生，由地方本着兼顾驻本地中央直属企事业单位和教育、卫生等部门需要的原则在本地区内进行安排，国家也可适当抽调，比例不超过 10% 。

二、就业政策体现追求公平的价值取向

这种由 1950 年的初步实践到 20 世纪 80 年代全面实施的高校毕业生就业政策，遵循公正、平等的原则来分配高校毕业生，确保每一位毕业生都有一份稳定的工作，并享有国家干部的身份。该时期高校毕业生就业政策体现了三方面的平等：

一是机会平等。每位毕业生都有一份工作，没有因年龄、性别、专业和户籍的不同而有所差异。

二是福利待遇平等。每位高校毕业生都有同等的福利待遇，不存在行业

---

① 参见国家高级教育行政学院：《中国高等教育体制改革世纪报告》，166～167 页，北京，人民教育出版社，2001。

之间的巨大差异。

三是工作稳定性均等。高校毕业生不仅人人能够获得一份工作，而且每个人不会被动失业，工作的稳定性是一样的。

此时的就业政策让高校毕业生在就业机会、待遇、结果上都享有平等权，公正、平等的价值取向是此时高校毕业生就业政策的显著特点。

三、就业政策追求公平的实际效果

追求公平的就业政策给国家和个人都带来了显著的影响。在积极影响方面，首先，它确保了当时中国经济社会全面协调地发展。在统包统分政策下，国家可以根据社会各方面建设的需要，随时调配人才资源，为国家各项事业的发展提供人才保障。新中国能在一穷二白的基础上迅速发展、壮大，这与当时国家对高校毕业生实行统包统分的就业政策不无关系。其次，它保障了高校毕业生的工作权和相应待遇权。当时，每一位毕业生都有一份稳定的工作，并能具有国家干部的身份，生存发展权得到较好保障。第三，它确保了中国高等教育平衡、协调地发展。在统一招生、分配政策下，中国高等教育实现了稳定、有序地发展，没有出现高校毕业生结构性过剩和严重不足的问题。

在消极影响方面，首先，它难以达到人尽其才、材尽其用的效果。在统分政策下，每位毕业生都是国家的一块“砖”，哪里需要哪里搬，往往会出现用非所学、学非所用的问题，不利于人才潜能的充分发掘。其次，它导致高校学生勤奋学习的动力不足。在统分政策下，学生没有就业压力，那些觉悟不高、自觉性不强的学生便会放纵自己，不利于青年学生的成长、成才。

概而言之，在当时的中国，国家实施统包统分的就业政策是必要的，在效果上也是利大于弊的，但随着中国经济社会的深入发展，尤其是市场经济的发展，高校毕业生就业政策及其价值取向随之发生了变化。

第三节　就业政策对公平与效率的兼顾

进入 20 世纪 80 年代，中国计划经济体制及其思维方式越来越成为中国经济社会快速发展的桎梏，以效率为旨归、以竞争为手段的改革在经济文化领域次第展开。统包统分的就业政策在改革的潮流中开始了变革，逐步走上计划指导、双向选择的道路。

一、计划指导、双向选择的就业政策

20 世纪 80 年代初期，中国政府开始对铁板一块的统招统分政策进行试点改革，逐渐将追求效率的价值取向引入高校毕业生的就业政策中。

1981 年 10 月 4 日，教育部、国家计委、国家人事局制发了《高等学校毕业生调配派遣办法》规定，品学兼优的毕业生，可以在学校的调配计划内通过学生自愿报名，学校推荐、用人单位考核的办法，择优分配工作；特别优秀的毕业生，可让本人在调配计划内自己选择工作单位。

1983 年 6 月，文化部向国务院递交《关于文化部部属艺术院校毕业生不包分配的请示》，提出“实行在国家招生和分配计划下，由艺术院校直接向用人单位推荐，用人单位择优录用和学生自谋职业相结合的办法”，并拟先在中央美院和浙江美院 1983 年新生中试行，取得经验后逐渐推广。国务院同意这个办法并向全国发文，表明支持态度。自 1983 年起，上海交大、清华大学、西安交大和青岛海洋大学等高校，进行了供需见面、一定范围内双向选择的改革试点。①

1986 年，国家教委启动了《高等学校毕业生分配制度改革方案》（即“中期改革方案”）的调查研究，明确提出，今后高校毕业生分配改革目标之一是推行在国家就业方针政策指导下，学校推荐、毕业生与用人单位供需见面、双向选择的就业制度。该调查研究于 1989 年完成，推出了计划分配和自主择业并存的多样化分配政策。如国家统一指令性计划招生的学生按照国家任务计划分配就业，调节性计划招收的学生按照有关就业政策分配就业，根据重点单位、艰苦行业和边远地区的需要，在国家招生计划中分出一定比例定向招生和定向就业。委培生、定向生按合同就业。师范、农林、航海、体

① 参见国家高级教育行政学院：《中国高等教育体制改革世纪报告》，172 页，北京，人民教育出版社，2001。

育等专业毕业生在本行业内就业。[①]

二、体现兼顾公平与效率的价值取向

20 世纪 80 年代初，中国高校毕业生就业政策所体现的价值取向与之前有所不同。之前国家实行统包统分的就业政策，高校毕业生没有自主选择就业岗位的自由，只能被动接受某一工作岗位。1981 年的《高等学校毕业生调配派遣办法》开始试行择优分配的方案，允许特别优秀的毕业生在调配计划内自己选择工作单位。追求效率的价值取向初见端倪。1983 年的《关于文化部部属艺术院校毕业生不包分配的请示》所采取的用人单位择优录用和学生自谋职业相结合的办法将高校毕业生就业政策追求效率的价值取向推进一步。上海交大、清华大学、西安交大和青岛海洋大学等高校进行毕业生供需见面、双向选择的改革试点更是彻底打破了国家包分配的制度设计。1989 年完成的《高等学校毕业生分配制度改革方案》推出了计划分配和自主择业并存的多样化分配政策。计划分配体现的是公平，自主择业体现的是效率，公平与效率兼顾的价值取向是这个时期就业政策的显著特点。

尽管如此，该时期高校毕业生就业政策主要的价值取向是追求公平，因为自主择业的试点高校和试点专业在整个高等教育规模中所占的比重较小，更多的高校毕业生还是由政府统筹安排。值得强调的是，这时期的试点为以后中国高校毕业生就业政策转向效率优先、兼顾公平的价值立场埋下了伏笔。

三、兼顾公平和效率的客观效果

首先，它促进了经济体制的转变。20 世纪 80 年代初至 90 年代初，我国的经济社会发展处于由计划经济体制向市场经济体制转轨的时期。经济体制转轨客观地要求人才分配体制也与之适应，否则，新的经济体制便无法运转。尽管，此时就业政策尚未完全面向市场自由竞争，但它打开了一个通道，确定了前进的方向，给经济体制的转变提供了保障。

① 参见国家高级教育行政学院：《中国高等教育体制改革世纪报告》，174 页，北京，人民教育出版社，2001。

其次，它激发了高校毕业生的积极性。计划指导、双向选择的就业政策一方面给国民经济发展提供所需的各类人才，另一方面满足了毕业生个人自主择业和用人单位自主选才的要求，有利于人尽其才，实现毕业生与用人单位的互利和双赢。

当然，这种政策施行的时间前后不足20年，属于由统包统分向自主择业转变的过渡环节，是为全面实施自主择业的就业政策服务的。

第四节　就业政策对效率的推崇

进入20世纪90年代以后，中国教育改革的步伐加快，体现效率优先的自主择业政策在中国逐步确立起来。

一、面向市场、自主择业的就业政策

20世纪80年代中期以后，中国教育改革加快步伐。1985年中共中央颁布的《关于教育体制改革的决议》和1989年国家教委颁布的《高等学校毕业生分配制度改革方案》加速了自主择业就业政策全面实施的步伐。

1993年，国务院颁布的《中国教育改革与发展纲要》明确规定，除对师范类学科和某些艰苦行业、边远地区的毕业生，实行在一定范围内定向就业外，大部分毕业生实行在国家方针、政策指导下，通过人才劳务市场，采取自主择业的就业办法。1994年《国务院关于〈中国教育改革和发展纲要〉的实施意见》提出了改革目标分步实现的办法，到21世纪初，我国高校毕业生就业制度改革的目标是：适应市场经济体制的建立和发展，转变政府职能和择业就业观念，改革毕业生由国家负责、统包统分、包当干部的就业制度，建立毕业生市场，实现市场机制调节和国家宏观政策指导的有机结合，少数毕业生由国家安排就业，多数毕业生通过市场双向选择、自主择业。计划到1997年招生时，全国大多数高校都按照并轨后的体制运行，到2000年基本实现毕业生就业制度新旧体制的转换。

国家正式实行对1997年以后缴费上学的大学生不再统一分配。1999年教育部决定，自当年起毕业生不再使用教育部统一印制的“全国普通高等学校

毕业生就业派遣报到证”，这项改革措施有效地推动了高等学校毕业生就业制度向着不包分配、自主择业的目标迅速迈进。

二、效率优先的价值取向

从上述的政策设计中可以看出，在 1989 年至 1998 年期间，中国高校毕业生就业政策采取的是国家分配与自主择业并举的方式。这十年间，自主择业的范围和规模虽然日益膨胀，但是依然有确保公平的国家分配。到了 1999 年，高校毕业生就业政策发生根本性的改变，国家分配和自主择业并存的就业方式完全转向面向市场自主择业的单行道，不论重点领域还是重点学科，所有高校毕业生都要在人才劳务市场上通过竞争获得相应的岗位。

高校毕业生自主择业的就业政策体现了优胜劣汰的原理，体现了国家和社会在人才资源配置中坚持效率优先的价值取向。体现效率优先的就业政策在产生一些积极效果的同时，也带来了较为严重的负面影响。

三、效率优先的客观效果

在积极影响方面，首先，它推动了中国市场经济的深入发展。此时的高校毕业生就业政策满足了经济体制改革发展的需要，为市场经济的繁荣发展提供了大量高素质人才。其次，它提高了高校的办学效益。在高校毕业生计划分配的时代，学生因没有择业自主权而丧失主动发展的自觉意识和危机意识，未能充分利用求学期间的教育资源最大限度地提升自己，无形中浪费了宝贵的教育资源。面向市场自主择业的政策促使广大在校学生奋发图强，全面发展，最大限度地开发自己的潜能。另外，优胜劣汰的自主择业政策促使高校在人才培养上更加尽职尽责，从而有效提高了学校办学资源的效益。

在消极影响方面，它在一定程度上危害了社会公正。事实证明，高校毕业生面向市场竞争就业时，像身材的高矮与胖瘦、容貌的出众与平凡、性别、户籍、政治面貌和家庭出身等因素都构成了是否获得就业岗位的重要条件。其实，像身材、相貌、家庭出身与户籍都是高校毕业生本人不能选择和改变的，且与毕业生知识技能和综合素质无关、与岗位职责无关的因素。高校毕业生就业时，这些因素掺入竞争，既违背公正，也有悖常理。

当前的现实是，高校毕业生就业的马太效应愈发明显，即出身越好的学生越能获得好的就业岗位，出身越差的学生愈发没有就业机会。效率优先的就业政策所带来的问题日益严重，需要重构中国高校毕业生就业政策及其价值取向了。

第五节　重构高校毕业生就业政策及价值取向

在深入发展中国特色的社会主义市场经济体制的当下和未来，对于高校毕业生就业政策，中国政府必须要处理好公平与效率的关系。公平与效率皆不可偏废，没有公平便没有社会主义，缺乏效率也不成为市场经济，政府要努力实现公平与效率的合理兼顾。

一、政府负责就业公平

政府是各方利益的代表，是社会公平、正义的维护者。同时，政府也有分配资源和规范、监督社会运行机制的巨大能量。在促进和维护高校毕业生公平就业上有责任，更有能力去有所作为。

针对那些不能就业的高校毕业生，只要不是其本人的意愿和能力问题，政府就有责任帮助其就业。对于中国政府而言，有能力给予合格毕业生一个就业岗位，确保其生活有保障、专业知识和技能有用武之地。相比于联邦制国家，单一制的中国，政府有很大的能量去创新政策，整合社会资源，实现高校毕业生较大范围和较高水平地就业。

《中华人民共和国就业促进法》明确规定要促进就业公平，政府完全可以根据相关的法律规定，通过税收减免、提供公益性就业岗位等方式，调动全社会积极性，帮助符合就业岗位需要而未能就业的高校毕业生顺利就业。

在政府财政支付的职业领域开辟相应的公益性就业岗位有两种方式：一是在原有单位扩大用人规模，增加就业岗位；二是政府购买社会服务，提供给高校毕业生，增强其就业能力，促进其有效就业。

当然，政府买单提供的公益性就业岗位，其福利待遇不能优于人才市场竞争性就业岗位。否则，公益性就业岗位保障就业弱势群体的福利性质便难以维系，那些具有较强竞争力的毕业生便会去抢夺这些就业岗位，导致就业弱势群体无法就业。

二、人才市场促进就业效率

市场竞争是优化资源配置的重要手段，它能够实现多劳多得、优劳优酬、人才潜能最大程度发挥的功能。在人才市场上，实现公平竞争，把优秀人才配置到相应工作岗位，获得较好的待遇薪酬，是人才市场对人才资源优化配置的体现。

在市场经济深入发展的今天，政府为了强调公平而拒绝效率，显然是行不通的。作为具有用人自主权和追求绩效的用人单位，尤其是追求利益最大化的企业，让其放弃通过竞争择优任用的用人制度显然也是不现实的。在市场经济体制下，各级政府没有权利要求社会用人单位放弃择优任用的人才招聘和管理制度。相反，中国经济社会快速、高质量地发展更离不开效益优先的竞争机制。发展社会主义市场经济的国情要求政府充分发挥人才市场对效率和竞争的推动作用，让一流人才拥有一流的岗位，获得一流的待遇，在全社会形成尊重知识、尊重人才、尊重创造、尊重绩效的良好氛围，促进中国经济社会快速健康地发展。

在支持人才市场配置高校毕业生的同时，各级政府要做好信息服务和监督奖惩工作，全面贯彻落实《中华人民共和国就业促进法》的规定，打击人才就业服务中的各种违法犯罪行为，为建立一个功能全面、运作规范、效率高超的人才服务体系担负起应有的责任。

三、政府与社会共建失业保障与服务机制

随着中国经济结构的战略转型以及科学技术日新月异地发展，高校毕业生获得的就业岗位也不一定能够长久保持，工作内容的转变和工作岗位的消失会让有就业岗位的高校毕业生成为失业人员。这是中国经济社会发展的必然现象。为此，为失业的高校毕业生提供转岗培训和信息服务便是必要和迫切的事情。

政府在整合社会资源、促进失业人员再就业方面依然负有不可推卸的责

任。政府需要积极发挥主导作用，联合社会各机构、各团体，共建失业保障与服务机制，在确保失业的高校毕业生在短期内生活无忧的同时，还需要向失业的高校毕业生提供转岗所需的知识技能培训，让其重新获得就业能力，实现再就业，造福国家和社会，促进社会的和谐、稳定。

政府要进一步完善失业保障机制，监督用人单位按时足额缴纳职工的失业保险费，通过失业保险机制和失业社会救助机制来解决高校毕业生失业问题。

在社会主义市场经济条件下，以政府为主导的、社会各方参与的失业保障和再就业培训服务机制的建立和完善，必然进一步推动中国高校毕业生就业公平与就业效率双重目标的实现。

第七章　改革人才培养制度，提升民族院校毕业生就业竞争力

民族院校毕业生就业既有普通高校毕业生类似的困难，也有自身的特殊性，值得民族院校高度重视和深入研究，以找到提升民族院校毕业生就业竞争力的有效途径。

第一节　高校毕业生就业竞争力的内涵

高校毕业生就业竞争力是市场经济条件下的产物，是人才资源配置从计划调配走向自主选择、竞争上岗后衍生的社会现象。毕业生希望自己有较强竞争力，以获得心仪的岗位，用人单位也期望自己的员工具有强大竞争力，从而使自己在同行竞争中取得优势。

一、高校毕业生就业竞争力的内涵

在市场经济体制的国家，学者对就业竞争力或就业能力的研究开展得较早。在20世纪90年代，国外学者对就业竞争力和就业能力的研究就已取得了较为丰富的成果。概括国外学者研究就业竞争力的视角，大致有四种情况：一是从价值的角度研究就业竞争力，将就业竞争力视为雇主所看重和需要的能力。如*Howard* 认为，就业竞争力是指雇员具有劳动力市场和雇主所需要和认为有吸引力的技能的能力。二是从竞争的角度研究就业竞争力，将就业竞争力视为通过竞争获得工作和保持工作的能力。如英国原教育与就业部把就业竞争力解释为：获得和保持工作的能力。*Fuguate* 指出，就业竞争力是指个体在其职业期间确

认和实现在组织内部和外部职业机会的能力。希拉吉（*J. Hillage*）和波拉德（*E. Pollard*）则将就业能力定义为获得最初就业（*maintaining employment*）和必要时获取新的就业所需要的能力。三是从形成的角度探析就业竞争力，将就业竞争力视为综合能力运用的结果。如奥佛顿（*C. Overtoon*）认为，就业能力不是一种特定的工作能力，而是在横切面上与所有行业相关，在纵向上与所有职位相关的能力。四是从适应性的角度探究就业竞争力，将就业竞争力解释为适应岗位变化的能力。如加拿大会议委员会将就业能力定义为个体为满足雇主和客户不断变化的要求，实现自己在劳动市场的抱负和潜能而应具备的品质和能力。

这些阐释揭示了就业竞争力或就业能力的四个特性：一是具有价值性，它能给单位和个人都带来利益；二是具有竞争性，它是一种超越对手、获得工作机会的能力；三是具有综合性，它是必要知识、技能、个性品质、社会资源等因素有效整合的结果；四是具有动态性，它是一种适应就业市场和岗位变化而有效工作的能力。

另外，国外学者还对就业竞争力的构成进行了较为深入的探讨。归纳起来，学者主要从基础性、专业性和社会性这三个维度阐释就业竞争力或就业能力的构成。如加拿大会议委员会将就业能力视为三种要素的构成：一为基本技能，包括沟通管理信息、运用数字、思考解决问题；二为个人管理技能，包括展示、负责、适应性、持续学习、安全工作；三为团队技能，涉及与他人一起工作，参与项目任务。美国培训和开发协会将就业能力概括为六大类别 16 个项目：基本技能中的阅读、写作和计算；沟通技能中的听、说；适应能力中的问题解决能力、创造性思考；自我发展技能中的自尊、动力、目标设定和职业生涯规划；群体交往技能中的人际关系技能、团队工作能力和协调能力；影响能力中的理解组织文化、分享领导能力。不难发现美国培训和开发协会所列举的前两项属于基础性维度，中间两项属于专业性维度，后两项属于社会性维度。美国劳动部技能秘书委员会认为就业能力涉及三大基础五大能力。三大基础是基本技能、思考技能、个人品质。五大能力是：资源统筹能力；人际交往能力；信息获取及使用能力；系统处理能力；技术能力。这五大能力中的前两项分别属于基础性能力和社会性能力；后三项属于专业性能力。

除了概念界定和构成阐释之外，国外学者对就业能力模型研究也取得了较为丰富的成果。代表性的就业竞争力模型有：以个性为中心的心理—社会性建构模型、USEM 模型、3S—Career EDGE 模型。这三种模型基本上是从基础性、专业性和社会性三个维度建构的。迈尔·福古特（*Mel Fugate*）提出以个性为中心的心理—社会性建构就业能力结构模型包括职业生涯识别、个人适应性、社会和人力资本三个维度。这三个维度的交集构成就业能力。彼得·奈特（*Peter Knight*）和曼兹·约克（*Mantz Yorke*）的 USEM 模型包含理解力、技能、自我效能、元认知这四个要素。洛林·普尔（*Lorraine Dacre Pool*）和彼得·斯韦尔（*Peter Sewell*）提出了简单实用的 3S—Career EDGE 模型。他们认为就业能力与自我效能、自信、自尊三个本质要素密切相关，缺少任一要素都会降低就业能力。自我效能、自信和自尊是个体在发展学习能力、工作生活能力、专业知识和理解能力、一般技能、情商水平这五个基本能力的过程中形成的，五个基本能力与三个重要内部因素构成因果关系和互动规律，是就业能力形成的关键。

国外学者对就业竞争力或就业能力的概念界定、构成分析、模型建构共同反映了三类要素的重要性：一为具备普遍适用的基本能力，如表达能力、适应能力、学习能力、思维能力；二为具备与职业相关的能力和资源，如专业知识、专业技术、社会资源等；三为具备社会人和组织人必备的个性品质，如责任感、时间意识、价值观念等。这三个方面分属基础性、专业性、社会性的维度。

中国学者在就业竞争力内涵、构成、影响因素和培育、提升方面有较多的阐释。在界定就业竞争力内涵时侧重两个方面：一是获得就业岗位和适应岗位要求；二是比对手更加有效地提供服务，实现职业生存、发展的能力。如“毕业生在就业市场上，具有战胜竞争对手，找到适合才能发挥和实现自身价值的适当工作岗位的能力，即全面满足社会和用人单位对人才需求的能力”①；“它是指大学生初次进入人力资源市场以及在以后的职业生涯中能够相对于其他竞争对手更加有效地向市场提供自己的智力和服务，从而保证自身持续生存和发展的综合素质和能力”②。

对就业竞争力的构成，中国学者有三种看法：一是认为它由两方面内容

① 楼锡锦、周树红、吴丽玉：《大学生就业竞争力分析》，载《教育发展研究》，2007（7），49 页。
② 赵志川、陈香兰：《论大学生就业竞争力及其提升》，载《黑龙江高教研究》，2006（4），60 页。

构成，分内部竞争力和外部竞争力，内部竞争力又分为隐性的素质能力和显性的素质能力[①]；就业竞争力分专业素养和非专业素养，专业素养主要是指个体专业知识、专业技能及与专业相关的基本素养，非专业素养是个体在所学专业知识与技能之外应当具备的素质，如个人品格、人文素质、身心素质、科学素质、创新意识、语言能力、人际交往能力等[②]。二是认为它由三方面内容构成。有人将就业竞争力分为核心竞争力、基础竞争力和环境竞争力三方面[③]；有人认为招生力、培养力、就业力构成学生就业竞争力，招生力包括生源质量、高校知名度，培养力包括教育经费、师资力量、学科门类、科研水平，就业力包括就业率、就业服务、用人满意度[④]。三是认为它由多方面内容构成。有人将就业竞争力看成是由知识掌握、特殊知识应用、工作能力、工作精神以及身心素质这五个要素构成的[⑤]；有人认为就业竞争力由知识结构、心理素质、表达能力、反应能力、气质修养以及大学生各方面的应试技巧和技能组成[⑥]。其实，学者的阐释都说明了就业竞争力是多种素质和能力的合成。

借鉴国内外学者对就业竞争力或就业能力的研究成果，结合中国高校毕业生就业及岗位发展的现实，本书对高校毕业生就业竞争力的界定是，在公平竞争的条件下，高校毕业生获得、保持和将来转换或改造岗位的能力，包含了适应当前需要和引领未来发展的两种特质，体现着高等教育质量。简言之，高校毕业生就业竞争力就是能被招聘者选中的素质和能力。

本书尽管给出高校毕业生就业竞争力的定义或概念，但只是较为抽象的概括。为了让高校毕业生就业竞争力富有形象性、直观性，笔者拟从招聘者的视角来看，什么样的高校毕业生具有较强的就业竞争力。

---

① 李敏：《大学生就业竞争力的内涵及其培养》，载《煤炭高等教育》，2006（1），101页。

② 龙卫兵、龙运初：《实训基地建设对高职学生就业竞争力提升的支撑研究》，载《湖南广播电视大学学报》，2008（3），37页。

③ 楼锡锦、周树红、吴丽玉：《大学生就业竞争力分析》，载《教育发展研究》，2005（7），49页。

④ 孙江丽、徐再仕：《浙江省高校就业竞争力及其提升模式的研究》，载《黑龙江高教研究》，2006（10），56页。

⑤ 郑雨兰、严鸣：《大学生就业竞争力构成探讨》，载《中国成人教育》，2007（11），125页。

⑥ 胥海军、赵景云：《大学生就业竞争力的培养和提升探释》，载《职业时空》，2008（11），25页。

二、招聘者眼中的成功应聘者

从招聘视角来看，高校毕业生的就业竞争力是很容易被招聘者看中的素质和能力。我们从招聘者的视角来看，高校毕业生具备什么样的素质和能力容易被录用。有学者对上海、北京的企业招聘人员进行问卷调查，让他们回答最看重高校毕业生什么素质，答案分别是：选择实践能力的占87%，选择适应能力的占72%，选择团队精神的占61%，选择实干精神的占45%，选择个人素质的占42%，选择创新精神的占37%，选择专业素质的占26%。① 有学者对20家用人单位进行访谈，结果显示，用人单位对实践能力、道德品质、适应能力、创新能力比较看重，被选择的比例分别是100%、85%、70%、65%，而对于专业能力、应聘能力、学历层次相对看得轻一些，其被选择的比例分别是35%、25%、20%。② 有学者研究指出，用人单位所看重的毕业生，位于前5位的素质分别是专业基础知识、思想道德修养、问题解决能力、敬业精神、团队合作精神。③

除此之外，具有其他方面素质或特征的应聘者也很容易被录用，现呈现如下：

（一）有气质的应聘者容易被选中

招聘者认为具有良好气质的应聘者容易脱颖而出，被应聘单位顺利录用，高校毕业生应聘时也是如此。三井物产（中国）跨国公司业务副总经理说过："面试能不能成功，也许在你踏进大门后的最初3秒钟就被决定了。面试首先考核的就是应聘者的外在气质，应聘者的衣着、发型、走姿，以及与面试人员打招呼、接送文件的举止，这些不经意间完成的动作，正是公司对他们外

① 参见宣烨、张宇：《大学生就业竞争力影响因素分析——以南京地区部分高校毕业生为例》，载《市场周刊》（理论研究），2008（3），95页。

② 参见王永川：《理科大学生就业竞争力影响因素及提升策略》，载《高校辅导员学刊》，2012（4），50~53页。

③ 参见曾正德、高健：《大学生就业竞争力的影响因素与提升对策》，载《中国电力教育》，2011（34），167页。

在气质的考察过程。”[①]

（二）自信的应聘者容易被录用

自信是一个人心理能量强大的体现。在变化急遽、竞争加剧的现代社会，没有强大的心理能量往往出现退缩和沮丧的不良心理倾向，这非常不利于自身潜能的发挥和组织功能的实现。因而，员工的自信不仅对个人发展影响深远，而且对组织的成长和发展也影响甚大。很多企业在招聘员工时非常看重应聘者是否自信。

三井物产（中国）跨国公司的招聘负责人在招聘时非常看重应聘者的自信心。他说：“有些毕业生觉得自己不是名校出身，便在求职中有意省去学校的名字，我们绝对不会给这样的人提供机会。因为他首先表现出了对自己的不自信；相反那些不是出自名校，但如实说明毕业学校的人，会在求职过程得到加分的机会。”[②] 为了很好地测查应聘者是否具有自信心，他还专门设置了一个情景测试题。应聘者到公司后，他让一名工作人员把应聘者从门口领到会议室，在会议室里转一圈，再把他从会议室中领出来，然后，让应聘者描述一下自己在几分钟内都看到了什么？这就是测试题目。有的应聘者，能详细地说出从一进门到会议室都看到了什么，而有的人则说不出来。通过这个简单的测试能看出，那些能够具体生动地描述所见的人，能很好地调整心态，让自己很快地放松下来，通常被认为是充满自信的人。因而，其也就有了被录用的机会。

（三）思维逻辑性强的应聘者容易成功

抽象逻辑思维是思维的最高水平，是认知能力水平的体现。接受了高等教育的青年应该具有严密的逻辑思维能力。逻辑思维能力是一切创造性劳动和创新活动的基本保障，也是组织发展的智力保障。为此，用人单位无一例外要考察应聘者的逻辑思维水平。那些表达流畅、结构清晰、层次分明的应聘者往往能够在众多的竞争对手中脱颖而出，获得工作岗位。负责三井物产（中国）跨国公司的招聘负责人说，用人单位在面试时，主要是考察应聘者在

① 《面试中企业最看重求职者哪些素质?》，载 http://www.hnrczpw.com/news/article/html/593342.html。

② 同①。

回答问题时，是否经过严密的思考，答案是否客观、恰当等。许多应届毕业生在这方面做得较差，他们通常对自己的能力估计过高。在回答公司提问时，为了能获得职位随意夸大自己的能力，但是当提问更深入时，他们常常又不能自圆其说。①

（四）综合素质高的应聘者容易获得岗位

综合素质是一个在道德知识技能方面有机融合的结果，这是一个最为有效的人才判断指标。测查应聘者综合素质往往采取情景测试，让应聘者无法提前准备，从而真正体现出应聘者综合素质的状况。三井物产（中国）跨国公司的招聘负责人说，作为面试的最后一步，在基本业务素质的考察中，公司往往会设置一些场景题，借以考察应聘者的应变能力、工作作风及处事方法。这些场景题一般都是人人可做的题目，却不易做好，而且事先无法准备，很难造假。这些题目几乎能够直接暴露自身的实力，求职者如果不小心，很可能前功尽弃。针对应届高校毕业生有较强的理论知识，但实际应用能力差的共性，在面试中，用人单位往往会让应聘者临时完成一个小任务。比如，让他到某个业务部门取一份内部资料等。当然，在这个过程中会事先设置一些困难。有些人能完成任务，从这个小课题中胜出，而有些人根本完成不了任务。这样，谁的综合素质更优秀就显而易见了。②

广州白云山制药总厂党委书记周志魁说，他们在招聘时，很看重学生的综合素质表现："招研究生要看重专业和成绩，招本科生、专科生则应强调个人综合素质。关于个人综合素质，德要放在首位，有德之人值得企业用心栽培，有才无德之人对企业不但没有帮助，有时他们起的负面作用是致命的。"

另外，谷歌公司的招聘五标准也值得高校毕业生参照。其招聘新职员的五大标准分别是：学习能力、领导力、谦逊、主人翁意识、专业知识。在这五大标准中，学习能力放在第一位，而专业知识排在末尾，这说明现代用人单位，尤其是具有创新特征的企业更看重具有持续保持优势的学习能力。为此，我们将对学习能力和主人翁意识做简要的阐述。

---

① 《面试中企业最看重求职者哪些素质?》，载 http://www.hnrczpw.com/news/article/html/593342.html。

② 同①。

（五）学习能力强的应聘者容易就业

在知识与技术日新月异的今天和未来，应聘者现有的知识技能无法证明其在未来的工作岗位就一定能够适应和推动工作，而应聘者的学习能力比现有的知识技能更重要。管理大师阿里·德赫斯（*Arie de Geus*）说过："比你的竞争对手更快学习的能力或许是唯一可持续的竞争优势。"谷歌在招聘新员工时，就非常看重应聘者的学习能力，将其列为五大招聘标准之首。纯粹的学习能力——撷取新鲜事物，随时随地学习，在分散的信息中发现规律并迈出下一步——是谷歌招聘经理们学到的应该在求职者身上找寻的最重要的素质。人们在当今世界中能够取得的成功，取决于他们能在多大程度上培养出又快又好地学习新鲜事物的能力。这不仅仅适用于谷歌或者领英，又或者亚马逊——那些以每日都提出新想法和新方案为豪的公司，实际上，所有的公司都需要这样的员工——充满好奇心，愿意犯错、冒险并提出愚蠢问题，以开发新能力、找出新的解决方案——这正是企业实现未来茁壮成长之道。①

（六）具有主人翁意识或担当品质的应聘者容易被录用

主人翁意识并不是一个时髦的话语，但却是历久弥新、备受推崇的品质。当下和未来，几乎所有行业和知识领域每天都会发生巨大变化，如果没有自觉担当意识，不具有将组织发展视为与自己命运休戚相关的情怀，就很难使组织拥有长盛不衰的活力和创造力。因而，所有用人单位，尤其是企业非常看重能自觉寻找解决问题方案并积极推动组织或企业向前发展的勇于担当的员工。

第二节 民族院校毕业生就业竞争力的现状及其原因

相比较而言，民族院校毕业生就业要比普通高校毕业生就业的困难多。因为，在民族院校，少数民族学生占绝大多数，其毕业生就业的状况可以从

① 参见《谷歌招聘新职员的五大标准》，载 http://www.forbeschina.com/news/news.php?id=32483。

中国少数民族高校毕业生就业状况得以体现出来。以新疆为例，据官方统计显示，2013 年新疆毕业的汉族大学生初次就业率达 80%，与全国大学生的就业率基本保持一致，而少数民族大学生仅为 38.16%。截至 2014 年，少数民族大学生的就业率依然比汉族大学生的就业率低近 20%。[①]

一、民族院校毕业生就业竞争力的现状

民族院校毕业生就业竞争力的现状更多是由少数民族毕业生就业竞争力水平所决定的。毕竟，少数民族学生占民族院校毕业生的绝大多数。为此，我们有必要来阐释少数民族毕业生就业竞争力的现状。

（一）表达能力稍弱

表达能力是应聘者最为直接和显性的能力，是直接关系到应聘者能否被招聘者看重的“名片”。因为，一方面借助表达能力，应聘者能够将自己推销给招聘者，让他们认识自己、肯定自己；另一方面，表达能力关系到他们将来的工作绩效问题。招聘者自然非常看重应聘者的表达能力。但据当前的研究结果来看，少数民族毕业生的表达能力。如中央民族大学多年从事就业工作的白勇和丁汀就指出，从多年就业工作实践及用人单位反馈来看，部分毕业生的口语表达能力亟待提高。[②]

从我们课题组实际调研的结果来看，也印证了这一看法。现将访谈时，少数民族学生自己的看法呈现如下：

> 我们有师兄师姐去公司的，不稳定，他们最多能扛过一年就做不下去了，因为他们跟上级的沟通有点不好。

> 首先非事业单位的企业，对少数民族好像没有具体的照顾，其次少数民族毕业生在语言上还是有一定的障碍，想在这些企业发展

---

① 参见江承凤、米红、王志刚：《基于文化视角的新疆少数民族大学生就业问题探讨》，载《开发研究》，2015（2），134 页。

② 参见白勇、丁汀：《民族院校思想政治教育与大学生就业能力提升——以中央民族大学为例》，载《民族教育研究》，2011（4），56 页。

的话，一定要先提升自己的语言。

我们在这面试的时候一般都是用汉语，但面试的时候肯定会紧张，语无伦次。面试的时候面对下面很多人，面对那些招人的用人单位的人就特别紧张，生怕自己说错话什么的。

面试时，第一个看的是你的语言沟通能力。我们是民族语授课，怎么说都跟汉语授课学生有差别。我面试的那个销售岗位，公司的人说民族语言授课的学生很少搞销售，都是汉语授课的学生。所以语言沟通方面，我们有点缺陷。

汉语学生从小就是在汉语环境中生活、长大的，我是纯蒙古语环境里长大的，我小学时都不会说汉语。上了大学，大一、大二的课程还是蒙古语的，大三、大四才有汉语课程。

考公务员的话，行政那部分我们答卷还行，申论那部分我们语言的组织能力有限，所以我们考公务员压力是比较大的。

（二）相关证书不能满足用人单位的需要

现在很多用人单位都非常看重高校毕业生的相关证书，如英语四六证书、计算机等级证书、普通话证书以及驾驶证、教师资格证、人力资源师证、会计证等与专业相关的证书，尤其是英语四六级证书。这对汉族学生来说并非难事，但对于多数少数民族学生来说就非常困难，因为他们读中小学时基本不重视英语的学习，这就导致他们在就业时非常被动，难以就业，很多少数民族学生对此感触最为深刻。

招聘单位要求英语过四六级，这个对我们用蒙古语授课的来说，肯定是要求很高了。我们上高中才开始接触英语，高考的时候，英语只占30%，大学以后才又再学英语，所以英语水平很一般。

现在有些用人单位一定要看计算机、英语证书，或者是有一定的要求。我英语没有过级，对竞争力的影响是非常大的。如果我有这几个硬件（证书）的话，就业面肯定变宽。

我们投的简历，人家一般都不会看，因为我们是少数民族吧，第一计算机没有等级，就会普通的办公软件，然后英语什么的，更没有证书，都是挺大的障碍，因为有的单位要求是必须得有四级、六级或者是口语的那种证明，我们没有。

计算机证书倒是还好，主要是英语，一般企业都要求考过四六级。我们英语底子不好，高考的时候英语才占30%。一进大学是学大学英语，我们虽然是预科，但是不是基础英语，跟不上。

英语四级对用蒙古语授课的学生来说特别难。因为高中的时候只学了一点单词，来大学后学了两年，根本就学不会，所以一般都过不了级。

（三）自信心不足

现代市场经济体制是建立在竞争的基础上的，优胜劣汰，这就让少数民族毕业生就业卷入了竞争的漩涡中。在人才市场的竞争中，毕业生敢于竞争、善于竞争、愿意迎接挑战的自信心便显得非常重要。然而，由于文化传统、思想认识、自身发展水平等因素的影响，少数民族高校毕业生在就业市场的竞争中缺乏自信，不敢面对竞争，甘愿逃避，而不去尝试，失去很多应聘的机会。这种心理状况也有学者做出了研究，指出了存在的原因和可能产生的后果。如黄立峰指出，少数民族学生信仰宗教者人数偏多，其意识和行为受到宗教不同程度的影响，倾向于认为自身特质是不易改变的，他们通过努力改变自身，以适应社会的意愿不强。民族院校学生大多来自经济文化相对落后的老、少、边、穷地区，受社会历史、经济和自然地理等因素的制约，基础教育条件和水平相对低下，有些学生认为自己是靠少数民族政策加分照顾才上了大学，总觉得自己不如别人，缺乏进取心和竞争意识，由此减少了他们在就业竞争中取得成功的机会。① 四川民族学院招生就业处办公室主任指出，四川民族学院学生在参加竞聘时信心不足，存在严重的自卑心理，部分学生对自己的学校更是羞于启齿。更有甚者，即使一时签约成功，但面对强者如林的职场竞争，缺乏足够的拼搏进取精神，往往会因不如人的消极心理而主动放弃。②

我们在调研的过程中，也发现了类似的现象和问题。

> 我上次面试的时候就碰见过这样的事情，就是对自己没有信心。因为看见别人，有的去过英国，有的去过美国，听他们说自己在这方面、那方面怎么地优秀。我连内蒙古都没有出过，没有见过大世面什么的，就总觉得自己好像比他们低那么一等，所以在面试的时候，很有心理压力。
>
> 少数民族的学生，因为用人单位来应聘，一般都是用汉语，他们对自己的汉语表达能力缺乏信心，就不愿意去。

（四）主动性与进取心不足

积极主动地获取就业信息，联系招聘单位，与相关人员沟通、交流，这都是有助于高校毕业生获得就业岗位的重要因素。有这样的行为就能够让招聘单位看到求职者主动、积极、进取的心理状况，这是用人单位所非常看重的，因为这为将来工作的业绩奠定了良好的心理基础。然而，有学者研究指出，中央民族大学毕业生灵活适应的能力不够强，尤其表现在工作地域的灵活性上。③ 在网络迅猛发展的今天，其实相当多的就业信息都是通过网络发布的，这也包括学校招生就业部门以及二级学院学生科、辅导员、班主任经常通过网络、QQ 群、短信平台及时发布的就业信息。但是，在调查中，我们发现一些毕业生缺乏主动研究就业政策、主动获取就业信息的能力，或者说习

---

① 参见黄立峰：《对新时期民族院校毕业生就业现状的思考》，载《西北第二民族学院学报》，2003（3），111 页。

② 参见王自红：《论新形势下民族院校加强大学生就业指导的必要性——以四川民族学院为例》，载《湖北科技学院学报》，2015（2），20 页。

③ 参见白勇、丁汀：《民族院校思想政治教育与大学生就业能力提升——以中央民族大学为例》，载《民族教育研究》，2011（4），56 页。

惯太差，导致错失很多机会。[①] 在社会主义市场经济条件下，市场竞争日益激烈，少数民族大学生的自主意识、发展意识、超前意识等的培养不够，从而导致就业信心不足，等待和依赖思想较重。[②]

与汉族毕业生群体相比，少数民族毕业生在主动性与进取性方面稍逊一筹，本课题组成员在对少数民族高校毕业生就业现状调研时，也有类似的发现。

毕业后我想回西藏找工作，在家乡那边发展。考研究生目前还没有考虑过。这主要有三个方面的原因：第一个方面，这里（北京）消费太高，物价太高，我怕自己吃不消；第二个方面，这里人才拥挤，找工作难，即使找到了，被炒鱿鱼的可能性很大，时刻背负着沉重的就业压力；第三个方面，就是这里的生活习惯、生活节奏跟我家乡那边的不一样。

我想回新疆找工作。其实，我这个专业很难找工作，尤其是在我家乡那边，我家是在吐鲁番的一个叫连木沁的镇上，工业不是很发达，我现在也很迷茫我该干什么。如果镇上大队需要人的话，我应该就会去那里上班了，但能跟我自己的专业有关的可能性不大。

我们愿意回到家乡就业，毕竟是熟悉的环境，也习惯了。

我是从大四才开始为就业做准备，我还是感觉有点迟了。按照我们那个培养方案上来说，是必须要过四级，然后要两次社会实践，然后获一次创新学分。现在的问题是四级还没过，然后创新学分还没有。本来，我是打算回老家，然后考公务员，也是这么准备的。但我的指导老师劝我考研，我一想考研跟我复习公务员考试不冲突，我想先准备一下考研，如果考得上的话，就念研究生，如果考不上

① 参见张明波、李萌萌：《民族院校大学生就业问题的实证研究》，载《湖北经济学院学报》（人文社会科学版），2014（2），181页。

② 参见孙兰英、阿不力克木·艾则孜、杨建莺：《新疆少数民族大学生就业问题及对策分析》，载《人力资源管理》，2014（10），64页。

的话，再准备那个公务员考试。

我现在大四了，目前的话实习证明都已经在手里了，成绩方面的话，我成绩也还算可以的，这问题应该不大。对于就业，主要就是目前没有一个很详细的规划和方案挺纠结的。

（五）耐挫能力不强

在市场经济条件下，择优录用是现代人才市场通行的法则。少数民族毕业生由于语言、学业成绩（主要表现在各类证书上）和自信心等因素处于劣势，与汉族毕业生相比，找工作难度更大，受挫的机会更多。因而，一些少数民族毕业生便有消极等待，甚至自暴自弃的不良表现。这种害怕挫折、逃避竞争、消极应付的心理和行为非常不利于就业竞争，在浅尝辄止或应付了事中自然错失了可能的就业机会。对于少数民族毕业生的这种耐挫能力不足的表现，也有学者早就提出了。如白树泉、刘宪春指出，少数民族毕业生竞争意识淡薄、缺乏自信心，心理承受能力脆弱，仍然存在等、靠思想。面对激烈竞争的就业市场感到茫然；择业过程中遇到挫折，不能正确的认识，悲观失望，怨天尤人；有些毕业生害怕参加就业市场和用人单位的面试，甚至存在毕业时派遣到生源地等待分配的思想，不积极寻找就业机会。[①]

我们在调研中也发现，有的少数民族毕业生不愿找工作或者是找到工作以后也不能长期干。往往干一两个月受不了工作中遇到困难，然后就辞掉工作。有的找了几次找不到，就不找了，期望回到家乡，当地政府给安排一个公益性岗位什么的。

（六）就业观念有偏颇

就业观念决定了是否找工作、找什么样的工作、在哪里找工作的问题，就业观念非常关键，从思想上决定了找工作的结果。近年来，受社会主义市场经济的影响，少数民族大学生的就业观念虽然有所变化，但是总体看来，

① 参见白树泉、刘宪春：《当前民族院校毕业生就业问题浅析》，载《内蒙古民族大学学报》，2008（1），117页。

其就业观念还是不能与时俱进，主要表现在：一是许多毕业生对就业的预期过高。他们还是比较注重工作稳定性，认为政府机关、国有企事业单位是“铁饭碗”，不愿意去民营企业或自主创业。二是认定在某些区域就业。在当地文化、生活习惯、家庭等因素的影响下，少数民族大学生的就业观念还显得比较陈旧。比如，绝大多数少数民族高校毕业生在就业地域与空间选择上，只局限在具有本民族文化特征的区域内，跨省区就业的人数极少。有的毕业生甚至是局限在家乡或出生地周围的某一个地区或城市，这就必然导致局部择业空间狭小、流动性差，就业市场的过度饱和与过度竞争则进一步加剧了少数民族大学生就业难的程度及其复杂性。①

我们在调研中也发现，少数民族毕业生在就业地点、就业单位类型、就业岗位与专业的对口程度上存在一定的偏执，这样的就业观念对顺利就业或高质量的就业是不利的。如不愿去外地就业、扎堆考公务员、找本区域内稳定的工作等，这些都是阻碍少数民族毕业生顺利就业的重要因素。

我们在访谈时能够感受到少数民族高校毕业生这种较为偏颇的就业观念。

> 区外的企业过来招聘的话，有往外走意向的学生就比较少一点。因为去外面的话就会考虑各方面的问题，所以还是喜欢留在内蒙古。因此，外地的企业过来招聘时，向外走的人还是少，还是愿意在区内就业。很多学生宁可改行，也不愿意去区外。

> 我家是包头的，我还是愿意回家，因为租房子、水电费、交通费，再加上外部开支的话，最初的工资根本不够支付，所以还是回家比较好一点，家里至少不用考虑这方面的因素。

> 我来自新疆，家乡是伊宁市。毕业后我想回新疆找工作，在家乡那边发展。我有考研的打算，但近期是不准备考的。我想先回去找一份工作，自己赚够了研究生的学费后，再考研，凭自己的能力去交学费，边工作边学，不给家里人增加压力。

---

① 参见孙兰英、阿不力克木·艾则孜、杨建莺：《新疆少数民族大学生就业问题及对策分析》，载《人力资源管理》，2014（10），63页。

我肯定要回老家就业的。从小可能一直在外面念书嘛，然后就想大学毕业了，回老家找个稳定的工作，我对自己的家乡还是特别热爱。

我想在拉萨考公务员。因为拉萨是西藏的省会城市，相比西藏的其他城市，个人发展的空间比较大，发展的机会也比较多，其次在西藏公务员的薪酬待遇也不错，工作压力也不是很大。

当然，我们在调研过程中，也发现相当一部分的少数民族学生愿意先就业后择业，不断积累找到好工作的资本。这种认识是非常令人欣喜。对此，有的少数民族学生说：

如果我没有找到合适的工作，现在有一个比较临时性的工作让我做，那么我也会做。因为要先解决自身的生活方面的问题，而且还可以学到一点东西，之后去别的公司，就可以当做是我的工作经验，工作期间遇到与自己本身有相关的工作，有合适的工作的话，再换掉也可以，先解决燃眉之急。

没有合适、稳定的工作，我会选择临时性工作，我觉得我跟他的想法挺贴近的，先就业，再择业，我觉得这是大学毕业生就业的一种挺好的方式。

（七）综合素质不占优势

人才的竞争是综合素质的竞争。毕业生综合素质的高低将直接影响他们在人才市场上的竞争力。民族院校的学生大多数来自民族地区，受当地经济文化发展落后的影响，汉语、英语、计算机等方面的基本功比较薄弱，毕业生的综合素质与普通高校的毕业生存在一定的差距，这些都与市场竞争机制不相适应，会影响毕业生的就业。①

① 参见白树泉、刘宪春：《当前民族院校毕业生就业问题浅析》，载《内蒙古民族大学学报》，2008（1），117页。

当前，各类招聘体制趋于完善，无论是政府机关，还是企事业单位招聘各类人才，均需通过统一的考试选拔。多数企业更是以企业效益和长远发展为目标，严格按照市场经济运行规则选拔人才。汉语水平、英语交流、计算机过级都成为被录用与否的重要衡量标准。而少数民族毕业生由于外部和自身种种因素的限制，在汉语表达、英语水平、自信心、进取心等方面处于劣势，因而，其各因素综合作用形成的综合素质便也处于劣势。

上述诸种因素在少数民族毕业生身上表现得比汉族毕业生突出一些，因而，就业的难度也比汉族毕业生更大。欲从根本上提升少数民族毕业生的就业竞争力，就需要从内外两方面入手，将造成少数民族毕业生就业竞争力偏低的因素一一剔除，提升少数民族高校毕业生就业竞争力的愿望才会功到自然成。

二、造就民族院校毕业生就业竞争力现状的原因

当前，学术界对影响高校毕业生就业竞争力因素的研究，有两种视角：一是从外部因素进行探究，二是从高校毕业生自身因素进行研究。外部的影响因素，主要有来自学校、家庭和社会各方面的因素，如学校声誉、家庭期望与支持、供求关系、就业政策等，内部影响因素主要有毕业生综合素质、人文素质、就业观念、就业技巧等。

关于从内外因素研究高校毕业生就业竞争力，有学者认为就业结构、劳动力市场的规范性影响着高校毕业生的就业竞争力。① 有学者认为经济因素、政府因素、高校因素以及毕业生自身的因素影响着高校毕业生的就业竞争力。② 有学者从毕业生自身素质、高校的品牌以及高校的就业服务三方面探讨了高校毕业生就业的效果。③

关于从内部因素研究高校毕业生就业竞争力，有学者通过定量分析与定性分析，指出大学生的性别特征、英语水平、社会实践与兼职经验等个体因

---

① 参见吴航：《大学生就业竞争力因素分析》，载《浙江工商大学学报》，2005（4），90～93页。

② 参见刘永君、李宇遐：《高校毕业生就业影响因素分析及对策探讨》，载《中国大学生就业》，2007（16），21～23页。

③ 参见曾正德、高健：《大学生就业竞争力的影响因素与提升对策》，载《中国电力教育》，2011（34），167页。

素是影响就业竞争力的重要因素，并指出大学生就业时遭受了明显的性别歧视与经验歧视。① 有学者对天津财经大学珠江学院2013届经济和管理类的300名毕业生和72位各类型企业的招聘人员进行了问卷调查，得出结论：学生干部、实习经历、职业资格证、突出的综合能力、优秀的团队精神、良好的承压能力、积极和正确的就业态度对就业竞争力有显著的影响。其中，英语水平比计算机水平的重要性更为突出，沟通能力的影响作用较显著。② 有学者对浙江工业大学经贸管理学院2008届本科毕业生进行了问卷调查，结果显示，大学生的英语成绩、父母的社会地位、沟通能力、求职心态和寻找工作付出的努力对其就业竞争力具有显著影响，特别是人际沟通能力和求职心态对其就业竞争力的影响最为显著。专业成绩和社会实践经验对其就业竞争力有正向影响，但是作用并不十分显著，特别是专业成绩没有表现出显著的促进作用。③ 有学者对南京地区的高校毕业生进行了问卷调查，结果显示，专业知识、双语能力、职业道德、谈吐、性格、人际沟通能力和实践适应能力对高校毕业生的就业竞争力有显著影响。④

以上的普通高校毕业生就业竞争力的影响因素，在民族院校同样存在。除此之外，民族院校毕业生就业竞争力还受到如下因素的影响。

（一）用人单位的偏见

关于少数民族毕业生就业竞争力偏低的原因，除了少数民族毕业生群体自身在某些方面弱于汉族学生外，还与用人单位对少数民族学生或民族院校持有或重或轻的偏见有关。早有学者研究指出，社会偏见在一定程度上影响着民族院校毕业生的顺利就业。由于历史的原因和民族院校自身的封闭、宣传力度不够等原因，学校知名度普遍不高，社会普遍对民族院校和民族院校的毕业生持有偏见，认为民族院校培养的学生质量和规格不够，不愿或很少

---

① 参见刘家树：《基于Logic模型的经管类专业大学生就业影响因素调查分析》，载《统计教育》，2008（10），37～40页。

② 参见封骁：《大学生就业竞争力影响因素的实证分析》，载《中小企业管理与科技》（上旬刊），2013（10），229～230页。

③ 参见李正卫、傅剑、裘颖：《大学生就业竞争力影响因素的实证研究》，载《浙江工业大学学报》（社会科学版），2010（1），30～35页。

④ 参见宣烨、张宇：《大学生就业竞争力影响因素分析——以南京地区部分高校毕业生为例》，载《市场周刊》（理论研究），2008（3），95～96页。

接受民族院校的毕业生。[①] 由于缺乏宣传，一些非民族地区，尤其是内地发达地区不了解民族院校的情况，有的用人单位担心民族院校培养的毕业生素质不高，不敢或不愿接收。[②]

我们在调研时也有类似的发现，有少数民族毕业生反映，招聘单位少数民族要得少。用人单位对少数民族毕业生的偏见表现在实际录用的结果上。从实际录用的结果看，少数民族毕业生被录用的比例偏低。

（二）民族文化心理和特点

关于民族文化心理和特点对少数民族毕业生就业效果的影响，早有学者得出了结论。如唐丽娜指出，在中国的传统文化中，学而优则仕是读书人的最佳出路，在日新月异的城市发展中，这种传统理念已经发生了改变，但在地处较为偏僻的农村地区，这种观念依然在乡邻们的脑子里根深蒂固。不少少数民族学生是带着乡亲们将来当大官的期望迈入大学校门的，希望通过自己的努力来改变未来和命运。进入大学后，随着接触到越来越多不同的思想和社会现实，他们越来越不知道自己未来的发展方向究竟在哪里。他们开始明白乡亲们所认为的学而优则仕在现代激烈的社会竞争中是一条极其艰难、复杂的道路，但狭小而单纯的家庭关系网络无法为他们提供更多的参考，大学课堂中的知识也无法直接给予他们答案，因而许多少数民族贫困生直至毕业都无法找到自己的准确定位。[③]

客观的地理条件和历史造成了各民族在社会、经济、教育等方面的发展存有不平衡现象。少数民族形成了适应其自然环境和社会条件的独具特色的文化，尤其是边远和民族地区的少数民族，他们在接纳现代文明的同时，仍在不同程度地保持着本民族各自的信仰、观念、语言、习俗和生活方式，致使来自这种文化背景的少数民族毕业大学生在现代市场经济的就业竞争中处于劣势地位。“语言限制、民族文化价值观、民族心理及家庭等诸多因素成为制约新疆少数民族大学生宽范围向外流动就业的障碍，客观上导致局部具有

---

① 参见白树泉、刘宪春：《当前民族院校毕业生就业问题浅析》，载《内蒙古民族大学学报》，2008（1），117页。

② 参见黄立峰：《对新时期民族院校毕业生就业现状的思考》，载《西北第二民族学院学报》，2003（3），111页。

③ 参见唐丽娜：《浅析地方民族院校少数民族贫困生就业心理》，载《传承》，2009（9），161页。

民族文化特征的区域内大学生就业市场的过度集中和饱和，从而加剧了少数民族大学生的就业难度和复杂性。”①

在就业市场中，方言在一定程度上成为信息交流、工作协作、感情沟通的障碍，潜意识表露出的民族心理、风俗习惯及价值观的差异成为信任的鸿沟。这在一定程度上造成少数民族大学生主动走出去就业的意识淡薄，加之从小受特殊民族风俗和宗教熏陶养成的固执、保守的观念，就业空间和范围就变得愈加狭小。②

我们在调研中，也有类似的发现：

我读小学时，学校不重视英语学习，于是，学生自己也不重视。高中时候的英语老师好些，但有的学生跟不上老师的教学进度，然后自己就放弃了。

我是初中时候才学英语的，那时候小学一年级的时候只学数学和蒙古文。学校一般都不重视英语学习，老师不重视，学生就更不重视了。现在，我就是总觉得英语学起来可难了。

（三）文化基础薄弱

整体而言，少数民族学生的文化基础比汉族学生薄弱，这是一个不争的事实。民族院校来自民族地区的少数民族学生较多，部分学生是政策照顾录取，该部分同学基础较差，在校学习期间付出与他人同样，甚至更多的努力却得不到预期的回报。

民族院校主要培养少数民族学生，而大多数少数民族学生来自边疆民族地区和内地贫困地区。由于历史的原因，这些地区的经济文化发展相对滞后，教育水平相对较低，民族院校招生时对少数民族考生给予降分录取的照顾性政策，客观上造成了民族院校的整体生源质量相对偏低的事实。而就业时，

① 江承凤、米红、王志刚：《基于文化视角的新疆少数民族大学生就业问题探讨》，载《开发研究》，2015（2），134页。

② 参见江承凤、米红、王志刚：《基于文化视角的新疆少数民族大学生就业问题探讨》，载《开发研究》，2015（2），134页。

民族院校的毕业生与普通高校的毕业生站在同一条起跑线上竞争，这在某种程度上是不对等的竞争。[①]

少数民族学生文化基础薄弱的事实，我们在访谈时也得以证实。访谈时，少数民族学生说：

我们没有从小开始学英语，小学的时候根本就不知道，然后初中开始学的时候老师也不太重视，学生也不太重视，然后也没有辅导班什么的，不像现在的学生，现在的小学生都去辅导班，即使学校开这个课，他们也去辅导班。

我们英语不太好，然后进大学，也很少有过四六级的。我那个班级的有百分之八九十的都放弃了，不学了，考试的时候就凭感觉蒙，能蒙多少就多少。

（四）交际范围狭窄

民族院校里，少数民族学生更倾向于与本民族学生联系，有的甚至舍近求远地与其他学校本民族学生保持频繁的联系。相对于汉族学生而言，少数民族学生跨民族交往的范围和频度要低得多。而学生综合素质的发展更多得益于文化的差异性及与不同文化的交往。与其他民族学生的交往少了，获得成长、发展的机会也就少了，汉语表达和人际交往能力的发展也自然受到制约。有人对新疆大学在校生进行了问卷调查，结果显示，维吾尔族同学与汉族同学彼此间的交往意愿还是比较强烈的，分别达到了94%和91%，但维吾尔族同学回答经常与汉族同学来往的只占8%，汉族同学回答经常与维吾尔族同学来往的仅为2%。65%的维吾尔族同学回答没有汉族同学朋友，64%的汉族学生回答没有维吾尔族同学朋友。[②] 这个统计结果尽管不能准确反映少数民族学生与汉族学生交往的概况，但是从一个侧面说明了，少数民族学生与汉

---

① 参见白树泉、刘宪春：《当前民族院校毕业生就业问题浅析》，载《内蒙古民族大学学报》，2008（1），117页。

② 参见龚雪露：《新疆高校民汉学生交往研究——以新疆大学维吾尔族学生与汉族学生交往为例》，载《新疆职业大学学报》，2011（1），15～16页。

族学生交往的范围并不宽广。

也有学者对少数民族学生人际交往做出过类似的解读，认为民族院校的毕业生绝大部分来自西部地区和偏远地区，他们更多地关注学习，实践探索、交际活动和创新思维等能力不足。有些同学由于贫困的压力，甚至不愿与人交往，交际范围狭窄，人际关系薄弱。①

少数民族学生人际交往关系范围小，很少与族外同学交往，这既不利于综合素质的培养，也不利于就业信息的拓展与搜寻。在社会资本理论视角下，研究高校毕业生就业效果与人际关系的联系，得出的结论是，人际交往中的弱关系②有助于就业信息的获取，从而促进少数民族毕业生的就业。

（五）求职渠道单一

少数民族毕业生的求职渠道单一或狭窄，这是多种因素综合作用的结果。少数民族毕业生就业准备的主动性不足，这会导致他们被动等待学校或学院发布的就业信息，不会主动通过师兄、师姐、老乡、老师以及亲戚、朋友寻找就业信息。另外，一些少数民族毕业生在大学里积累的人际关系圈较小，尤其是与不同院系、不同专业学生的联系较少，甚至没有任何联系，而事实往往是，这些专业不同的熟人或朋友能够提供最有价值的就业信息，因为有些就业岗位与其专业相差甚大，他们没有兴趣就可能做个人情随便提供了。这就是格兰诺维特所说的人际交往中的弱关系理论。因为，同质容易导致竞争，异质才能形成互补。

另外，少数民族毕业生多来自贫困地区，家庭经济不宽裕，无法承担跨市、跨省参加面试考核的费用，因而只能待在学校所在地及邻近区域求职，就业机会自然有限。

此外，在现代网络信息泛滥和监管不到位的情况下，随便从网络抓一个信息便去准备应聘是收效甚微的，有时候甚至上当受骗。

鉴于少数民族毕业生主动性不足、人际交往中弱关系圈缺乏、经济贫困导致不能到外地求职，如此等等制约因素的叠加，其就业信息自然不可能丰

---

① 参见韩燕燕、王瑞民：《族院校毕业生基层就业存在问题及对策探析》，载《科技信息》，2011(25)，157页。

② 弱关系指和联系不频繁的人的关系。按照格兰诺维特的观点，弱关系最有可能向好友提供一些他们原本难以获取的信息。

富。没有丰富与合适的就业信息，就业难度加大了。

我们在调研时，一些少数民族毕业生说道：

有招聘时，希望学校可以给我们介绍一下这些招聘单位的具体信息，大多数学生都不知道这些单位，老师可以建议一下，哪些单位比较合适。网上的信息，大多数学生都不去看，看了也是很难相信的。

我们的院系一般都没有对毕业班找工作的那些人给过压力，但他们也没有给过我们信息。在大四上学期的时候，没有人告诉我们就业信息什么的，需要我们学生自己去问，自己去看学校网页上的信息。

虽然学校有一定的义务为毕业生提供就业信息服务，但是毕业生不能消极等待，应该主动出击，四处找寻，才能给自己更多的机会。少数民族毕业生似乎忘了自己是就业的主人，自己要为自己的就业效果负责。

当然，我们研究探索民族院校毕业生就业存在的诸种困难以及影响因素，其最终的目的是为了改革创新民族院校的人才培养制度，以尽可能全面提升民族院校毕业生的素质，促进其顺利、有效地就业。

第三节　创新人才培养制度，提升民族院校毕业生的就业竞争力

人才培养制度决定了人才培养的规格与质量。在当前市场经济深入发展和高等教育从大众化迈向普及化速度加快的新形势下，民族院校毕业生面临的就业压力越来越大。当前和今后，用人单位对招聘高校毕业生的要求也将更加凸显形象气质、团队合作、实践能力、学习创新能力和责任担当意识的要求。为此，民族院校的人才培养制度需要根据人才市场录用新员工的标准，进行教育教学系列制度的改革创新，以适应就业市场的需求。值得强调的是，民族院校不能局限于少数民族毕业生自身弱项的修补上，而应该从就业市场

对所有应聘者整体素质的要求，来着眼和规划本校的培养制度改革事宜。所以，用人单位不能因为求职者是少数民族毕业生，就降低录用标准，而应采取公平竞争、择优录用的方式招聘新员工。

民族院校的人才培养制度如何改革，才能提高其毕业生的就业竞争力？如何才能达到民族院校培养方案中规定的高阶人才标准呢？下面用图示的方式来呈现民族院校人才培养制度改革，以适应用人单位招聘人才时的要求。如图7-1所示，民族院校人才培养制度推动毕业生素质达到用人单位要求时，民族院校毕业生的就业竞争力便自然提升了。

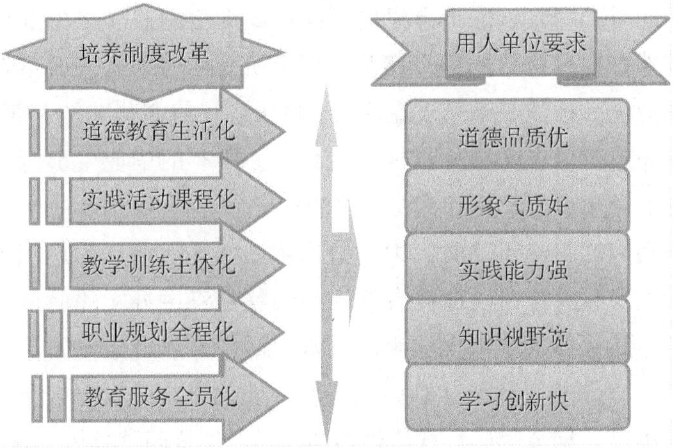

图7-1　创新人才培养制度，满足用人单位对人员素质的要求

上图中的人才培养制度创新，我们简称为“五化”创新。下面，笔者将逐一阐释民族院校人才培养“五化”创新的具体内涵和操作方式。

一、道德教育生活化

教书育人，德育为先。任何一个组织，任何一个团体机关，甚至每一位个体都不希望自己的员工或伙伴是一个道德品质低劣、行为粗鲁的人。用人单位招聘高校毕业生，建设本单位的高级专门人才库，不会招收无公平道义、无礼义廉耻、无责任担当品质的“三无”高校毕业生。民族院校如何才能确保自己辛苦培养的毕业生不会落到“三无”毕业生的境地，这就要在学生入校之初，狠抓学生的思想道德教育和礼仪规范教育。冰冻三尺，非一日之寒。一个道德品质优秀的毕业生的培养同样也不是一蹴而就便能完成的，它需要民族院校将价值观念、道德礼仪教育融汇于日常生活中，从日常行为点点滴滴加以塑造和熏陶，形成一种习惯化的生活方式，在不经意的举手投足间体现良好的道德修养和文明礼仪，在润物细无声中提升学生的形象气质。

民族院校的学生来自全国各个民族，而各民族都有自己的思想观念、文化习俗和行为方式，这种学生文化的多样性、丰富性和差异性，正是民族院校区别于普通高校的特色所在，也是在这多种异质文化汇聚的环境下，才能培养具有“各美其美”“美美与共”思想情怀的优秀人才。但在民族院校毕业生就业求职时，用人单位不会根据不同民族文化的差异来分别设定要求标准，他们依然会按照统一的标准衡量、评价所有的应聘者，而不管是何种民族身份的毕业生。这就要求民族院校要在尊重各民族文化差异和尊严的同时，要加强主流思想价值观念和礼仪规范教育，让所有的毕业生都能够达到主流文化所要求的思想道德素质和文明礼仪的标准。

如何在短短的三五年的时间内塑造出主流文化所期许的思想素质、道德观念和行为方式呢？唯一快捷而有效的办法就是将主流文化所期许的道德礼仪规范日常生活化，融于广大学生的日常生活中，通过他们的反复实践而成为习惯化的反应方式，从而达到内化于心、外化于行的良好效果。为此，笔者提出名人讲座、细节养成、载体创新和榜样引领这四种具体操作办法。

（一）名人讲座树方向

高校德育工作更多采取德育系列课程和辅导员开班会的方式，这些方式尽管能够向学生传递正确的价值观念、思想道德准则，但是最终的效果并不理想，学生不愿听，不愿信，更不愿践行，迫于学分和管理制度的约束而被动接受训导，不能真正转化为他们思想意识的有机组成部分。而名人讲座，尤其是青年学生们青睐、崇拜的偶像进行讲座，可以通过他们充满正能量的成长故事和经历来教育、引导青年学生应该确立什么样的世界观、人生观、价值观，在民族院校还可以增加国家观、民族观和宗教观。名人的光环效应能够让青年学生更加确信他们所传递的思想道德观念和价值取向，从而在崇拜和学习、模仿中自觉接受和践行名人传递的思想道德观念和价值标准。

（二）细节养成固习惯

一切的道德品质和价值观念最终都将体现在具体行动中。同时，日常的行为方式也折射着行为者的思想道德素质和价值准则。为此，我们可以从日常生活中的行为规范入手，去确认和固化正确的价值观念和道德素质。因此，学校在新生欢迎大会上就要宣布从今往后每个人都要按照新标准、新规范开启今后的行为模式，并将行为规范标准印制成册，发到每一位新生的手中，要求学生遵照执行。比如听到国歌奏响时，一定肃立吟唱，遇到教师要主动问候，见到他人有困难时，要提供力所能及的帮助，上下电梯时，要礼让教师等长辈，与人交谈时，要注意聆听，不要打断他人说话……尽管这些都是小学阶段的行为习惯养成教育，但是作为各民族精英的高校毕业生自然也要巩固、强化这一课，如果这些都成为学生固定化的行为方式，那么自然就不存在执行困难的问题。这些行为习惯整体构成了一个人的思想道德修养，切不可小觑而不为。

（三）载体创新增情感

现在信息传播途径非常广泛，除了传统的橱窗、展板、报纸、电台和电视台之外，还有互联网、微信、QQ、短信等信息传播平台。现在青年学生获取信息更多是通过移动媒介，如手机、平板电脑、手提电脑等，这就要求民族院校的师生要充分借助现代传播平台来传递主流社会的价值观，让学生阅读体现主流价值观的各类网页、信息，不断增进青年学生对这些价值观念和道德品质的亲近感、钦佩感，从而为自己自觉践行主流价值观奠定情感基础。而青年学生一旦对主流价值观有悦纳、崇敬的深厚情感，就会不自觉见之于行动了。

（四）榜样引领添动力

榜样的示范作用是无穷的。榜样不仅提供了如何正确行动的样板，而且传达了一种有价值的信号，即什么样的素质和行为是值得社会尊敬和礼赞的。这无疑为青年学生在行为规范和价值观念方面提供了学习的榜样。因而，民族院校要积极培养和努力树立各民族优秀青年学生的典型，通过橱窗、展板、校园网站、校园微信公众号等方式多管齐下地宣传，在每年要举行优秀学生表彰大会，尽可能让所有学生，尤其是低年级学生全体参与。通过在全校大张旗鼓地宣传、奖励，来不断激发青年学生学习先进、争做先进、赶超先进的激情。

二、实践活动课程化

读书实践一直是人才成长和培养的重要途径。古人有云：知行合一。老百姓说读万卷书，行万里路。这些都共同揭示了人才成长的正确途径。在当前，很多用人单位都希望招聘的新员工有较强的实践能力，即运用知识解决实际问题的能力。但从毕业生的求职体会和任用单位的招聘反馈来看，很大一部分的高校毕业生自我感觉实践能力较差且用人单位感觉毕业生实践能力不尽如人意，难以满足其岗位的需要。这就启示所有的高校，包括民族院校，要重视学生实践活动的开展，让系列化、制度化的实践活动不断锻造青年学生运用知识解决问题的能力和正确思维的能力。为了让接受完高等教育的青年学生具有熟知专业知识、理解专业知识、正确运用专业知识解决实际问题的全面素质，笔者提出让实践活动课程化的建议。

所谓实践活动课程化，是指制定实践活动的目标、确定实践活动的内容体系、配备实践活动的师资队伍、建立实践活动的考核评价制度等一系列规范化、制度化的建设。

关于实践活动的目标，不同的专业应该有不同的侧重点，但总体的要求是体现专业性、实践性、科学性和系统性。实践活动是分步骤、分层级开展的，要随着专业知识技能增进的步伐而渐进展开，不可能一步到位，一口吃成胖子。

关于实践活动的内容体系，要与理论知识的学习结合起来，同步推进。高校实践活动是具有很强专业性的实践活动，当然高校也会开展培养学生综合素质的实践活动，但这不是高校实践活动的特色所在。我们需要提醒的是系列实践活动是随着专业知识技能的培养逐级展开的，而不能将实践活动与专业理论学习割裂开来，另搞一套。若此，高校实践活动将失去它应有的含金量和可持续发展的知识基础。

关于实践活动的师资队伍配备，要采取专兼结合的方式。实践活动师资对实践操作经验的要求比较高，因而不能仅仅局限于校内师资队伍，要聘请校外相关专业领域的高级管理人员和技术人员，帮助规划、指导高校学生的实践活动。可以通过签订合作合同的方式，让校外相关企事业的管理人员和技术人员成为高校相对固定的实践活动指导教师，确保高校实践活动有专业指导，同时也有可靠的实践基地。

关于实践活动的考核评价，要纳入学分制管理和奖学金、优秀学生评选的范畴。实践活动对青年学生活学活用专业知识技能、全面提升综合素质有用，对毕业生顺利就业有用，但实践活动需要青年学生花费相当多的时间、精力、体力，甚至财力。因而，有的学生出于种种原因可能不愿意参与学校组织的实践活动，这就需要建立一整套考核评价制度，将实践活动纳入学分制管理，作为拿到学位必须完成的学分之一，纳入学生很看重的奖学金评定、优秀学生评选的标准中，从而迫使学生全员参与学校课程化的实践活动，为他们实践能力的培养提供可靠的制度保障。

三、教学训练主体化

高校毕业生的学习能力、思维能力以及创新能力不是凭空产生的，是需要通过一系列心智操作的磨练才能形成的。青年学生如何感知、如何思维、如何想象、联结和创新，教师虽然可以给予一些理论性的指导，但是没有青年学生自己反复的操练、磨砺是无法掌握技巧和达到较高水平的。如何让学生的心智时刻处于操练、磨砺的状况，以及让青年学生成为心智活动自觉操练和磨砺的主体的方法、途径可能很多，但课堂教学和课外作业却是一个教师可以抓住、学校可以考评的重要载体。为此，笔者提出课堂教学和课外作业学生主体化的主张，以实现学生的学习能力、思维能力和创新能力的大幅度提升。具体要求如下：

变讲授式课堂为互动探究式课堂。也许受中国传统教育思想和教育方法的影响，注重讲授讲解是中国学校教育的主流形式。中国教师的传统美德便是“诲人不倦”“知无不言、言无不尽”。这与肇始于苏格拉底对话式教育风格的西方教育传统是不同的。而近现代科技发展史告诉我们，西方国家在科学知识发现和科技发明创造上遥遥领先于东方国家。当下被世界各国奉为科技发明最高成就奖的诺贝尔奖也几乎被西方国家学者所包揽。这或许与东方国家的教学传统有一定关联。西方文化中的课堂教学习惯于通过对话而不是讲授的方式展开，而中国课堂教学大多局限于教师的所知所见，在教师全面、系统地讲解下，学生被动地接受而懒于思考，长此以往，学生不想独立思考，也不会独立思考，深刻、广阔的思维能力和见微知著的创新能力便无法谈起。为此，笔者强烈建议，民族院校的教学管理部门应明确要求教师转变课堂教学方式，从教师讲授为主转向引导全体学生思考参与的互动教学方式中来，并制定相应的课堂教学质量评价指标，促进传统教学方法的变革，借以激发学生主动、积极地参与课堂教学，贡献与分享思想与观点，在头脑风暴中开发学生心智发展的最大潜能，实现思维能力和创新能力的最大限度地发展。

变资料整理式作业为探讨设计式作业。课外作业是促使学生独立探索的重要途径。长期以来，高校教师给学生布置的作业多是巩固课堂知识的练习或收集资料的搬运工式作业。这些对现有知识的熟记和掌握有一定价值，但在同样的时间内，却有更大的价值可以实现，那就是布置基于现有知识、原理，而又高出原有知识、原理的评价类、应用类、探索类作业。如果是围绕重要的事实布置作业，那么就要让学生通过充足的证据对此事实加以评价；如果是围绕重要的原理布置作业，那么就要让学生进行有理有据的应用推广分析；如果是围绕某一重要的现实问题布置作业，那就要让学生探究出最科学的解决方案。总之，高校教师布置的课外作业要以培养学生探索能力、创新能力和思维能力为核心展开，学校教学管理部门对教师的教学评价也要以这三种核心能力培养为重要评价指标，从而借助教学方式和作业布置方式的转变来促进学生学习能力、思维能力和创新能力的提升。

四、职业规划全程化

草若无根不发芽，人无理想不奋发。职业生涯规划能够很好地引导学生思考自己的当下和未来，设计自己当前和未来的奋斗目标，确定自己的短期、中期、长期的行动计划。职业生涯规划教育在启发青年学生觉醒、决心和行动方面有着巨大的驱动力。因而，民族院校要高度重视对青年学生开展职业规划教育。

在当前，很多高校都开设了大学生职业生涯课，但我们调研的结果显示，其效果并不明显。究其原因，最为重要的是大学生职业生涯规划课程没有确立终身学习、全程指导的意识。从学校层面来看，学校只是为了回应教育部的文件要求，开设了职业生涯规划课程，教学结束，对学生职业生涯规划的教育引导也随之结束了。这大大曲解了中央文件的精神要求，不仅没有达到预期效果，反而加重了师生的额外负担。就学生而言，他们只是将职业生涯规划课程作为一门课程而已，应付差事般的学完，没有思考自己的职业规划和当下的行动。这实在是非常可惜。鉴于当前高校将职业生涯规划课程作为一个阶段的课程任务的现状，笔者认为，职业生涯规划课程是贯穿青年学生在校生涯全过程，以至于学生自觉贯穿一生的一种理念和行动。在这里，理念比具体的行动更重要、更科学、更有价值。为此，笔者提出如下三点要求：

一是将职业生涯规划作为学生自觉奋斗的理念。职业生涯规划教育是为了帮助学生树立手中有任务、眼前有目标、心中有理想的自觉奋斗意识，让目标导引着学生的日常生活、专业学习和课外活动，让学生的每一天都不迷茫，每一份付出都为自己的成长集聚能量，在日积月累、持之以恒的努力中成就自己心中的梦想。这就要求全体教师在与学生的接触中，不忘提醒和督促青年要紧紧围绕自己的人生规划，砥砺前行。

二是将职业生涯规划作为教师工作的职责。对青年学生进行职业生涯规划教育不是某一特定老师的责任与使命，而是全体肩负育人使命教师的共同职责。学校要通过加大宣传来强化广大教师的这种意识，从而让学生都能够得到教师的提醒、指导和帮助，形成全体教师共同促进青年学生围绕理想目标自觉奋斗的文化氛围。

三是将职业生涯规划作为学生发展的依据。高等教育最终的目的是让学生围绕确立的理想目标自觉奋斗，早日实现自己的梦想。因而，青年学生在日常生活中，是否自觉按照确立的理想目标努力，这是衡量学校职业生涯规划教育成功与否的标准。对学生是否有自觉行动的判断，可以围绕青年学生日常生活的安排、学业成绩、相关实践活动的参与和取得的成果、获得的荣誉及其师生的评价来进行。

五、教育服务全员化

高校的育人功能是通过广大教职工的教育教学、管理和服务来实现的。由于管理的最高境界是服务，即通过科学、规范的制度设计让广大师生认同并自觉遵守，管理此时便是依照制度提供服务了。在这个意义上，管理是为广大师生追求合理的利益服务的。

但在现实生活中，由于管理人员服务师生的思想意识不到位，提供的服务不积极、不热情，导致师生误认为管理就是束缚人、刁难人、压抑人。但从本质上讲，管理就是提供一种合规范的服务。为此，笔者将教育教学、管理、服务统称为教育服务，其本意是这三类活动有着共同的价值取向，那就是致力于推动高校教学、科研和社会服务功能的有效发挥。

高校内所有教职员工对青年学生的成长都有影响，都负有责任。学校领导和相关职能部门不能光抓从事课堂教学的教师，管理人员、服务人员同样都关系着青年学生能否实现高质量地发展。因为青年学生的生活、成长、发展所需要的各种资源和服务都由教师、管理人员和服务人员所支配。如果高校领导没有让学校这三类人员确立共同育人的思想观念，在实践中就会很容易导致管理人员滋生官僚衙门的作风、服务人员养成消极怠工的习性，这将大大削弱教师在教学中所倡导的正确思想认识和价值观念对学生积极、正面的影响。

民族院校汇聚着各民族的青年学生。不同民族学生有着各异的文化特性和价值观念，对高校校园内出现的不良现象，尤其是他们所尊崇的学校教职员工做出的不良行为，更为敏感和困惑。这将会大大削弱青年学生对教师们在课堂内外所教导的思想价值观念的信奉，非常不利于德智体全面发展的人才的培养。

因此，民族院校更应该确立全员育人的教育理念和营造人人传递正能量的文化氛围。这就要求民族院校要加强全员育人的宣传、倡导，强化全员育人评价制度的执行，在各部门、各单位形成人不分岗位类型、时不分课上课下，人人、时时育人、助人的良好文化氛围，为民族院校培养出道德品质优、形象气质好、实践能力强、知识视野宽、学习创新快的高素质毕业生贡献力量，为民族院校毕业生顺利、高质量就业做出贡献。

当然，本书上述这“五化”所产生的效果是相互影响和叠加的，民族院校青年学生具备的某种素质和能力不是某一种培养制度造就的，而是各种培养制度协调、作用的结果。这五种培养制度相辅相成共同促进了民族院校毕业生就业竞争力的提升。

第八章　民族院校对全球化视野人才的培养

当今世界，经济全球化、人才竞争国际化是不以人们意志为转移的客观现实。在这样的时代背景下，中国民族院校人才培养质量问题成为了民族教育界必须深入思考的问题。改革开放以来，中国民族院校已经从干部培训机构转向具有民族特色，服务少数民族和民族地区发展，乃至服务整个国家经济社会发展的，开展普通教育性质的高校。在民族院校人才培养质量考量方面，我们应该站在立足国内、放眼全球的高度，将普通高校人才培养质量标准与民族院校自身特色标准统合起来，多管齐下，改革创新，努力培养适应全球化、国际化要求的高素质人才。

第一节　民族院校培养人才的素质、规格

培养高质量的人才是高校必须履行的社会责任，是高校存在和发展的合法性基础。民族院校是党和国家为解决民族问题而创立的高等院校，是中国高等教育系统中的重要组成部分。在人才培养质量要求方面，民族院校毕业生应有两方面的特质：一是必须要达到普通高校毕业生的基本规格和要求，二是必须具有服务少数民族和民族地区的意识和能力，以及具有理解不同文化并能与不同文化人群进行有效交流、合作的素质。这样的双重特质表明了国家对民族院校的人才培养质量的期望附加了多元文化素质的更高要求。因而，探讨民族院校人才培养质量时必须要全面考虑这种双重特质的要求。

一、普通高校人才质量标准是基本要求

高校是国家培养高级专门人才的主阵地，备受政府和社会各界的关注。新中国成立以来，党和政府对高校人才培养质量一直都有明确的规定。教育部于1950年8月14日颁布的《高等学校暂行规程》规定：要“培养具有高级文化水平，掌握现代科学和技术的成就，全心全意为人民服务的高级建设人才”①。这个规定较为概括和笼统，但也从德和智两个方面对高校人才培养质量做了总括性要求。新中国对高校人才培养质量的这个要求沿用了十多年。1961年9月15日，经中央政治局常委通过并颁布试行的《教育部直属高等学校暂行工作条例（草案）》（简称“高校六十条”）对高校人才培养质量进行了维度的拓展和内容的具体阐释。“高校六十条”规定的高等学校学生培养目标是：“具有爱国主义精神和国际主义精神，具有共产主义道德品质，拥护共产党的领导，拥护社会主义，愿为社会主义事业服务、为人民服务；通过马克思列宁主义、毛泽东著作的学习，和一定的生产劳动、实际工作的锻炼，逐步树立无产阶级的阶级观点、劳动观点、群众观点、辩证唯物主义观点；掌握本专业所需要的基本理论、专业知识和实际技能，尽可能了解本专业范围内科学的新发展；具有健全的体魄。”② 这个规定从德智体三个方面对高校人才培养质量进行了界定。这个界定符合新中国教育的指导方针，符合新中国高等教育发展的实际。在实践中，这个“高校六十条”的文件精神一直指导着中国高等教育的发展，1982年2月教育部颁发的《高等学校学生守则》（试行草案）中的八条守则③也贯彻了这样的指导思想。

---

① 《中国教育年鉴》编辑部编：《中国教育年鉴（1949—1981）》，777页，北京，中国大百科全书出版社，1984。

② 《中国教育年鉴》编辑部编：《中国教育年鉴（1949—1981）》，693页，北京，中国大百科全书出版社，1984。

③ 八条守则的内容为：“一、热爱祖国，拥护中国共产党的领导，立志为社会主义事业服务，为人民服务。二、认真学习马列主义、毛泽东思想，逐步树立无产阶级的阶级观点、劳动观点、群众观点、辩证唯物主义观点。三、勤奋学习，努力掌握基础理论、专业知识与基本技能。四、坚持体育锻炼，积极参与体力劳动和军事训练。五、尊敬师长，尊重职工，关心集体，正确开展批评与自我批评。六、遵守社会公德，爱护公共财物，勤俭节约，讲究卫生。七、遵守国家法令，遵守学校规章制度，保护国家机密。八、听从祖国召唤，服从国家分配。”《中国教育年鉴》编辑部：《中国教育年鉴（1949—1981）》，433页，北京，中国大百科全书出版社，1984。

1998年8月29日，第九届全国人民代表大会常务委员会通过并颁布实施的《中华人民共和国高等教育法》，对高等教育人才培养质量作了规定。“总则”第四条的“使受教育者成为德、智、体等方面全面发展的社会主义事业的建设者和接班人”和“总则”第五条的“培养具有创新精神和实践能力的高级专门人才”以及“高等教育基本制度”十六条中有关专科教育、本科教育、硕士研究生教育和博士研究生培养质量的规定①是对高等教育人才培养质量做出的新概括，对各级人才质量规格提出了明确的要求。

除了上述政策文件对中国高校人才培养质量进行规定外，学术界也对高校人才培养质量进行了探讨。在《中华人民共和国高等教育法》颁布试行后不久，就有学者提出，21世纪高校人才培养质量应该是：注重综合素质的培养、创新能力的发展和个性的发展。综合素质包括一个目标：努力成为对祖国、对社会有贡献的人；两种健康：身体健康，心理健康；三颗心：事业心、责任心、平常心；四种能力：技术能力、应变能力、组织能力、人际交往能力；五种要求：会管理、懂技术、通外语、善交流、能创新。其中，德育位于各素质之首。②

在实践中，中国各高校也提出了自己的人才培养目标和质量标准。如中国农业大学提出：学校长远发展目标是成为一所研究型、综合性、国际化的世界一流农业大学。学校的人才培养目标是：培养面向国际竞争，服务农业现代化，服务国民经济和社会建设的，具有宽厚的基础知识、扎实的专业技能、良好的人文素养、富有创新意识的高素质人才。③ 北京大学在“十二五”规划中提出到2018年建校120周年左右率先跻身世界一流大学行列，本科生教育率先跻身世界一流大学行列，研究生教育接近世界一流水平，不断为国家培养出具有爱国情怀、国际视野、创新精神和实践能力，在政治、经济、

---

① “高等教育基本制度”十六条规定：“（一）专科教育应当使学生掌握本专业必备的基础理论、专门知识，具有从事本专业实际工作的基本技能和初步能力；（二）本科教育应当使学生比较系统地掌握本学科、专业必需的基础理论、基本知识，掌握本专业必要的基本技能、方法和相关知识，具有从事本专业实际工作和研究工作的初步能力；（三）硕士研究生教育应当使学生掌握本学科坚实的基础理论、系统的专业知识，掌握相应的技能、方法和相关知识，具有从事本专业实际工作和科学研究工作的能力。博士研究生教育应当使学生掌握本学科坚实宽广的基础理论、系统深入的专业知识、相应的技能和方法，具有独立从事本学科创造性科学研究工作和实际工作的能力。”

② 参见田官贵：《略谈21世纪高校人才培养质量》，载《江汉论坛》，1999（6），92～93页。

③ 参见马健：《培养具有国际竞争力的高素质人才——访中国农业大学党委书记瞿振元》，载《高校招生》，2008（6），65页。

科技、文化各领域能够起到引领作用的一批又一批高素质领袖人才。①

从中国各高校对人才培养质量的追求中，我们可以看出，普通高校对人才培养质量的关注已经从专注国内竞争和国内就业转向兼具国内与国外两个场域、两种准备的高素质人才了。这种转变也是民族院校要努力追求的。整体而言，民族院校在办学实力和条件上比不上普通高校，但民族院校在培养面向全球的，具有国际竞争力素质的人才方面有优势。因为，具有国际竞争力的人才有一个基本的素质要求：具有跨文化敏感性和跨文化交流合作的能力，而在培养具有这方面素质的人才上，民族院校更具有优势。民族院校有责任和信心与普通高校一道为提升我国高校人才培养质量和创建世界人才强国的奋斗目标作出自己的贡献。

二、跨文化敏感和跨文化交流合作能力是特色要求

民族院校是中国培养具有国际竞争力的高级专门人才的一支重要力量。党和国家对民族院校的人才培养充满着期待。当前，中国人口占世界总人口的19%，中国接受高等教育的学生规模世界第一，中国人才资源总量非常可观。然而，中国人才的国际竞争力并不令人满意。据《国际组织名人录》统计，2002 年英国人在国际组织中担任高级领导职务的有 326 人，居世界第一。而同一期间，担任国际组织高级领导职务的中国人只有 10 人，中国不仅与英国有天壤之别，而且也远远不如美国（276 人）、法国（231 人）、德国（150 人）等西方发达国家，甚至不如主要的发展中大国，如印度（41 人），巴西（21 人），尼日利亚（28 人），即便新加坡也有 13 人在国际组织中担任高级领导职务。中国参与国际组织的力度明显与我国的大国地位和综合国力不成比例。② 面对这种状况，我们必须对中国高校人才培养质量做出一定的反思。

造成中国人才的国际竞争力不强的因素很多，但其中一个重要的原因是我们所培养的人才难以适应多元文化工作环境的高规格、高标准的要求。其中跨文化敏感性和跨文化交流合作能力便是我们不可忽视的制约因素。“跨文化敏感是个体理解、欣赏文化差异而产生积极情绪的能力，它促进了跨文化

① 参见《北京大学“十二五”规划》，2012－7－25，http://odp.pku.edu.cn/Item/286.aspx。
② 参见国际组织中的中国人，http://news.qq.com/a/20070329/002128.htm。

交际中得体和有效的行为。”[①] 跨文化敏感性涉及有六方面因素：自尊自信、自我检视、开放性、移情、互动投入、暂缓判断。[②] 这六种因素尽管不是跨文化敏感性独有的要素，但是整合在一个人身上便有助于跨文化交流合作能力的形成。我们不妨设想，当我们面临不同于自己文化的群体，是回避设防，还是保持开放的胸怀主动接触；是无动于衷，还是设身处地思考对方的境遇；是消极等待对方的行动，还是积极主动地交往；是先入为主想当然地下结论，还是全面了解后再做判断。如果一个人在这几种选择中都是选择了后者，那么在非重大原则性问题上，就不会与不同文化的他人和群体发生较大冲突，也就能在多元文化环境下正常地生活、学习和工作。

在培养学生具有跨文化敏感性和跨文化交流合作能力方面，民族院校具有天然优势：一方面，民族院校汇聚了各民族的精英人才，是中国多姿多彩的文化大观园，各民族的文化都能在这个大观园里相遇、相会和展现，历经几年的熏陶后，民族院校的学生对差异性文化不再惊讶、回避和抵触，能够以平常的心态、恰适的方式与对方交流与合作；另一方面，民族院校在几十年的办学实践中已积累了不少指导学生跨文化交流合作的方法和策略。这些都是民族院校培养能在国际多元文化环境下具有竞争力人才的优势条件，应该充分加以利用，为中国高校整体提升人才培养质量提供可贵的经验。

但客观地说，民族院校所培养的人才在竞争力方面并不占优势，也不具备在国际多元文化环境下胜任愉快工作的素质和能力。在国家大力扶持高等教育繁荣、发展的今天，在人才竞争国际化的趋势下，民族院校必须发挥优势，革故鼎新，努力提升人才培养质量。

第二节　民族院校培养全球化视野人才的路径

经济全球化、人才竞争国际化是21世纪民族院校发展面临的新形势、新挑战。民族院校作为具有民族特色的普通高校，是大学系统中的一分子，对

① ［美］Chen，G. M. & Starosta，W. J. *The development and validation of the intercultural sensitivity scale.* Human Communication，2000，3（1）.

② 同①。

其人才培养质量的要求不是降低，而是要求既达到普通高校人才培养的质量标准，又具有民族特色的高素质。在全球化背景下，民族院校需要培养具有国际竞争力的人才。具有跨文化敏感性和跨文化交流合作能力是人才国际竞争力的重要构成要素。民族院校在培养具有跨文化敏感性和跨文化交流合作能力的人才方面富有优势。民族院校欲将这种优势转变为现实，便需要从转变人才培养理念入手，完善课程体系，创新组织管理制度，加强校园文化建设，不断提高人才培养的质量。

一、树立适应多元文化环境要求的办学理念

理念是行动的先导，是办学实践的指南针，也是激发学校办学潜能的基础。“民族院校是党和国家为解决国内民族问题而建立的综合性普通高等学校，长期以来的我国民族问题和民族政策构成了民族院校存在和发展的现实基础。”① 但是，在经济全球化、竞争国际化的21世纪，民族院校培养人才不能局限于为中国民族问题和民族政策的妥善解决来培养相应的人才，而应该为世界培养高素质人才，为我国人才供职于国际组织中的比例达到与我国人口在世界上的比例做出贡献。所以民族院校要具有强烈的历史使命感和责任感，推动中国人才走向国际。为此，民族院校务必要树立起培养适应多元文化环境要求的高素质人才的办学理念，引领学校的课程体系变革、管理制度创新和校园文化建设。

本书中的“多元文化环境”具有较广的外延，不仅是指国内各民族并存的多元文化环境，而且还指在国际组织中工作的多元文化环境。随着我国西部大开发战略和兴边富民政策的有力推进，西部民族地区需要大量的高级专门人才，这就要求民族院校要培养出乐于、善于在民族地区工作的高素质人才，培养学生具有在多元文化环境下工作的素质。随着经济全球化进程的加快，少数民族毕业生愿意到家乡以外的地区工作，这就需要少数民族毕业生具有跨文化敏感性和跨文化交流合作能力。为此，民族院校要努力培养学生在国内多样文化和国际多元文化环境下有效工作的跨文化敏感性和跨文化交

---

① 雷召海：《关于民族院校人才培养模式创新的探索》，载《中南民族大学学报》（人文社会科学版），2011（6），60页。

流合作能力。

尽管当前包括民族院校在内的我国高校离人才培养的规格这个目标尚有较大距离，但是我们有敢于追赶、敢于超越的精神去办我国的大学。其实，民族院校自创立以来一直就有为国家强大和民族振兴而服务的大气魄，具有迎难而上的苦干精神，具有勇于担当的社会责任。民族院校要继续发扬这种精神，引领中国现代高校人才培养的方向。

二、完善课程体系

课程是培养人才的载体。高素质人才离不开合理的知识结构，合理的知识结构的形成又依赖于科学的课程体系。

民族院校要围绕培养适应多元文化环境要求的高素质人才的办学理念去设置课程体系，努力培养多元文化背景下所需要的高素质人才，使学生具有过硬的思想政治素质、广博的文化基础知识、专精的专业知识技能、勇于创新的意识和能力、跨文化敏感性与跨文化交流合作能力。这五个子目标基本涵盖了全球化背景下民族院校的人才培养目标。民族院校可以按照上述五个子目标去设置课程体系，完善课程的类型结构和学科结构，为学生协调、全面地发展奠定基础。

要培养过硬的思想政治素质，离不开政治学、哲学、伦理学、历史学、民族学方面的基本知识和理论；要培养广博的文化基础知识，除了开设培养思想政治素质方面的课程外，还要开设文学、经济学、社会学、法学、宗教学等方面的课程；要培养专精的专业知识技能，就不仅要在本专业开设基础课与方向课，还要加大活动课程，也即实践教学的比重；要培养勇于创新的意识和能力，就要开设创意学、心理学等方面的课程，同时也要开设有助于创新能力开发的实践活动课程；要较强的跨文化敏感性和跨文化交流合作能力，就要开设民俗学、文化学、传播学、公共关系学等方面的课程。具体的培养目标与课程设置见表 8 – 1 所示。

表 8－1　民族院校培养国际视野人才的课程体系

人才培养的子目标	课程设置		备注
	学科课程	活动课程	
过硬的思想政治素质	政治学、哲学、伦理学、历史学、民族学	参观、志愿活动	基础性知识和理论
广博的文化基础知识	文学、经济学、社会学、法学、宗教学	课外调查、收集和整理文献资料	基础性知识和理论
专精的专业知识技能	本专业基础课与方向课	操作训练、见习、实习、技能比赛	活动课程的课时不少于学科课程五分之一
勇于创新的意识和能力	创意学、心理学	创意大赛	
跨文化敏感性与跨文化交流合作能力	民俗学、文化学、传播学、公共关系学	参与不同民族组织的社团活动、欣赏民族类影片	

这样的课程体系从学科知识到实际操作，从基础性学科知识，到专业性学科知识再到拓展性学科知识，循序渐进和系统地训练着潜力无限的青年学生，促使人才培养质量提升新的水平。

三、创新组织管理制度

制度是动用和组织资源实现目标的一种重要手段，但它具有一定的路径依赖性。按照新制度学派创始人罗纳德·科斯的观点，一种制度意味着一种路径依赖，一旦一种制度形成，就是走上了一条无形的路径，制度主体会对这一既成路径产生依赖。① 民族院校在发展过程中形成了一些稳定的人才培养的管理制度。这些制度在过去的人才培养理念下发挥着积极的作用，保障了人才培养目标的实现。但在经济全球化和人才竞争国际化的当下和未来，人才培养目标已有所调整和拓展，这就要求人才培养管理制度要相应变革，要

① 参见蒋蓉华、周永生、唐建民：《高校管理制度创新及用人机制初探》，载《技术经济与管理研究》，2003（1），86页。

按照新的人才质量标准和培养目标来创新一系列组织管理制度。

首先，创新教学管理制度。有什么样的教学管理制度，便有什么样的教学行为。在高校办学制度化过程中，高校已经形成了规范化的教学管理制度。这种制度在规范教师教学行为方面发挥一定积极的作用，但也有不少弊端。比如，教师教学场所只能在教室或实验室，其他场域却不被允许；教学时间只能是课程表拟定的时间，教师不能根据教学内容的需要随机调整；教学效果的考核，必修课只能闭卷考试，题型受数量限制。如此种种的制度规定都会对教师教学行为的创造性和灵活性造成较大限制。想当年，刘文典在西南联大任教时，上课不到半小时，就忽然宣布提前下课，改在下星期三晚饭后七时半继续上课，于是便有了在周三晚上在月下给学生大讲《月赋》的佳话。西南联大创造了中国教育史上的神话，精英人才辈出，这与西南联大较为灵活的教学管理不无关系。这种情形放在今天，刘文典教授的行为早就是重大教学事故而被追究了。教学有法而无成法，管理有度而不能过度。学校的管理干涉过多，便是对教师教学创造性的扼杀。因而，要培养高素质的人才，首先要创新教学管理制度，让教师在精心育人的前提下，灵活、机动地调整自己的教学行为和方式，包括教学场所、教学考核方式、教学时间的自主决定。

其次，完善教师绩效的评价标准，建立达到什么标准的教师才是好教师的评价体系。当前，各所高校，包括民族院校对教师绩效评估标准没有形成科学的体系。好教师的标准尽管较为复杂，不容易确定，但是至少要有一个明确的评价维度。一个好的大学教师，必须在教学效果、课下指导和做人示范方面有过人之处。教学效果包括选课人数的饱和度①、课堂学生的参与度、学生对教学效果的评价程度；课下指导包括对所教课程的课下指导、学生社团活动的指导；学生其他方面困惑的指导、教学实习和实践活动的指导。做人示范方面包括高尚的品德、良好的习惯、突出的业绩。这三个维度尽管不能涵盖好教师的全部，但是基本上包括了大部分重要的内容。所列这三方面的内容对学生成才、发展具有积极的促进和保障作用。民族院校要尽快完善教师绩效的评价标准，促使教师为高质量人才培养做出更大的努力和贡献。

---

① 选课人数的饱和度是指选课学生数与额定上课人数的比值，比值越高，反映教师授课越受学生欢迎。

最后，优化对学生的评价制度。培养高素质的学生除了从教学管理制度创新和教师绩效评估标准的完善入手来激发教师的积极性和潜能外，还需要从激发学生的积极性与潜能着手。可以从思想素质、课程成绩、社会活动、实践能力、人际交往这五个方面对学生发展进行评价。对学生思想素质的评价包括党团员身份、遵守法律规章状况、诚实守信状况；对课程成绩的评价包括课程所属学科的跨度、课程总数（或学分总数）、课程成绩的平均绩点；对学生社会活动的评价包括参与校内外学术性活动、娱乐性活动、奉献性志愿活动；对学生实践能力的评价包括获得的各类奖励、各种荣誉（非课程成绩方面的）；对学生人际交往的评价包括人际交往跨文化程度、与他人关系的和谐程度。在优化评价内容的同时，还要优化评价主体的构成，要确立教师、管理者和同班同学是评价学生发展状况的主体。这三类主体评价结果所占的比重要根据不同的评价内容有所侧重和变化。如对学生人际交往状况的评价，同班同学的评价应该占更高的比例；对学生课程成绩的评价，教师应该占绝对的主导地位；对学生思想素质的评价，则需要教师、管理者和同班同学这三者评价结果所占比重均等。

四、加强校园文化建设

校园文化简单地说是指学校全体师生员工在长期的办学过程中培养形成并共同遵循的最高目标、价值标准、基本信念和行为规范。[①] 校园文化对人才成长所起的作用就像培育生物的营养液一样，供养着具有无限发展潜力的生命体。校园文化影响着人才成长的速度与方向。从某种意义上讲，校园文化对学生的影响比课程内容所产生的影响更深刻、更持久、更全面。早在1861年，伊顿公学的校长威廉·约翰逊·科里就对学生们说：“进一所好学校，最需要学到的不是知识而是艺术和习惯：专心致志的习惯，表达意见的艺术；表示在一瞬间注意到一项新的学术动向的艺术；迅速了解他人思想的艺术；重视细微差别的习惯，准时完成工作的习惯；以及要学会判断，学会鉴别，增强精神上的勇敢无畏并保持头脑清醒。”[②] 而所有的这一切更大程度上不是

---

① 参见沈文青：《校园文化与高校人才培养》，载《辽宁教育研究》，2002（7），30页。

② 《伊顿的改革》，6～7页，伦敦，龙门·格林、龙门·罗伯兹出版社，1981。

从课堂教学，而是从更广泛的校园文化中得到的。一个人在大学里花费许多时间学到的知识中的绝大部分可能都不会被直接运用并渐渐被遗忘，而真正最有效、最持久地作用于这个人的，正是在大学中体验到的那些“艺术和习惯”。一所大学首先要蕴含有这些“艺术和习惯”。其次的要求是把这些“艺术和习惯”最大限度地传授给学生。而这一切都必须通过校园文化来实现。①

在培养高素质的具有国际竞争力的优秀人才的目标指引下，民族院校的校园文化建设要放宽眼界、提高标准、革新举措，在立足国内、放眼全球的基点上努力建设一个尊重创新、尊重差异、尊重劳动、注重合作、追求卓越的校园文化，努力让具有不同文化特质的各族学生在相互理解和尊重合作的基础上奋发进取、全面成才。

建设好这样的校园文化，民族院校要努力做到如下几点：

一是校歌校训普及化。校园文化，尤其是精神文化往往集中体现在校歌校训上。民族院校都有自己的校训，但很多民族院校都没有自己的校歌，这是非常遗憾和不应该的。大学作为一种文化的存在，其独特性需要通过校歌和校训显现出来。创作出体现自身办学理念和风格的校歌，然后在师生中传唱普及，这项工作是民族院校组织管理工作中应重点进行的一项工作。

二是多元文化物质化。民族院校是多元文化的集散地，应该充分借助建筑、雕塑、服饰、饮食、美术、音乐、舞蹈等物质化形式再现出来，让各族师生感受不同文化的魅力和风采，从而潜移默化地熟悉、理解和尊重多元文化。这对跨文化敏感性和跨文化交流合作素质的培养也具有重要的促进作用。

三是多元文化学习的活动化。民族院校是多元文化的大观园，熟悉、理解多元文化是民族院校师生的一项重要任务。然而，单纯的文本学习和聆听讲座都会让人感到视觉疲劳和听觉倦怠。为此，可以将多元文化通过各种活动加以体现，让师生参与到体现多元文化的趣味性活动中，寓教于乐，效果显著。同时，多元文化活动又能增强不同民族学生之间的情感，增进不同民族师生的友谊，一举两得。

四是资源利用国际化。民族院校的校园文化建设需要围绕国内各民族学生的多元文化特征和民族文化创新发展的需要，开展各种体现特定文化的活动，但这远远不够，还要充分借助外国留学生异域文化的资源，努力在师生

---

① 参见任友群：《论校园文化的人才培养功能》，载《江苏高教》，1998（4），32页。

之间营造一个关注域外民族和族群的文化氛围，以培养学生国际化的视野和胸怀，形成具有跨文化敏感性以及与不同文化群体交流合作的能力。

概而言之，民族院校在新的历史时期要立志高远，既要向国内一流普通高校人才培养质量的标准看齐，又要充分发挥自身的优势，在培养具有跨文化敏感性和跨文化交流合作能力的国际化人才方面做出贡献。民族院校可以从转变人才培养理念，完善课程体系，创新组织管理制度，加强校园文化建设等方面来不断推进宏伟目标的实现。

第九章　内涵式发展促进民族院校毕业生就业竞争力

内涵式发展是当下中国发展模式的战略选择。它与外延式发展相对，强调基于事物发展内在规律的要求，以最经济的资源消耗实现可持续的、高效能的产出。对于处于发展中的我国来说，各种资源的约束性条件都很明显，资源消耗型、低效型的外延式发展模式不具有可持续性，中国必须坚定不移地转变发展方式，从外延式发展转向内涵式发展，迈上科学发展的道路。高校既是促进中国各项事业发展的引擎，又是消耗社会资源的社会实体，如何促进高校走上内涵式发展道路，这需要党和国家的政策引导，更需要高校的自觉探索。

党的十八大报告明确提出推动高等教育内涵式发展的战略要求，这为新的历史时期中国高等教育的发展指明了方向。教育部党组副书记、副部长杜玉波同志在教育部党组学习贯彻党的十八大精神扩大会议上强调："我们贯彻落实十八大精神，就是要更加坚定地走中国特色高等教育发展道路，以提高质量为核心，推动高等教育内涵式发展。"由此可见，中国高校发展转入了探索内涵式发展的新阶段。民族院校是中国民族高等教育的主力军，也应该积极探讨内涵式发展的路径策略。

第一节　民族院校内涵式发展的内容

中国民族院校肩负特定的办学使命，有鲜明的办学特色，在探索内涵式发展的道路上不能偏离历史使命和特色，优势，要始终围绕办学使命和特色，探究内涵式发展的路径、策略。

一、民族院校内涵式发展是坚守固有使命的发展

民族院校的诞生肩负着党和国家领导人的重托和期望。早在抗日战争时期的1941年，为了团结更广大的少数民族同胞团结抗战，在极其艰难的革命时期，毛泽东领导的中国共产党人就毅然决然地克服一切困难在延安创立了民族学院，培养少数民族干部，团结各族人民反抗日本帝国主义的凶残侵略。抗日战争时期的延安民族学院肩负着团结各族人民，促进国家独立、统一的历史使命。中华人民共和国成立后，为了捍卫和巩固新生的人民民主政权，夺取社会主义革命和建设的新胜利，造就一支德才兼备的少数民族干部队伍，做好民族工作和解决民族问题，毛泽东领导的中国共产党人同样克服新中国百废待举的种种艰辛，于1949年11月开始筹办中央民族学院。1951年，中央民族学院完成筹备工作，于当年2月1日正式启用“中央民族学院印”①，从而揭开了新中国在北京、西北、西南、中南等地创设民族学院的序幕，为中华人民共和国民族高等教育事业的发展吹响了前进的号角。

1950年11月，政务院批准的《筹办中央民族学院试行方案》对中央民族学院规定了如下的任务：

第一，为国内各少数民族实行区域自治以及发展政治、经济、文化建设培养高级和中级的干部。

第二，研究中国少数民族问题，以及各少数民族的语言文字、历史文化、社会经济，发扬并介绍各民族的优良历史文化。

第三，组织和领导关于少数民族方面的编辑和翻译工作。②

这三项任务可以概括为培养人才、传递文化这两大类别。这两类任务构成了中央民族学院的办学使命，同时也是整个民族学院的办学使命。在1955年召开第一次民族学院院长会议，在这之前，各民族学院主要招收在职人员，培养高级干部和中级干部。1955年之后，各民族学院开始招收少数民族青年进行专业训练或文化科学教育，培养专业技术人员。自此之后，随着中国教

① 参见中央民族大学党委办公室、校长办公室编：《中央民族大学大事记（1941—2006）》，14页，北京，中央民族大学出版社，2007。

② 参见《中国教育年鉴》编辑部编：《中国教育年鉴1949—1981》，408页，北京，中国大百科全书出版社，1984。

育事业的发展，招收少数民族青少年进行专业人才培养成为民族院校的主要使命和重要内容。1952 年，中央民族学院研究部的成立标志着民族院校通过学术研究服务国家决策的开始。自 20 世纪 50 年代初至 60 年代中期，从服务于国家民族工作大局出发，中央民族大学组织师生 5200 余名（人次）参加了民族调查工作，为国家制定民族区域自治政策和民族地区的社会改革提供了依据。随着各民族院校的创立、发展，加强调查研究和学术探究，服务国家民族事业的发展成为各民族学院自觉的选择。如中央民族大学组织的“人口较少民族调查”、“中国语言国情调查”和“中国民族地区村庄经济调查”等系列研究工作，为国家制定相关政策提供了重要依据。

当前，党和国家领导人高度重视中国特色新型高校智库建设，将其视为国家软实力的重要组成部分。2015 年 1 月，中共中央办公厅、国务院办公厅联合印发了《关于加强中国特色新型智库建设的意见》，强调指出，随着形势发展，智库建设跟不上、不适应的问题也越来越突出，如存在较大影响力和国际知名度的高质量智库缺乏，提供的高质量研究成果不够多等问题，需要“统筹推进党政部门、社科院、党校行政学院、高校、军队、科研院所和企业、社会智库协调发展，形成定位明晰、特色鲜明、规模适度、布局合理的中国特色新型智库体系”。就中国特色新型高校智库建设而言，要“深化高校智库管理体制改革，创新组织形式，整合优质资源，着力打造一批党和政府信得过、用得上的新型智库，建设一批社会科学专题数据库和实验室、软科学研究基地。实施高校哲学社会科学走出去计划，重点建设一批全球和区域问题研究基地、海外中国学术研究中心”。[①] 党中央对建设特色新型高校智库提出新要求，客观地要求新时期的民族院校要建设好智库，为国家民族事业的战略决策再立新功。

因此，民族院校的历史使命就是立足于自己的办学资源和办学特色，围绕人才培养、文化传递、服务国家决策开展工作，这是国家的期望和时代的需要。民族院校办出自己的特色是国家的期望。早在 1996 年，时任国务院副总理的李岚清主持研究民族教育工作有关问题的会议时就指出：“民族院校不应等同于普通高校，在办学方向、专业设置、培养目标等方面都应有自己的

---

① 《关于加强中国特色新型智库建设的意见》全文，2015 - 01 - 21，http://news.xinhuanet.com/zgjx/2015 - 01/21/c_133934292.htm。

特点。”① 当下，国内高校围绕优质生源、一流师资、利好政策与专项经费展开的竞争日趋激烈，一所高校若没有自己特色和优势，就很难在激烈的资源竞争中拔得头筹或分得一杯羹。民族院校有自己的优势学科和特色资源，这是民族院校赢得竞争的筹码，是实现跨越式发展的资本。因而，在当前和未来，坚守自身特色和办学使命才是民族院校谋划发展的明智之举和有效之策。

二、民族院校内涵式发展要体现办学特色

就民族院校来说，其内涵式发展便是遵循其“质”的规定性进行外延扩展和内涵提升相统一的发展过程。民族院校“质”的规定性在于“培养特色人才”“传递特定文化”“服务特别决策”这三大使命上，如图 9－1 所示。“培养特色人才”是指民族院校应该培养好少数民族学生，使之成为合格的高级专门人才；培养好汉族学生，使之成为具有较高水平的知识技能及志愿服务民族地区发展的较高素质的“双高”人才。“传递特定文化”是指民族院校既要传递包括少数民族文化和汉族文化在内的中国文化，又要传递世界先进文化，让中国各民族优秀文化在走向世界的同时，也消化、吸收国外优秀文化的精髓。与其他院校相比，注重各少数民族优秀文化在国内和国际传递是民族院校传递特色文化最为集中的体现。“服务特别决策”是指民族院校要积极探究新形势下，少数民族和民族地区生存、发展过程中出现的新问题、新趋势，形成科学、准确的判断，为少数民族和民族地区发展提供智力服务，发挥好智库的作用。

民族院校围绕上述三大使命对发展要素进行的规模与结构的适当调整，虽属于数量拓展式发展，但都是在“民族”特色限度内的发展，都是为内涵式发展奠定基础，属于基于内涵式发展的数量扩张，是有助于民族院校内涵式发展的，而不是走向反面。有学者指出：“判断高等教育发展方式是内涵式还是外延式的标准在于是否有利于高等教育的人才培养、科学研究、社会服务以及文化传承创新等基本职能的发挥与实现。”② 笔者赞同该学者的观点，

① 教育部民族教育司编：《民族教育文件汇编（1991—2001）》，168 页，北京，红旗出版社，2002。

② 张德祥、林杰：《“高等教育内涵式发展”本质的历史变迁与当代意蕴》，载《国家教育行政学院学报》，2014（11），3 页。

认为凡是有助于民族院校三大办学使命实现的规模、结构的调整都属于内涵式发展。

图9－1所示的民族院校的办学使命、办学特色、办学资源、办学效果这四者是相辅相成的：一方面，办学使命决定了办学特色，办学特色集聚办学资源，办学资源约束了办学效果；另一方面，办学效果影响办学资源，办学资源支撑了办学特色，办学特色成就了办学使命。借助于图9－1，我们可以很好地阐释民族院校的办学使命、办学特色、办学资源、办学效果与两种发展模式的关系：首先，若仅仅着眼于办学资源（发展要素）的扩张而忽略了办学特色体现和办学使命的履行，办学效果不令人满意，其规模扩张便是外延式发展；其次，围绕办学资源中某类要素扩张，而没有实现办学资源整体性协同扩张，办学效果欠佳，其片面发展也属于外延式发展；再次，基于办学使命的指导和办学特色的要求，实现办学资源整体协同式发展，取得良好办学效果，便属于内涵式发展。一句话，办学效果的好与坏直接裁量着民族院校发展是外延式发展，还是内涵式发展。因此，关于民族院校的办学效果，我们需要展开来谈。

民族院校培养少数民族人才和汉族人才要考虑人才结构、人才数量、人才素质问题。人才结构要处理好专科生、本科生、硕士生、博士生这四类人才的比例关系。民族院校的学术水平不等，四类学生的比例也应有不同。另外，民族院校还需要针对民族地区所需人才学历层次，决定合理的比例关系。人才数量既要看绝对数量，更要看少数民族学生占学生总数的百分比。人才素质既要看专业知识和技能水平，更要看综合素质和能力。传递中国文化和世界文化的效果包括文化传递广度、文化快递深度、文化快递效果三个方面。文化传递广度衡量的是，文化是在民族内传递，还是在不同民族间传递，还是达到国际性传递的层面。文化传递深度衡量的是，是单纯的文化介绍，还是较深入的文化阐释，还是达到融合、创新的文化创造高度。文化传递效果衡量的是，文化传递仅是让受众了解，还是使受众理解，还是达到让受众喜爱的程度。服务国家特别决策的效果涉及决策内容、决策层次、决策水平三个方面。决策内容主要考量的是服务政治制度的决策，还是服务经济政策的决策，还是服务文化和教育政策决策这三个方面。决策层次考量的是为地方性政策决策服务，还是为中央性政策决策服务。决策水平考量的是仅为决策提供支撑材料，还是为决策提供重要参考，还是直接为决策者所采纳。

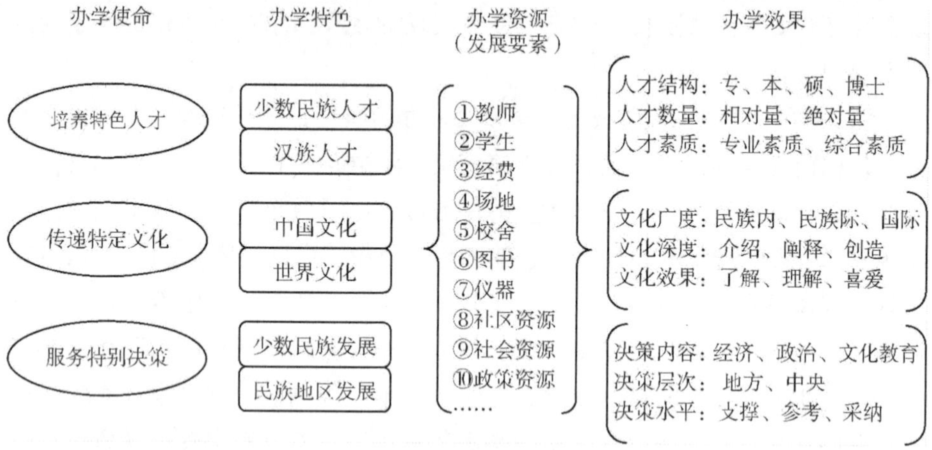

图 9－1　民族院校的办学使命、办学特色、办学资源、办学效果示意图

回到民族院校的办学实践中来审视，我们就不难发现其发展趋向是属于内涵式发展还是外延式发展。例如，有的民族院校不顾自身的学科特色和办学定位，盲目引进高端人才，耗费办学资源，却又无法与现有学科资源与基础相融合，难以达到整合、提升的发展效果；有的民族院校为提高生源质量和扩大办学规模，将更大的招生比例投向文化水平较好的汉族学生，少数民族学生所占比例逐年下降；有的民族院校不顾办学特色的约束，将办学经费、场地设备、招生指标更多地投放到对数理化水平要求较高的理工类专业，从而减少了少数民族考生就读人文社科类专业的机会，即使读上了人文社科专业，入学后享有的办学资源也较为有限，难以实现最大限度地发展，同时也不能满足民族地区对人文社科人才的需求；有的民族院校为节约办学成本，不顾各民族学生文化水平的差异，实行上百人的大班授课，统一授课要求，统一教学进度；有的民族院校对少数学生因理工科专业学习困难而申请转向人文社科专业，以逃避学习压力的现象听之任之，而不采取帮扶、鼓励的措施，来及时干预逃避式的转专业问题。凡此种种，皆与民族院校的办学特色与办学使命相违背，其发展是偏离民族院校“质”的规定性，属于破坏性的外延式发展。一方面，其不利于学校特色建设，另一方面不利于差异性具有竞争优势的人才培养。有特色就有价值，有特色就有市场，有特色就有竞争力。因而，坚守民族院校的办学使命和特色，走内涵式发展道路是增强毕业生就业竞争力的重要举措。

第二节　民族院校内涵式发展的路径探索

推动民族院校实行内涵式发展，需要我们坚守使命，摸清家底，厘清思路，有针对性地采取措施。

从本质上讲，民族院校内涵式发展是基于办学使命指导下的各要素协同发展，达成办学目标，取得良好办学效果的发展方式。由于不同民族院校的办学资源状况与办学水平不同，其发展的路径策略也不一样。有的需要推整体，有的需要补短板，有的需要拓优势，有的需要增后劲，有的需要强主干，如此等等，都不是统一的模式和行动策略，需要民族院校针对自身办学、现状，进行战略性的选择。为此，笔者将从五个方面阐述民族院校内涵式发展的路径策略。

一、着眼全局、协同发展

民族院校的资源状况不同、发展水平不一，其内涵式发展的策略路径也不同。有的民族院校在师资水平、生源质量、办学经费、政策资源等方面都处于高端水平，其履行人才培养、文化传递和服务国家决策的使命都能胜任愉快，其培养的人才的结构、数量、效果都能够与其办学使命相匹配，其传递的文化广度、深度、效果都能令社会各界满意，其服务国家决策的内容、层次与水平都能令人称道。对于这样的民族院校，其内涵式发展就是要着眼全局，整体推动人才培养、文化传递和决策服务工作，确保各项办学使命任务完美履行。此种类型的民族院校在探索内涵式发展方式的过程中，要避免剑走偏锋，执其一端，防止因突出某方面的使命任务，而过多占用办学资源，导致其他办学使命难以有效履行。

然而，在当前，能选择这种发展路径的民族院校为数不多，因为绝大多数的民族院校在办学资源的供给上总有这样那样的短板。为此，民族院校走内涵式发展道路首要的是补齐关键性的短板。

二、定向发力、补齐短板

民族院校拥有的办学资源并不都很充足且协同程度高。因此，在内涵式发展道路的探索上，民族院校需要根据自身的办学定位和长远规划，找准撬动其办学最终目标的支点——关键性的发展要素，如师资、生源、政策资源、经费等某种或若干种资源，通过自身努力或合作联盟，尽快补齐发展的短板，增强关键性发展要素对其他办学资源的整合推动作用，助力战略目标的有效达成。

值得强调的是，民族院校在补齐短板的过程中，一定要找准制约其发展的关键性办学资源，而不是一般性的办学资源。因为，在中国高等教育大发展的今天和未来，高等教育整体办学规模的扩大，必然造成办学资源紧张，这就不可避免地造成高校办学资源不能按其所需地充足供给，这就决定了民族院校的发展战略只能坚持“有所为，有所不为”方针，找准关键要素，实行定向发力，补齐关键性资源的短板，以此激发相关办学资源的潜能，最大限度实现办学目标的达成。

三、拓展优势、整合资源

不少民族院校在发展的过程中已经形成了自己的特色和优势，这种特色和优势可能并非是当下市场经济中备受推崇和需要的，但是，着眼于长远发展和竞争优势的获得，民族院校也要保持和加强这种特色和优势，努力将其作为扩大学校影响力和激发办学资源潜力的抓手。

随着多元化社会的深入发展以及信息技术的普及应用，民族院校的一些传统的特色优势学科，如民族学、少数民族语言、民俗学等学科可以通过融入信息技术，实行创新发展，形成新的交叉学科，以拓展特色优势学科在社会上的影响力。因此，民族院校要以特色优势学科为抓手，拓展、整合办学资源，培育和壮大民族院校新的学科生长点，走办学使命引领下的内涵式发展道路，为中国民族高等教育，以至于整个高等教育事业的繁荣、发展做出贡献。

四、提前扶助、增强后劲

民族院校的发展与少数民族和民族地区的发展状况息息相关：一方面，少数民族和民族地区的繁荣、发展离不开民族院校的智力支持和服务，另一方面，少数民族和民族地区的需要构成民族院校存在和发展的前提和使命。离开了少数民族和民族地区的需要、信赖和支持，民族院校便面临存在合法性的危机，更不用说赢得广泛的社会认可，实现更大程度的发展。

民族院校如何做到被少数民族和民族地区所迫切需要呢？这就需要民族院校走出象牙塔，主动地走进少数民族和民族地区社区，了解他们的愿望，反映他们的诉求，尽其所能地满足他们的需要。这既是少数民族和民族地区的期望，也是党和国家的重托。当前，少数民族地区在全面建成小康社会的过程中面临不少难题，需要民族院校积极给予关注和给予帮助。如少数民族地区整体教育水平较低，尽管学生升学的愿望很迫切，但是能考入高校、接受高等教育的人数较少，这就需要民族院校积极帮助少数民族学生，尤其是民族地区的少数民族学生，提高其基础教育水平，扶助其迈进高校的门槛。这种帮扶一方面能整体提升少数民族文化教育水平，另一方面也是提前为民族院校的高等教育打好基础。因为，少数民族和民族地区的学生对民族院校充满情感，他们接受高等教育更愿意选择民族院校。民族院校组织师生持续帮助少数民族学生提高基础教育水平，这有利于民族高等教育事业的发展。

其实，早在1979年，国家民委和教育部在《关于民族学院工作的基本总结和今后方针任务的报告》中就指出："有的学院对边疆文化教育基础薄弱的少数民族青少年，采取从小学、中学到大专'一条龙'的办法进行培养""有的为其他高等院校开办少数民族的大学预备班，帮助学生补习、提高汉语水平""都是卓有成效的好经验"。[①] 民族院校的这种好传统、好经验，既有利于少数民族学生的升学发展，也有利于民族院校招收优质生源，实现内涵式发展，因此务必要发扬光大。

---

① 《中国教育年鉴》编辑部编：《中国教育年鉴 1949—1981》，408 页，北京，中国大百科全书出版社，1984。

五、裁汰冗余、固本强干

民族院校在发展过程中不断地“拾遗补缺”，形成了较为完备的学科门类，实现了办学规模的扩张。这既是发展的机遇，又是发展的累赘。众所周知，办学是需要经费的，办好一个颇具规模的高校更是需要投入巨额经费的。中国是发展中国家，又是世界上第一高等教育大国，高校发展所需经费巨大。截至 2014 年 7 月 9 日，中国已有 2097 所普通高校和成人高校需要政府投资。可以想象，民族院校作为这众多高校中的成员，其获得的政府投入不可能是尽己所需的。以有限的经费投入办好民族院校，这就客观地要求民族院校要坚守办学使命和优势特色，将边缘性的发展项目加以裁汰，实现集中办学资源做大做强支撑学校内涵发展的主干项目。军事学上强调“集中优势兵力打歼灭战”，管理学上重视“专一化”竞争战略，教育学上坚持“个性化”发展原则，这些都体现了一个共同的思想：不能没有核心地平均用力，要选准一个目标重点突破，确立在这个领域的核心地位。民族院校实现内涵式发展也要借助这种战略性思维，选准一个各方面资源都能协助的战略方向，进行重点突破。如有的民族院校在特色文化传递上有基础和优势，就可以围绕这种特色文化进行人才培养和科学研究，在这方面成为人才培养、科学研究以及社会服务的高地，在高校竞争中确立不可动摇的优势和地位。

尽管相形于民族院校庞大的支出，一些细枝末节的项目所耗的资源微不足道，但是也不能任其旁逸斜出，必须坚决果断地加以修剪，确保所有的营养用于维持主干的发展、壮大。当然，那些支撑主干的必要枝干是需要保留并努力促成其与主干协同成长的，通过遏制边缘枝蔓的蔓延，确保主要枝干聚拢主干，始终衬托与滋养主干，形成主干粗壮、枝干繁茂的发展态势，走上内涵式发展的道路。

综上所述，民族院校内涵式发展是办学使命指导下的诸多发展要素协同发展的过程，是定向发力、补齐短板的发展理路，是围绕优势、特色，整合办学资源的路径拓展，是开拓创新、服务前置的大胆尝试，是修枝剪叶、固本强干的战略选择。不同发展状况的民族院校，要结合自身的办学资源和发展目标，选择恰适的发展路径，实现自身的内涵式发展。

第十章 推行民族院校绩效评估，增强毕业生就业竞争力

民族院校是中国高等教育的重要组成部分，其发展状况的好坏、优劣不仅关系到民族高等教育发展的大局，而且影响到中国整个高等教育的质量。纵观世界各高等教育强国发展之路，对高校进行绩效评估是各国提高高等教育质量的重要举措。自 20 世纪 80 年代以来，英美等国对高校办学绩效进行的评估，有力地促进了高校的办学效益和办学质量的提升。

中国民族院校办学绩效如何？如何采取有效手段诊断民族院校办学绩效及其存在问题？民族院校办学绩效评估与毕业生的就业效果之间有何关系？在中国努力创建世界高等教育强国和人才资源大国的当下和未来，对民族院校的办学绩效进行评价，以此助推毕业生的就业效果无疑是必要和重要的。对民族院校进行办学绩效评估有助于诊断、厘清和把握中国民族高等教育发展的得失和努力方向。

第一节 民族院校绩效评估的内涵与毕业生就业竞争力

一、高校绩效评估的内涵与绩效指标体系

教育绩效评估是西方发达国家在其高等教育面临严重挑战的背景下，开发出的一种适用于测量办学效率和效益的一种评价方法。20 世纪 80 年代以来，以英、美为代表的西方发达国家对公共部门管理进行了一系列改革，对

高校的绩效评估由此展开。现在已经成为西方国家评价高校办学情况的有效工具，是国家制定教育政策、分配学校经费和加强学校管理的重要手段，在高校管理和发展中起着越来越重要的作用。

关于教育绩效的概念，在国际上还没有形成统一的认识。有专家认为教育绩效是教育活动跟踪效果的反应，包括：教育目标的实现情况，在实现教育目标过程中资源配置的状况，在实现教育目标过程中过程安排的情况等。中国学者认为，教育绩效评估是“在特定的环境下结合教育资源配置情况，根据一定的标准，运用科学可行的方法，对教育的要素、教育的现状和目标的制定、教育活动过程、教育的效率和效果进行价值评判的活动。”①

关于高校办学绩效评估的指标体系，英、美等国都做了有益的探索，并取得不菲的成就。就美国高等教育系统内部绩效评估指标体系而言，主要包括如下内容：教学与学生指标：学校聘用教师和录取学生的政策、生师比、学生完成课程的比率、学生获得学位的平均年限、学生就业状况等；科研指标：教师与研究人员比率、科研经费获得额、科研成果等；财务及资源管理指标：生均支出、经费来源结构、校园生活质量、生均费用等。②

英国最初将高校办学绩效评估指标分为三大类：一是内部指标，主要反映学校方面的特征；二是外部指标，主要反映高校所设置的学科适应经济和社会发展情况；三是运行指标，如单位成本、图书馆设备的利用率等“生产率”指标。1986 年，英国大学拨款委员会将绩效评估指标划分为另外三类：一是输入指标，主要反映高校可利用的资源、人力和经费的情况；二是过程指标，主要反映办学过程中有关资源的使用率、管理行为和组织行为的情况；三是输出指标，主要反映教育的成效与产出情况。③ 这些绩效指标经过 1987 年、1988 年、1999 年的修订基本稳定成型，除了在此后的几年中陆续增添了 3 项新的指标外，该指标体系一直沿用至今。

---

① 赵胜岩、陈书智、汪滢滢、李积勇：《当前加强高等教育绩效评价的必要性分析》，载《中国冶金教育》，2007（3），66 页。

② 参见代蕊华：《西方高校的绩效指标及其评价》，载《外国教育资料》，1999（6），58～59 页。

③ 参见陈洁：《高等教育绩效评价刍议》，载《高等农业教育》，2008（5），13～14 页。

表 10－1 英国 1999 年绩效指标指导工作组设计的绩效指标体系①

一级指标	二级指标	三级指标
教与学	弱势群体的入学情况	全日制青年入学人数
		成年人及非全日制青年入学人数
	学生学业进展	入学第一年的进展情况
		学生复读情况
	学业成果	
	学习效率	
	就业与取得资格证书后的成果	高等教育统计局一次就业率调查
		高等教育统计局长期就业评价
		学生就业成果
科研	科研水平评估	5 级和 5* 级学科中参评教师人数及其比例
		各学科科研水平评估的平均等级
	基于高等教育统计局的年度指标	科研投入与产出
		每百万英镑公共科研拨款培养博士数
		每百万英镑公共科研拨款资助个人科研项目数
	论文发表统计	
高校创造的财富		产业界立项的科研项目数量
		与产业界联合开展科研项目的数量
		产业界资助开展的咨询项目数量
		高校所属公司商业性开发科研成果的营业额
		高校及其开发公司通过特许经营获得的收入
		高校及开发公司通过软件开发和销售获得的收入

从表 10－1 可以看出，英国高校和高等教育绩效评估是将办学投入、过程和产出的要素通过“教与学”“科研”“高校创造的财富”这三个类别加以呈现的，但这三种类别呈现存在问题，就是“科研”要素与某些“高校创造的财富”要素之间有时难以掰开。另外，从表 10－1 的绩效指标体系可以看

① 参见阚阅：《当代英国高等教育绩效评估研究》，125～126 页，北京，高等教育出版社，2010。

出，经过修订、完善后，英国高校绩效评估的指标体系更重视过程和产出，而对于最初（1986 年）设计的“全日制学生的生均成本”“全日制学生与全职教师的比例”“全职教师的平均装备成本”“教辅人员与教师的比例”① 等投入性要素则逐步淡化，更侧重通过教育过程和教育产出来评价高校的办学绩效。这种转变与英国高校的办学基本条件都得以保障不无关系。在办学基本条件差不多的情况下，衡量办学绩效当然要更多关注教育过程与教育产出了。

二、民族院校办学绩效评估的内涵及指标体系

依据中国学者对教育绩效的界定，笔者认为，民族院校教育绩效评估就是在一定的办学思想指导下，依据民族高等教育办学目标对办学资源配置情况及其办学目标实现程度进行判断和分析的过程。

民族院校的办学绩效评估应该包括哪些内容呢？这是由民族院校的办学使命和目标所决定的。自 1941 年延安民族学院创办之日起，中国共产党就将举办民族院校作为培养少数民族高级专门人才、传承各少数民族优秀文化、促进各少数民族及民族地区繁荣发展、实现各民族团结和国家的统一、达到中华民族伟大复兴之重要手段。

中国民族院校具有双重属性，一方面它要体现民族特色，另一方面它是高等教育机构。其在人才培养、科学研究和社会服务过程中都要体现这种双重属性。为此，民族院校办学绩效评估的指标体系应该包含特殊性与普遍性的要素，既要评价少数民族学生入学的情况、少数民族文化传承和发展的情况、服务民族地区发展的科研投入与产出情况等特殊要素，又要考虑高等教育的投入保障情况、学生发展情况、就业情况、促进经济社会发展情况等普遍性内容。

借鉴英、美等国设计高等教育绩效评估指标体系的理念和思路，结合中国民族院校的办学使命和特色，按照民族院校的投入、过程和产出的思维逻辑，笔者尝试建构民族高等教育绩效评估指标体系，具体内容如表 10 – 2 所示。

① 阚阅：《当代英国高等教育绩效评估研究》，119 ~ 119 页，北京，高等教育出版社，2010。

表 10－2 中国民族院校办学绩效评估指标体系

一级指标	二级指标	三级指标
办学投入	少数民族学生占学生总数比	少数民族专科生占专科生总数比
		少数民族本科生占本科生总数比
		少数民族研究生占研究生总数比
	学生的生均办学成本	生均管理成本
		生均图书资料设备成本
		生均服务指导成本
		生均科研与社会实践成本
		生均其他成本
	少数民族学生的生均投入成本	少数民族学生的生均家庭投入
		少数民族学生的生均打工投入
		少数民族学生的生均非学校的捐助投入
	民族院校的师资投入	学生数量与授课教师数量比
		学生数量与高级职称教师数量比
		学生数量与管理者数量比
		学生数量与服务人员数量比
	民族院校科研投入	教师人均纵向科研经费
		教师人均横向科研经费
		教师人均校级科研经费
		科研教师与教职工总数比
办学过程	课程占整个学制时间的比例	专业必修课程学时数占总课程学时数比例
		专业选修课程学时数占总课程学时数比例
		跨专业选修课程学时数占总课程学时数比例
	实践活动学时占整个学制时间比例	校方组织的校外活动学时占整个学制时间比例
		校方组织的校内活动学时占整个学制时间比例
		学生自发活动学时占整个学制时间比例

续表

一级指标	二级指标	三级指标
办学过程	奖励经费占办学经费比例	教职工奖励经费占办学经费比例
		学生奖励经费占办学经费比例
	资助经费占办学经费比例	资助学生经费占办学经费比例
		对校外资助经费占办学经费比例
办学产出	培养人才	每百万元人民币培养的折合本科生数①
		学生取得上岗资格证书比例
		学生毕业时的一次就业率
		学生毕业一年后的就业率
		少数民族毕业生回家乡就业比例
		民族地区录用少数民族毕业生占录用毕业生的比例
	科研成果	教师人均科研成果数量（核刊论文与著作）
		教师人均科研成果获奖数
		教师每百人获得专利数
	创造财富	教师人均技术专利转让所得收入
		教师人均校外咨询服务所得收入

表10－2所列的各类指标，涉及民族院校教学、科研和社会服务这三大职能。由于民族院校具有民族特色和普通高校一般标准的双重属性，评价民族院校办学绩效便要兼顾其双重性。这些指标对民族特色强调还不够，还需要进一步挖掘民族院校的特色，增加相关的评价指标并加以量化。另外，本书建构的指标体系更多测查民族院校办学投入、过程和产出中的显性内容，而对其隐形的难以量化的指标并没有列出，这是该指标体系需要进一步完善的地方。

① 根据学习年限及培养成本，将本科生视为1，每名专科生折合成0.75名本科生，硕士生折合为1.5名本科生，博士生折合成2名本科生。

三、民族院校绩效评估与毕业生就业竞争力的关系

民族院校办学绩效评估与毕业生就业竞争力的培育有着内在的关联。民族院校办学绩效评估是对民族院校办学目标实现程度的价值判断，其中首要的办学目标便是培养优秀的人才。在培养人才这一块涉及办学资源的投入、办学过程的优化以及办学产出的成效。

办学资源的投入得到保障便是人才培养质量得以保障，办学资源的投入方面涉及生均管理成本、生均图书资料设备成本、生均服务指导成本、生均科研与社会实践成本和生均其他成本。更为重要的是绩效评估将师资的投入纳入了重要考核范畴，要求民族院校要保持较低的学生数量与授课教师数量比、学生数量与高级职称教师数量比、学生数量与管理者数量比、学生数量与服务人员数量比，从而在师资质量上保障人才培养质量有所提升。

此外，在办学过程的优化上，绩效评估将课程占整个学制时间的比例纳入考核的内容，从而确保民族院校在办学过程中让专业必修课程学时数占总课程学时数比例、专业选修课程学时数占总课程学时数比例、跨专业选修课程学时数占总课程学时数比例达到合理的程度，不能走向极端。在衡量民族院校的人才培养过程中，实践活动学时占整个学制时间比例被作为重要的判断指标，确保校方组织的校外活动学时占整个学制时间比例、校方组织的校内活动学时占整个学制时间比例、学生自发活动学时占整个学制时间比例都处于合理的区间，不至于顾此失彼，头重脚轻，从而影响学生对专业知识、技能的学习与实践能力的协调、发展。在对办学过程的评价，还有一个对学生资助情况的考核。因为在民族院校贫困生所占比重较大，资助情况直接影响到学生发展的状况。因而，在评价民族院校办学绩效时，对学生资助经费占办学经费的比例是一个重要指标，要确保资助学生经费占办学经费比例达到较高水平，争取校外资助经费占办学经费比例不断提高。这些都是有助于学生全面发展的物质条件。

最后，毕业生的就业率是衡量办学绩效的指标之一，学生毕业时的一次就业率、学生毕业一年后的就业率、少数民族毕业生回家乡就业比例、民族地区录用少数民族毕业生占录用毕业生的比例可以作为衡量毕业生就业率的几个考核点。这些考核都直接关系到民族院校毕业生就业竞争力的培养与

提升。

由此可见，民族院校办学绩效评估能从资源保障、过程保障、制度保障等方面培育与提升毕业生的就业竞争力。

第二节　民族院校绩效评估的实施

笔者尝试建构的民族院校办学绩效指标体系尽管不成熟、不完善，但其真实数据若可获得，便能在一定程度上反映民族院校投入、运行和产出的情况，便能在一定程度上与普通高校的办学绩效进行某些方面的对照，便于民族院校了解自身状况，从而加以改进、提高。

如何确保民族院校办学绩效评估能够顺利推进？如何确保民族院校办学绩效评估的结果真实、可靠？如何保障民族院校绩效评估结果成为推动民族院校进一步发展的引擎？这需要相关部门和利益主体统一思想、提高认识、协同行动以及出台相关的配套政策。

一、加强宣传、统一认识

民族院校办学绩效评估的结果涉及多方主体的利益，既关涉上级教育行政部门的形象，又关乎民族院校自身的声誉，还有学生及其家长的颜面。通常情况下，高校办学绩效评估的结果不好时，人们便想当然地推断这是上级领导不到位、学校管理不得法、办学质量不过关的结果。其实，这些认识都是片面，甚至是错误的。民族院校办学绩效的好坏有着复杂的主客观因素，有的因素是历史、地理环境造成的，短时间内是无法克服的，不能将其归咎到某一主体或某些主体身上。另外，真实反映民族院校办学绩效评估状况不是为了追查谁的责任，而是为了摸清实情，查摆原因，以便针对性地提出改进、完善的措施。

因而，教育行政部门要邀请各类媒体宣传民族院校办学绩效评估的目的和意义，引导社会各界对高校绩效评估形成正确认识，从而在全社会形成这样的共识：通过绩效评估可以诊断问题，明确方向，办成人民满意的民族高等教育。

二、政府主导、内外结合

民族院校办学绩效评估有效与否、科学与否，关键在于高校提供的数据真实可靠与否。这就需要民族院校自身具有积极、主动开展该项工作的愿望和行动。民族院校的上级教育行政管理部门也要积极发挥作用，宣传、动员和组织、监督民族院校积极开展办学绩效评估工作。

上级教育行政部门一方面要每年定期统一发布通知，组织、动员各高校按照绩效评估指标体系整理和提供真实数据，另一方面要通过招标的形式选定可靠的教育评价中介机构，以收集、分析各高校提供的绩效指标数据并形成绩效评估报告。民族院校的上级教育行政部门通过专家库审核、监督中介机构的工作，以确保中介机构客观、公正地工作。通过中介机构客观、科学地分析和评价，如实发布评价结果，教育行政部门和高校便能客观、真实地把握高校的投入、运行和产出的情况，明确得失所在以及努力的方向。

三、多方协同、政策配套

高校办学绩效涉及人、财、物、教育许可等要素。这些要素协调配合，高校办学绩效才有保障。这些要素并非全部由高校的上级教育行政部门所供给，而是分属不同的行政部门。民族院校办学绩效评估结果所显示的某方面欠缺或不足，教育行政部门不能完全独立、有效地解决，需要其他相关部门出台相应政策，加以支持、配套。若民族院校绩效评估结果显示，高校办学经费严重不足，教育行政部门自身便无法解决了，这便需要财政部门协调、配合，出台相应的帮扶政策，加大对民族院校的投入。此外，民族院校要引进学科带头人或高端人才，让全体教职工安心教育工作，提高教学与科研的水平，解决其住房问题便是重要前提。解决教职工住房问题也不是教育行政部门和高校自身所能拍板的，需要当地住房与建设部门提供政策，加以扶持。

概而言之，民族院校在新的历史时期欲获得跨越式发展，必须积极推行办学绩效评估，以摸清家底、查明得失、明确方向，在各级各类行政部门的支持下，消除发展的障碍，实现办学质量和效益的新跨越，为高校毕业生顺利且高质量地就业奠定厚实的基础。

第十一章　创新就业指导与服务制度，提升毕业生就业竞争力

就业关系着家庭的经济状况，也关系着社会的稳定和发展，是任何国家、民族和个人都需要高度关注的社会问题。高校毕业生作为社会的高级专门人才，除了就业期望和就业岗位区别于未接受过高等教育的劳动者之外，也同样需要找到一份满意的工作。在优质就业岗位不足以让高校毕业生轻松获取的时候，竞争便不可避免了。让高校毕业生形成竞争上岗的意识以及通过自身努力形成较强的就业竞争力，可以借助创新就业指导与服务工作来逐步实现。

第一节　就业指导与服务对毕业生就业竞争力的影响

高校毕业生的就业竞争力涉及毕业生的就业观念、专业素质和能力、就业技能和技巧，而这些都离不开就业指导与服务工作高效有序地开展。狭义的就业指导与服务是指为毕业生提供就业观念、就业技巧、就业信息发布与就业手续的办理方面的一系列帮助，广义的就业指导与服务是指为促进毕业生顺利就业而为毕业生提供的一系列教育、管理、指导与帮助的活动，这些活动贯穿于学生整个求学阶段。本书所言的就业指导与服务主要是从广义的角度来探讨的。

就业指导与服务工作对高校毕业生具有多方面的意义，现阐述如下。

一、就业指导与服务有助于高校毕业生整体素质和能力的提升

高校毕业生能否顺利就业，关键还是取决于高校毕业生的综合素质和能力。而高校毕业生综合素质和能力可以在高校就业指导与服务机构老师们的专业指导下，经过系列的训练，得以提升。因为，高校就业指导与服务机构所提供的不仅是毕业年度学生的就业指导与服务，而且还会延伸到大学生入学之初的职业生涯规划与指导上。这是当下中国高校就业指导与服务机构所开展工作的现状。

成功迈入大学只能代表学生在一个阶段的成功，说明该学生具有接受高等教育、获得成功的潜质，但这并不意味着未来就不再需要努力。相反，高校学生应该在注重理论知识学习的同时，加强实践能力的锻炼，全面提升自己的能力，比如语言表达能力、与人相处的能力，解决问题的能力，以适应将来就业和工作的需要。这对于初入高校的青年学生来讲，也许并不清楚，而高校就业指导与服务机构的专业教师团队在这方面能提供全面、周到的教育指导与服务，以激发青年学生的奋斗激情，促进他们及早地形成学业规划和人生规划，抓紧时间学习和实践，从而让青年学生在毕业的时候在专业素养和综合素质方面都有全面提升。

二、就业指导与服务有助于毕业生形成正确的就业观念

中国高等教育已从精英化教育走向了大众化教育，人力资源配置也从计划调配转向了市场配置。因此，大学生的就业观就应根据社会的需求、市场的变化而及时更新。然而，遗憾的是，部分大学毕业生的就业观并没有及时更新，他们的就业方向不明确，不能客观地自我定位，价值取向模糊，就业期望值高，产生不切实际、盲目从众，甚至盲目攀比的就业心理，致使他们难以顺利就业。

现在的就业市场是高度竞争和非均衡性的。求职者对就业区域、就业薪酬、就业单位、就业岗位类型、就业后的福利待遇和条件的期望都属于就业心理的范畴。在供求双方结构性供过于求的态势下，毕业生合理的心理预期对就业活动和就业效果的影响是积极的，而过高的心理预期往往会导致就业

愿望的落空和情绪的失控。

因而，帮助毕业生确立合理求职预期的就业指导与服务工作便非常重要和关键了。作为专门从事就业指导的老师，对当前就业形势有着更为准确地把握，在学生求职之前进行针对性的指导是不可或缺的。通过就业形势的解读以及就业案例的分析，有助于毕业生根据就业形势以及自身的素质状况，合理确立自己的就业预期，从而促进毕业生以更加积极、稳妥和理性的方式，寻找适合自己的就业岗位，顺利实现就业。

三、就业指导与服务提供了丰富、有效的就业信息

就业信息的多寡和有效与否直接关系到高校毕业生是否能够顺利就业。高校建立健全就业指导服务机构、完善就业指导与服务的内容，有助于高校广泛利用能促进毕业生就业的社会资源，实现学校与地方劳动人事部门在就业方面与用人单位密切互动，实时把握高校毕业生就业市场的供需行情，提前和及时掌握社会、相关行业单位发布的招聘信息以及用人单位对毕业生的素质要求，为毕业生提供全面、及时、有效的就业信息服务。

因而，高校通过完善、周到的就业指导和服务工作，能够帮助高校毕业生及早、及时地掌握真实、有效的就业信息，有助于高校毕业生合理定位，正确遴选，针对性地应聘，做充分的就业准备，避免了高校毕业生盲目求职和仓促应聘，进而帮助高校毕业生提升就业竞争力，提高毕业生就业的成功率。

四、就业指导与服务可以提高毕业生的就业技巧

就业技巧相对于就业观念、专业素养和综合能力以及就业信息来说，其对高校毕业生就业效果的影响相对偏低，但也是很重要的影响因素。并且，高校毕业生的就业技巧是最容易在短时间内得以提升的。为此，我们不能忽视这种较小投入便有较大回报的就业技巧的训练。

就业技巧涉及就业面试时的着装、装扮、情绪态度、语言表达等方面。通过就业指导与服务机构专业教师的指导与服务，高校毕业生在面试时，能够根据应聘岗位的性质，合适地进行着装、打扮，以给面试官留下美好印象，

充分发挥晕轮效益，增加应聘者成功的筹码。就业指导教师的专业指导也有助于高校毕业在面试时，表现出恰如其分的情绪状态和语言表达风格，让面试官认可、欣赏，从而从众多的应聘者中脱颖而出。此外，就业技巧还涉及简历的制作与投递。一份简练、精美又才华凸显的简历能够让招聘人员在 2 秒钟的时间内挑中，从而获得面试机会。发送简历的时间恰到好处，能让招聘人员在心情放松、愉悦的情况下，看到你投递的简历，赢得了被阅读和关注的时机，从而增加获得面试的几率，为最终的应聘成功打下基础。如此有用的就业技巧是能够在就业指导教师的专业指导下短时内练好和拥有的。

第二节　民族院校创新就业指导与服务的策略

为了保障大学毕业生顺利就业，各高校努力采取一定的措施提升学生的就业竞争力，民族院校也不例外。通过对我国 13 所公办民族院校和 1 所民办民族院校（北京民族大学）的调查得知，就业责任制是他们普遍用来提升学生就业竞争力的策略。

责任制是指将责任分解，具体分配到部门或个人，增强成员的责任感，齐抓共管，赏罚分明，层层管理，层层落实，以确保责任的顺利完成。如何在实际过程中将其贯彻运用，各个民族院校根据自身的办学实际，结合本校师生的特点，采取了相应的措施。现简要概括并分析之。

一、实施就业工作“一把手”负责工程

作为人才培养机构，高等院校在培养毕业生就业竞争力方面具有不可推卸的责任。《教育部关于做好 2010 年普通高等学校毕业生就业工作的通知》（教学［2009］15 号）中明确指出，各高等学校党委书记、校长作为本校毕业生就业工作的第一责任人，要把就业工作作为学校重要的战略任务和当前工作重点，摆在重要议事日程上，要明确任务分工，逐级落实责任制，进一步形成人人关注、全员参与、齐抓共管的工作格局。各民族院校更是牢牢抓住责任制这个关键点，纷纷将毕业生的就业工作纳入学校工作的重要议事日

程，如西南民族大学始终将毕业生就业工作放在事关广大人民最根本利益，事关社会稳定和国家科教兴国战略的实施，事关学校生存与发展的战略高度加以认识，始终坚持贯彻“一把手”工程，施行就业目标责任制，逐步建立健全就业工作长效机制。①

在实际的操作过程中，有的民族院校，如北方民族大学与各个院系签订目标责任书，建立校、院两级就业管理机制，校院统筹，院系为主。书记、校长从自己抓起，从本部门抓起，从具体问题抓起。在校级层面成立就业工作领导小组的同时，还成立了就业工作服务小组，以便进一步完善就业工作领导机制，强化各级干部的责任意识，由院主要领导分层次、分专业、分班级，实行包班责任制，分工明确，责任到人，并将毕业生就业工作纳入年度考核指标体系。对于毕业班辅导员、班主任，院校更是强化其责任意识，让其由“要我抓”到“我要抓”“我要抓好”。因为，相形之下，他们与学生交往更多一些，对学生也有更多的了解，并且可以对其工作进行细化，比如中南民族大学民社学院要求毕业班辅导员每周至少 2 次，班主任至少 1 次深入学生宿舍，了解学生思想和动态，具体指导学生就业。②

另外，在贯彻执行责任制的过程中，院校要加大责任追究这个重要环节，在年终对各个院系的就业情况进行考核，奖优罚劣，体现抓与不抓不一样，抓好抓坏不一样，注重责任追究中没有追究、追究不到位、追究不力的问题，坚持公正、公开的原则，把责任制的内容、任务、责任公开，将专业就业率和招生计划挂钩，对没有完成就业目标任务的专业减少招生计划，对就业率特别低的专业实行隔年招生或者停止招生。

为了更好地体现以学生为本，在全校上下形成一种良好氛围，院校可以动员全院职工行动起来，提倡全院参与，广开渠道，提供信息，为学生就业出一份力，使得教育、服务、监督融于责任制落实工作的全过程，从而形成从学校领导“一把手”亲自挂帅，到全校上下各部门、各单位全员、全过程、全方面抓就业的系统工程。

---

① 参见罗布江村：《在西南民族大学 2010 年毕业生就业工作会上的讲话》，载 http://news.swun.cn/news/ShowNews.php?id = 18054，2010 - 04 - 30。

② 参见中南民族大学民社学院：《齐心协力、师生共赢——我院帮助毕业生就业情况报告》，载 http//www.scuec.edu.cn/ms/Article.php?id = 348，2012 - 12 - 18。

二、开展结对帮扶活动

大学生就业工作是一项系统工程，涉及方方面面。高校毕业生有效就业，固然与其自身综合素养有着至关重要的关系，但同时外界对其的支撑与帮助也是必不可少的。对于民族院校的毕业生更是如此。针对大学生开展结对帮扶活动，对其将来顺利就业有着明显的促进作用。如何开展结对帮扶活动，我们既要考虑民族院校大学生的整体就业，还要关注特殊群体的就业，既充分利用校内资源，也要积极运用校外资源，全面着眼，系统谋划，以促进民族院校毕业生顺利就业。

（一）师生帮扶

相对于即将毕业的大学生来说，教师在知识、技能或拥有的社会资源方面可能都稍胜一筹。因此，教师对学生及时、有效地帮扶，对学生的顺利就业有着重要的促进作用。教师对学生的帮扶可以分为两种：其一是教师对学生集体的帮扶，其二是教师对学生个人的帮扶。

1. 教师对学生集体的帮扶

欲做事，先做人。民族院校教师要在学生就业前，就要对其进行思想政治教育、文化素质教育和职业道德教育，继而组织力量对学生进行实质性的帮扶。

为了帮助学生毕业后能顺利地走上工作岗位，部分民族院校，如广西民族大学领导亲自带头，主动出击跑“市场”；派出多个就业联系组，深入各类中小企业、民营企业和岗位需求潜力较大的行业和单位收集需求信息；组团赴区内外就业市场整体推介毕业生，与各地人才市场签订资源共享的合作协议；推行“双指导”制，即毕业实习指导教师既负责指导毕业生的实习和毕业论文设计，同时又负责指导和推荐毕业生就业。[①]

当然，教师要想做好帮扶工作，首先要做好对毕业生的调查摸底工作，了解学生的状态，掌握学生考研和就业的基本情况，进而针对不同群体的特

① 参见许丹婷：《广西民族大学：践行科学发展观 多措并举促就业》，载《广西日报》，2009-04-30（1）。

点和需求，为毕业生提供必要的服务和帮助，尤其要重视研究生招生考试、事业单位招考、公务员（或选调生）考试等帮扶工作。其次，要“创造条件让毕业生与用人单位见面，采取措施促成用人单位录用毕业生，根据优生优先推荐的原则，承担推荐毕业生就业的义务。

另外，有条件的民族院校，如西南民族大学可以通过打造就业创业一体化的服务体系，促进毕业生就业。学校通过创业就业教育激发大学生的创业激情，增强创业意识，尽己所能地为大学生创业提供孵化平台——提供创业项目、信息、场地、政策、保障、援助及相关的公益性服务，组织大学生创业比赛，鼓励更多的大学生通过自主创业实现就业，努力将各种学生学术科技创新和创业计划竞赛渗透到服务大学生就业创业的各个环节。

2. 教师对学生个人的帮扶

针对部分自身条件及社会资源有限的大学生，教师可对其重点帮扶，结成帮扶对子，有条件的话可以建立“一对一”帮扶，帮助他们就业。这部分大学生主要是指家庭经济困难毕业生和就业困难毕业生（简称“双困生”）。在现实中，多数民族院校实施了此类暖心帮扶工程，对“双困生”给予优先指导、优先推荐、优先帮扶，着力在精神上给予鼓励，在物质上给予扶持，切实帮助他们解决经济上、心理上和求职过程中的实际问题。如湖北民族学院努力引导家庭经济困难的学生，树立自强自立的信念；引导有心理问题的学生，积极调整心态，以平和的心态应对就业；帮助学业有困难的学生，正确认识自我，找准目标，树立信心。①

在实际操作中，多数民族院校优先安排“双困生”参加就业见习，优先推荐“双困生”到公益性岗位就业。有的院校还建立了“双困生”档案，实施全程、动态跟踪服务。还有的院校为部分大学生的创业项目提供创业孵化场地和公司基本运行设施及相关服务，对优秀创业项目进行直接投资，帮助创业项目引进投资。

（二）生生帮扶

民族院校的生源主要来自民族地区和中西部地区，民族差异、区域差异、

---

① 参见《湖北民族学院医学院2009年学生工作计划》，载 http://public. hbmy. edu. cn/xsgzw/article_code/arti cle. php?articleid = 641&articlelevelid = 2，2009。

学生个性的差异等导致他们就业竞争力有所差异。为此，在学生之间有效开展生生帮扶活动不仅对高校毕业生的就业竞争力提升有帮助，而且还有利于学生的团结、合作意识的培养。

生生帮扶活动的有效开展、落实，也需要学校积极作为。民族院校需要对学生情况进行全面的摸底，了解其兴趣、爱好、特长及其就业意向，因地制宜，因势利导，有效引导学生之间进行互帮互助，成立“创业小组”“共同兴趣小组”“优势互补小组”等等，便于大学生在实际的学习、活动中相互学习，共同进步，不断提升自身的就业竞争力。有的院校还专门给学生党员下达了具体的帮扶任务，如中南民族大学要求学生党员要积极帮扶有困难、有问题或需要联系的学生。①

像师生帮扶一样，对于在生生帮扶中作出突出贡献的大学生个人或群体，院校要加大宣传力度，并且给予一定的奖励，特别是精神奖励，在全校上下形成互帮互助的良好风气。

（三）外界帮扶

这里的外界力量更多的是指除了学校及学生家庭力量之外的部分。众所周知，学生的就业工作是个复杂的工作，要最大可能地让绝大部分毕业生顺利就业就要想方设法畅通就业信息，千方百计拓宽就业渠道，即要通过动员各方面力量，群策群力，齐心协力，积极搜集招聘信息，互通就业信息，提升大学生就业竞争力，促进大学生顺利就业。

首先，充分利用校友资源为学生就业提供帮助。学校要搜集整理校友资料，广泛、主动联系校友，为毕业生寻找就业岗位，争取与一些用人单位建立长期人才供应关系，建立促进毕业生就业的长效机制。

其次，有针对性地进行创业就业指导。积极宣传、推广和总结高校毕业生创业的典型和经验，条件允许的情况下开展大学生创业沙龙，不定期聘请校内外就业创业方面的学科专家和成功创业人士，开设就业创业方面的讲座，举办专题报告，现身说教，开展面对面对话交流，传授经验与技巧，用亲身经历启迪广大学生；对创业带头人进行针对性指导，并贯穿创业过程暨企业

① 参见《管理学院关于要求学生党员做好“八个联系”的具体要求》，载 http://www.scuec.edu.cn/zuzhibu/cxzy/view.php?id=34。

发展的始终，使他们的创业能力和技能得到提高，创业项目不断完善，创业方案付诸实践，创办的企业健康发展。

最后，提升学生的就业技能。为了有效提升学生的就业技能，有些民族院校，如青海民族大学与中关村软件行业签订了玉树学生就业帮扶专项合作协议①，借助校企合作、中外合作等方式为大学生架构理论和实际相通的桥梁，提升其就业竞争力，为他们将来的就业奠定基础。

三、加大就业专项经费投入

《教育部关于进一步加强普通高等学校毕业生就业指导服务机构队伍建设的几点意见》（教学［2002］18号）指出，各高校要结合学校实际，根据就业工作的基本需要，按照毕业生人数确定核拨标准，并据此列入学校当年的预算，予以重点保证和落实，所核拨的经费要确定用于与就业工作密切相关的就业指导、市场调查、信息交流、供需见面等日常工作和一些大型招聘活动，不得挪作他用。当然，各所高校在贯彻执行此项政策时，应根据自身情况有针对性地安排。民族院校也应根据自身的特殊情况，设立专项经费用于学生的就业工作。学生的就业指导与服务工作是个复杂的、系统的工程，要想做好，需要贯穿于学生从入学到毕业的全过程。大学毕业生就业状况如何最终取决于其综合素养，而综合素养主要由理论知识、思维能力、实践能力及创新能力组成。其中，学生的创新能力在一定程度上意味着学生的潜能，而大学生的潜能通常是用人单位招聘员工时重点考虑的因素，因此，设立专项经费，用于鼓励和资助大学生参加科研与创新活动，加强大学生创新能力培养很有必要。

多数民族院校根据本校实际和学生情况，拨出专款用来推进大学生就业。有的民族院校设立院系就业专项工作经费和就业率奖励经费制度。如中央民族大学按照院系本年度就业的人数核拨就业专项经费，作为就业工作基本活动经费，基本核拨标准如表12－1所示。在此基础上，每名就业的毕业生按照50元的标准进行奖励。若有100人就业，则就业奖励金额为5000元，以此

① 参见《青海民族大学与中关村软件行业签订玉树学生就业帮扶专项合作协议》，载http://www.cnr.cn/jy/x/qinghai/xxxw/201006/t20100608_506548530.html。

来促进院系在毕业生就业方面的积极性。

表 12－1　中央民族大学就业专项工作经费发放标准

院系规模	400 人以上	300～400 人	200～300 人	100～200 人	100 人以下
经费标准	15000 元	10000 元	8000 元	6000 元	5000 元

不少民族院校都为毕业生就业工作核拨了专项经费。如北方民族大学设立了“贫困生就业扶助基金”，对贫困毕业生在求职过程中的车费、服装等给予资助，解决他们的后顾之忧；设立了“大学生创业培育基金”，对有创业意愿、持有可行性项目的毕业生给予创业补助，并对他们进行指导，帮助他们成功创业。[①]

民族院校也可以设立“大学生科技创新基金”，支持大学生参与科研，提高其科研意识和科技创新能力。各民族院校在实际操作中，除了设立部分经费资助贫困生就业外，更多的是用于对大学生创业就业的支持和帮助上。因为，创业是解决就业问题的一个良好的路径选择。创业不仅能在一定程度上解决大学生自己的就业问题，实现自身的价值，而且还有可能在创造社会价值的同时，提供更多的就业岗位，带动其他毕业生就业。

四、加强心理与专业辅导

当前，用人单位更多地希望所招录的人员能很快转变角色，适应工作岗位。然而，实际上，愿望与现实还是有一定的差距的。许多大学毕业生就业期望值较高，眼高手低，实际运用能力不强，这些都在一定程度上影响着他们正常、有效地就业。因此，民族院校有必要对大学生进行一定的心理辅导，便于其转变就业观念和提升综合素质，为其顺利就业打下扎实基础。

（一）调整大学生择业心态的心理辅导

由于就业竞争激烈，加上民族院校学生自身的因素，部分毕业生面对就

① 参见《就业情况－北方民族大学》，载 http://www.gaokao100.com.cn/gx_info.aspx?sid=1373&act=employmentInfo。

业时会产生一些心理问题。有些学生对就业产生恐慌心理，有些学生就业时盲目攀比，有些学生仍以“天之骄子”自居，就业期望值过高，这些都不利于学生的顺利就业。

对于学生的这些心理问题，民族院校应该加强对学生的心理辅导和就业指导，如开展就业讲座、咨询，对具体问题进行具体分析，针对性地进行心理辅导，适时调整大学生择业心态，让其立足自身实际情况，有目的、有计划地为其就业做准备，以便毕业时顺利就业。

（二）提升大学生就业专项能力的专项辅导

民族院校应该根据毕业生就业的薄弱环节进行针对性的辅导，提升大学生就业的专项能力。

1. 专项技能辅导

在就业形势日益严峻的背景下，部分学生会报考研究生，参加公务员或选调生、事业单位招聘或地方招干考试等。有鉴于此，学校应对其展开有针对性地辅导、培训等相关工作。如西藏民族学院加大对此类学生的辅导、培训工作，取得了显著成绩。2010 年，该校有 2 名同学考中了国家公务员，实现了该校国家公务员考试零的突破，此外，还有 14 名本科生考取了“985”高校的研究生，在一定程度上促进了学生的就业。[①] 当然，对于一部分坚持创业的学生，学校也应积极为其提供专项辅导，适时邀请知名青年企业家、知名学者、杰出校友和在校大学生创业典型定期到校园开展各类创业就业辅导活动等，为大学生就业创业提供示范，激发创业激情。当然，民族院校在现实中如何开展专项技能辅导，应根据自身资源的状况，采取恰适的方式。

2. 面试及面试前准备工作的辅导

面试几乎是每位大学毕业生就业前的必经环节，面试得体与否往往最终决定大学生是否被录用。因此，要想顺利通过面试，民族院校毕业生必须做好充分准备，有备而战。

俗话说：“凡事预则立，不预则废。”做好面试前的准备工作，以及明晓面试过程中的注意事项等，对大学生顺利通过面试至关重要。然而，许多大学生缺乏这方面的经验或知识，学校应给予这方面的辅导。为了让广大学生

① 参见周德仓：《西藏民族学院大学生就业实现重要突破》，载《西藏日报》，2010－06－17（2）。

顺利地通过面试，我们不仅要让大学生掌握相关的知识，更要对其开展“模拟面试”训练，或开发类似于中央民族大学的“大学生面试实训与指导系统”[①]，训练大学生的面试能力，让其真正面试时，能沉着应对。

五、建立“一条龙”的协同机制

通过对民族院校的调查及其资料的整理、分析，可以看出，多数民族院校加大对学生的服务力度，努力建立招生、人才培养、就业创业等各方面一体化的联动机制，坚持“一条龙”服务。在招生上，遵从学生的专业意愿；在人才培养上，坚持开放办学理念；在就业上，加大指导、教育、帮扶力度，全员服务，全过程服务，全方面服务，尽已所能地提高服务质量，以更好地提高毕业生的就业率。如中央民族大学一直以来秉承“以人为本，服务学生和用人单位”的宗旨，以提升就业率和就业质量为中心，全力构建集指导、教学、管理、服务、科研“五位一体”的就业工作体系。[②]

坚持“一条龙”服务，不仅能体现民族院校的人文关怀，彰显“以生为本”的办学理念，增强学生将来就业的自信心，增加其学习动力，从而在一定程度上令学生及其家长满意，而且也有助于提升民族院校自身的影响力，实现学校的可持续发展。

总之，尽管就业责任制不能决定大学毕业生最终的就业竞争力，但实践证明，它确实是大学生就业竞争力得以提升的重要制度保障。

① 参见《大学生面试实训系统以育人为本——中央民族大学大学生面试训练系统》，载 http://zyzx. cun. edu. cn/Article. aspx?id =34。

② 参见《中央民族大学 - 就业服务》，载 http://www. muc. edu. cn/index. php?id =177。

第十二章　高校毕业生就业制度创新研究

——以内蒙古自治区为例

内蒙古自治区是中国五大自治区之一，总土地面积为118.3万平方公里，占全国总土地面积的12.3%，在全国各省、市、自治区中名列第三。近年来，内蒙古自治区成为中国经济发展最快的省市区之一，可是其高等教育发展水平仍然在全国排名靠后。近年来，内蒙古自治区政府对高校毕业生，尤其是蒙古语授课毕业生就业的高度重视，采取了诸多有力措施并取得了明显成效，其制度创新的智慧和魄力值得研究和推广。

第一节　内蒙古自治区高校毕业生就业现状及就业制度创新

内蒙古自治区经济快速发展，人均GDP和居民可支配收入都位于全国前列，但高校毕业生就业的情况并不令人满意。为此，内蒙古自治区政府出台了促进高校毕业生，尤其是蒙古语授课毕业生就业的帮扶政策，取得了较好的成效。

一、人口、经济、教育概况

内蒙古自治区的人口由蒙古、汉、满、回、达斡尔、鄂温克、鄂伦春、朝鲜等49个民族组成。截至2014年年底，全区总人口为2504.81万人，位居全国23位。2010年第六次全国人口普查时，内蒙古自治区总人口中，汉族人口为19650687人，占79.54%；蒙古族人口为4226093人，占17.11%；其他少数民族人口为829541人，占3.36%。2014年，自治区人均GDP位居全国第六位，达71046元。①

2014年末，内蒙古自治区共有50所普通高等学校，全年招收12.3万名学生，比上年增长2.9%；在校学生为40.6万人，比上年末增长1.8%，其中，少数民族在校学生为10.8万人，少数民族在校学生中有蒙古族学生9.4万人；毕业学生11.2万人，比上年末增长3.1%。年末全区有研究生培养单位10个，招收研究生5987人，增长1.7%；在校研究生为17278人，比上年末增长2.3%，其中，少数民族在校研究生为5130人，少数民族在校研究生中有蒙古族研究生4602人。

2014年，内蒙古自治区三次产业产值比例为9.1∶51.9∶39，同年，全国三次产业产值比例为9.2∶42.6∶48.2。内蒙古自治区规模以上工业增加值增速呈现稳中向好的发展态势。全年规模以上工业增加值增长10%，增速高于全国平均增速1.7个百分点。在规模以上工业企业中，国有及国有控股企业增加值增长3.7%，集体企业增加值增速下降2.8%，股份制企业增加值增长10.6%，外商及港澳台投资企业增加值增长4.9%，其他经济类型企业增加值增长27.1%。在规模以上工业企业中，轻工业增加值增长10.6%；重工业增加值增长9.8%。全年完成公共财政预算收入1843.2亿元，公共财政预算支出3884.2亿元，分别增长7.1%和5.4%。财政收入在增收困难较大的情况下，顺利完成了全年增长目标。旗县（市、区）财政收入有一些新变化。全区102个旗县（市、区）中，有100个旗县（市、区）的公共财政预算收入超过亿元，有51个旗县（市、区）的公共财政预算收入突破5亿元，民生和重点社会事业支出得到较好保障。其中，社会保障和就业支出532.2亿元，增长8.4%；教育支出为475.6亿元，增长4.1%。②

概而言之，内蒙古自治区的土地面积位居全国第三，2014年自治区人口位居全国第23位，人均GDP位居全国第六位，人均年工资34778元，位居全国第十二位，人均可支配年收入为20559元，位居全国第九位，2014年，国家统计局按照0.822‰抽样，内蒙古自治区每十万人口中高等教育在校生数为

① 《中国统计年鉴2015》显示：2014年人均GDP位于前五位分别是：天津市（105231元）、北京市（99995元）、上海市（97370元）、江苏省（81874元）、浙江省（73002元）。

② 该段数据来源于内蒙古自治区人民政府网站（http://www.nmg.gov.cn/quq/mengc/）。

2156 人，比全国平均水平少 332 人，位居全国第 24 位。[①] 由此可见，内蒙古自治区经济发展较好，而高等教育发展与其经济发展水平不相匹配，高等教育需要进一步加快发展。

高校毕业生就业状况作为高等教育发展态势的信号灯和指示器，对政府规划、发展高等教育具有一定的导引作用。内蒙古自治区高校毕业生就业状况如何？自治区政府在促进高校毕业生就业方面做出了哪些努力呢？它能否成为促进内蒙古自治区高等教育持续稳定发展的引擎？我们将对此展开研究。

二、高校毕业生就业概况

若想研究当前内蒙古自治区政府为促进高校毕业生就业进行了哪些制度创新，取得了哪些成绩，这些需要从过去的就业状况开始探究。我们以 2010 年内蒙古自治区高校毕业生就业状况作为探究自治区政府创新就业制度的逻辑起点。

（一）2010 年内蒙古高校毕业生就业整体情况

在 2010 年前后，内蒙古自治区高校毕业生每年在 9 万人左右，到 2010 年时，高校毕业生有 94899 人，男女比例分别为 45.4%、54.6%，其中，蒙古族毕业生占 21.5%，汉族毕业生占 73.8%，到 2011 年时，高校毕业生有 99670 人，其中，蒙古族毕业生占 22.5%，汉族毕业生占 73.1%。

2010 年，内蒙古自治区汉语授课的高校毕业生为 89399 人，占全区高校毕业生总数的 94.2%，蒙古语授课的高校毕业生为 5500 人，占全区高校毕业生总数的 5.8%；2011 年，汉语授课的高校毕业生为 93350 人，占全区高校毕业生总数的 93.7%，蒙古语授课的高校毕业生为 6318 人，占高校毕业生总数的 6.3%。高校毕业生具体的就业情况如下所述。

1. 整体就业率在 80% 以上

内蒙古自治区教育厅提供的数据显示，2010 年和 2011 年，内蒙古自治区高校毕业生各类就业总数占毕业生人数分别为 83.19%、85.56%，如表 12－1

① 数据来源于中华人民共和国国家统计局编：《2015 中国统计年鉴》，北京，中国统计出版社，2015。

所示。

表 12－1　2010—2011 年内蒙古自治区汉语授课与蒙古语授课毕业生就业率

年度	授课语言	总数	就业数	就业率
2010 年	总计	94899	78946	83.19%
	汉语授课	89399	74501	83.34%
	蒙古语授课	5500	4445	80.82%
2011 年	总计	99668	85275	85.56%
	汉语授课	93350	80286	86.01%
	蒙古语授课	6318	4989	78.96%

2. *在企业就业比例为 57.1%*

根据内蒙古自治区教育厅提供的数据，2010 年已经实现就业的人数为 78946 人，但就业的毕业生在党政机关、科研设计单位、高等教育单位、中等初等教育单位、其他事业单位、国有企业、三资企业、部队、地方基层项目就业的比例均较低，而在“其他企业”就业的毕业生占毕业生总数的 36.4%，在各类企业就业合计为 57.1%，具体数值如表 12－2 所示。

表 12－2　2010 年内蒙古自治区高校毕业生就业情况一览表

就业部门	就业人数	就业百分比	就业部门	就业人数	就业百分比
党政机关	204	0.2%	部队	381	0.4%
科研设计单位	31	0%	预征入伍	190	0.2%
高等教育单位	314	0.3%	国家项目	2336	2.5
中等初等教育单位	639	0.7%	地方项目	36	0%
医疗卫生单位	1059	1.1	待就业	15953	16.8
艰苦行业事业单位	4	0%	自主创业	10	0%
其他事业单位	4954	5.2	自由职业	6963	7.3
国有企业	10403	11.0	其他	11970	12.6
三资企业	109	0.1%	升学	4690	4.9

续表

就业部门	就业人数	就业百分比	就业部门	就业人数	就业百分比
艰苦行业企业	20	0%	出国出境	88	0.1%
其他企业	34545	36.4			

按照机关、事业单位、企业、部队、应征入伍、国家项目、地方基层项目、自主创业、升学、出国出境、自由职业、其他方式灵活就业来分类，对表12－2进行简洁化处理，得到表12－3的数据，以便与2014年高校毕业生就业去向进行比较。

表12－3　内蒙古自治区2010年实现就业的高校毕业生的去向

就业部门	就业人数	占就业总数的比例（%）
机关	204	0.26
事业单位	7001	8.87
企业	45077	57.10
部队	381	0.48
应征入伍	190	0.24
中央项目	2336	2.96
地方项目	36	0.05
自主创业	10	0.01
自由职业	6963	8.82
升学	4690	5.94
出国出境	88	0.11
其他方式灵活就业	11970	15.16
合计	78946	100

从表12－3，我们可以看出2010年，内蒙古自治区实现就业的毕业生在机关、事业单位就业的比例不足10%。

在内蒙古自治区高校毕业生整体就业状况并不乐观的形势下，蒙古语授课毕业生的就业尤为艰难。蒙古语授课毕业生是内蒙古自治区高等教育事业的不可或缺的组成部分。这部分毕业生从小学到大学一直用蒙古语授课，汉语课仅仅作为类似外语的方式进行，绝大多数课程都用蒙古语进行教授。尽管每年高校毕业生中蒙古语授课的毕业生规模并不大①，毕业生最多的年份也不足7000人，但是培养这些数量并不多的蒙古语授课毕业生对于满足学生个性发展，传承和发展蒙古语言文化，建设具有中国特色的高等教育体系有着非常重要的价值，值得理解和支持。然而，通过分析内蒙古自治区教育厅提供的就业统计数据，我们发现蒙古语授课的高校毕业生就业状况比汉语授课毕业生有着更大的困难。

（二）2010年蒙古语授课高校毕业生就业状况

在内蒙古自治区，蒙古语授课高校毕业生数量平均占当年全区高校毕业生总数的6%左右，如2010年蒙古语授课高校毕业生所占比例为5.8%，2011年所占比例为6.33%，2014年所占比例为5.79%。

与内蒙古自治区汉语授课高校毕业生相比，蒙古语授课高校毕业生就业有三个特点：一是蒙古语授课高校毕业生的整体就业率低于汉语授课毕业生；二是蒙古语授课高校毕业生灵活就业比例高于汉语授课高校毕业生，整体就业质量低；三是蒙古语授课高校毕业生在事业单位就业相对比例高些，而在企业就业比例偏低，就业渠道较为单一。

1. 蒙古语授课高校毕业生就业率低于汉语授课高校毕业生

如表12-1所示，2010年、2011年的蒙古语授课高校毕业生的就业率分别是80.82%、78.96%，比当年汉语授课高校毕业生的就业率分别低2.5个和7.1个百分点。蒙古语授课高校毕业生就业率始终低于汉语授课高校毕业生就业率不利于蒙古语授课教育的发展。

2. 蒙古语授课高校毕业生灵活就业率在40%以上，远远高于汉语授课高校毕业生

灵活就业主要是指就业质量相对不高，就业不稳定，属于临时性的就业。从内蒙古自治区教育厅提供的数据来看，2010年，全区总体就业率为83.19%，其中，灵活就业率为19.95%；2011年，全区总体就业率为85.56%，其中，

① 在内蒙古自治区，蒙古语授课的高校毕业生在2010年时有4445人，在2011年时有4989人，2012年时有6993人，2013年时有6559人，2014年时有6583人。

灵活就业率为16.93%。但对比蒙古语授课高校毕业生和汉语授课高校毕业生灵活就业率情况，我们就会发现，蒙古语授课高校毕业生的灵活就业率远远高于汉语高校授课毕业生。2010年，蒙古语授课高校毕业生中灵活就业的占42.45%，2011年，蒙语授课高校毕业生灵活就业的占43.60%。而汉语授课毕业生灵活就业率2010年为22.88%，2011年为18.31%，具体数值见表12-4、表12-5所示。

表12-4　内蒙古自治区2010—2011年高校毕业生数及就业人数

项目	2010年				2011年			
	蒙古语授课		汉语授课		蒙古语授课		汉语授课	
	人数	比例	人数	比例	人数	比例	人数	比例
毕业生数	5500	5.80%	89399	94.20%	6318	6.40%	93350	93.60%
就业人数	4445	80.81%	74501	83.34%	4989	78.96%	80286	86.01%

表12-5　内蒙古自治区2010—2011年高校毕业生在各单位就业情况

项目	2010年				2011年			
	蒙古语授课		汉语授课		蒙古语授课		汉语授课	
	人数	比例	人数	比例	人数	比例	人数	比例
机关	5	0.11%	199	0.27%	6	0.12%	194	0.24%
事业	995	22.38%	6006	8.06%	1070	21.45%	7117	8.86%
企业	666	14.98%	44411	59.61%	1123	22.51%	52334	65.18%
部队	49	1.10%	522	0.70%	32	0.64%	361	0.45%
中央地方项目	484	10.89%	1888	2.53%	292	5.85%	926	1.15%
灵活就业	1887	42.45%	17046	22.88%	2175	43.60%	14697	18.31%
升学出国	357	8.03%	4421	5.93%	290	5.81%	4644	5.78%
自主创业	2	0.04%	8	0.01%	1	0.02%	13	0.02%
合计	4445	99.98%	74501	99.99%	4984	100%	80286	99.99%

（注：就业人数比例=就业人数/毕业生数；毕业生数比例=毕业生数/毕业生总数，毕业生总数=蒙古语授课毕业生数+汉语授课毕业生数。如2010年，蒙古语授课就业人数比例=4445/5500=80.81%；蒙古语授课毕业生数比例=5500/(5500+89399)=5.80%。就业人数=机关+事业+企业+部队+中央地方项目+灵活就业+升学出国+自主创业的人数）

3. 蒙古语授课高校毕业生在事业单位就业比例较大

从2010年和2011年内蒙古自治区高校毕业生就业统计情况结果来看，蒙古语授课高校毕业生在事业单位就业的比例分别为22.38%、21.45%，而汉语授课高校毕业生这两年在事业单位就业的比例为8.06%、8.86%，蒙古语授课高校毕业生比汉语授课高校毕业生在事业单位就业的比例高出许多，具体数值见表13.4。这表明，蒙古语授课高校毕业生比汉语授课高校毕业生更倾向于在事业单位就业，这也表明，事业单位是接受蒙古语授课高校毕业生的主要部门。

4. 蒙古语授课高校毕业生在政府资助的岗位就业的比例高于汉语授课高校毕业生

蒙古语授课高校毕业生尽管整体就业率低于汉语授课高校毕业生，但，财政支持的项目为蒙古语授课高校毕业生的就业提供了有力的帮助，其在这些项目中就业的比例远远高于汉语授课高校毕业生。2010年和2011年，自治区蒙古语授课高校毕业生依托中央和地方项目实现就业的比例分别是10.89%、5.85%，而汉语授课高校毕业生依托中央和地方项目实现就业的比例分别为2.53%、1.15%，具体数值见表12-4。这表明，蒙古语授课高校毕业生不仅比汉语授课高校毕业生更容易依托中央和地方项目实现就业，而且这些项目是蒙古语授课高校毕业生实现就业的重要途径。

5. 蒙古语授课高校毕业生在企业就业难度大

当前，到企业就业是高校毕业生就业的主要去向。其中，私营企业更是吸纳高校毕业生的第一大户。但统计结果表明，蒙古语授课高校毕业生在企业就业的比例并不高，2010年、2011年蒙古语授课高校毕业生在企业就业的比例分别是14.98%、22.51%，虽然有上升的趋势，但是与汉语授课高校毕业生相比，分别相差44.6个百分点和42.7个百分点，差距是非常明显的，具体数值见表12-4所示。这表明，面向注重创造价值和效益的企业谋求职位，蒙古语授课高校毕业生的竞争力显得不足，难以为企业所录取，这也加大了蒙古语授课高校毕业生的就业压力。

综上所述，我们不难看出，与内蒙古自治区汉语授课高校毕业生相比，蒙古语授课高校毕业生在当前就业市场上的竞争中显然处于劣势。下面对于造成这种现状的根本原因进行分析。

（三）影响蒙古语授课高校毕业生就业的因素

蒙古语授课高校毕业生就业竞争力不强，究其原因，既有外部诸种原因，也有毕业生自身因素，这两方面因素共同造就了蒙古语授课高校毕业生就业竞争力的现状。

1. 影响蒙古语授课高校毕业生就业的外部因素

从现有的研究成果看，影响蒙古语授课高校毕业生就业的外部因素主要有为蒙古语授课高校毕业生提供的就业岗位少、专业的社会需求不足、用人单位隐性歧视这三种因素。有学者研究指出，企业为适合蒙古语授课高校毕业生提供的蒙汉兼通岗位少，而企业又是当前吸纳高校毕业生的大户，达到60%以上，以2008、2009年相关招聘需求来看，便可以管窥其一斑[①]，参见表12－6和表12－7。

表12－6　内蒙古东部地区高校就业洽谈会提供的岗位情况

年份	岗位总数	蒙汉双语岗位	双语岗位所占比例（%）
2008	2601	61	2.3
2009	3228	50	1.5

表12－7　内蒙古某大学2009年两次就业洽谈会提供的岗位情况

次数	岗位总数	蒙汉双语岗位	双语岗位所占比例（%）
第一次	2103	16	0.76
第二次	1561	2	1.3

企业为蒙汉兼通的蒙古语授课高校毕业提供的岗位少，机关事业单位留给蒙古语授课高校毕业生的就业岗位数有限，具体数值见表12－8所示。

---

① 表12－6至表12－7摘自照格申白乙：《影响蒙古语授课毕业生就业的主要因素及解决策略》，载《内蒙古民族大学学报》（社会科学版），2011（3），49～50页。

表 12－8　内蒙古自治区 2010 年公务员考试职位数的统计情况

部门	岗位总数	蒙汉双语岗位	双语岗位所占比例（%）
党政群机关	1496	92	6.15
政法机关	562	14	2.49
人民法院	579	55	9.5
检察院	358	23	6.42
合计	2995	184	6.14

从蒙古语授课高校毕业生所学的专业来看，在社会上的需求不足，甚至饱和。因为，很多高校所设蒙古语授课专业绝大多数是在 20 世纪 70、80 年代计划经济条件下设立的，高校蒙古语授课新专业的设置与调整非常缓慢，远远落后于时代发展的快节奏，不符合当今经济社会发展的新需要。这从 2014 年毕业的蒙古语授课高校学生的专业可以看出。

2014 年毕业的 4673 名蒙古语授课的本科毕业生分布在 10 个学科门类的 57 个专业，在各学科门类中所占的比重排在前三位的分别是：文学占 30.3%，法学占 11.1%，管理学占 11.0%。文科类专业（文学、法学、管理学、经济学、教育学、历史学）毕业的蒙古语授课本科毕业生占蒙古语授课本科毕业生总数的 67%，具体数值见表 12－9 所示。这在理工专业需求较大、文科需求不足的就业形势下，蒙古语授课高校毕业生的就业难度明显增加。

表 12－9　内蒙古自治区 2014 年蒙古语授课本科生所属学科门类

科类	文学	法学	管理学	医学	理学	农学	经济学	工学	教育学	历史学
人数	1399	513	508	486	483	314	307	242	212	159
百分比	30.26%	11.10%	10.99%	10.51%	10.45%	6.79%	6.64%	5.23%	4.59%	3.44%

2014 年，内蒙古自治区毕业的 1789 名蒙古语授课专科毕业生分布在 12 个学科门类的 33 个专业。其中，蒙古语授课专科毕业生人数最多的 10 个专业如表 12－10 所示。在蒙古语授课的高职高专毕业生就读的 10 个专业中，文科类专业人数占总人数 63.5%。

表 12－10　内蒙古自治区 2014 年蒙古语授课高职高专毕业生人数最多的 10 个专业

专业	护理	学前教育	法律事务	畜牧兽医	会计	文秘	思想政治教育	英语教育	侦查	综合文科教育
人数/人	348	239	112	100	95	85	77	73	50	49

以上数据显示，蒙古语授课高校毕业生就读的专业主要集中在文科基础学科专业，而就读应用技术型专业的则较少。在当前的就业市场上，理工科毕业生的就业状况好于人文社科类专业毕业生，这无形中增加了蒙古语授课高校毕业生的就业压力。

从用人单位的就业歧视来看也是存在的。“调查发现，60% 的少数民族学生在应聘时遇到过或公开或隐晦的民族歧视，用人单位往往以饮食习惯或其他生活习俗为理由拒绝接受少数民族大学生，这一现象主要反映在非民族地区。其中，以回、藏、维吾尔、蒙古等民族的学生受到的歧视更为普遍，而满、朝鲜、壮、苗等民族的学生都认为很少遇到过歧视。”①

2. 蒙古语授课高校毕业生自身因素

蒙古语授课高校毕业生就业难也有其自身的原因。“蒙古语授课学生的学习表现普遍较差，个人专业发展不是很明显”；“蒙古语授课大学毕业生在就业过程中遇到的较大障碍就是他们的汉语能力和外语能力达不到相关岗位的需要”；“蒙古语授课学生个人奋斗目标不高，社会竞争意识不强，从而影响他们的就业”。因而，“蒙古语授课大学毕业生在人才市场上的竞争能力远不如汉授学生，靠自己的专业实力在激烈的就业竞聘中能胜出的人寥寥无几”②。在实际招聘中，考官所关注的不是应聘者的汉语标准与否，而是应聘者的独立思考能力和解决问题能力。独立思考能力和解决问题能力等思维品质，才是影响蒙古语授课高校毕业生能否顺利就业的重要因素。此外，蒙古语授课高校毕业生对就业迷茫，缺乏就业主动性，对就业政策了解不够，掌握就业

① 赵晓芳：《少数民族大学生就业问题的特殊性及对策建议》，载《西北民族研究》，2009（3），217 页。

② 照格申白乙：《影响蒙古语授课毕业生就业的主要因素及解决策略》，载《内蒙古民族大学学报》（社会科学版），2011（3），51 页。

信息不够及时，也是影响其就业的重要原因。[①]

当然，任何事物都具有两面性，我们在看到蒙古语授课高校毕业生就业弱势的一面，还应该看到蒙古语授课高校毕业生的就业优势与潜力所在。内蒙古师范大学青年教师陶格斯博士撰文指出，只强调蒙古语授课大学生就业的劣势与挑战，而忽略其自身的优势及就业机会，这不利于激发蒙古语授课大学生的就业主动性。她主张采取 SWOT 分析法，对蒙古语授课大学生就业的优势与劣势、机遇与挑战进行具体分析，能够使他们以多种策略来应对就业压力，从而激发和保护他们的就业主动性和自信心。[②]

鉴于蒙汉兼通的蒙古语授课高校毕业生在公共部门（邮政、医疗、民政、交通、法律、金融）双语服务的优势、传承与发展蒙古文化的作用、推动自治区展示特色文化的国际交流方面的特定的角色，自治区政府应该出台相应的扶持政策，帮助蒙古语授课高校毕业生顺利、充分地就业。为此，在广大师生、家长和社会有识之士的呼吁与期盼下，扶持蒙古语授课高校毕业生就业的政策——《内蒙古自治区人民政府关于进一步做好普通高等学校毕业生就业工作的意见》（内政发［2013］4 号），于 2013 年 1 月 15 日由内蒙古自治区人民政府正式发布施行了。

三、推动就业的制度创新

为促进高校毕业生顺利、充分地就业，内蒙古自治区政府出台了专门的政策，从投资机制、财税扶持优惠政策、行政管理体制和就业服务机制创新等方面来调动各方积极性，以实现内蒙古自治区高校毕业生顺利就业和创业。

2012 年 11 月 23 日内蒙古自治区人民政府办公厅颁布了《内蒙古自治区人民政府办公厅关于进一步做好以创业带动就业工作的通知》（内政办发［2012］135 号）（以下简称内政办发［2012］135 号文件），2013 年 1 月 15 日，内蒙古自治区人民政府发布《内蒙古自治区人民政府关于进一步做好普通高等学校毕业生就业工作的意见》（内政发［2013］4 号）（以下简称为内

---

① 参见陶格斯：《蒙古语授课大学生就业的 SWOT 分析及策略》，载《内蒙古师范大学学报》（哲学社会科学版），2015（3），105 页。

② 参见陶格斯：《蒙古语授课大学生就业的 SWOT 分析及策略》，载《内蒙古师范大学学报》（哲学社会科学版），2015（3），104 页。

政发［2013］4号文件），对自治区高校毕业生就业创业的工作做了全面系统地规定，具有很大的创造性和突破性。下面我们从经济手段、行政手段、服务机制以及推动蒙古语授课毕业生人才培养和就业政策这四个方面进行阐述。

（一）以经济手段促进高校毕业生就业

在市场经济体制下，经济手段对资源配置发挥着基础性和杠杆性的作用。人力资源是经济资源中最为核心和重要的资源，用好经济手段能对市场经济体制下高校毕业生双向选择就业发挥出积极的作用，能让资源配置的效果朝着预期的目标迈进。

内蒙古自治区政府在促进高校毕业生就业的制度创新上充分借助经济手段增强对市场参与主体积极性的驱动，提高企业吸纳高校毕业生的积极性，激发高校毕业生去基层就业的热情，增强高校学生创新创业的意识和行动。

1. 创新投资机制促进高校毕业生就业

内政发［2013］4号文件规定："各地在安排政府投资、重大建设项目和制定产业规划时，要充分考虑扩大就业的需要，鼓励、引导和约束各类企业特别是新上项目，有计划安排一定数量的岗位用于招收高校毕业生；对接收安置高校毕业生的企业，在贷款、税收、项目支持等方面给予优惠政策。具体办法由各地自行制定。"该规定要求各地在投资和经济规划布局时要将能否促进高校毕业生就业作为重要决策依据，避免了各地经济社会发展与高校毕业生就业相背离现象的发生。

2. 创新财税政策促进用人单位招收高校毕业生

经济手段是市场经济调节的有效方式。双向选择的高校毕业生就业市场离不开政府经济手段的调节、干预。从中央政府到各地政府都会积极运用经济手段来促进高校毕业生的就业。内蒙古自治区政府利用减税、提供贷款、贴息等经济手段促进各用人单位招收高校毕业生。

（1）利用减税促进用人单位招聘高校毕业生

内政发［2013］4号文件规定："当年新招用持《就业失业登记证》（注明'企业吸纳税收政策'）普通高校毕业生，与其签订1年以上期限劳动合同并依法缴纳社会保险费的，在3年内按实际招用人数予以定额依次扣减营业税、城市维护建设税、教育费附加和企业所得税优惠，定额扣除标准为每人每年4800元。"内蒙古自治区政府通过减税的方式鼓励各类企业和其他非公有制经济组织吸纳高校毕业生就业，这和国家的就业政策是一致的。

（2）通过提供贷款促进用人单位招聘高校毕业生

内政发［2013］4号文件规定："对当年招收高校毕业生达到现有在职职工总数20%以上（含20%）的中小企业，地方财政要优先考虑安排扶持中小企业发展资金，并优先提供技术改造贷款贴息。对劳动密集型小企业当年新招用登记失业高校毕业生达到企业现有在职职工总数20%（超过100人的企业达10%）以上的，可按规定申请最高不超过200万元的小额担保贷款，并享受财政贴息。"通过提供贷款的方式，激励企业招收高校毕业生，这无疑有助于内蒙古自治区高校毕业生的就业。

（3）提供贴息促进用人单位招聘高校毕业生

内政发［2013］4号文件规定："对企业招收就业困难高校毕业生、签订劳动合同并缴纳社会保险费的，按规定给予社会保险补贴。""对在公益性岗位就业并符合就业困难人员条件的高校毕业生，按规定给予社会保险补贴和公益性岗位补贴，所需经费从各级政府就业专项资金中列支。"通过给企业提供社会保险补贴和岗位工资补贴，会提高企业吸纳高校毕业的积极性。

（4）给介绍就业成功的中介机构以补贴

为了调动社会上就业推介机构促进高校毕业生就业的积极性，内政发［2013］4号文件规定："鼓励各类职业（人才）中介机构为高校毕业生提供就业服务，对为登记失业高校毕业生提供就业服务成功并符合条件的按规定给予职业介绍补贴，补贴经费从各级政府就业专项资金中列支。"

3. 以学费代偿促进高校毕业生到基层就业的积极性

内政发［2013］4号文件规定："对到艰苦边远地区旗县以下基层单位就业，服务期达到3年以上（含3年）的高校毕业生，按规定实施相应的学费和助学贷款代偿。"这样的规定符合中央精神，能在一定程度上提高高校毕业生去基层就业的积极性。

4. 力推免试用期、提前定级，增强高校毕业生到基层就业的积极性

内政发［2013］4号文件规定："对到艰苦边远地区就业的高校毕业生，在机关工作的，试用期工资可直接按试用期满后工资确定，试用期满后级别工资高定1至2档；在事业单位工作的，可提前转正定级，转正定级时薪级工资高定1至2级。"这项规定与学费代偿的规定相辅相成，共同促进了高校毕业生到基层就业的积极性。

5. 通过税费减免促进高校毕业生创业

内政发［2013］4号文件规定："持《就业失业登记证》（注明'自主创业税收政策'或附着《高校毕业生自主创业证》）的高校毕业生在毕业年度内（指毕业所在自然年，即1月1日至12月31日）从事个体经营的，3年内按每户每年8000元为限额依次扣减其当年实际应缴纳的营业税、城市维护建设税、教育费附加和个人所得税。"税费减免对于刚刚走出校门的高校毕业生来说，是不小的帮扶，能够增强高校毕业生创业的激情。

6. 提供小额担保贷款和贴息来扶持高校毕业生创业

内政发［2013］4号文件规定，高校毕业生小额担保贷款扶持创业的领域和贴息项目，按照"非禁即入"的原则，只要不是法律禁止的项目高校毕业生都可以创业，而且"创业项目全部纳入小额担保贷款扶持范围并按微利项目据实全额贴息"。"贫困家庭毕业生创业，经创业地人力资源社会保障、财政等部门认定，一次性给予每人不低于5000元的场地租赁补贴，所需经费从各级政府就业创业服务专项资金中列支。"这样的扶持政策对于那些有创业意愿和项目的高校毕业生来说，是非常大的鼓舞和支持。

（二）通过行政管理改革促进高校毕业生就业创业

内蒙古自治区除了采用经济手段激励企业吸纳高校毕业生和激励高校毕业生到基层就业和创业外，还通过改革行政管理的方式来推动高校毕业生就业。

内蒙古自治区政府旨在促进高校毕业生就业创业的行政管理改革主要包括允许列支科研经费聘用高校毕业生，公务员要从有基层经历的人员中招录，取消考录公务员的户籍限制，规范事业单位招聘制度等方式。

1. 科研助理的劳务费从项目经费支出

鼓励高校、科研机构和企业在所承担的项目实施过程中，聘用优秀高校毕业生作为研究助理或辅助人员参与研究工作。内政发［2013］4号文件规定："聘用高校毕业生的劳务性费用和有关社会保险费补助可按规定从项目经费中列支。"

2. 公务员要从有基层经历的人员中招录（特殊岗位除外）

为了促进高校毕业生在基层就业，通过行政管理制度的创新，让在基层就业的高校毕业生期满后，有一个较好的发展空间，提高高校毕业生到基层就业的积极性。

内政发［2013］4号文件规定："自治区级机关录用公务员，除部分特殊职位外，均应从具有2年以上基层工作经历的人员中录用。""自治区选调优秀大学生到苏木乡镇工作每年要安排一定比例职位，面向六类服务基层项目服务期满并且考核合格的高校毕业生进行选拔。""全区公务员考录每年要安排不低于招录总数15%的职位，对服务期满考核合格的高校毕业生定向考录。实施相关项目的事业单位相对应的自然减员空岗，全部聘用相应岗位服务期满考核合格的高校毕业生；全区事业单位公开招聘工作人员，旗县及旗县以下事业单位每年要安排不低于招聘总数40%、盟市及盟市以上事业单位每年要安排不低于招聘总数20%的岗位，对服务期满考核合格的高校毕业生定向招聘。"

内蒙古自治区党委组织部、自治区人力资源和社会保障厅、自治区公务员局（以下简称自治区公务员主管部门）决定组织实施自治区苏木乡镇机关2014年从优秀嘎查村干部、服务基层项目生（含大学生退役士兵）中考试录用公务员工作。本次考录计划招录公务员435人，其中，面向优秀嘎查村干部招录48人，面向服务基层项目生（含大学生退役士兵）招录387人。[①]

3. 取消考录公务员的户籍限制促进高校毕业生就业

内政发［2013］4号文件规定："在服务地参加公务员考录和事业单位公开招聘的，不受盟市、旗县户籍限制。凡在自治区境内落实了接收单位的，服务期限计算工龄，接收单位所在地区准予落户。"

4. 规范事业单位招聘制度，促进高校毕业生就业

内蒙古自治区政府规定，自2015年起，各盟市及盟市以下事业单位公开招聘由盟市人社部门统一组织实施。同时，自治区政府将依法规范事业单位人事管理制度，逐步实现事业单位人员"能进能出"、岗位"能上能下"、待遇"能高能低"的制度；继续扩大聘用制度推行面，做到聘用合同"应签尽签"，消除制度推行"死角"；针对不同行业特点，研究制定符合行业特点的聘用合同管理办法，并根据事业单位事业发展和人才队伍建设需要，建立和完善符合不同行业特点的岗位动态调整机制；在事业单位公开招聘过程中，贯彻民主、公开、竞争、择优的方针，做到信息公开、过程公开、结果公开，

① 参见《内蒙古自治区苏木乡镇机关2014年从优秀嘎查村干部和服务基层项目生中考试录用公务员简章》，载 http://www.malaqin.cn/article/article_3293.html，2014-12-02。

坚持为用而考，在考试与考察中，要充分体现行业、部门和不同岗位的要求，并通过三公开、一监督，防止违规进人和因人画像、“萝卜招聘”等违规违纪行为。

5. 放宽市场准入条件和经营场所限制，促进高校毕业生创业

内政发［2013］4号文件规定：“凡法律法规和政策未禁止的行业和领域均向创业的高校毕业生开放，只要不涉及国家安全、人民生命财产安全和身体健康，高校毕业生均可申请工商登记，按有关规定享受免费核发执照（证书）等优惠政策。创业的高校毕业生按照法律法规规定的条件、程序和合同约定，可将家庭住所、租借房、临时商业用房等作为创业经营场所；允许能有效划分的同一地址登记为多家高校毕业生创业企业、个体工商户的住所或经营场所。”

6. 全面取消创业者户籍限制，促进高校毕业生创业

内政发［2013］4号文件规定：“凡在自治区境内创业的城乡劳动者，都可按照《意见》规定，享受创业地小额担保贷款、创业培训等各项创业扶持政策。”

（三）完善就业服务制度

政府充分发挥经济手段与行政管理手段推动高校毕业生就业创业是非常必要的，但为高校毕业生就业创业提供全方位、高质量的服务也是必不可少的。

就业服务体系的建立和完善，以及实时提供高质量、针对性的就业服务，也是实现毕业生及时、有效就业的重要保障。内政办发［2012］135号文件对高校毕业生的就业服务进行了系列制度创新。

1. 为高校毕业生全面发展提供有效服务

高校毕业生素质能力和就业创业意识都是影响其就业创业的重要因素。高校如何提供有效的教育教学服务，让毕业生具备就业市场所需要的全面素质能力，这是为最终就业和创业服务的重要手段。

内政办发［2012］135号文件规定：“强化实践教学、实习实训和‘订单式’‘定向式’培养，加大应用型、复合型、技能型人才培养力度，使高校的人才培养方向和培养模式与市场对人才的需求紧密结合，增强高等教育对经济社会发展需求的适应性。”“各高校要全面开展职业发展指导和就业创业教

育，将就业指导课程纳入教学计划，建立贯穿于整个大学教育期间的职业发展和就业指导课程体系，帮助大学生树立正确的成才和就业观念。”“各类高校要广泛开展创业教育，积极开发创新创业类课程，完善创业教育课程体系，将创业教育课程纳入学分管理。”

2. 为未就业的高校毕业生提供全程就业服务

内蒙古自治区政府要求各地要全程跟进离校未就业的毕业生就业情况，提供跟踪式服务，促进其有效就业。内政办发［2012］135 号文件规定：“利用现代信息网络技术为手段的高校毕业生择业、单位用人和政府公共服务的信息网络服务管理平台，建立实现就业服务管理过程监测，数据即时统计分析，统一、便捷、高效的毕业生就业创业全程实名制动态服务管理体系。各级人力资源和社会保障部门要依托高等院校、社区、公共就业人才服务机构等平台，认真开展高校毕业生就业实名统计工作，全面掌握我区高校毕业生，特别是历年累计未就业毕业生情况。各级公共就业人才服务机构要为已就业高校毕业生免费办理就业登记，并按规定提供人事、劳动保障代理服务。对未就业的高校毕业生可按规定办理失业登记，并纳入户籍所在地失业人员统一管理，全面落实为登记失业高校毕业生免费提供政策咨询、职业指导、职业介绍和人事档案托管等相关就业服务和扶持政策。”

3. 支持高校毕业生参加职业技能培训

由于专业设置与就业市场需求存在一定程度上的错位，需要高校毕业生转换自己的知识技能结构，以适应就业市场的需求。为此，内蒙古自治区政府积极为高校毕业生知识技能转换提供政策和经济援助。内政办发［2012］135 号文件规定：“对高校毕业生在毕业年度内参加职业技能培训的，根据其取得职业资格证书（未颁布国家职业技能标准的职业应取得专项职业能力证书或培训合格证书）或就业情况，按照《人力资源和社会保障部、财政部关于加强高校毕业生职业培训促进就业的通知》（人社部发［2012］20 号）的有关要求给予培训补贴。对高校毕业生通过初次职业技能鉴定并取得职业资格证书或专项职业能力证书的，按规定给予一次性职业技能鉴定补贴。上述所需经费从各级政府就业专项资金中列支。”

4. 积极推动高校毕业生参加就业见习

良好的就业见习有助于高校毕业生掌握就业必要的知识技能。因而，推动高校毕业生积极参与见习，逐步提升自身的就业素质，这是帮助其最终实现就业的重要举措。为此，内蒙古自治区政府积极贯彻中央指示精神，通过见习补贴的方式推动高校毕业生积极参与就业见习项目。

内政办发［2012］135号文件规定："认真落实就业见习期间基本生活补助政策，按月给予参加就业见习的高校毕业生不低于见习单位所在地最低工资标准的基本生活补助，基本生活补助费用由见习单位和地方政府分担，其中政府分担部分由各级政府就业专项资金列支。"

5. 加强对贫困家庭的高校毕业生和就业困难的高校毕业生的就业援助

就业是重要的民生工程，关系到家庭的生活水平和质量，关系到社会的和谐、稳定。贫困家庭的高校毕业生和就业困难的高校毕业生更需要政府的积极援助，以实现尽快就业。

内政办发［2012］135号文件规定："各级公共就业人才服务机构要将本地区贫困家庭毕业生和就业困难毕业生特别是未就业蒙古语授课毕业生、残疾人毕业生以及登记失业一年以上毕业生纳入当地就业援助体系，建立台账，逐一登记，实施'一对一'的重点帮扶，优先为其免费提供就业指导、职业咨询、技能培训、就业推荐和信息服务，并向用人单位重点推荐，或通过公益性岗位安置就业。对符合条件的人员按规定落实社会保险补贴和公益性岗位补贴。各高校可根据贫困家庭毕业生的实际情况，给予适当的求职补贴。"

6. 提供创业培训补贴

高校毕业生创业不仅能实现自己的就业，而且还能吸纳其他人就业，具有一石数鸟之功效。内蒙古自治区政府积极响应国家号召并及时出台激励高校毕业生创业的政策，其中之一便是为高校毕业生参加创业培训提供补贴。

内政发［2013］4号文件规定："对登记失业高校毕业生和毕业年度高校毕业生到经人力资源和社会保障部门认定的定点培训机构参加标准化的免费创业培训（含创业实训），培训合格的，原则上每人创业培训补贴标准在2000元标准内据实核定。其中，6个月内实现创业的，按照培训补贴标准的100%给予补贴；6个月内没有实现创业的，按照培训补贴标准的80%给予补贴。"

7. 建设高校毕业生创业园和创业孵化基地

高校毕业生创业有自身的困难，首先是投资经费和经验不足的问题。建设具有扶持和保护性质的高校毕业生创业园和创业孵化基地能够最大限度减轻高校毕业生在经济和心理上的压力，能够有效地提高高校毕业生创业的积极性和成功率。

内政发［2013］4号文件规定：“坚持政府引导、市场化运作的原则，依托高等院校、科研院所、企业集团和各类开发区、高新区、产业园区等，因地制宜建设一批高校毕业生创业园和孵化基地。‘十二五’期间，每个盟市至少设立1个具有一定规模的高校毕业生创业园和1个以上具有一定规模的大学生创业孵化基地，各旗县和高校也要设立高校毕业生创业园或孵化基地。对在创业园或创业孵化基地的高校毕业生创业企业要提供培训和指导服务，落实扶持政策，努力提高创业成功率。”

内政发［2013］4号文件同时还规定：“对毕业3年内的高校毕业生，经认定进入创业园和创业孵化基地创办企业的，给予其一定比例的房租补贴，补贴期限为三年，所需经费从各级政府就业创业服务专项资金中列支，具体房租补贴办法由各地自行制定。”

（四）促进蒙古语授课高校毕业生就业的政策

以上这些政策创新和出台都是面向内蒙古自治区所有的高校毕业生的，但对于一直使用蒙古语授课的高校毕业生，其就业具有特殊的困难。其困难的原因前面已有阐释。为了促进蒙古语授课高校毕业生顺利就业，内蒙古自治区政府为蒙古语授课毕业生专门设置了相关扶持政策。

在就业市场化的今天，内蒙古自治区政府干预高校毕业生就业的行政手段是有限的，只能在一定的范围内发挥作用。对于内蒙古自治区政府而言，能够让扶持蒙古语授课的高校毕业生就业的行政命令得以贯彻落实的领域，更多是依赖于政府财政拨款的党政机关事业单位以及国有企业。毕竟，国有企业的资产属于全民所有，政府有任命企业领导人的权力，政府指令还可以在这些领域得到落实。

以下六个方面的扶持政策是专门针对内蒙古自治区蒙古语授课高校毕业生的。

1. 机关事业单位拿出15%职位招收蒙古语授课毕业生

内政发［2013］4号文件规定：“‘十二五’期间，自治区公务员考录、事业单位公开招聘每年要从录用（招聘）计划总数中拿出15%的职位（岗位），专门用于定向招录蒙古语授课毕业生。其中，旗县以下机关事业单位特别是蒙古族和‘三少民族’人口聚居旗县以下机关事业单位，可根据实际需要提高录用（招聘）比例。”

2. 公共服务类窗口单位要招聘蒙古语授课高校毕业生

内政发［2013］4号文件规定：“在公共服务类窗口单位要设置蒙汉语兼通岗位招聘蒙古语授课的高校毕业生；民族教育培训及其教研机构在招聘教师和教研人员时要优先招聘师范类蒙古语授课毕业生。”

3. 基层服务项目要拿出不少于15%岗位招收蒙古语授课毕业生

内政发［2013］4号文件规定：“高校毕业生服务基层项目要拿出不低于招募总数15%的比例定向招募蒙古语授课毕业生。”

4. 央企与国企要拿出20%职位招聘蒙古语授课毕业生

《内蒙古自治区人民政府关于进一步做好普通高等学校毕业生就业工作的意见》（内政发［2013］4号）同时还规定：“中央驻内蒙古各类企业、自治区国有企业每年要按接收计划20%的比例面向蒙古语授课毕业生进行定向招录。”

5. 财政承担蒙古语授课大学生辅修第二学位或专业

内政发［2013］4号文件规定：“鼓励蒙古语授课大学生辅修宜于就业创业的第二学位、第二专业或汉语授课的应用类课程，学生凭合格证书或合格成绩单，由各级财政分级负担选修费用。”

6. 为招用蒙古语授课高校毕业生单位提供岗位补贴

内政发［2013］4号文件规定：“对招用蒙古语授课毕业生并签订3年以上（含3年）劳动合同、按规定缴纳社会保险费的各类企业和其他非公有制经济组织，按招用人数给予用人单位3年的岗位补贴，补贴标准按当地最低工资标准的50%执行，所需经费从各级政府就业专项资金中列支。”

上述这六条政策是专门为内蒙古自治区蒙古语授课高校毕业生创设的，这在全国也是首次针对民族语言授课毕业生而出台的全面、系统的扶持政策。这对促进内蒙古自治区蒙古语授课高校毕业生就业是有明显效果的。

四、就业制度创新初现成效

2014年，内蒙古自治区高校毕业生总数11.4万（113675）人，其中博士毕业生 140 人，占毕业生总数的 0.12%；硕士毕业生 5182 人，占毕业生总数的 4.56%；本科毕业生 5.2 万（52441）人，占毕业生总数的 46.13%；专科毕业生 5.6 万（55912）人，占毕业生总数的 49.19%；区内生源 10 万（100674）人，占毕业生总数的 88.56%；区外生源 13001 人，占毕业生总数的 11.44%；男生 5.1 万（50815）人，占毕业生总数的 44.70%；女生 6.3 万（62860）人，占毕业生总数的 55.30%；汉语授课毕业生 10.7 万（107092）人，占毕业生总数的 94.21%，蒙古语授课毕业生 6583 人，占毕业生总数的 5.79%。

内政发［2013］4 号文件颁布施行，促使各机关事业单位遵循政策规定，扩大对毕业生招聘的比例，尤其是明确规定要为蒙汉兼通的蒙古语授课毕业生提供相应的岗位职数，这直接导致内蒙古自治区高校毕业生就业率的整体提升，也为蒙古语授课高校毕业生的就业带来机遇。

（一）为蒙汉兼通的高校毕业生提供较多的就业机会

2013 年颁布的内政发［2013］4 号文件推动了党政事业单位设置蒙汉兼通岗位，吸纳蒙古语授课高校毕业生。2013 年内蒙古自治区党群系统直属（含部门所属）事业单位公开招聘工作人员，计划招聘 120 人，其中设置的蒙汉兼通岗位便有 16 人，占招聘总数的 13.3%。2014 年内蒙古自治区政府系统直属（含部门所属）事业单位公开招聘工作人员，在岗位设置中，蒙汉兼通的岗位达到 12.2%，具体数值见表 12－11 所示。蒙汉兼通岗位数占总岗位数的比例是蒙古语授课高校毕业生占当年毕业生总数的比例的 2 倍之多。

表 12－11　2014 年内蒙古自治区政府系统直属（含部门所属）事业单位招聘

部门	招聘总数（人）	蒙汉兼通人数（人）	蒙汉兼通比例（%）
教育厅	65	8	12.3
科技厅	5	0	0
信息化委员会	7	0	0
自治区民委	6	5	83.3
民政厅	11	1	9.1
国土资源厅	16	2	12.5

续表

部门	招聘总数（人）	蒙汉兼通人数（人）	蒙汉兼通比例（%）
住建厅	23	0	0
环保厅	3	0	0
交通厅	77	8	10.4
水利厅	97	13	13.4
农牧厅	17	1	5.9
商务厅	4	1	25
文化厅	19	4	21.1
新闻出版广电局	7	1	14.3
资产管委会	3	0	0
体育局	17	3	17.6
食品药品管理局	6	0	0
金融工作办	6	1	16.7
气象局	4	0	0
合计	393	48	12.2

在2014年内蒙古自治区直属党群事业单位招聘的职位中，提供给蒙汉兼通毕业生的岗位数占总招聘数的22.6%。这个比例与蒙古语授课高校毕业生占当年毕业生总数的比例（5.79%）相比，高出16个多百分点，是内蒙古自治区为促进蒙古语授课高校毕业生就业做出的极大的努力，具体数值见表13－12所示。

表12－12　2014年内蒙古自治区党群系统直属（含部门所属）事业单位招聘

部门	招聘总人数（人）	蒙汉兼通人数（人）	蒙汉兼通比例（%）
专用通信局	2	0	0
机关幼儿园	8	0	0
科技馆	1	0	0

续表

部门	招聘总人数（人）	蒙汉兼通人数（人）	蒙汉兼通比例（%）
机关事务中心	1	0	0
社管创新中心	4	0	0
翻译家协会	1	1	100
内蒙古美术馆	1	0	0
花的原野杂志社	1	1	100
草原杂志社	1	0	0
残疾人康复中心	21	0	0
呼和浩特铁路运输中级法院机关事务中心	2	0	0
呼和浩特铁路运输法院	2	0	0
实践杂志社	9	2	22.2
内蒙古日报社	25	13	52
互联网新闻中心	5	2	40
合计	84	19	22.6

（二）高校毕业生总体就业率近86%

蒙古语授课高校毕业生是内蒙古自治区高校毕业生群体的组成部分，其就业的好转为高校毕业生整体就业率的攀升做出了一定的贡献。截至2014年9月1日统计，内蒙古自治区高校毕业生总数113675人中已就业97679人，平均就业率为85.93%，其中博士毕业生140人，已就业57人，就业率为40.71%，硕士毕业生5182人，已就业2569人，就业率为49.58%，本科毕业生52441人，已就业44927人，就业率为85.67%，专科毕业生55912人，已就业50126人，就业率为89.65%，呈现出高职高专就业率高于本科就业率，而本科生就业率又高于研究生就业率的趋势，具体数值见图12－1所示。

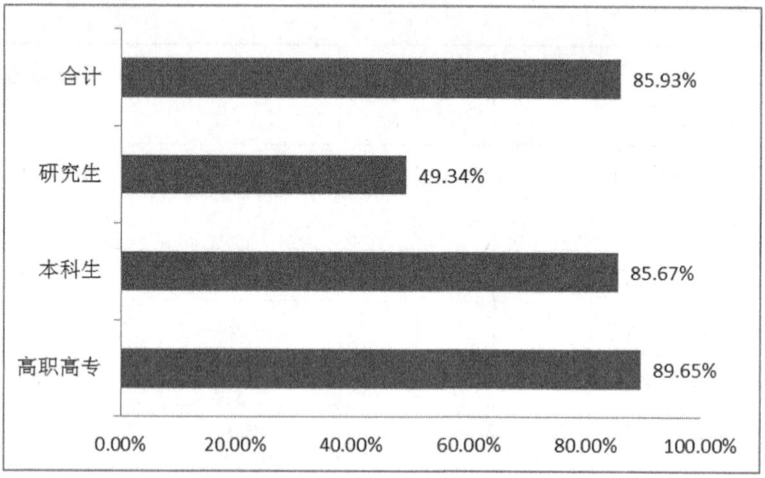

图 12－1　内蒙古自治区 2014 年高校各类毕业生就业率

（三）在各类企业就业占就业总数的 68%

从高校毕业生就业流向看，2014 年内蒙古自治区各级各类企业依然是接收高校毕业生的主渠道，接收高校毕业生人数占已就业高校毕业生总数的 68.58%。其中，蒙古语授课高校毕业生在企业就业占其就业总数的 36.28%，比 2011 年提高了 13 个百分点。这表明蒙古语授课高校毕业生“灵活就业”位居第一的就业状况在向“企业”就业位居第一的就业状况积极转变，就业质量明显提高。

（四）蒙古语授课高校毕业生就业率低于汉语授课高校毕业生

与 2011 年内蒙古自治区高校毕业生就业情况相比，2014 年内蒙古自治区蒙古语授课高校毕业生的就业率依然有待于提高。2011 年、2014 年蒙古语授课高校毕业生的整体就业率分别为 78.96%、80.13%，仅提高 1.17 个百分点，而汉语授课高校毕业生的就业率分别为 86.01%、86.28%，保持相对稳定。2014 年，蒙古语授课高校毕业生的就业率低于汉语授课高校毕业生 6.15 个百分点，具体数值见表 12－13、表 12－14 所示。

表 12-13 内蒙古自治区 2011、2014 年高校毕业生数及就业人数

项目	2011 年				2014 年			
	蒙古语授课		汉语授课		蒙古语授课		汉语授课	
	人数	比例	人数	比例	人数	比例	人数	比例
毕业生数	6318	6.40%	93350	93.60%	6583	5.79%	107092	94.21%
就业人数	4989	78.96%	80286	86.01%	5275	80.13%	92404	86.28%

表 12-14 内蒙古自治区 2011、2014 年高校毕业生就业去向

项目	2011 年				2014 年			
	蒙古语授课		汉语授课		蒙古语授课		汉语授课	
	人数	比例	人数	比例	人数	比例	人数	比例
机关	6	0.12%	194	0.24%	284	5.38%	1380	1.49%
事业	1070	21.45%	7117	8.86%	1762	33.40%	12145	13.14%
企业	1123	22.51%	52334	65.18%	1914	36.28%	65076	70.43%
部队	32	0.64%	361	0.45%	62	1.18%	348	0.37%
中央地方项目	292	5.85%	926	1.15%	195	3.70%	935	1.01%
灵活就业	2175	43.60%	14697	18.31%	637	12.08%	7416	8.03%
升学出国	290	5.81%	4644	5.78%	416	7.89%	5060	5.48%
自主创业	1	0.02%	13	0.02%	5	0.09%	44	0.05%

（五）蒙古语授课高校毕业生在机关和事业单位就业比例较高

分析表 12-13 中的数据，我们不难看出，蒙古语授课高校毕业生在机关事业单位就业的比例均有较大的提高。2011 年，在机关就业的蒙古语授课高校毕业生仅为 0.12%，比汉语授课高校毕业生尚低一半；在 2014 年，蒙古语授课高校毕业生在机关就业的比例提高到 5.38%，不仅比 2011 年高出 3.26 个百分点，而且超出汉语授课高校毕业生就业比例 3.89 个百分点。2011 年，在事业单位就业的蒙古语授课高校毕业生为 21.45%，比汉语授课高校毕业生高出 12.59 个百分点，在 2014 年，蒙古语授课高校毕业生的就业比例提高到 33.40%，不仅比 2011 年高出 11.95 个百分点，而且超出汉语授课高校毕业生

就业比例 19.26 个百分点，从这方面看，内蒙古自治区政府为促进蒙古语授课高校毕业生就业的制度创新效果是明显的。

（六）蒙古语授课高校毕业生在企业就业率也有提升

分析表 12－13 中的数据，我们能够得出，蒙古语授课高校毕业生在企业就业的比例有较大的提高。在 2011 年，蒙古语授课高校毕业生在企业就业的比例为 22.51%，比当年汉语授课高校毕业生在企业就业的比例低 42.67 个百分点；在 2014 年，蒙古语授课高校毕业生在企业就业的比例上升到 36.26%，不仅比 2011 年提高 13.75 个百分点，而且也缩小了与汉语授课高校毕业生的差距，比汉语授课高校毕业生仅低 34.15 个百分点，缩小差距达 8 个百分点。这表明，内蒙古自治区促进蒙古语授课高校毕业生就业的政策创新在企业界产生了积极影响。

（七）蒙古语授课高校毕业生灵活就业的比例显著下降

分析表 12－13 中的数据，我们还能够得出，蒙古语授课高校毕业生灵活就业的比例有较大幅度的降低。在 2011 年，蒙古语授课高校毕业生灵活就业的比例为 43.60%，比当年汉语授课高校毕业生灵活就业的比例高出 25.30 个百分点；在 2014 年，蒙古语授课高校毕业生灵活就业的比例下降到 12.08%，不仅比 2011 年降低了一倍之多，而且也接近汉语授课高校毕业生的低比例，仅比汉语授课高校毕业生高 4 个百分点，缩小差距达 21 个百分点。

由于灵活就业是一种非常不稳定、无保障的就业形式，往往是毕业生就业的权宜之计，是一种无可奈何的就业选择。从另一层面讲，灵活就业比例的降低意味着就业质量的提升。

此外，在内蒙古自治区政府促进就业相关政策的推动下，蒙古语授课高校毕业生升学出国的比例也有相当幅度的提升。

与 2011 年相比，经过高校自治区政府促进高校毕业生就业政策的创新，蒙古语授课高校毕业生在机关事业单位和企业就业比例提升，灵活就业比例显著下降，以及升学出国比例同步提升，这些就业指标都是反映就业质量的重要因素。就业率尽管并未实现显著提升，但是就业质量的提升自然能够凸显制度创新的意义和价值所在。毕竟，在以前的就业率统计中，灵活就业的认定过于宽松和随意，很多并不是真正就业的状态也被认定为灵活就业，因而拉高了整体的就业率。随着教育部规范高校毕业生就业率统计的文件出台，过去宽松认定灵活就业的水分被挤掉，也就体现出就业率并未有显著提升。

综合以上的分析，我们不难看出，内蒙古自治区促进高校毕业生就业的系列政策创新是取得显著成效的，值得其他地区学习借鉴。同时也启示我们，只要政府积极发挥行政管理和经济杠杆的作用，促进高校毕业生就业，尤其是促进数量并不庞大的少数民族毕业生及时、有效地就业是完全可能的。与此同时，各级政府通过推进高校教育教学制度的改革完善，提升高校毕业生综合素质，增强其就业竞争力，就一定能够让社会各界备受关注的高校毕业生就业问题得以解决，这对于我国人才资源潜能的发挥、和谐社会的建设和国家综合国力的提升都有非常重大的意义。

第二节　内蒙古自治区创新就业创业制度带来的启示

人是生产力诸要素中最活跃的因素，高校毕业生更是各地经济社会发展的关键性资源。在经济社会发展越来越依赖科学与技术的当下，高校毕业生更是各地经济社会发展的引擎。各地拥有高级专门人才的多寡和质量高低，直接影响到各地经济社会发展的速度和质量。因而，重视人才、用好人才是各地党政领导必须高度重视的大事。需要党政领导从战略的高度、本着以人为本的人性关怀去体察和帮助从本地走出去的莘莘学子回到家乡就业，为他们发挥自己的聪明才干和施展他们的理想抱负搭建广阔的舞台。为此，笔者对各省市自治区提出如下的促进少数民族毕业生就业的制度创新建议。

一、制定少数民族困难学生学业帮扶制度

少数民族高校毕业生就业困难与其在求学阶段就遇到一些困难有较大的关联。一般来说，少数民族学生在求学的过程中，会遇到诸如经济贫困、汉语表达不好、理工类课程学习困难等压力。这些都会影响到他们专业知识技能、综合素质和自信心的发展，从而影响到他们在就业市场上的竞争力。为此，要帮助少数民族高校毕业生顺利高质量地就业，首先要从源头上去帮扶

他们，让他们在求学阶段能够充分利用大学的四五年光阴最大限度地拓展自己，成为德智体全面发展的高素质人才，从而有助于他们顺利、有效地就业。

这就要求各少数民族人口比例较大的省市，尤其是民族地区的省级政府要积极制定针对本辖区内少数民族学生（包括本辖区的在外地读书的少数民族学生）的帮扶制度。各省级政府可以设立若干个专项基金，分别推动各类问题的解决。如设立贫困生奖助金，专门奖励、资助家庭经济困难，但积极上进的少数民族学生，解决他们的生活之忧。像新疆维吾尔自治区教育厅就为在高校就读的新疆籍少数民族学生设立了贫困助学金，一批品学兼优的少数民族学生从中受益。还应该设立学业补助金，用来帮助有上进心，但学业有困难的少数民族学生。该学业补助金让少数民族学生在校期间能够参加英语、计算机的培训，辅修专业和专业课的辅导等，经费由学生所在学校管理并保证向受助学生提供相应辅导服务。课题组在对少数民族大学生调查的过程中发现，一些少数民族大学生很想去校外培训机构专门培训英语和计算机，但收费太高，愿望不能实现，很大程度上影响着他们求职面试时的自信心和积极性。因为在招聘就业时，很多用人单位非常看重计算机等级证书和英语等级证书，少数民族学生因为缺乏这些用人单位看重的等级证书，求职屡屡受挫。若通过学业补助金的资助，他们就可以在校期间通过校外专项培训获得相应的证书，无疑会将他们的就业难度降低下来。同时，有了这些证书，他们面试时的自信心就足了，也是有助于就业的。

因此，各省级政府要真正做好促进少数民族高校毕业生就业工作还需要从源头做起，将帮扶的工作前置，这对少数民族高校毕业生潜能的充分开发、对其在工作岗位上创造更高的社会价值都是非常必要和重要的。

二、确立本地党政事业单位招收民汉兼通毕业生的特别扶持制度

随着中国经济体制从计划经济转向市场经济，高校毕业生的就业也由按计划分配转向面向市场双向选择、自主择业。这种转变的背后是政府可用的安排就业岗位资源的减少和缺失。在市场经济体制下，政府不能全面安排如此大规模高校毕业生就业，但这并不意味着各省级政府没有促进高校毕业生就业的资源和手段了。

在接受高校毕业生的用人单位中，党政机关和事业单位都是由财政拨款维持运转的部门，这些都是省级政府可以利用和统筹的资源。由于高校毕业生是本地重要的人才资源，关系到本地区经济社会文化的繁荣发展，因而，促进回到本地的高校毕业生就业不是道义上的垂怜而是现实利益上的权衡。省级政府有责任、有必要、有能力去规范这些财政拨款单位多接受高校毕业生，尤其要为民汉兼通的少数民族高校毕业生规定录用的比例，以确保民汉兼通的少数民族高校毕业生顺利就业。

内蒙古自治区在这方面的制度设计已经为我们提供了典范。如何促进本地少数民族高校毕业生的就业，各省级政府都可以学习借鉴内蒙古自治区的成功经验，积极规范和引导以财政经费支持的各机关各部门各事业单位在招聘高校毕业生时，要为少数民族毕业生，尤其是为民汉兼通的民族语言授课的高校毕业生确定可观的招录比例，专门接纳民汉兼通的高校毕业生，对民汉兼通毕业生确立特别的扶持制度。

民汉兼通的高校毕业生特别扶持制度还体现在，对于那些非依赖英语和计算机技术进行工作的党政机关和事业单位的就业岗位，对民汉兼通的少数民族高校毕业生要放宽英语等级证书和计算机等级证书的要求，用其所长，将民汉兼通的少数民族高校毕业生具有的专长发挥出来，也是对社会不可替代的贡献。

三、为本地企业招收民汉兼通毕业生提供补贴

在中国，高校毕业生就业的主要去向就是企业，尤其是私营中小企业。而私营中小企业往往是依托市场竞争取得生存、发展的空间，政府财政几乎不会投入到私营企业，去扶持其发展。因而，政府对私营企业的人员聘用进行干预是没有合法性基础的。

但私营企业接收少数民族高校毕业生就业的潜力却是很大的，是稳定就业的一支重要力量，不可小觑和忽略。各省级政府必须从行政命令之外的方法手段入手，去调动私营企业招聘高校毕业生，尤其是民汉兼通的少数民族高校毕业生的积极性。如何调动自负盈亏且不依赖财政支持的私营企业吸纳少数民族高校毕业生的积极性呢？经济和金融手段就是非常有用的工具。内蒙古自治区在促进高校毕业生就业时，就充分利用这个工具并取得了良好的

效果。国家出台的高校毕业生就业工作通知中也反复强调利用经济、金融杠杆去撬动私营企业吸纳高校毕业生的积极性。这就要求各省级政府要积极行动起来，及时出台规章，明确规定接受高校毕业生，尤其是接受民汉兼通的少数民族高校毕业生的用人单位可以享受保险补贴和贷款贴息等待遇，大力地引导和鼓励非财政经费支持的用人单位多招收民汉兼通的高校毕业生，以促进少数民族高校毕业生充分、有效地就业。

四、完善民汉兼通毕业生回本地创业的扶持制度

在中国进入大众创业、万众创新的“双创”时代，大学生应该是积极的参与者。同时，大学生创业也有其独特的优势：一是大学生有敢拼敢闯的锐气。大学生往往对未来充满希望，他们有着年轻的血液、蓬勃的朝气以及“初生牛犊不怕虎”的精神，这些都是一个创业者应该具备的素质。二是大学生具有较为丰富的理论知识和较好的思维品质。大学生在学校里学到了很多理论性的东西，有的还有较高层次的技术优势，这有助于开办高智力、高科技企业，而这类企业也是大学生最有前途的事业。大学有着“用智力换资本”的创业优势。一些风险投资家往往就因为看中了大学生所掌握的先进技术，而愿意对其创业计划进行资助。三是大学生具有创新精神和创新能力。现代大学生有着对传统观念和传统行业提出挑战的信心和欲望，敢于打破常规，敢于推陈出新，而这种创新精神也往往能造就大学生创业的成功。

教育部于2014年12月10日正式公布的《关于做好2015年全国普通高等学校毕业生就业创业工作的通知》的首条便是“全面推进创新创业教育和自主创业工作”。提出“要加大对大学生自主创业资金支持力度，多渠道筹集资金，广泛吸引金融机构、社会组织、行业协会和企事业单位为大学生自主创业提供资金支持”“实施好新一轮大学生创业引领计划，落实创业培训、工商登记、融资服务、税收减免等各项优惠政策，鼓励扶持开设网店等多种创业形态”。

大学生具有高智商、高学历的特点，但是由于大学生缺乏相对应的社会经验，所以需要全社会的关注和帮助。大学生创业肩负着提高大学生毕业就业率和社会稳定等历史使命。高校毕业生的创业不仅能够解决自身的就业问题，而且可以吸纳和带动其他人的就业，这是一举多得的好事。

各省级政府要积极出台扶持高校毕业生回本地创业的政策，要从创业培训、创业行政审批、创业资金、创业场地等方面给予大力扶持，要开辟大学生创业行政审批绿色通道、设立大学生创业基金、创设大学生创业园，为大学生回家乡创业提供全方位的服务，让创业成就青年人的梦想，让创业带动就业，让创业促进经济社会的发展。

第十三章 美国高校毕业生就业服务体系对我国就业服务工作的启示

美国是世界上头号经济大国和经济强国，它是如何实现人力资源和人才资源有效配置的？它在就业服务方面取得了哪些成功的经验？对于处于新兴的工业化和信息化阶段、人力资源规模和高等教育规模世界第一、就业形势严峻的中国要从已经在就业服务方面积累了丰富经验的美国那里学习哪些智慧和经验？下面我们将做一概述性的分析。

第一节 美国就业服务体系分析

美国是世界上的高等教育强国，其高等教育早已迈入普及化阶段，其高校毕业生就业是政府和社会各界非常关注的事项。关于高校毕业就业，美国已经形成了相对成熟完善的就业服务体系。

一、美国四位一体的就业服务体系

美国是实行自由经济的国家，市场竞争、价值规律主导着美国的经济运行。美国大学毕业生就业依照市场规律运行，实行自主择业。美国没有专门的大学生就业市场，政府部门中也没有设立专门管理高校毕业生就业的机构。政府只是把毕业生看作整个社会就业市场的一部分，对就业不直接干预和限制。但在实践中，美国已形成了政府、高校、中介机构和用人单位四位一体的大学生就业指导服务体系。其中，高校发挥着连接其他三方的枢纽作用。

这四类主体既有明确分工，又相互配合，共同为大学毕业生提供内容全面和形式多样的就业指导和服务，高校毕业生的就业工作因此而富有成效。

（一）政府立足就业市场提供全局和前瞻性服务

美国政府是就业服务工作的总设计师和总督导，发挥着牵引、规范和宏观服务的作用。美国政府组织就业调查，搭建就业信息平台，提供就业信息，制定促进就业的政策法规，在客观上引领和推动全国的就业工作。

1. 政府提供全局性和前瞻性的信息服务

在联邦政府层面，美国劳工部是为劳工提供全局性、前瞻性就业服务的部门。劳工部负责调节宏观就业、失业、学校培训等情况，进行职业分类统计分析，发布有关职业前景的预测，制定有关就业的法规、制度，在宏观上指导就业工作。劳工部设有劳工统计局，主要职能是收集不同时期美国就业市场的职业需求状况、不同职业对知识和技能的要求等信息，重点预测经济发展对未来就业需求的影响。统计结果通过上网和发行出版物向全社会公布，作为政府决策和个人择业的参考依据。劳工统计局根据这些数据编撰的《岗位需求手册》很受美国大学生的欢迎，几乎是人手一册。①

在州政府层面，州劳工局根据就业需求信息调查，派人去中学介绍社会职业需求情况，辅导学生对大学的选报，并为大学改进教学、调整人才培养计划提供帮助。同时各州政府设有发展局，负责推进就业工作，经费由联邦政府核拨。州政府还设有公立的职业介绍所和私立的职业介绍机构，并使其成为整个毕业生就业工作体系的组成部门。

2. 制定就业法律和就业促进政策

为了促进全国的就业工作，必要的法律规范是不可缺少的。美国非常注重法律对就业的规范和引导作用。有关规范和促进就业的法律主要有《人力开发与培训法》（1962 年）、《职业教育法》（1963 年）、《紧急就业法》（1971 年）、《就业机会法》（1973 年）、《青年就业与示范教育计划法》（1974 年）、《就业培训合作法》（1983 年）、《劳工投资法》（1985 年）等。这些法律为就业指导工作提供了法律上的支持与保障。②

---

① 参见赵瑛：《美国高校毕业生就业现状及其启示》，载《中国冶金教育》，1999（1），35～36 页。

② 参见李广瑞：《美国的就业促进政策》，载《山东劳动保障》，2003（4），36 页。

除了出台相关的就业法律来规范、引导就业工作之外，美国政府也采取了免除学生还贷款义务等政策，来鼓励大学生到特定的地区就业或从事特定的职业。

概而言之，美国联邦政府在就业服务工作上发挥着牵引、规范和促进的功能。联邦政府的劳工部组织人员发布十年经济运行的预测，每隔两年调整一次，为学生选择专业和行业提供前瞻性的指导。联邦政府将经济发展进行前瞻性的预测与高等教育的滞后性效应结合起来，待到学生毕业就业时，正好与就业市场的需求相吻合。

（二）高校坚持人才培养与就业指导并举的办学路径

在美国，高校在促进毕业生的就业中发挥着中流砥柱的作用，具体表现在两个方面：一是紧跟就业市场的要求开展人才培养；二是为学生提供全程全面的就业指导服务。

1. 以就业为导向的人才培养机制建设

美国高校在人才培养的过程中，将就业作为一切工作的立足点和出发点。各高校非常重视培养学生的创造意识和创业能力，要求学生一方面运用各种方法，永远追求更多的知识；另一方面，又要用所学知识解决实际问题，取得更好的工作效果，过上更美好的生活。学校还经常邀请知名企业家到学校开设讲座，与大学生开展联谊活动，培训学生自我创业意识和企业家精神。在教学内容上，美国高校把产品设计技术、质量管理、销售、资金筹措、人际关系、商业法规、事业策划、事业管理及政府的有关法律章程等作为职业指导课或讲座的重要内容。

美国高校鼓励学生创业，积极开展创业教育。创业教育在美国已经有二十多年的历史。有些学校甚至以专注创业领域的研究和教学作为学校的策略重心及竞争优势。著名的哈佛商学院甚至将必修的“一般管理学”改为“创业精神管理学”，加州大学洛杉矶分校的创业课程更是高达 24 门，其他如芝加哥大学、麻省理工学院、斯坦福大学等著名大学，目前都倾力专注于此领域，以求在新经济领域里站稳脚跟。①

---

① 参见杨伟国、王飞：《大学生就业：国外促进政策及对中国的借鉴》，载《中国人口科学》，2004（4），65～80 页。

美国高校重视合作教育，通过实习计划，使学生自身工作能力和专业技能得到提高，从而增强毕业生在就业市场中的竞争力。通过与用人单位的合作，高校可以获得办学信息，提高办学和人才培养的针对性，加强了学校的教育功能和生存基础。为适应市场需求，高校坚持以培养学生准备从事任何一种职业为指导思想，在文理科方面给学生以宽广的基础教育，并又注意培养学生的个性特长，指导学生按其职业意愿要求发展，培养务实、竞争、冒险的意识，使学生能理性地对待科技、经济和文化的变化和多样化，有信心战胜不断发展、变化的工作环境中遇到的困难。①

2. 提供全程、全面的就业服务

美国高校都很重视对学生的就业指导工作，高校内一般设有毕业生就业指导中心，有些高校内的就业指导机构还自成体系：第一层次是校就业辅导中心，以就业辅导和服务为主；第二层次是学院就业辅导机构，以开展就业心理咨询为主；第三层次是系、专业就业辅导人员，以辅导学生专业定向为主。②

在美国，高校学生的就业指导工作主要是由各大学的毕业生就业指导中心来进行的。大学均设有给大学生提供专门服务和实施必要管理的机构——毕业生就业指导中心（也称毕业生就业规划安置中心、就业发展中心、职业规划介绍中心、大学生安置办公室）。美国高校就业指导机构的规模都比较大，由就业指导专职人员和兼职人员构成，专职人员与毕业生的比例多在1∶200左右。它是学校的一个常设机构，直接由分管学生事务的副校长领导。就业指导人员有明确的岗位分工，设有中心主任、就业顾问、就业主管、对外联络员、秘书等。各大学对大学生就业指导人员要求十分严格：就业指导中心主任一般要有辅导学、咨询学、高等教育学等专业的硕士或博士学位；负责做学生心理测试、能力评估、求职咨询等工作的就业顾问，一般要有心理学专业的硕士学位或博士学位；其他人员须获得学士学位。所有的就业指导人员要有培训资格证书，并经过考试达标，才能上岗。

美国高校就业指导工作的内容丰富、细致，且从学生一入校就开始，贯穿其整个大学生涯。学生入学第一年，中心就开始对学生进行职业教育，帮

① 参见王宝义：《中美大学生就业指导模式比较研究》，载《现代教育科学》，2004（1），37页。

② 参见娄进举：《美国大学生就业指导工作及启示》，载《交通高教研究》，2003（5），40页。

助接触和了解就业状况；第二年帮助学生发现和了解自己的性格、兴趣和专长，帮助学生选择专业；第三年帮助学生了解雇主资料和市场需求，参加社会实践和一些招聘会，让学生直接感受就业市场；第四年辅导学生写求职信，传授求职要领和面试技巧等专门技能。毕业后，毕业生仍然可以回到母校接受各种就业指导和培训教育，获得学校延续不断的服务和帮助。①

美国高校对学生提供的全面、细致的就业指导和服务工作，具体言之，主要有如下几个方面：

（1）指导学生进行自我评价，确定专业走向和择业目标。学生入校的第一年开始，指导中心就对学生进行职业教育，帮助学生对就业市场的状况进行接触和了解；通常在第二年，指导中心要通过心理测试等方法帮助学生发现和了解自己的特性、兴趣和专长，使学生在自我评价的基础上，进行专业和职业的定向。

（2）开展职业技能培训。美国高校会对学生进行求职择业训练，帮助毕业生学会获取就业信息的方法，正确填写各种求职表格，制定标准的求职材料，策划求职战略，通过模拟、面试、培训等方法，掌握面试的技巧，寻找有前途和发展机会的职位。

（3）为学生提供就业信息。美国高校除了从网络上和新闻媒体上收集就业信息，也会直接与雇主建立关系，主要通过访问雇主、打电话或发邮件与雇主联系并获取信息。获取的信息都要输入计算机，并将文字资料分门别类地放置，供学生免费查询。

（4）为学生提供实习和见习的机会。美国高校的就业指导中心推荐学生勤工俭学，将暑期的社会实践工作与职业探索有机地联系起来。学校一般都有一批长期保持密切联系的企业和机构，通过派学生前往实习、工作，为供需双方提供双向选择的机会。同时，在市场资源的开发利用上，就业指导中心与社会人力开发机构合作开展工作，联系知名企业等人才需求单位，鼓励其为学校的就业指导进行投资，学校以给其提供未来员工的定向培训作为补偿。

（5）举办校园招聘会。美国高校在教学日历上都有固定的学生就业招聘日程，一般在每年的1—4月和9—10月进行。学校的就业机构要接待来自政

---

① 参见王军：《国外大学生就业促进手段对我国的启示》，载《黑河学刊》，2005（5），48～49页。

府、教育界、公司和其他组织的招聘代表，并且事先通过各种媒介向学生公布前来招聘单位的情况以及所需求毕业生的有关信息。[①]

（三）中介机构提供免费或收费的就业服务

在美国，服务于大学生就业指导工作的除了高校和政府部门之外，还有大量的猎头公司、人才中介公司、人才租赁公司等社会性的中介服务机构，有营利性的，也有非营利性的。这些中介机构的主要职能是针对当前大学生求职过程中所遇到的各种问题进行指导，并对毕业生市场进行前景预测，帮助学生选择并获得满意的工作，为雇主制定有效的人员招聘计划并提供优秀人选。例如“全美高校和雇主协会”“伏特信息科技公司”等。其中以成立于1956年的全美高校和雇主协会（National Association of Colleges and Employer，简称NACE）最为著名，是美国人力资源信息的最主要提供者。NACE目前吸纳了1800多家高校和1900多家用人单位作为会员，每年为大约100多万名大学毕业生提供就业服务。

NACE依托其网站NACE Web每季度对新毕业生的基本工资进行调查，借助季刊和半月刊等实时通信手段向会员提供各方面的信息。NACE每年还定期出版一些刊物，对就业市场的供求现状、各种职业的发展前景、求职和招聘过程中可能遇到的法律问题等进行调查、分析，其中《择业》是最有名的一份刊物。许多学校把它列为学生就业和求职的指导用书，Job－Web是《择业》的在线形式。NACE很注重调查研究，通过最新数字的比较向用人单位和毕业生提供动态信息。调查的信息一般以调查报告的形式予以发布，报告包括国家平均水平、各地区水平、不同工种及主要高校毕业生的工资水平等。NACE向会员免费发放各种报告，会员还可以在线获得最新的工资信息。[②] NACE每年都会帮助大量的学生选择对自己的发展有益的工作，帮助用人单位招聘到合适的人才。

美国营利性的私人职业介绍所开展的活动一般分为两类：一类是为一些低技能的劳动力介绍工作，月薪一般在2500美元以下，收取的介绍费较低，通常是工人的第一个月工资；另一类是为高级职员（人才）服务的介绍所，

---

① 参见谢艳红：《美国高校的大学生就业指导》，载《河南教育》（高校版），2006（5），59页。

② http://www.naceweb.org/infopublic/salaries.htm/，2006－10－15.

主要是介绍高技能的工作，介绍成功后，收取的介绍费约 5～10 万美元。

还有一种职业介绍所对求职人员开展签约式服务。通常是与求职者签约两年，经过求职就业指导，一般在半年之内可以找到工作，收取的介绍费大约为 3000～15000 美金。

一些大公司在破产后，会自行成立职业介绍机构解决其职工的再就业，主要是为职工进行求职指导、转业指导、信息咨询，促其实现再就业。

美国的工会也加入到促进就业的行列中，帮助劳动者就业。美国相当多的企业和公司雇用临时性工人，企业和工会就保持一种联系。如加利福尼亚州服务行业工会，负责加州 95% 的办公楼的清扫工作，会员 4000 余人。当工人在工会办公室进行求职登记后，工会将符合条件的人直接招工，并与本人签订合同，这类工会带有雇主的性质。

新闻媒体也刊登工作信息，帮助求职者就业。美国报纸通常都设有职业介绍的栏目，雇主将招工信息刊登在报纸上，求职者根据信息公布的条件直接与雇主商谈。①

（四）用人单位嵌入人才培养和就业的过程中

美国的用人单位出于自身利益最大化的考虑会参与到全社会的就业工作中。美国的用人单位非常重视学生的实践经验并期望从中得到最大的利益回报。为此，很多用人单位积极创造条件，为潜在的员工，尤其是高校毕业生积极提供具体的支持。

在美国，很多用人单位愿意提供带薪实习的机会，有些用人单位还提供与新聘员工相近的工资。很多大学和企业通过 CO—OP 方式进行合作，这是大学和企业之间互动的关系，包括在大学本科阶段的合作和在研究生阶段的合作。以本科阶段为例，学生进入大学以后，通过两年的基本教育，第三年，如果学生愿意加入到 CO—OP 合作方案中来，就可以延长其学习时间。企业和大学有一个协议，经过面试后，学生可以加入到这个项目中，这个项目有的是免费的，有的是收费的，如果不付钱，可以免掉一些学分，把实习的学分变成学生毕业需要获得的总学分。在实习的过程中，用人单位已经考察了这部分学生，在一年至半年的实习中，学生也把公司的工作流程学习清楚。

① 《美国依靠社会力量解决就业问题》，载《劳动理论与实践》，1997（10），18 页。

当学生毕业以后，公司就可以录取学生直接到企业工作。

美国政府、高校、社会机构和用人单位共同构筑了富有成效的就业服务工作网络，共同推动了美国自20世纪30年代的罗斯福新政期间催生的就业福利政策①的有效实施。

二、美国就业服务模式优劣势分析

美国就业服务模式调动了各方利益主体参与的积极性，最大限度地整合了社会资源，为人力资源的开发、劳动力的有效就业和经济社会的发展都做出了积极的贡献，体现出多方面的优势，但不容置疑，与相关优势相伴随的是一些不可忽略的劣势，需要我们审慎对待。我们要以更加科学、务实的态度看待美国就业指导服务模式的优缺点，从而科学、合理地借鉴美国就业服务工作的经验，为构建符合中国国情的就业服务体系提供保障。为此，本书将对美国四类服务主体所作所为的优劣势做一些粗浅的探讨。

（一）政府就业服务工作的优劣势分析

美国政府在面向全国的就业服务工作中的所作所为既有可圈可点的优势，也有不可忽视的劣势，现分析如下。

1. 美国政府就业服务工作的优势

美国政府在就业服务方面的行动和举措有三方面的优势。

优势一，就业服务的先导性和超前性。美国联邦政府通过预测未来十年经济发展走势和可能的就业行情，帮助潜在的劳动力选择发展的方向，这对几年之后才就业的学生而言，更能前瞻性地把握就业趋势和经济发展走向，避免专业选择和素质拓展的盲目性，也有利于国民经济的稳定发展。

---

① 就业福利政策是指政府所实行的与就业促进、保障相关的各种立法和政策，其内容涉及就业资金支持、就业能力培育、就业机会创造以及其他的就业帮扶措施。就业福利政策的基本目标是促使失业者再就业，对于确实无法就业者给予失业救济，使其得以维持基本的生存。目前美国就业福利政策呈现出以实现可持续就业为政策目标的新特点，具体包括四重涵义：一是使劳动者不仅具有一定的就业竞争能力，而且能够维持现有的工作岗位，不至于因知识缺失和老化成为新的失业者；二是使企业不会强令劳动者离开工作岗位，且尽可能创造新的就业机会；三是政策目的、效果具有延续性，如劳动者参与目前的就业政策项目能够为未来就业打下一定的基础；四是使贫困者能连续不断地从事收入不高的工作，不至于因报酬低而中途放弃工作，去申领贫困救助金。王三秀：《美国：就业福利政策凸显可持续》，载《中国社会保障》，2010（2），34页。

美国政府这种超前性、先导性的就业服务为人称道。正如有的学者所言，美国高校在就业指导中，通过对国家经济发展进行分析研究，对科学技术发展趋势进行分析研究，对产业结构的调整进行前瞻预测，帮助大学生分析和预测职业发展的前景，从而使大学生能更好地进行职业定向和选择工作岗位。①

优势二，就业服务的广域性和便捷性。美国联邦政府为全国劳动力的就业搭建了较好的网络信息平台，美国所有的就业者和用人单位都能够从中获得信息服务，这在较大程度上解决了求职者求职过程中信息不对称的问题，为求职者顺利找到工作提供了信息保障。

优势三，就业服务的制度化和法制化。美国政府强调法律规范对就业工作的促进和保障，美国先后制定和颁布了数十部有关就业的法律法规和条例，为解决就业过程中各种障碍和困难提供了法律上的保障，有效地规范和促进了就业工作。

2. 美国政府就业服务工作的劣势

美国政府在就业方面的努力也产生了不可忽视的负面影响，构成劣势，具体言之，有如下两种。

劣势一，前瞻性预测导致就业比例失调。事物都有两面性。联邦政府发布十年经济走势和就业趋势一方面带来潜在劳动力向这个方向前进，起到很好的整合人力资源的作用，另一方面，由于有明确的预测前景，追求利益最大的个人理性导致了集体的非理性，便出现了求职者对发展前景好的职业趋之若鹜，人满为患，反之，则门庭冷落，劳动力供给严重不足。这都不利于经济社会稳定、和谐地发展。

劣势二，对促进高校毕业生就业缺乏应有的能量。高校毕业生在劳动力大军中是一支极其重要的劳动力量，其创造力和生产力远远高于没有接受高等教育的劳动力，保障其充分就业是经济社会发展的重要保障。但美国政府没有相应的机构和政策专门为高校毕业生提供就业服务，使得美国政府在促进高校毕业生有效就业方面没有多少文章可做。尤其是在经济低迷就业不充分的时期，美国政府推动高校毕业生充分就业便缺乏应有的能量。

---

① 参见孙烨、李道刚：《借鉴美国就业指导经验，构建我国高校就业指导模式》，载《经济研究导刊》，2009（14），166~167页。

（二）高校就业服务工作的优劣势分析

美国高校为毕业生的就业做出了极大的努力，其工作的策略和方法既有令人称赞的优势，也有不可回避的缺点，现在分析如下。

1. 高校就业服务的优势

优势一，就业指导工作细致化、个性化。美国高校就业指导工作非常细致、科学，把对学生的就业指导工作建立在科学测量的基础上，职业测试作为就业指导服务的一种辅助手段已广泛为美国高校就业指导机构所采用。常用的职业测试工具包括自我定向探索、霍兰德职业爱好量表等。测试结束后，工作人员根据不同的情况，以个人和小组两种方式对测试结果进行解释，并且开展测试后的跟进工作，内容包括：提供各行业资料、求职技巧训练、解决心理障碍或压力、指引学生做出选择等。美国高校的就业指导机构还非常注重从心理、气质、形象、口头表达、人际关系等角度训练学生，尽力按照用人单位的标准去塑造学生，促进学生成功就业。借助于职业测试，美国高校将就业指导服务与学生的个性特征及职业发展愿望紧密结合起来，细致化和个性化的就业服务体现出美国就业服务达到的科学化水准。

优势二，就业服务与课堂教学并驾齐驱。美国高校就业指导服务与人才培养过程紧密结合，积极开展创新和创业教育，鼓励毕业生自主创业，并举办大学生创业大赛，激励大学生创新意识和创业能力的发展。

美国高校以培养学生准备从事任何一种职业为指导思想，在文理科方面给学生以宽广的基础教育，指导学生按其职业意愿发展，培养务实、竞争、冒险的意识，使学生适应不断发展、变化的工作环境。

优势三，就业指导服务紧随就业形势。美国高校大学生就业指导工作与市场需求密切结合，注重与社会及用人单位的全方位合作，与用人单位开展合作教育。通过实习计划，美国高校促使学生的工作能力和专业技能得到提高，从而增强毕业生的岗位适应能力和就业竞争能力。

优势四，就业服务全程化。美国高校大学生就业指导工作重视对学生开展职业生涯教育，并把职业、职业理想教育与就业指导结合，贯穿于整个大学教育的过程。美国高校大学生就业指导工作，是中小学职业教育与指导工作的衔接和继续，既为应届毕业生服务，又为所有在校生和已毕业的校友服务。从入学起，美国高校大学生就接受学校为他们提供的前期职业指导服务，帮助他们选择专业和课程；进入高年级或毕业学年，学生可获得学校为他们提供的就业信息服务和就业技巧训练；毕业后，毕业生仍可回到母校接受各种就业指导和培训教育，获得延续不断的服务。①

优势五，就业服务专门化、专业化。美国高校普遍按照200∶1的生师比来配备就业指导人员，并使就业指导人员成为专门化的指导人员。各高校对就业指导服务人员专业化要求也很高，一般要求具有心理学、咨询或教育学专业的博士学位，最低要求为硕士单位，并具有职业咨询师资格。据统计，目前全美共有职业咨询师16万人，其中80%在高校，系校内职业咨询师。②

2. 高校就业服务工作的劣势

美国高校在就业服务方面虽有诸多优势，但也存在一些劣势，值得关注。

劣势一，职业性测试有时阻碍有效的职业指导。美国高校就业指导服务侧重职业测试。这有两个方面的影响：一方面具有较高的科学性，便于指导人员针对性开展就业指导服务。另一方面具有片面性和失真性。就业指导人员过分依赖职业测试结果有时会导致对学生不切实际的指导，阻碍学生按照自己的兴趣、志向去追求。在职业测试中，往往会呈现测试结果与学生本人愿望和感觉有较大出入的现象，高校就业指导人员若过分依赖测试结果，便不能向学生提供所希望的指导和服务。

劣势二，难以从政府获得专项支持和服务。美国高校就业指导工作全面而细致，但政府没有针对高校毕业生的就业服务机构和政策，这便让高校就业指导工作缺乏政策、法规上的针对性和可靠性，高校毕业生要同社会上求职者平等竞争工作岗位，这无形增加了高校就业指导的难度和学生获得就业岗位的难度。

（三）社会提供就业服务工作的优劣势分析

美国社会各机构、各企业为求职者提供就业信息和知识技能培训，这两种就业服务既有显著的优势，也有不可忽视的劣势，现分析如下。

1. 社会提供就业服务的优势

优势一，充分挖掘就业市场的潜能。美国社会各机构、各部门、各企业

---

① 参见娄进举：《美国大学生就业指导工作及启示》，载《交通高教研究》，2001（3），112页。

② 参见①文。

会参与劳动力的就业服务业务，这有助于最大限度地搜寻就业信息，实现“岗位”与“劳动力”的快速配对，减少就业市场上信息不对称所造成的就业搜寻的时间，减少人力资源和人才资源的浪费，更好地创造社会财富，最大限度地挖掘就业市场的潜能，实现较高程度的就业。

优势二，集中社会资源开发劳动力潜能。美国社会机构和企业提供就业服务有两种性质：一是政府买单或社会公益捐助的机构向求职者提供免费的就业培训，另一是私人部门为赚钱而向求职者提供有偿的就业培训服务。社会机构和企业不论是提供何种类型的就业培训，都在客观上开发了劳动力的潜能，对个人求职和社会财富增长都是有益的。这种集中了社会资源，开发劳动力潜能的社会参与机制是有益于个人和社会的，其价值和意义值得肯定。

2. 社会提供就业服务工作的劣势

事物往往是相辅相成的，以上的两种优势在一定的时空条件下，对某些人群而言却是不足或缺陷，构成了自身难以避免的劣势，主要表现在如下两个方面。

劣势一，鱼龙混杂的服务机构妨碍高校学生的理性选择。政府鼓励和允许社会各机构、各企业参与全国的劳动力就业服务业务，因而，各种类型、各种层次的就业服务机构充斥社会。但因服务理念和服务质量良莠不齐、鱼龙混杂，无疑增加了求职者选择培训机构的难度，这对缺乏足够社会阅历和经验的高校学生来讲，自然增加了合理选择的难度。

劣势二，社会机构的逐利动机排斥了急需帮助的求职者。社会提供的就业信息和就业培训的质量往往与费用成正比，收费高的就业安置和培训，其质量也较高。但对于高校毕业生来说，一方面期望获得质量高、效果好的就业安置和就业培训，一方面无力支付高昂的服务费用，因而，社会就业服务机构提供的专业性、高质量的就业服务对于学生来说，是不能得到的“馅饼”。

尽管社会提供的就业服务有着不可忽视的劣势，但是综合权衡利弊，社会参与就业服务无论对求职者，还是国家都是利大于弊，优势强于劣势的。因为，全社会参与到劳动力的就业服务业务中能够最大限度地开发人力资源潜能和获得就业信息，实现劳动力和就业岗位的尽快合理地匹配，这是创造社会财富的根本保证。

（四）用人单位提供就业服务工作的优劣势分析

用人单位参与高校学生的就业服务工作，有两大令人欣慰的优势，也有两个令人遗憾的劣势，现分析如下。

1. 用人单位提供就业服务工作的优势

优势一，知识技能富有针对性。用人单位参与到高校毕业生的就业工作中，积极与高校建立合作教育的关系，这不仅有助于优化高校的课程设置和人才培养方案，而且还能为高校学生提供顶岗实习或工作，高校毕业生因而能掌握更为实用的专业知识和技能，更好适应将来岗位职能的需要，最大限度地在工作岗位上创造价值。

优势二，降低学生的求职成本。很多用人单位在向高校学生提供实习岗位时，将他们视为未来的员工，一旦实习期满，学生顺利完成学业，用人单位便将实习的学生留下来。这让学生省下搜寻工作的时间，极大地降低了高校毕业生的求职成本，甚至没有求职成本。

2. 用人单位提供就业服务工作的劣势

事物有一利的同时，自然也会有一弊，以上的两个优势也有可能就是两个劣势，现分析如下。

劣势一，对岗位类型依赖强，转换工作难度大。用人单位参与就业服务，为在校学生提供顶岗实习或工作的机会，这一方面增强了学生知识技能的专用性和针对性，另一方面增加了他们转换工作的难度，形成了知识技能对现有岗位的依赖。现在社会科技发展非常迅猛，这种对岗位的依赖性与现代社会发展的步伐是一种矛盾，因而专业知识技能的专用性在一定的时期便成为了阻碍进一步发展的桎梏，成为我们不可忽视的劣势了。

劣势二，基本文化知识学习和理论思维训练的不足。用人单位参与高校的就业工作，在较早阶段，有的在二年级结束，学生便走进合作单位开始顶岗实习或工作，这便使学生丧失了进一步学习更广泛、更深刻理论知识的机会。现代社会科技发展日新月异，知识技能更新迅速，学生需要掌握紧跟时代发展、持续学习的本领，而这个本领是在较长时期的知识学习和思维训练中逐渐形成的。高校学生较早走上工作岗位无疑是对学生进一步学习提升的阻隔，因而，这种劣势也是应该看到的和给予重视的。

第二节　美国就业服务模式对优化中国就业服务体系的启示

中国政府对高校毕业生面向市场就业的指导服务始于20个世纪80年代末，与美国相比，中国面向市场的就业服务起步晚，积累的经验少，需要从美国高校学生就业服务的模式中汲取营养来扩展、完善，从而建立符合中国国情的高校学生就业服务体系。

一、政府：自由与干预并举的服务战略

就业关系到国富民安，是一项事关全局的大事。世界各国都在为降低失业率做着极大的努力。中国是发展中的人口大国，就业问题更是与国计民生利害攸关的大事。尤其是接受了高等教育、有着较高劳动素质和潜能的毕业生就业更是关系到国家的长治久安。作为领导全国人民致富奔小康的中央政府应该采取什么样的就业战略，是至关重要的问题。鉴于美国政府在就业服务工作方面的优势与不足，本书建议中国政府要实行市场自由和国家干预并举的就业服务战略。

所谓的市场自由就是政府尊重市场运行的规律，在全面调查的基础上，提供全局性经济运行态势和就业行业的预测，以引导全国人民遵循国民经济运行规律和走势，做出合理的选择。所谓的国家干预就是国家根据国民经济运行规律和发展态势，对市场自由选择和竞争中可能处于不利地位的行业和部门实行国家扶持，以保证国民经济各部门、各行业协调发展，避免国民经济运行中短板现象的产生。之所以既要尊重市场规律，又要强调政府干预，是因为市场运行本身具有盲目性和短期性，容易导致就业忽冷忽热现象的发生，导致国民经济各行业各部门此重彼轻的问题。因此，我们在尊重市场运行规律的同时，国家出于前瞻性的考虑，提前实现国家干预，保护市场选择和竞争中容易被淘汰和放弃的行业和领域，关系到经济与社会全面协调和可持续发展的大局。

为此，中央政府要与各级地方政府搞好分工合作，实施服务和必要的干

预。中国政府可借鉴美国放眼未来十年的经济发展态势作为预测范围，同时根据经济发展的实际情况，每隔两年对未来十年的宏观预测做出调整，同时编辑出版《行业和就业手册》，发放给每一位高中生和高校学生。其实，这种预测体现着国家的战略规划和发展方向，普遍面向未来的劳动力发放这样的预测手册，有助于引导青年学生朝着国家既定的方向努力，最终实现国家战略。

由于每一种行业和工种所附带的社会和经济地位有较大差异，个人追求利益最大化的理性诉求会导致集体的非理性，当所有潜在的劳动力都挤向某些有限的行业，必然导致各行业人员比例的失调，从而造成不必要的人才过剩和浪费。为此，国家要对某些待遇、薪酬没有竞争力的行业和工种实行国家补助政策，使各种行业和工种都有适宜数量的劳动力。中央政府要未雨绸缪，在发布未来十年经济发展趋势和用工情况的同时，要对显然处于竞争不利地位的行业和工种给予国家扶持，既在人才培养阶段给予扶持，又在就业的岗位待遇上给予优惠，确保各行业、各工种协调、有序地运行。为了兼顾这两种价值取向，政府在就业服务的过程中要做好如下的事项。

1. 以 10 年为单位预测国民经济发展的态势，并每年发布一次各行各工种的用人数量；

2. 面向高中生和高校学生提供未来十年用工信息，并编辑成册，使得学生人手一册；

3. 创建全国性就业信息平台，要求各地方各部门必须通过全国性的就业信息网发布用工信息，同时实行虚假信息严惩制度；

4. 全国就业信息网免费向用人单位和求职者开放。

二、高校：着眼市场和个人职业生涯指导服务

高校是学生就业最为直接的服务者，在学生就业过程中肩负着重要的责任。首先，高校培养的人才要符合岗位的基本素质要求，其次高校要提供针对性就业服务，帮助学生顺利就业。为此，高校要围绕市场就业趋势和个人职业生涯发展这两个关键点开展服务工作。

着眼就业市场的发展动态和就业岗位的素质要求，同时立足学生职业生涯规划来开展就业服务工作，这两者各有侧重，又相互依存。着眼市场的发

展动态和就业岗位的素质要求，可以确保个人职业生涯规划的方向，离开这个方向，指导学生进行自主的职业生涯规划和自觉的行动便是盲目和无效的，这样的行动和相应的素质结构是不符合就业岗位要求的，是学生个人和国家的损失，也与高校的社会责任和职能相背离。因而，着眼市场是高校开展学生就业服务工作的基本方向和要求。

立足学生职业生涯规划，开展就业服务是面向市场的基本保障。每个学生都有自己的禀性、专长和志向、追求，高校不能以同一标准和方向要求每个学生，更不能以学生眼前的状况去度量学生，而应该以学生长远的追求和终身的志向为坐标，来指导和服务学生，着眼学生职业生涯的就业指导服务便具有旺盛的生命力。因为，只有建立与学生兴趣、专长和志向、追求相符的就业指导服务，才能给学生最有效的帮助，才能最大限度地发掘学生的潜能，使之成为一名合格，甚至优秀的劳动者。

鉴于高校在对学生开展就业指导服务时，要遵循着眼市场和个人职业生涯规划这两个原则，我们建议高校必须要做的工作有如下几个方面。

第一，为学生提供全程的就业指导和服务，并根据各年级的特点提供各有侧重的、高效的就业指导服务。

第二，为学生配备专业而数量充足的就业指导队伍，要求专业指导教师必须取得咨询指导证书，实行持证上岗，严格按照生师比 200∶1 的标准，配备专业指导教师。

第三，与潜在的用人单位建立稳固而密切的合作关系，获得就业信息及岗位的基本要求，指导人才培养工作，通过互利共赢的方式，合作开发培养方案，派遣学生去合作单位实习，并推荐其就业。

第四，搞好公益服务和教学质量，主动开展各项公益性活动，未服务社会，同时积极向社会各界推荐、宣传学校的教育教学工作和办学理念，不断提升学校的社会声誉，为学生就业营造良好的社会心理氛围。

第五，树立为毕业生终身服务的理念，为毕业生提供收费低廉的教育培训服务，与毕业生和校友建立密切的联系，以获取多方面的信息和支持，更好促进学生就业。

三、社会：免费与有偿并行不悖地参与

美国就业服务体系已表明，社会各界，尤其是专业性的就业中介机构是

促进高校毕业生就业的重要力量。为了充分发挥社会力量在高校学生就业中的积极作用，我们要弄清楚社会参与就业服务的主要方式。从美国的实际来看，社会参与就业服务主要有免费服务和有偿服务两种方式。

在市场经济深入发展的中国当下，上述两种参与方式都是可行和必要的。这两种服务各有侧重，又各有所长，符合不同层次和类型的毕业生的需要。有偿服务提供高质量的就业安排和就业培训，虽然收费较高，将那些囊中羞涩的学生阻挡在其服务的门外，但是能满足一些经济条件较好的学生的需要。政府可以出台一些法规、政策，以规范、引导社会营利性机构参与学生就业指导服务的业务，促进高素质劳动力充分、较快地就业，最大程度发挥其创造社会价值的功能。当然，政府要积极鼓励和支持社会公益性机构，扩大工作范围，将高校毕业生就业工作纳入其服务范围，共同筑起保障高校毕业生充分就业的钢铁长城。

为此，本书建议政府在推动社会参与高校毕业生就业方面要做出如下的一些努力。

第一，通过媒体扩大宣传，强调就业是全社会的事情，社会各单位、各部门、各机构有责任、义务开展符合法规、政策要求的就业服务，各机构依据法规、政策和自身的使命开展的免费或有偿的就业服务给予积极的支持和肯定，营造全社会关心支持高校毕业生就业的舆论氛围。

第二，建立健全社会机构参与就业服务的规章制度，出台系列法律规章，为社会机构参与高校毕业生就业服务提供法律依据和行为准则。

第三，政府为社会机构参与高校毕业生就业服务提供经费支持，在严格评估社会就业服务中介机构资质的基础上，拨出专项经费向通过资质认证的社会中介机构购买就业培训服务，帮助特定的就业困难群体，比如政府可通过向社会中介机构购买培训服务，帮助少数民族学生和残疾学生就业。

四、用人单位：互助共赢的立体合作

用人单位是实现高校毕业生就业的接受者。与高校合作招聘符合岗位要求的高素质员工既是高校的幸事，也是用人单位的美事，是一个实现学生与用人单位共赢的选择。但长期以来，中国用人单位限于眼前的利益，不愿为高校学生提供有助于胜任岗位要求的见习实习机会，更不愿花钱培训高校毕业生。从美国用人单位的举措来看，他们不仅愿意接纳高校学生的见习实习，甚至提供半薪到全薪的报酬，以吸纳高校学生来单位顶岗实习。但他们的举措并没有造成利润的下滑，反而赢得了良好的社会声誉，招聘到符合岗位要求的合格员工。中国用人单位完全可以放宽眼界，放大度量，与高校全方位合作，为高校人才培养和毕业生的见习实习和就业做出更大的贡献。从长远效益来看，良好的社会声誉是潜力巨大的无形资产，能帮助企业挣得更多的市场份额。因而，用人单位与高校立体合作实际上是互利共赢的选择。

鉴于当前中国用人单位与高校合作的热情不够且规模较小的现状，我们提出如下的对策建议。

第一，政府提供税收减免或实习岗位补贴政策，鼓励用人单位接纳高校学生半薪或全薪实习。

第二，高校主动联合用人单位，以互助共赢的方式进行全方位的合作，高校积极为用人单位提供员工的专业知识培训，为用人单位的改革创新提供智力支持，同时吸纳用人单位的工程技术专家和管理精英到校兼职任教，主动与用人单位合作，开发高校课程体系和培养方案，实行全方位地合作。

第三，用人单位着眼长远和全局，系统地看待与高校的相依关系，积极与高校建立各种形式的合作，帮助高校安排学生的见习实习工作，参与高校培养方案的制订和培养过程的实施，切实增强与高校的联系，积极从合作中获得智力和劳动力的支持。

概而言之，中国高校学生就业服务体系的建立和完善能够从美国就业服务模式中汲取宝贵的营养，再结合中国的实际，以高度的责任感、使命感和勇于开拓创新的魄力解放思想，大胆尝试，一定能够在政府、高校、社会以及用人单位的密切合作中取得历史性的突破。

后　记

本书是在国家社科基金教育学青年项目“民族院校提升学生就业竞争力制度创新研究”的最终报告基础上扩充而成的。我的博士导师周作宇教授和硕士导师毛亚庆教授一直关怀和指导我开展高校学生成长发展研究，使得我一直激情满怀地在这块学术领域耕耘，才有该课题和书稿的完成。在本书付梓之际，我对两位导师的厚爱表示最深切的谢意。

衷心感谢中央民族大学曲木铁西教授、邹吉忠教授、苏德教授、张俊豪教授、董艳教授、吴明海教授、常永才教授、钟志勇教授等同仁给予本课题从选题、立项到研究、结题全过程无私的帮助。

感谢民族出版社的张宏宏老师、责任编辑陈萱老师，以及为本书付出辛苦工作的其他老师们。正是他们对本书稿反复、细致的校对与修改，使得本书得以顺利面世。感谢为本课题研究提供帮助的民族院校和民族地区高校的老师们。尤其要感谢北方民族大学的朱战涛老师、西南民族大学的三郎扎西老师、中南民族大学的王莎莎老师、广西民族大学的欧阳常青教授、内蒙古民族大学的鲁显玉老师、内蒙古师范大学的付丽和老师、石河子大学的范君旗老师，他们为本课题研究均提供了不可或缺的帮助。另外，中央民族大学招生就业处的褚萍老师热情地帮助本课题组联络调研院校，安徽省淮南市人力资源和社会保障局的夏仕留以及安徽省马鞍山师范高等专科学校的尹丹老师都积极帮助本课题组收集和整理资料。在此笔者一并表示真诚的谢意。

感谢我的研究生刘巧红（现于中央民族大学工作）、宋文（现于北京理工大学工作）、鞠楠楠（现于山东中医药大学工作）、连溪（现于内蒙古工业大学工作）、谷月（现于北京师范大学工作）、玉芸芸（现于广西教育研究院工作）、陈新（在读生），他们在本课题的材料收集、数据录入和书稿前期校对的过程中，均做了大量具体、细致的工作，使得本课题得以顺利完成和本书稿的如期交付。他们也在参与课题的过程中大大提升了科研能力和学术素养，均已找到心仪的工作。

上述列举未免挂一漏万。对于那些为本课题研究和本书顺利出版提供帮助和便利的专家、学者和老师、同学，请接受我铭记在心的感谢。

夏仕武

2017 年 5 月

图书在版编目（CIP）数据

制度创新与民族院校毕业生就业关系研究／夏仕武著．
—北京：民族出版社，2017.11（2018.9重印）
（多维视野的民族教育研究丛书／苏德主编）
ISBN 978-7-105-15170-7

Ⅰ.①制… Ⅱ.①夏… Ⅲ.①民族学院—大学生—就业—能力培养—研究—中国 Ⅳ.①G647.38

中国版本图书馆CIP数据核字（2017）第290940号

制度创新与民族院校毕业生就业关系研究

策划编辑：张宏宏
责任编辑：陈　萱
封面设计：金　晔
出版发行：民族出版社
地　　址：北京市东城区和平里北街14号
邮　　编：100013
电　　话：010—64228001（编辑室）
　　　　　010—64224782（发行室）
网　　址：http://www.mzpub.com
印　　刷：北京中石油彩色印刷有限责任公司
版　　次：2017年11月第1版　2018年9月北京第2次印刷
开　　本：787毫米×1092毫米　1/16
字　　数：370千字
印　　张：23.25
定　　价：65.00元
ISBN 978-7-105-15170-7/G·2095（汉1002）